Greek Thought,
Arabic Culture

GREEK THOUGHT, ARABIC CULTURE:
The Graeco-Arabic Translation Movement in Baghdad and Early ʿAbbāsid Society (2nd-4th/8th-10th centuries)

현대의 고전 03

그리스 사상과 아랍 문명

번역운동과 이슬람의 지적 혁신

디미트리 구타스 지음
정영목 옮김

글항아리

아테나, 스마라그다, 플라톤, 요안나에게

한편으로는 제국 때문에 모든 문화는 서로 관련되어 있으며,
어떤 것도 순수하게 단독인 것은 없다.
모든 것이 혼성물이고, 균일하지 않고, 매우 차별이 심하며, 단일하지 않다.

— 에드워드 사이드, 『문화와 제국주의』

일러두기

- 연도는 원서에 제시된 규칙에 의해 대부분 이슬람력(히즈라)과 기독교력 양쪽을 순서에 따라 병기했으며, 빗금으로 구분했다.
  예) 134/750년
- 고유명사를 적을 때는 한 단위의 이름을 구성하는 단어들을 하이픈으로 연결했다.
  예) 이븐-안-나딤, 아부-알-파라즈 이븐-앗-타이이브
- ( ),[ ],〈 〉는 글쓴이의 설명이 담긴 표시며, [*]는 원서의 특정 단락을 한국어판의 맥락에 맞게 바꿔놓은 표시다.
- 용어사전, 인명사전에 수록한 내용은 *로 표시했다.
- 원서의 각주는 미주로 옮겨 실었다.
- 원서에서 이탤릭체로 표시한 강조 부분은 이 책에서 굵은 글씨로 표시했다.
- 인명, 지명 및 외래어는 국립국어원 표기법을 따랐다.
- 본문에서 약어로 언급된 각 문헌의 풀어쓴 명칭은 '참고문헌 및 약어'에 실었다.
- 용어사전, 인명사전은 본서, 관련 문헌, 백과사전 등을 참고하여 한국어판에 추가로 실은 것이다.

저자 서문

이 책은 아랍의 압바스 왕조* 통치기 가운데 첫 200년(8세기부터 10세기) 동안 새로 건립된 수도 바그다드에서 전례 없이 벌어졌던, 그리스어를 아라비아어로 번역하는 운동의 주요한 사회적·정치적·이념적 요인들을 연구한 것이다. 이 책은 그리스어-아라비아어 연구, 즉 중세에 그리스의 세속 문헌이 아라비아어로 번역된 과정의 연구와 관련된 길고 찬란한 역사적·문헌학적 작업에 바탕을 두고 있다. 그 덕분에 그리스어-아라비아어 번역운동에서 누가 무엇을 언제 했느냐 하는 문제는 고맙게도 생략할 수 있었으며, 어떻게와 왜에 집중하면서 그것을 하나의 사회적·역사적 현상으로 이해하고 설명하려고 노력했다.

그리스어-아라비아어 연구는 괴팅겐의 왕립과학회 회원들이 1830년에 열린 회의에서 이야기하고 회의록에 기록한 소망에 공식적 기원을 두고 있다(어떤 주제에 관한 학문적 연구에 공식적 기원이 있다고 말할 수 있다면). "그리스 저자들의 시리아어, 아라비아어, 아르메니아어, 페르시아어 번역에 관한 서지 문헌을 모으면 좋겠다. 오늘날에도 이에 관한 정확한 기록이 부족한 형편이다"("Ut colligantur notitiae de vers onibus auctorum Graecorum Syriacis, Arabicis, Armeniacis, Persicis, quarum versionum historiâaccuratâadhuc caremus." 벤리히는 서문에서 그렇게 전하고 있다). 구스타프 플뤼겔*과 요한 벤리히가 라틴어 에세이로 이 요구에 응답했으며, 이 에세이는 각각 1841년과 1842년에 나왔다. 플뤼겔의 "논문Dissertatio"은 아라비아어 번역자interpretes, 즉 그리스 문헌의 번역자인 동시에 연구자였던 사람들 91명을 간략하게 개관한 것이다. 반면 벤리히의 『주해Commentatio』는 왕립과학회의 세밀한 요구에 맞추어 더 치밀하게 연구한 것이다. 책의 1부에서는 세속 그리스어 문헌을 시리아어, 아라비아어, 아르메니아어, 페르시아어로 번역한 배경과 성격에 관해 자세하게 기술했으며, 2부에서는 그렇게 번역된 그리스 저자와 작품을 나열하고 있다.

* * *

아라비아어 번역과 번역자들에 관한 서지학적 조사는 50년 뒤 모리츠 슈타인슈나이더가 이어갔는데, 그는 여러 정기간행물에 발표한 일련의 글(1889~1896)에서 벤리히와 플뤼겔의 작업을 갱신했다. 그러나 이 글들은 1960년에야 한 권의 책으로 묶여나올 수 있었다. 슈타인슈나이더가 활동하던 시기 이후에도 새로운 정보가 많이 쏟아져나왔다. 이것은 무엇보다도 만프레트 울만*(*Medizin*[1970], Geheimwissenschaften [1972])과 푸아트 세즈긴*(*GAS* III-VII[197-199])의 아랍 과학에 관한 매우 포괄적인 서지 덕분이다. 이런 노력은 최근 게하르트 엔드레스*가 발표한 책 한 권 분량의 글(1987~1992)에서 절정에 이르렀는데, 이 글은 종합적·역사적 맥락의 부여라는 면에서 주목할 만하다. 두 권으로 발간된 논문집 『아랍 문헌학의 기초Grundriss der Arabischen Philologie』(*GAP*)는 번역, 번역자, 그리고 각각의 전문 분야에서 아라비아어로 이루어진 발전에 관한 가장 폭넓고 새로운 이야기를 들려주면서 서지학적 개관을 제시한다.

다른 분야에서와 마찬가지로 그리스어-아라비아어 연구에서도 말만이 아니라 진짜 중요한 것을 찾아내고, 거기에 초점을 맞추는 재능으로 모범을 보여주어 우리 모두를(특히 나를) 가르친 프란츠 로젠탈*은 번역 문헌과 그것이 아랍 문화에 미친 영향에서 나온 생산물에서 원자료 독본을 편집하여, 『이슬람의 고전 유산The Classical Heritage in Islam』(1965, 영어판은 1975)이라는 제목을 붙였다. 이 독본은 엔드레스가 대가다운 솜씨로 개괄한 번역운동 및 아랍 철학과 과학 전승에 대한 우리의 인식을 보완해주고, 그 인식의 윤곽을 잡아주며 내용을 채워준다. 막 완성된 요제프 에스*의 전집 『2, 3세기 히즈라의 신학과 사회Theologie und Gesellschaft im 2. und 3. Jahrhundert Hidschra』(1997)는 번역운동을 생산한 사회의 지적인 삶에 관한 우리 지식에 가없는 깊이와 폭을 보태준다. 이 책은 앞으로 몇 세대 동안 압바스 왕조 사회의 모든 연구의 출발점을 이룰 적절한 정보와 명민한 해석의 광산이다.

마지막으로 중세에 산스크리트, 팔라비어, 그리스어, 아라비아어, 라틴어 사이에 이루어진 학문 전달에 관한 데이비드 핀그리*의 믿을 수 없을 정도로 풍부하고 독특한 작업은 구체적이고 명확한 디테일로 번역운동에 빛을 비추는데, 종종 이런 디테일은 연대나 지리와 관련하여 우리의 확고하고 유일한 참조점이 되곤 한다.

본 연구는 이 불굴의χαλκέντεροι 선배들과 부지런한φιλόπονοι 동료들(어쩌면 형용사를 서로 바꿔써야 할지도 모르겠다)의 출간된 작업이 없었다면 이루어지지 못했을 것이다. 독자들은 쪽마다 내가 그들에게 진 빚이 얼마나 큰지 보게 될 것이다. 그러나 나는 나에게 자신의 통찰과 지식을 나누어준 많은 사람과 비공식적인 대화를 하는 과정에서도 도움을 얻었다.

오래전 내가 대학원 공부를 막 마쳤을 무렵, 무흐신 알-마흐디와 커피 한잔을 마시며 허물없이 나눈 대화가 기억난다. 그는 평소 버릇처럼 아주 하찮은 일을 이야기하듯이, 슈타인슈나이더의 번역에 관한 서지학적 연구(당시에는 우리에게 유일한 것이었다)와 로젠탈이 『이슬람의 고전 유산』에 모아놓은 글을 보완할 만한, 번역운동에 관한 사회적·역사적인 연구가 없다고 이야기했다. 물론 나는 그 말을 새겨들었다. 램지 맥멀런*은 역사 분석에서는 늘 왜라는 질문을 하라고 가르쳤기 때문이다. 최근 들어 조지 살리바와 나눈 수많은 자극적인 대화에서도 똑같은 주제가 나왔는데, 그는 나에게 그것에 관한 글을 써보라고 강력하게 권유했다.

그 무렵 루틀리지의 리처드 스톤먼은 짧은 책을 써볼 것을 제안하고, 그 뒤로 계속 지원, 사려분별, 인내가 드물게 결합된 태도를 보여주었다. 이 작업이 한계를 넘어 제멋대로 자라나지 않고 어쨌든 끝맺게 된 것은 늘 그렇듯이 아테나의 진정한 여동생이자 나에게 신중, 통찰, 힘의 무한한 원천인 요안나 덕분이다. 그들 모두에게 진심으로 감사한다. 마지막 결과물이 그들 각자가 원래 염두에 두었던 것이기를 바라지만, 혹시 그렇지 않다면, 유명한 라틴어 격언을 고쳐서 말해볼 수밖에 없다. 책은 그 나름의 마음이 있으며, 어느 지점을 넘어서면 자신의 방향을 고집하는 경향이 있다.

뉴헤이븐에서, 1997년 9월

디미트리 구타스

차례

저자 서문 | _9
개관 사회적·역사적 현상으로서의 그리스어-아라비아어 번역운동 | _17

제1부 | 번역과 제국

번역운동의 배경: 물적·인적·문화적 자원 _27

아랍 정복의 역사적·경제적·문화적 의미 | 압바스 혁명과 바그다드의 인구 구성 | 압바스 왕조 이전의 번역활동

알-만수르: 압바스 왕조 초기의 제국 이데올로기와 번역운동 _49

들어가며 | 알-만수르와 그리스어-아라비아어 번역운동의 기원 | 사산 왕조에서 물려받은 조로아스터교 제국 이데올로기 | 조로아스터교 제국 이데올로기와 번역 문화 | 정치적 이데올로기로 등장한 점성학적 역사 해석 | 번역운동과 '지혜의 집'이라는 문제

알-마흐디와 그의 아들들: 사회·종교 담론과 번역운동 _91

신앙 간 담론의 절박성: 아리스토텔레스의 『토피카』와 이슬람-기독교 대화 | 종교 간 담론의 필요성: 아리스토텔레스의 『자연학』과 초기 신학

알-마문: 국내외 정책과 번역운동 _109

중앙집권적 권위를 뒷받침한 번역운동 | 외교 정책과 번역운동: 친그리스주의로 표현된 반비잔틴 이데올로기 | 국내 정책과 번역운동: 아리스토텔레스 꿈과 합리주의 이데올로기

제2부 | 번역과 사회

응용 지식과 이론 지식에 도움이 되는 번역 _153

들어가며 | 점성학에 대한 요구 | 전문 교육에 대한 요구: 행정서기, 상속변호사, 토목기사, 경제학자 | 연금술과 압바스 왕조 국가의 경제 | 과학 연구와 이론 지식에 대한 요구

보호자, 번역자, 번역 _173

보호자와 후원자 | 번역가와 번역 | 번역 복합체와 그 연구

번역과 역사: 번역운동의 결과 _211

번역운동의 끝 | 번역운동에 대한 그 시대의 반발 | 후대에 남긴 유산: 아랍 철학과 과학, 그리고 그리스 과학에 대한 '이슬람의 반대'라는 신화 | 해외 유산: 번역운동과 9세기에 등장한 최초의 비잔틴 인문주의

에필로그 | _256
주 | _264
참고문헌 및 약어 | _300
용어사전 | _328
인명사전 | _335
부록 동서 교류에서 동서 융합을 준비하는 문명사 연구를 위하여 | _346
찾아보기 | _369

번역운동 기간 압바스 왕조 칼리프들

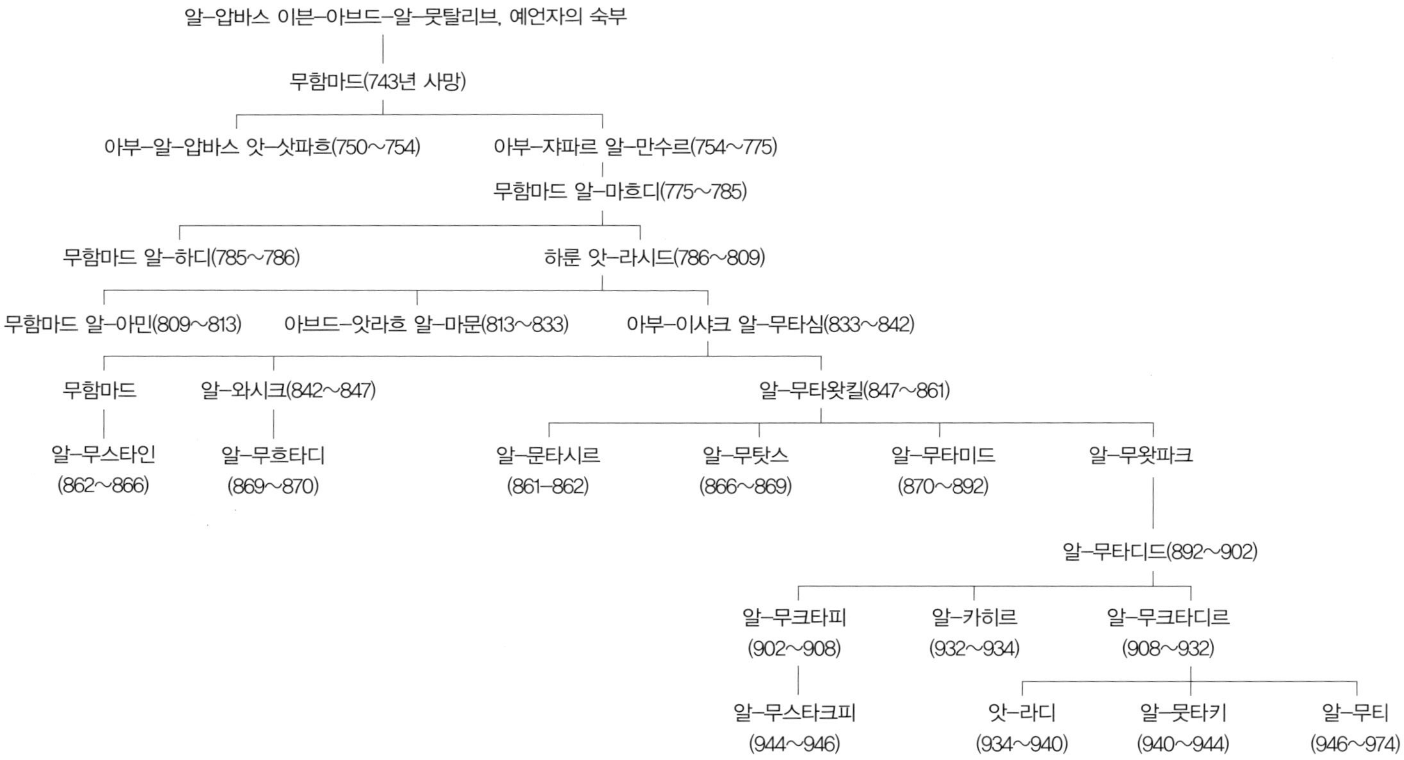

사회적·역사적 현상으로서의 그리스어-아라비아어 번역운동

150년에 걸친 그리스어-아라비아어 연구는 8세기 중반부터 10세기 말까지 비잔틴 제국 동부와 근동 전역에서 손에 넣을 수 있던 거의 **모든** 비문학적이고 비역사적인 세속 그리스어 책들이 아라비아어로 번역되었음을 충분히 입증해주었다. 이 말은 방금 말한 분야에 속하는 그리스 문헌 전체, 즉 헬레니즘, 로마, 고대 말기에서 지금까지 전해져 내려오는 글들, 그리고 원래의 그리스어로는 살아남지 못한 많은 글이 번역자의 펜으로 언어가 바뀌어 옮겨졌다는 뜻이다. 이런 문헌에는 점성학과 연금술을 비롯한 비학秘學*, 산수, 기하, 천문, 음악 이론 등 4과科, 형이상학, 윤리학, 물리학, 동물학, 식물학, 그리고 특히 논리학—『오르가논Organon』—등 아리스토텔레스 철학이 발전되어오면서 망라했던 전 분야는 물론이고, 의학, 약리학, 수의학 등 모든 건강과학, 또 군사과학에 관한 비잔틴 시대의 안내서(전술), 대중적인 금언집, 심지어 매 훈련법 등 주변적인 다양한 장르가 포함되어 있었다. 이런 다양한 주제가 모두 번역자의 손을 거쳐 전해지게 된 것이다. 번역된 자료의 규모라는 면에서 보자면, 쿤의 갈레노스 전집과 베를린 아카데미판 아리스토텔레스 그리스어 주해[1]—번역된 책들 가운데 아주 작은 부분일 뿐이다—가 두꺼운 책으로 74권이나 된다는 점만 보아도 이 작업이 얼마나 방대했는지 쉽게 짐작할 수 있다. 따라서 고전 시대 이후 세속 그리스 문헌 연구는 아라비아어 자료 없이는 진행될 수 없다고 주장해도 무리가 아닐 것이다. 이런 맥락에서 보자면 아라비아어는 라틴어보다 먼저 제2의 고전어가 된 셈이다.

압바스 왕조가 권좌에 오르면서 시작되어 주로 바그다드에서 벌어진 번역운동은 그것이 그리스 및 아랍 문헌학이나 철학과 과학의 역사에서 갖는 의미(오늘날에 이르기까지 주로 연구되어온 측면)도 의미려니와, 하나의 사회 현상(지금까지 거의 연구되지 않은 측면)으로 보지 않는다면 이해도 설명도 어려운 놀라운 성취다. 조금 자세히 살펴보자. 그리스어-아라비아어 번역운동은 무엇보다도 200년 넘게 지속되었다. 따라서 일시적 현상이 아니었다. 둘째로 이 운동은 칼리프*와 제후, 공무원과 군사 지도자, 상인과 은행가, 학자와 과학자 등 압바스 왕조 사회 내 엘리트 전체의 지원을 받았다. 자신들의 한정된 의제를 전파하려는 어떤 특정 집단이 애정을 보인 기획이 아니었던 것이다. 셋째로 이 운동은 공적 또는 사적으로 충당된 대규모 자금의 지원을 받았다. 이것은 마에케나스* 같은 사람의 특이한 변덕의 결과물도 아니었고, 자선이나 자기 과시적인 대의에 투자하려는 소수의 부유한 후원자들의 유행을 따른 허세의 결과물도 아니었다. 마지막으로 이 운동은 궁극적으로 엄격한 학문적 방법론과 정밀한 문헌학적 정확성을 기반으로 이루어졌다. 이 운동을 주도한 사람은 유명한 후나인 이븐-이샤크*와 그의 동료들이었으며, 이들은 여러 세대에 걸쳐 지속되는 프로그램, 근본적인 면에서는 초기 압바스 왕조 사회의 사회적 태도와 공적 문화를 반영하는 프로그램을 만들었다. 어느 시대에나 존재하기 마련인 소수의 기인들이 문헌을 뒤적이고 조사하는 고답적인 취미—역사적인 맥락에서는 타당성을 잃어버린—에 빠져 무계획적으로, 무작위적으로 연구한 결과물이 아니었던 것이다.

이런 이유들을 볼 때 번역운동은 갓 태어난 압바스 왕조 사회의 요구와 경향들—사회구조와 그 결과로 나온 이데올로기에 반영되어 있다—때문에 생겨나 오랫동안 지속되었던 것이 분명하다. 따라서 오늘날까지 이 문제에 관한 대부분의 논의를 지배한 두 가지 통념에 가까운 이론으로는 이 운동을 설명할 수 없다. 첫 번째 이론은 번역운동이 시리아어를 사용하던 소수 기독교도의 학문적 열정의 결과였다는 것이다. (그들이 받은 특수한 교육 때문에) 그리스어와 (역사적인 환경 때문에) 아라비아어가 모두 유창했던 이들은 사회 개선(또는 심지어 자신들의 종교 전파)이라는 이타적 동기에서 어떤 작품들을 번역하기로 결정했다는 이야기다.[2] 수많은 주류 역사 연구 방법론에 만연해 있는 두 번째 이론은 번역운동이 소수의 "계몽된 통치자"의 지혜와 개방적 태도 덕분이라고 주장한다. 유럽 계몽주의 이데올로기의 역투사逆投射에 의해 생겨난 이 이론에 따르면, 그런 통치자들은 학문을 위한 학문을 장려했다.[3] 물론 시리아어를 사용하는 기독교도는 번역운동에서 근본적인 역할을 했다. 번역자들 전부는 아니라 해도 압도적 다수가 이 집단 출신이었기 때문이다. 또 압바스 왕조 초기에 걸출한 칼리프들—알-만수르*, 하룬 앗-라시드*, 알-마문* 등의 지도자—의 적극적인 지원이 없었다면 번역운동은 완전히 다르게 전개되었을 것이다. 그럼에도 왜 시리아 기독교인이 애초에 이런 책들을 번역했을까, 더 나아가 왜 후원자들이 시리아 기독교인에게 이런 책들의 번역을 의뢰하면서 많은 돈을 주었을까, 심지어 왜 칼리프들, 즉 쿠라슈족에 속하는 아랍인이지만 '예언자'로부터 몇 세대 떨어지지도 않은 사람들이 번역된 그리스어 책에 애초에 관심을 가졌을까 하는 질문들은 거의 묻지도 않고, 답이 나오는 경우는 더 드물다.[4] 사실 그리스어-아라비아어 번역운동은 너무 복잡하고 뿌리가 깊으며, 역사적인 의미의 영향력도 너무 강해서, 설사 두 이론이 역사적 해석에서 타당성이 있다고 가정한다 해도, 그 원인들을 두 이론 어느 쪽에도 가두어둘 수 없다.

12세기에 서유럽에서는 아리스토텔레스와 다른 고대 텍스트를 그리스어와 아라비아어에서 라틴어로 번역하는 광범한 활동이 벌어졌다. 위의 번역운동과 비슷한 현상이 생겨났던 셈인데, 그 이유가 평신도 교사들이라는 새로운 계급의 등장이라는 데에는 학문적 합의가 이루어진 것으로 보인다. 기본적으로 부르주아지의 발흥에 대한 분석에서 파생된 이러한 설명에 따르자면, 이 새로운 계급은 다양한 사회적·경제적 배경 때문에 성직자의 전통적인 교회 학문으로부터 독립되고 또 그와 대립하는 새로운 종류의 지식을 요구했다. 따라서 "1200년 무렵 이용이 가능해진…… 아리스토텔레스의 저작들이 영향력을 얻게 된 것은 이것이 우연히 번역되었기 때문도, 마스터[즉 평신도 교사]들이 이제 단지 전달만 하는 것도 아니라 스스로 배우고 싶어 번역을 했기 때문이다."[5] 따라서 활발한 번역활동을 이끈 힘은 서유럽 내 사회구조의 변화에서 왔다고 볼 수 있다.

그리스어-아라비아어 번역운동과 관련해서는 비슷한 분석이 시도된 일도, 심지어 제안된 일도 없다. 원인은 여러 가지겠지만, 가장 타당한 이유는 물론 이런 방향의 예비 연구가 없다는 것이다. 이것은 또한 1차 자료가 상대적으로 부족하다는 점 때문일 수도 있다. 나아가서 방법과 적절한 분석 범주의 문제도 있다. 부르주아지, 또는 이 경우처럼 그들 가운데서 생겨난 평신도 교사라는 개념은 12세기 서유럽의 사회적 현실을 적절하게 대변하는 이론적 구성물로 보일 수 있다. 그러나 8세기 후반 바그다드는 상황이 달랐으며, 그런 분석 범주가 의미 있는 방식으로 적용되기는 어려울 것으로 보인다. 번역운동에 대한 지지는 종교, 분파, 민족, 부족, 언어의 모든 경계선을 가로질렀다. 후원자들 가운데는 아랍인도 있고 비아랍인도 있었으며, 이슬람교도도 있고 비이슬람교도도 있었으며, 수니파*도 있고 시아파*도 있었다. 아울러 장군도 있고 민간인도 있었으며, 상인도 있고 지주도 있었다. 이것은 또 부와이 왕조(945~1055)에 들어서까지 계속되었으니, 실질적으로 서로 다른 계층이 존재하는 다양한 사회 구성체들의 지지를 받은 셈이었다. 따라서 어떤 사회 구성체에서 이 운동을 지지한 "계급"이 누구였느냐 하는 문제도 다음에 설명할 것이다.[6] 마지막으로 이슬람 사회에 고유한 '울라마ulamā', 즉 학식을 갖춘 엘리트라는 개념조차 이런 면에서는 별 도움이 안 되는 경향이 있다. 이 개념 자체가 번역운동이 진행되는 동안에—또 그 결과로—형성되고 있었기 때문이다.[7] 따라서 이런 맥락에서는 우선 계급을 의미 있는 분석 범주로 규정하기 어렵고, 나아가 특정 계급(또는 계급들)을 번역운동의 지지자들로 밝히는 것이 거의 불가능하다. 아랍과 이슬람 연구 전체의 상태를 볼 때, 나는 이론적 혼란보다는 차라리 소박한 쪽으로 기우는 것이 낫다고 보는데, 이것이 꼭 나의 불성실함 때문만은 아닌 것이다.

더 정밀하게 이야기해보자. 이 책의 주제—인간 역사에서 벌어진 한 주요한 지적 운동의 구체적인 사회적·역사적 뿌리—의 성격상 주제와 관련된 사실을 바라보고 분석할 수 있는 이론적 관점을 의식적으로 채택하는 것은 매우 쉽고, 사실 어떤 사람들에 따르면 필요하기까지 하다. 그러나 그렇게 하려면 통용되는 이론을 빌려오거나 아니면 자신의 이론을 만들어야 한다. 예를 들어 해밀턴 깁*이 후자의 경우인데, 그는 "이슬람 문화가 중세 유럽에 미친 영향"에 관하여 강연을 하면서 문화적 영향이 작동하는 방식을 지배한다고 하는 세 가지 "법칙"을 제시했다.[8] 그리스 지식이 아라비아어로 전달되는 문제에 관해서는 그런 이론적 구성물의 기초 위에 서 있는—대개 무의식적이지만—문헌이 아주 많다. 그러나 나는 그런 법칙들을 만들고 또 다루는 데 시간을 쓰는 것이 무익하다고 본다. 문화를 규정한다고 하는 "법칙"이나 "주요 개념"은 하나의 예외만 나타나면 무효가 되고 마는데, 나는 그런 예외를 엄청나게 많이 만나고 있는 것 같기 때문이다. 나아가서, 어쩌면 그보다 위험하다고도 할 수 있을 테지만, "관념"과 "법칙"을 규정하는 이론적 관점에서 작게 한 걸음만 내디디면 그 성격상 본질주의적이고 물신적인 문화에 관한 가정들—예를 들어 "그리스 정신"이나 "아랍 기질" 같은—을 채택하는 길로 가고 만다.[9] 그런 가설들은 이론적 구성물을 이용하는 학자의 배경과 이데올로기적 지향에 관해 모든 것을 말해줄 뿐 논의되는 주제에 관해서는 아무것도 말해주지 않기 때문에, 이 주제에 관한 역사 연구라기보다는 19세기와 20세기의 사회학이나 지식사에 속하게 된다. 쉽게 상상할 수 있겠지만, 그리스 지식이 아라비아어로 전달되는 과정은 그런 관심을 지나치게 많이 받았다. 그러나 방금 이야기한 이유들 때문에 나는 꼭 필요한 경우가 아니면 이런 논의에 지면을 할애하는 것이 유용하다고 생각하지 않았다. 그래도 참고문헌의 한 부분은 그리스어-아라비아어 전달의 문화적 의미를 논의하는 연구에 특별히 할애했다. 이 연구들 가운데 격조 있는 이론이나 관념들은 많은 경우 조엘 크레이머가 14년 전에 발표하고 최근에 다시 그의 저서에 재수록한 글에 상당히 자세하게 제시되어 있다. 관심 있는 독자는 그것을 참조하면 될 것이다.[10]

그리스어-아라비아어 번역운동은 매우 복잡한 사회 현상이기 때문에 어떤 하나의 상황, 일군의 사건, 인물을 원인으로 골라낼 수 없다. 다양한 요인이 계기가 되어 이 운동은 발전하고 유지되었는데, 나는 그 역사적 다양성을 포괄할 수 있는 이론 또는 이론 체계를 발견하지 못했다. 초기 압바스 왕조 사회 연구의 예비 단계에서 바람직해 보이는 일은 자료에 귀를 기울여 그것을 가능한 한 잘 이해해보고, 최초의 독자들에게 의도되었던 대로 기호를 읽고 해석하려 하고, 자료가 나뉘어 들어가게 될 범주들을 스스로 제시하게 하는 것이다. 그러면 그 뒤의 연구에서는 더 나은 위치에서 세련된 분석 도구들을 개발할 수도 있을 것이다. 이러한 접근 방법은 번역운동이 한편으로는 바그다드를 건설하고 그곳에서 압바스 왕조를 세계 제국의 관리자로 세우는 일과 큰 관련이 있었다는 사실을 상대적으로 분명하게 보여준다. 또 이 운동이 바그다드 사회의 특별한 요구와도 깊은 관련을 맺고 있었음을 보여주는데, 이 사회는 압바스 왕조와 엘리트의 관리를 받는 동시에 그 나름의 특수한 그리고 여러 면에서 전례가 없는 구성을 통하여 자신을 형성해나가고 있었다. 따라서 나는 이 책의 1부와 2부에서 이 두 측면을 연구해보았다.

나는 자료가 다루기 힘들고 복잡하다는 면에서나 주제가 상대적으로 새롭고 까다롭다는 면에서 이 과제가 만만치 않다는 사실을 의식하고 있다. 그럼에도 바그다드의 그리스어-아라비아어 번역운동은 어느 기준에서 보나 인간 역사의 과정에서 진정으로 획기적인 성취다. 감히 주장하거니와, 이 운동은 페트로시안의 아테네, 이탈리아의 르네상스, 16~17세기의 과학혁명과 그 의미에서 동격이며, 똑같은 내러티브에 속한다. 따라서 우리는 이 운동의 의미를 정확하게 인식하여 우리의 역사적 의식에 새겨놓을 필요가 있다. 본서에서는 이 운동을 포괄적이고 일원론적인 이야기로 정리해내려는 시도를 할 터인데, 이것은 그런 방법이 논의를 앞으로 끌고 나가는 최선의 방법으로 여겨졌기 때문이며, 실제로 이 책이 논의를 촉진하기를 바란다.

제1부

번역과 제국

번역운동이 발생하고 번창한 배경을 마련한 물적 조건은 두 가지 중요한 역사적 사건으로 확립되었다. 하나는 우마이야 왕조 시기에 이루어진 아랍인의 초기 정복이며, 또 하나는 134/750년에 절정에 이른 압바스 혁명이다.

번역운동의 배경 :
물적·인적·문화적 자원

아랍 정복의 역사적·경제적·문화적 의미

번역운동이 발생하고 번창한 배경을 마련한 물적 조건은 두 가지 중요한 역사적 사건으로 확립되었다. 하나는 우마이야 왕조* 시기에 이루어진 아랍인의 초기 정복이며, 또 하나는 134/750년에 절정에 이른 압바스 혁명이다.

예언자 무함마드가 10/632년에 죽고 나서 30년도 지나지 않아 아랍 군대는 아시아 남서부와 아프리카 북동부에서 1000년 전 알렉산드로스 대왕이 손에 넣었던 땅을 정복했다. 아랍 군대는 알렉산드로스의 제국으로부터 유프라테스 강 동쪽의 영토를 되찾았던 메데이아와 파르티아의 뒤를 이은 페르시아의 사산 제국(224~651)을 무너뜨렸다. 또 알렉산드로스 이후 그의 자손, 로마, 비잔틴이 다스려오던 비옥한 초승달 지대*와 이집트에서는 알렉산드로스의 정복 전으로 되돌려놓았다. 이 땅은 732년이 되면 무함마드에게 계시된 이슬람교에 기초를 두고 그에 따라 조직된 새로운 제국은 밖으로 더 뻗어나가게 되며—중앙아시아와 인도 아대륙으로부터 스페인과 피레네 산맥까지—이 제국이 만들어낸 새로운 문명의 핵심은 페르시아에서 메소포타미아, 시리아-팔레스타인을 거쳐 이집트에 이르기까지 고대 문명의 여러 중심에 자리잡았다.

아랍 정복의 역사적 의미는 아무리 높이 평가해도 지나치지 않다. 이집트와 비옥한 초승달 지대는 알렉산드로스 대왕 이후 처음으로, 페르시아, 인도와 정치적·행정적, 그리고 가장 중요하게는 경제적으로 재통합되었으며, 이런 통합은 대왕의 짧은 생애보다 상당히 긴 기간 동안 지속된다. 이슬람이 등장하기 전 1000년 동안 문명 세계를 나누었던 커다란 경제적·문화적 구분선, 즉 양편에 적대 세력들을 만들어낸 커다란 두 강이 형성했던 동서의 경계가 사라진 것이다. 그러자 원료와 제품, 농산물과 사치품, 사람과 서비스, 기술과 기예, 사상, 방법, 사고방식이 자유롭게 흐르게 되었다. 이 사건은 570~630년의 참담한 비잔틴-페르시아 전쟁 뒤에 일어났다는 사실 때문에 더 상서롭게 여겨졌다. 비잔틴-페르시아 전쟁은 이 지역을 황폐하게 만들고, 지역 주민을 엄청나게 죽였으며 교역을 파탄에 빠뜨렸다. 이는 그리스, 로마, 비잔틴을 한편으로 하고 페르시아를 다른 편으로 해서 계속되어온 모든 갈등과 마찬가지로, 근동을 동서로 나누는 정치적 분리의 결과물인 경제적 장벽 때문에 일어난 전쟁이었다. 구체적으로 말하면, 동서 교역로의 자유로운 이용이 갈등의 핵심이었던 것으로 보인다.

565년 비잔틴의 유스티니아누스 1세*의 사망 이후 전쟁이 벌어지기 전까지, 그의 후계자 유스티니아누스 2세*(재위 565~578)는 전쟁이 교역에 미치는 궁극적 결과를 잘 알고 있었기 때문에 중앙아시아의 오구즈 튀르크*와 협상을 벌이기도 했다. 카스피 해 북부의 북방 비단길을 이용하려는 것이었다.

동서의 재결합으로 일어난 경제 번영의 한 가지 특수한 면은 특별히 언급할 필요가 있다. "이슬람에 의한 평화pax Islamica"가 확립한 새로운 조건에서 교역이 특별한 혜택을 봤다는 것은 누구나 예상하겠지만, 정작 혁명이 일어난 분야는 농업이었다는 것이다. 인도와 동지중해 사이의 장벽이 사라지자 서남아시아와 지중해 지역으로 수많은 종의 식물, 콩류, 과일이 체계적으로 수입되고 새로운 품종이 개발되었다. 농업 기술과 집약농업과 휴경지의 완전한 이용에 관한 지식도 들어왔다. 따라서 아랍 정복 이후 초기 수백 년 동안 농업혁명은, 일찍이 보지 못했던 지속성을 누리며 확대되면서도 그 혜택이 상인 계급에게 제한될 수밖에 없었던 교역과는 달리, 초기 제국의 부 가운데 큰 부분을 담당하면서 모든 사회계층에게 혜택을 주었다. 토지를 소유하고 생산물을 전유하는 상층 계급, 토지를 경작하는 농민, 식생활이 좋아질 수밖에 없었던 하층 계급 모두 혜택을 본 것이다.[1]

이에 못지않게 중요한 아랍 정복의 결과로 지식 전반의 확산에서 아마도 가장 중요하다고 할 수 있는 요인은 134/751년에 중국 전쟁포로들에 의해 제지 기술이 이슬람 세계에 도입되었다는 것이다. 지배 엘리트가 종이 사용을 옹호하고 심지어 명령하기까지 했던 압바스 왕조 시대 초기 수십 년 동안 종이는 다른 모든 필기 재료를 빠르게 대체했다. 이 시기에 개발되었던 다양한 종류의 종이가 번역운동의 저명한 후원자 몇 사람의 이름을 땄다는 것도 흥미로운 일이다. 쟈파리는 쟈파르 알 바르마키의 이름을 딴 것이며, 탈히와 타히리는 타히르 씨족 두 사람의 이름을 딴 것이다.[2]

종이의 도입에 덧붙여, 아랍 정복 이후 메소포타미아의 동서 장벽 제거 또한 의도한 것은 분명히 아니지만 매우 유익한 문화적 결과를 낳았다. 알렉산드로스 대왕 이후 1000년 동안 그리스화되어온 지역과 민족들을 통일시키고, 비잔틴 사람들—그리스어를 하는 칼케돈파 그리스 정교도 기독교인들—을 **정치적·지리적으로 고립시킨 것이다**. 이것은 두 가지 면에서 중요했다. 첫째로 애초에 종교적인 분열을 일으켜, 시리아어를 하는 기독교인들을 종교적으로 붕괴시키고, 네스토리우스파*의 경우 페르시아로 내몬 것이 바로 콘스탄티노플 "그리스 정교"의 배타적인 신학적 정책과 관행이었기 때문이다. 그러나 이제는 이슬람 정치 조직(다르 알-이슬람Dār al-Islām)에서 이런 논쟁과 분열의 근원을 효과적으로 제거하고 전체가 이슬람 국가라는 비당파적인 대군주 밑에 통합되면서, 더 큰 문화적 협력과 교류의 길이 열린 것이다. 둘째로 비잔틴이 정치적·지리적으로 고립된 덕분에 이슬람교도의 지배를 받는 기독교 공동체들, 나아가 이슬람 국가 내의 다른 모든 그리스화된 민족은 비잔티움이 7, 8세기에 빠져들었던 암흑시대*와 헬레니즘 혐오를 피할 수 있었다.

칼케돈파 기독교인이 성상을 놓고 논쟁을 벌이고 경쟁적으로 이교도 전통을 거부하는 동안, 아랍 정복 뒤 교리적으로 칼케돈파와 분리되었을 뿐 아니라 이제 정치적으로도 분리된 시리아어권 기독교도는 다른 문화적 노선들을 따라 발전해나갔다. 이 무렵 시리아어권에서는 세속 그리스 학문을 철저하게 흡수하여,[3] 비옥한 초승달 지역 전체가 퍼져 있는 동방 기독교의 주요 중심지들에 확고하게 터를 잡고 있었다. 가장 유명한 중심지로는 서쪽의 에뎃사와 킨나스린, 메소포타미아 북부의 니시비스와 모술, 페르시아 서부 내륙의 준디사부르 등을 꼽을 수 있다. 압바스 왕조 초기에 등장한, 그리스 학문에 조예가 깊은 학자들로 판단해보건대, 이 지역 전체의 단성론파*와 네스토리우스파에게도 틀림없이 똑같은 분위기가 퍼져 있었을 것이다. 바그다드 남쪽 티그리스 강변의 다이르 쿤나[*EI* II, 197]가 그런 예다. 이곳은 커다란 네스토리우스파 수도원이 번창하던 곳으로, 이곳에서는 10세기 초 바그다드에서 아리스토텔레스학파를 창건한 아부-비스르 맛타 이븐-유누스[*EI* IV, 844-845]가 공부하고 가르쳤다. 종교 중심지만이 아니라 이슬람 이전 시대에 유명했던 다른 도시들도 그리스 학문의 전통을 유지했다. 유프라테스 강에 가까운 이라크 남부의 알-히라가 그런 예인데, 이곳은 라흐므 왕조[*EI* III, 462]의 수도로, 이슬람이 등장한 뒤로 운이 쇠했음에도 여전히 후나인 이븐-이샤크[*EI* III, 578-581] 같은 유명한 인물을 배출했다. 이런 곳들 말고도 그리스 학문의 다른 주요한 중심지 두 곳은 언급해야 하는데, 이 두 곳은 서로 대척점에 있으면서도 어떤 면에서는 압바스 왕조 시기에 그리스어-아라비아어 번역운동의 탄생지가 될 그리스화된 세계를 끌어안고 있었다고 말할 수 있다. 하나는 메소포타미아 북부의 에뎃사 바로 남쪽에 있는 핫란(캇르하에)[*EI* III, 227-230]이며, 또 하나는 중앙아시아의 관문인 페르시아 북동쪽 끝에 있었던 마르브[*EI* IV, 618-621]다. 핫란은 10세기에 들어서도 한참 동안 고집스럽게 이교도적 성격을 유지하면서, 다른 대부분의 지역에서는 사라져버린 수많은 그리스 사상, 신앙, 관행을 버리지 않았다. 마르브는 압바스 왕조 초기에 중요한 역할을 하게 될, 이 지역 특유의 조로아스터교에서 드러나는 활기찬 헬레니즘을, 그리스화했다는 점에서는 조로아스터교와 다를 것 없는 네스토리우스파 기독교와 결합했다.

* * *

이런 중심지에서 세속 그리스 학문을 어떻게 가르치고 배웠는가 하는 문제에 관한 직접적인 정보는 거의 없다. 그러나 후나인 이븐-이샤크가 살던 시기에 학교에서 이루어지던 학습에 관해서는 그가 쓴 글에서 어느 정도 짐작을 할 수 있다. 그는 고대 말기에 알렉산드리아에서 이루어지던 교육 과정을 자기 시대의 교육 과정과 비교했다.

> [알렉산드리아의 의학 학교 구성원들은] 매일 모여 그것들[갈레노스의 책들] 가운데 주요한 텍스트 하나를 읽고 공부한다. 우리 시대의 기독교도 동료들이 고대인의 주요한 텍스트를 [공부하기] 위해 스콜레σχολή라고 알려진 교육 장소에 매일 모이는 것과 마찬가지다. 나머지 책들은 개별적으로 읽곤 했다. 내가 말한 책들을 먼저 공부한 뒤에 각자 혼자서 읽은 것이다. 오늘날 우리 동료들이 고대인들이 쓴 책의 주해서를 읽는 것과 마찬가지다.[4]

후나인의 이 말은 의학 교육과 관련된 것이다. 여기에서 묘사한 것이 다른 분야에도 일반적으로 적용되었다고 가정할 수 있을지는 확실치 않다. 논리학이 아리스토텔레스의 『오르가논』의 첫 서너 권을 공부하는 형태로 공식 교육에 포함되었던 것은 거의 확실하다. 프톨레마이오스의 천문학과 점성학 또한 공부했을지 모른다. 그러나 이런 주제들은 특히 페르시아 학자들이 깊이 연구했던 것으로 보이며, 이들은 이 분야의 발전을 위해 인도 학자들과 접촉하기도 했다.

이슬람이 등장하면서 이 모든 중심지가 정치적·행정적으로 통일되었다. 가장 중요한 점은 모든 중심지의 학자들이 어떤 종교이건 "정통파"가 제시하는 공식 학설에 신경쓸 필요 없이 공부하고 교류할 수 있었다는 것이다. 따라서 이 지역 전체에 걸쳐, 또 7세기와 8세기 전체에 걸쳐 각각의 분야에서 다양한 언어로 작업을 하는 수많은 "국제" 학자가 활동하게 되었다. 그런 학자의 예로 우선 7세기에는 니시비스의 세베루스(666/7년 사망)를 들 수 있다. 그는 그리스어와 시리아어만이 아니라 페르시아어에도 능통했다. 그의 제자 에뎃사의 야코브(708년 사망)는 "기독교 헬레니즘"[5]의 주요한 대표자다. 이들보다 덜 알려져 있지만 점성학의 전파에는 그들과 마찬가지로 중요한 역할을 한 두 학자가 8세기에 등장한다. 에뎃사의 테오필루스(785년 사망)와 철학자 스테파누스(800년 이후에 사망)는 둘 다 그리스어, 시리아어, 팔라비어에 능통했으며, 팔라비어를 통해 인도 자료에 접근할 수 있었다. 테오필루스는 압바스 왕조의 알-마흐디의 궁정 점성학사이자 군사 고문이었을 뿐 아니라, 무엇보다도 군사 점성학에 관한 책을 쓴 저자였다. 테오필로스의 제자나 동료였을 가능성이 있는 스테파누스는 메소포타미아에서 일을 했으며, 790년대에 콘스탄티노플을 찾아가 이곳에서 점성학

—이것이 비잔티움에 수학과 관련된 학문들을 재도입하는 역할을 했던 것으로 보인다—을 찬양하는 논문을 썼다.[6] 그들과 마찬가지로 국제적인 인물이었던 동료 마샤앗라흐와 나우바흐트는 아라비아어 자료를 통하여 많이 알려져 있다. 마샤앗라흐는 바스라 출신의 유대인으로 원래는 페르시아계인 것으로 보이며, 나우바흐트는 페르시아인이었다. 이들은 압바스 왕조의 알-만수르를 위하여 바그다드 건립을 시작할 날짜(762년 7월 30일)를 결정하는 천궁도를 그렸다.[7]

아랍 정복과 정치적·종교적 장벽의 제거로 생겨난 새 조건에서 활동했던 이 학자들과 관련하여 눈여겨볼 중요한 점은 그들이 살아 있는 학문 전통의 대표자들이며, 자기 분야의 전문가였다는 것이다. 또 그들은 여러 언어를 구사했으며, 따라서 그리스어 외의 언어로 기록된 학문적 문헌을 이용할 수 있었다. 그들은 서로 여행이나 서신을 통해 직간접적으로 접촉했다. 마지막으로 가장 중요한 점은 그들이 여러 언어를 구사했기 때문에 번역 없이 지식을 전파할 수 있었다는 것이다. 그래서 압바스 왕조가 동원 가능한 과학자들의 노력을 모아 기록된 문헌의 번역을 후원하겠다는 정치적 결정을 내리자 거의 하룻밤 새에—그렇게 보인다—수많은 전문가가 궁정에 모일 수 있었던 것이다.

압바스 혁명과 바그다드의 인구 구성

압바스 왕조가 권좌에 오르고 그 뒤 칼리프가 거주하는 도시가 다마스쿠스에서 바그다드로 옮겨진 것은 번역운동이 일어난 인구학적 배경에 지대한 영향을 미쳤다. 쫓겨난 우마이야 왕조의 권력 기반은 시리아-팔레스타인이었으며, 수도는 다마스쿠스였다. 아랍 정복과 우마이야 왕조(661~750) 내내, 그리고 어쩌면 8세기 중반을 넘어설 때까지도 그리스어는 시리아-팔레스타인에서 널리 통용되었다. 그리스어는 이 지역 주민 가운데 상당수의 모어기도 했고, 교역과 사업의 공용어였으며, 기독교 성직자, 특히 멜키트파*의 학문적 언어였다. 사실 그리스어는 폐기되기는커녕 급속하게 변하는 사회적·정치적·신학적 환경에서 다양한 새 주제와 새 문체에 활용되었다.[8] 우마이야 왕조의 다마스쿠스 중앙 행정부는 대체로 비잔틴의 관행을 따랐지만, 아브드-알-말리크(65/685~86/705 재위)의 개혁 전까지 행정 언어는 그리스어였다. 수많은 고위 관리나 서기들은 그리스인이거나 그리스어로 교육받은 아랍인이었으며, 모두 그리스어를 사용했다. 자료에는 그런 사람들의 이름이 다수 보존되어 있는데, 그 가운데 가장 주목할 만한 사람은 사르준 이븐-알-만수르 앗-루미(비잔틴 사람, 즉 이 맥락에서는 멜키트파였다)다. 그는 행정과 재정의 수반(디완dīwān)으로서 무아위야에서 아브드-알-말리크까지 초기 우마이야 칼리프들을 섬겼다.[9] 우마이야 왕조는 당연히 이 자리에 비잔틴 관련 업무에 참여한 경험이 풍부한 아랍 부족 구성원들을 고용했다. 5세기 비잔틴의 동맹자foederati였던 살리흐 부족의 후손과 6세기와 7세기에 그들을 계승한 갓산 부족의 후손이 우마이야 행정부 서기들 가운데 특히 두각을 나타냈다. 그러나 우마이야 왕조 측근 가운데 그리스어를 사용한 가장 유명한 아랍인은 아무래도 다마스쿠스의 요안네스일 것이다.[10]

비잔틴의 관행을 이어받은 우마이야 왕조를 둘러싼 그리스어 사용

집단의 문화적 지향은 어떠했을까? 구체적으로, 민족적 학문, 즉 고전 시대 그리스인의 학문에 대한 이들의 태도는 어떠했을까? 7, 8세기 지중해 동부의 사회적·종교적 상황은 대단히 복잡하여 쉽게 일반화할 수 없는 것이 분명하다. 캐머런은 심지어 그리스어를 사용하는 공동체들을 포함하여 이 지역에 살던 현지 민족들의 정체성 위기마저 거론한다.[11] 반면 역사 연구는 이제 막 이 시기를 두고 제기해야 하는 문제가 어떤 것인지 정리중이다. 그럼에도 현재의 논의와 관련된 사항만 보자면, 특히 우마이야 왕조와 직접 접촉했던 그리스어 사용 집단 사이에 널리 퍼져 있던 고급문화가 제국의 수도 콘스탄티노플에서 신봉했던 그리스 정교였다는 것은 비교적 분명한 편이다. 다마스쿠스의 비잔틴 관료 집단은 콘스탄티노플에서 확립된 문화 양식을 따르고 반영할 수밖에 없었을 것이며, 다마스쿠스의 요안네스는 신학의 영역에서 그리스 정교도 아랍인들 사이의 그런 경향을 대표하는 인물이었을 것이다. 7세기까지 비잔틴의 고급문화는 이전 교부 시대 특징인 대결의 단계를 지나 이교도 그리스 문화에 적대적으로 무관심했을 것이다. 헬레니즘은 이미 패배한 적으로 아무런 의미가 없었기 때문에 경멸을 담아 무관심하게 대하면 끝이었다. 콘스탄티노플이 전파했던 그리스 기독교는 이제 시선을 내부로 돌려 자기 자신을, 또는 스스로 내부의 적이라고 인식하는 것을 바라보고 있었으며, 7세기와 8세기 내내 계속된 일련의 종교회의에서 정통성에 대한 자신의 이해를 더욱 정확하게 규정하려고 노력했다.[12] 이렇게 헬레니즘을 얕보는 태도는 우마이야 왕조의 그리스어를 사용하는 기독교인들, 심지어 이슬람 이전 시대의 단성론파였던 갓산 가문 같은 비칼케돈파 기독교인들도 공유하고 있었을 것이다. 그리스어를 사용하는 기독교도의 문화적 지향에서 이렇게 완전한 방향 전환이 일어났다는 점을 고려하면, 그들이 옛 그리스의 문학적 주제와 문체를 폐기하고 기독교 사회의 새로운 관심을 반영하는 새로운 장르의 글쓰기를 도입한 것도 이해된다. 설교, 토론, 질문집, 사화집, 기적 이야기, 성인전이 그런 새로운 글쓰기의 예다.[13]

이런 지적인 분위기에서는 그리스어를 사용하는 기독교도의 지지를 받으며 세속 그리스어 저작들을 아라비아어로 옮기는 번역운동을 생각하는 것이 불가능하다. 오직 우마이야 왕조의 적극적인 장려가 있어야만 가능했을 것인데, 그런 일은 없었다. 말을 바꿔, 압바스 왕조가 권좌에 올라 바그다드로 천도하지 않았다면, 다마스쿠스에서 그리스어-아라비아어 번역운동은 일어나지 않았을 것이다.

압바스 혁명, 바그다드 건설, 칼리프 소재지의 이라크 이전 등이 이루어지면서 문화적 지향과 관련하여 아랍 제국의 상황은 극적으로 바뀌었다. 비잔틴의 영향 아래 있는 다마스쿠스에서 멀리 떨어진 바그다드에서는 이라크의 완전히 다른 인구 구성에 기초한 새로운 다문화 사회가 발전했다. 이 사회의 구성 요소로는 우선 정착 주민의 다수를 이루는 아람어* 사용자, 기독교도, 유대인이 있었고, 그다음으로는 주로 도시에 집중해 있는 페르시아어 사용자가 있었으며, 마지막으로 아랍인이 있었는데, 이들은 유프라테스 강변의 알히라에 사는 사람들처럼 정주하여 기독교인이 되기도 하고, 유목민으로 이라크 북부의 목초지를 떠돌기도 했다. 아랍 이슬람교도—물론 새로운 수도에 사는 사람들과는 다른 사람들—는 북쪽으로는 교역 중심지인 모술(마우실

mawṣil)에 모여 있었고, 남쪽으로는 사와드 평야 지대에 모여 있었으며, 쿠파, 바스라, 와시트 등 그들이 처음에 건설한 요새 도시에도 살았다. 앞의 두 도시는 2/8세기 이후 새로운 용광로 문화*의 형성에서 아주 중요한 역할을 했다. 물론 당시 이라크와 그 너머, 특히 이란에는 다른 민족 집단도 있었지만(예를 들어 이라크 북부와 자그로스 산맥의 쿠르드족, 이란 남부의 발루치족 등), 그들이 우리가 지금 살펴보는 특정한 주제와 관련된 결과물을 형성하는 데 어떤 역할을 했다는 기록은 없다. 이 모든 집단이 이런저런 자격으로 새로운 수도의 사회적·정치적·문화적 생활에 참여했으며, 이른바 고전 시대 이슬람 문명은 이들의 다양한 배경, 믿음, 관행, 가치가 제공하는 다양한 요소들이 발효한 결과였다.

우마이야 왕조가 행정을 위해 현지 비잔틴인과 아랍 기독교도에게 많이 의존했던 것과 마찬가지로, 초기 압바스 왕조도 현지의 페르시아인, 아랍 기독교도, 아람인에게 행정을 의지해야 했다. 압바스 왕조에 고용된 이 사람들의 문화는 다마스쿠스의 기독교도와는 반대로, 그리스화되어 있으면서도 비잔틴 정교도 집단들에게 분명히 나타났던, 민족적 성격의 그리스 학문에 대한 적의가 없었다. 따라서 칼리프의 소재지가 다마스쿠스에서 이라크 중심부로 옮겨간 것—즉 그리스어권에서 비그리스어권으로 옮겨간 것—은 비잔틴이 거의 박멸했던 고전 그리스 유산을 보존하는 역설적인 결과를 낳았다.

압바스 왕조 이전의 번역활동

근동의 번역은 기원전 2000년대에 수메르 문서가 아카드어로 번역된 이후 계속 이루어져왔다. 그러나 문화생활의 모든 표현이 그렇듯이, 이런 일반화에는 묘사적 기능은 몰라도, 설명적 기능은 주어질 수 없고 주어져서도 안 된다. 현재 논의하는 주제에 맞게 더 구체적으로 말하면, 압바스 왕조의 등장 이전에 세속 그리스어 저작들이 아라비아어를 포함한 근동의 언어로 번역되고 있었다는 사실 하나만으로 압바스 왕조의 번역운동이 설명될 수 있다고 보면 안 된다는 것이다. 압바스 왕조의 번역운동은 기존 관행의 지속으로 해석될 수 없기 때문이다. 모든 번역활동은 특정한 이유와 목표가 있으며, 이것은 각각의 특정한 사례 안에서 연구되고 분석되어야 하고, 그에 따라 구별이 이루어져야 한다. 다음 절들은 이 분야를 다시 검토하려는 것이 아니라,[14] 압바스 왕조 이전 아라비아어로 이루어진 다양한 번역활동을 살펴보고, 그것이 압바스 왕조의 번역운동과 다른 점과 더불어 번역운동의 길을 닦아준 측면을 논의하려는 것이다.

시리아어로 이루어진 번역

그리스어-시리아어 번역에서 중요한 점은 압바스 왕조가 권좌에 오르고 그리스어-아라비아어 번역운동이 시작되었을 무렵 상황과 경향이다. 기독교 문헌의 그리스어-시리아어 번역—이것은 세속 저작 번역에 필요한 기술적 자원을 제공하기는 했지만, 다른 사회적·이념적 요구와 아람어를 사용하는 기독교인의 요구에 부응하는 것이었다—을 제외하면, 시리아어로 표현된 세련된 헬레니즘은 사제이자 의사이자 번역가인 레슈아이나의 세르기우스(536년 사망)의 작품과 함께 등장했다. 세르기우스는 알렉산드리아에 있는 암모니우스의 학교에서 교육을 받았다. 그는 제자이자 동료 성직자였던 티그리스 강변의 카르흐 웃단의 주교 테오도루스*에게 바친 작품에서 모든 학문의 불가결한 도구이자 기초인 논리학에서부터 시작하여 아리스토텔레스 철학의 모든 부분을 여러 권의 책으로 쓰겠다는 의도를 밝혔다. 이와 관련하여 위고나르-로슈가 세르기우스를 보이티우스*와 비교한 것은 적절해 보인다. 보이티우스는 세르기우스와 같은 시기에 라틴어권에서 활동하면서, 플라톤과 아리스토텔레스의 모든 작품을 라틴어로 번역하고 주석을 단다는 훨씬 야심찬 기획을 내놓았다.[15] 결국 두 기획 모두 실현되지 못했다. 세르기우스와 그의 후계자들은 아리스토텔레스 철학에서 『오르가논』의 첫 몇 권만 번역하는 데 그쳤으며, 보이티우스는 바로 뒤를 이을 후계자도 두지 못했다.

그리스 지식이 아라비아어로 옮겨지는 과정을 다루는 연구에는 그 작업이 기존의 시리아어 번역을 기초로 이루어졌다는 잘못된 생각이 널리 퍼져 있다. 즉 그리스 고전을 연구하고, 선정하고, 셈어로 번역하는 진짜 중요한 작업은 이미 시리아 학파에서 이루어졌고, 아라비아어 판본을 만드는 일은 시리아어 번역을 오직 아랍 엘리트의 후원만을 받아 동족의 셈어로 번역하는 기계적인 작업일 뿐이었다는 것이다.[16] 그러나 이것은 사실과는 한참 거리가 멀다. 압바스 왕조 이전에는 시리아어로 번역된 세속 그리스어 저작이 상대적으로 적었다. 논리학 입문 문헌(포르피리오스*의 『에이사고게Eisagoge』와 『오르가논』의 첫 세 책) 외에는 기본적으로 의학과 약간의 천문학, 점성학, 대중 철학 정도였다. 그리스 과학과 철학 문헌 다수가 시리아어로 번역된 것은 9세기 압바스 왕조 번역운동의 일환으로 이루어진 일이었다.[17]

이런 점에서 앞에 언급했던 레슈아이나의 세르기우스와 보이티우스가 생각했던 기획들의 결과를 고려해보고, 이들의 실패를 아랍 철학자들의 비슷한 기획 및 찬란한 성과와 비교해보는 것이 교훈적이다. 둘 사이에 차이가 난 것은 물론 세르기우스가 압바스 왕조 초기의 아랍 과학자나 철학자들과는 달리 그런 작업을 요구하고 뒷받침하는 사회적·정치적·과학적 환경에서 일을 하지 못했다는 점 때문이다. 시리아어를 사용하는 기독교도가 그리스어-아라비아어 번역운동에 불가결한 기술의 많은 부분을 제공한 것은 사실이지만, 이 운동을 주도하고, 학문적 방향을 설정하며 관리한 것은 초기 압바스 왕조 사회가 창조한 환경이었다.

그리스어에서 아라비아어로의 번역

처음에 아랍이 시리아, 팔레스타인, 이집트를 정복하고, 아랍 통치자와 부족민이 그리스어권으로 이동하면서 우마이야 왕조 시기 내내 그리스어를 아라비아어로 번역하는 것은 정부 기관에서나 일상생활에서나 불가피한 일이 되었다. 초기 우마이야 왕조는 연속성 때문에 어쩔 수 없이 그리스어를 사용하는 관리와 그리스어 자체를 다마스쿠스 제국 행정부에 유지할 수밖에 없었다. 이븐-안-나딤*이 말하듯이

[*F* 242.25-30] 우마이야 왕조 관리 가운데 일부가 행정 기구(dīwān)를 아라비아어로 바꾼 것은 아브드-알-말리크나 그의 아들 히샴(각각 재위 685~705와 재위 724~743)의 치세에 와서였다. 그런 관리 가운데 사르준 이븐-알-만수르 앗-루미와 그의 아들 알-만수르의 이름이 언급되고 있다. 히샴의 비서 살림 아부-알-알라의 후원하에 아리스토텔레스와 알렉산드로스 대왕이 주고받은 서간문 형태로 군주를 위한 귀감을 제시하는 그리스 문헌이 번역된 것도 우마이야 왕조 시대 지배 엘리트의 요구와 관련이 있었다.[18]

우마이야 왕조가 멸망하고 나서 한참 뒤까지도 그리스어를 많이 사용했던 시리아-팔레스타인과 이집트 내 개인생활이나 사회적·상업적 교류에서는 번역이 매일 눈에 띄는 현실이 되었다. 그리스어와 아라비아어 두 가지로 이루어진 증서와 계약서 파피루스는 7세기와 8세기 이집트에서 그리스어가 사용되던 상황을 증언한다. 이런 관행은 틀림없이 어디에나 퍼져 있었을 것이다. 또 이 지역에는 그리스어를 사용하는 사람들이 많이 있었기 때문에 그리스어 번역은 학자건 아니건 모두에게 개별적으로 쉽게 맡길 수 있는 일이었을 것이다. 역사가 함자 알-이스파하니(350/961년 이후에 사망)에 따르면 4/8세기까지도 "그리스-로마의 역사에 관한 정보가 필요하면 포로가 되어 하인으로 일하는 늙은 그리스인에게 그리스 역사 문헌을 구두로 번역해달라고 요청했다. 이런 일은 아라비아어도 잘 알던 하인의 아들 유믄의 도움을 얻어 이루어졌다."[19] 이는 이슬람 영토 내에서 어떤 언어든 그 언어를 모어로 사용하는 사람들이 구두로 번역을 하는 일이 실제로 이루어졌을 뿐 아니라, 예상했을지 모르지만 널리 퍼진 관행임에 틀림없었다는 사실을 보여준다.

그러나 과학 텍스트의 번역은 우마이야 왕조 시대에는 이루어지지 않았던 것으로 보인다. 당면한 필요 때문에 마사르자와이흐[*EI* VI, 640-641]가 마르완 1세(재위 64/684~65/685) 또는 우마르 2세(재위 99/717~101/720)를 위해 아룬[*EI* 부록, p. 52]의 의학개론(쿠나스kunnāš)을 번역했다는 이야기도 있으나, 이와 관련된 출처들을 무조건 믿을 수는 없다. 어쨌든 압바스 왕조 이전 과학 자료 번역의 다른 중요한 예로는 우마이야 왕조의 왕자 할리드 이븐-야지드(85/704년 이후에 사망)가 연금술, 점성학을 비롯하여 과학의 다양한 분야에 관한 그리스어 책들을 아라비아어로 번역하게 했다는 이야기가 유일한데, 이는 나중에 날조된 것으로 확인되었다.[20]

우마이야 왕조 시기의 이 모든 그리스어-아라비아어 번역활동은 아랍이 비아랍 민족들을 통치하면서 생겨난 시대의 요구에 무작위로 그때그때 부응한 예들이다. 번역된 자료 대부분—행정적·관료적·정치적·상업적 문서들—은 편의를 위해, 즉 새로운 통치자와 이질적인 신민 사이의 의사소통의 필요 때문에 번역된 것이다. 알렉산드로스가 아리스토텔레스에게 썼다고 하는 편지처럼 문화적이라고 생각될 수 있는 자료들조차 군사적 또는 행정적인 목적이 있었으며, 따라서 개별적이고 조정되지 않은 **활동**의 산물이었다. 학문적 관심을 가지고 그리스어 저작(그리고 그리스어 저작에서 영감을 얻은 시리아어 저작)을 아라비아어로 번역하는 일을 계획하는 일은 우마이야 왕조 시대에는 나타나지 않았던 것으로 보인다. 압바스 왕조 최초의 칼리프들이 등장하면서 비로소 계획적인 번역운동이 시작되었으며, 이것은 중요한 역사적·사회적·문화적 결과를 낳았다.

산스크리트 자료

천문학, 점성학, 수학, 의학 등 인도의 과학 자료는 압바스 왕조 시기에 주로 페르시아어(팔라비어)를 거쳐 아라비아어로 번역되었기 때문에, 이 또한 번역운동의 맥락에서 보아야 한다.[21] 산스크리트의 직접 번역은 이루어지지 않았던 것으로 보인다. 이루어졌다 해도 주로 천문학 텍스트에 한정되었던 것으로 보이는데, 핀그리에 따르면 그 가운데 일부는 압바스 왕조 이전에 신드와 아프가니스탄에서 번역되었다.[22]

산스크리트 번역은 물론 압바스 왕조 초기의 천문학 발달에 매우 중요했다. 그러나 그것을 넘어, 이 천문학 자료 가운데 일부가 압바스 왕조 이전에 번역되었다는 점은 앞서 언급했던 상당수의 국제적 학자들이 상당히 존재했다는 사실을 입증해준다는 의미가 있다. 이들의 재능은 압바스 왕조 초기에 번역운동을 일으키는 데 도움이 되었다.[23]

페르시아어 번역

그리스어를 팔라비어, 즉 사산 왕조의 중세 페르시아어로 번역한 것, 그리고 팔라비어를 아라비아어로 번역한 것은 압바스 왕조의 그리스어-아라비아어 번역운동만이 아니라 아랍 문학과 문화 전체의 발전에도 매우 중요한, 그러나 종종 과소평가되는 요인이다. 이 번역에는 다양한 측면이 있고, 그 탄생 배경에는 다양한 역사적 환경과 동기가 있기 때문에, 모든 것을 하나로 묶어서 이야기할 수는 없다.[24] 그것들을 구분하여 우리 주제와 가장 관련 있는 특징들을 골라내는 것이 필요하다.

우선 이슬람 이전에 그리스 과학—또 어쩌면 철학 자료까지—을 팔라비어로 번역한 작업이 있다. 사산 왕조가 그리스 학문에 관심을 가진 것은 한편으로는 모든 학문이 궁극적으로 아베스타에서 유래했다고 보는 조로아스터교의 제국 이데올로기 때문이기도 하다. 호스로 1세 아누시르완*(재위 531~578) 치세에 절정에 이른 그리스어-페르시아어 번역활동은 이런 맥락에서 이해하면 좋다. 유스티니아누스의 광신적 태도 때문에 피신한 그리스 철학자들을 아누시르완이 영접한 이야기는 너무 잘 알려져 있어 여기서 되풀이할 필요가 없지만, 유스티니아누스 치세의 역사가 아가티아스*도 아누시르완이 의뢰한 번역을 언급한다는 점만 이야기해두겠다.[25] 현대에 이루어진 연구는 점성학[*GAS* VII, 68-88]과 농업[*GAS* IV, 317-318] 분야에서 이 주장을 확인해주었지만, 다른 분야에서 팔라비어 자료가 그리스어 자료에 얼마나 의존하고 있는지는 아직 확인되지 않았다.[26] 철학 분야에서는 페르시아인 파울로스가 호스로 1세 아누시르완에게 논리학 책들을 헌정했다는 것을 알고 있다.[27] 또 아누시르완을 방문했던 그리스 철학자들 가운데 한 사람인 리디아의 프리스키아누스*가 아리스토텔레스의 자연학, 영혼론, 기상학, 생물학과 관련된 여러 주제의 철학적 질문에 대한 답으로 책을 한 권 썼다는 것도 알고 있다.[28] 아리스토텔레스의 물리학이나 그와 연관된 주제들에 관한 이러한 관심은 조로아스터교의 책 『덴카르드Dēnkard』에도 분명하게 드러난다. 그리스어 텍스트들이 실제로 팔라비어로 번역된 것인지는 알 수 없지만, 어쨌든 이 책은 그의 치세에 편찬되었다. 이런 번역의 의미는 이것이 그리스어 원본과 최종적인 아라비아어 번역 사이의 중개 역할을 했다는 데 있다기보다는 압바스 왕조 초기까지 살아남았던 어떤 번역 문화의 결과라는 데 있는데, 이 점에 관해서는 다음 장에서 논의할 것이다.

아랍이 페르시아를 정복한 뒤에는 그리스어의 경우와 마찬가지로 페르시아어도 아라비아어로 번역되었을 것이라고 생각하는 것이 당연하다. 실제로 가장 초기의 팔라비어 번역 가운데 일부에는 그리스어 번역과 똑같은 행정적 목표가 있었다. 우마이야 왕조 시대 시리아-팔레스타인의 국가 관리들이 행정 체계를 그리스어에서 아라비아어로 재편했듯이, 이슬람 제국 동부의 관리들은 팔라비어를 아라비아어로 번역했던 것이다.[29]

압바스 왕조 이전의 다른 팔라비어 번역은 문학적·역사적인 성격을 띠고 있으며, 학자들의 관심은 대부분 여기에 쏠렸다.[30] 제국의 아랍화와 페르시아어를 사용하는 주민의 이슬람화가 진행되면서 팔라비어 문학, 사료의 아라비아어 번역에 대한 수요도 생겨났다. 다양한 계급 내에서 이런 활동의 동기는 아직 더 연구되어야겠지만, 이슬람교의 최고위 후원자들 가운데 그런 관심을 보인 사람들이 있었으며, 이븐-알-무카파 같은 사람들이 그들의 후원을 받았다는 사실을 우리는 간접적으로 알고 있다. 예를 들어 알-마스우디*는 113/731년에 우마이야 왕조 칼리프인 히샴 이븐-아브드-알-말리크를 위해 사산 왕조 황제들과 그들이 채택한 정책의 역사가 번역되었다고 전한다.

팔라비어에서 아라비아어로 번역된 세 번째 종류의 텍스트는 처음 둘과는 달리 우리의 직접적인 관심사다. 이 집합은 바로 압바스 혁명의 시기(720~754년경)에 사회적·이념적인 의제를 공유한 페르시아의 집단 또는 개인들이 후원하였으며, 따라서 문화적 관심 또는 행정적 절박성 때문에 이루어진 다른 페르시아어-아라비아어 번역과는 대조를 이룬다. 이 텍스트들은 사산 왕조 조로아스터교 이데올로기의 운반자로 여겨질 수 있으며, 그러한 것으로서 사산 왕조 시대에 그리스어에서 팔라비어로 번역된 것들과 같은 범주에 속해 있다. 이 책들은 주로 점성학적 성격을 지닌 것으로, 구체적으로 정치적 점성학 또는 점성학의 역사를 다룬다. 이 번역은 아랍화된 페르시아인—7세기 중반 이슬람의 페르시아 정복 이후 그들의 팔라비어 지식은 빠르게 줄어들었다—과 페르시아화된 아랍인 양쪽을 대상으로 한 것이었다. 이 번역은 압바스 왕조 초기의 대의(다와da'wā)와 관련 있으며, 사산 왕조의 과거로 돌아가기를 갈망하는 집단들의 이념적 운동에서 중요한 역할을 한 것으로 보인다. 그 영향은 알-만수르 치세에 가장 두드러지는데, 이것은 다음 장의 주제다.

알-만수르 : 압바스 왕조 초기의 제국 이데올로기와 번역운동

들어가며

압바스 왕조 초기 칼리프들, 특히 알-만수르(재위 754~775)와 그의 아들 알-마흐디(재위 775~785)의 정책은 그리스어-아라비아어 번역운동의 기원을 찾아가는 데 대단히 중요하다. 번역운동을 개시한 것이 그들이었기 때문이다. 앞에서도 말했듯이 그들 이전 우마이야 왕조에서 벌어졌던 다양한 번역활동은 압바스 왕조에 의해 시작되었던 운동과는 달리 사회적으로 의미 있는 역할을 하지 못했다. 그들의 동기를 이해하고자 한다면 압바스 왕조 초기 행정부의 제국 이데올로기가 했던 역할, 더 구체적으로 말하면, 이 이데올로기의 형성에서 조로아스터교 사산 왕조라는 요소가 했던 역할을 연구할 필요가 있다.

우선 압바스 왕조가 권좌에 오르게 된 것은 예언자 무함마드 집안내 경쟁 분파 사이에 벌어진 내전—통상적으로 압바스 혁명이라고 부른다—의 결과였다는 점을 기억해야 한다. 초기 압바스 통치자들이 직면했던, 그리고 알-만수르가 정력적으로 달려들었던 과제는—이해할 만한 일이지만—이전 경쟁자들, 나아가서는 자기 나름의 목적으로 압바스 왕조의 대의를 위하여 혁명에 참여했던 다양한 이익 집단의 화해였다. 이런 화해는 정치적 수준과 이데올로기적 수준 양쪽에서 이루어졌다. 압바스 혁명과 관련하여 이루어진 상당량의 역사 연구에 따르면, 알-만수르와 그의 후계자들이 새로 형성된 국가의 통일을 유지해가는 데 성공한 것은 그들이 다양한 주요 분파와 정치적 제휴를 이루고, 그 분파들에게 압바스 왕조 국가를 보전하는 것이 각자에게 이익임을 설득하고, 주변적이거나 극단적이라고 여겨지는 분자들의 정치적인 의미를 없애거나 이데올로기적 평판을 더럽히는 능력을 지니고 있었기 때문이다.[1] 그러나 알-만수르와 그의 후계자들은 이런 정치적 조정과 더불어 내전 뒤에 다양한 분파의 눈앞에서 압바스 왕조의 정통성을 확립해야 했으며, 따라서 이데올로기적인 유화 정책에 관심을 가질 수밖에 없었다. 이런 점에서 가장 크게 만족을 시켜주어야 할 상대는 압바스 왕조가 권좌에 오르는 데 가장 큰 역할을 한 이른바 "페르시아" 분파였다. 이들은 주로 초기 정복 과정에서 호라산으로 이주하고, 그 뒤에 현지 주민과 합쳐진 아랍 부족들이었다. 현지 주민은 이슬람의 융성 이전 사산 제국 치하에 살았던 페르시아화된 아랍인과 아람인, 이슬람으로 개종한 페르시아인, 그리고 결국 아랍 정복이 돌이킬 수 없는 일이라고 받아들일 수밖에 없었던 페르시아인 조로아스터교도—알-만수르 시대에도 여전히 페르시아인의 다수를 이루었다—들이었다.

초기 압바스 왕조 칼리프들이 제국의 모든 분파가 지켜보는 가운데 왕조의 통치를 정당화하려고 노력하던 방식은 제국 이데올로기를 확대하여 "페르시아"파의 이해관계까지 포괄하는 것이었음이 이제 점점 분명해지고 있다. 그 방법은 압바스 왕조가 예언자의 후손들로서 수니파와 시아파 이슬람교도의 요구를 충족시킬 뿐 아니라, 바빌로니아로부터 바로 직전의 사산 왕조에 이르기까지 이라크와 이란의 고대 제국 왕조의 후계자이기도 하다는 관점을 확산하는 것이었다. 이런 식으로 그들은 여전히 이라크 동쪽 주민 다수의 지배 문화였던 사산 문화를 주류 압바스 문화에 통합할 수 있었다. 그리고 이런 정책의 입안자는 알-만수르였다.

알-만수르와 그리스어-아라비아어 번역운동의 기원

아랍 저자들은 바그다드의 건설자이자 압바스 왕조의 2대 칼리프이며, 압바스 국가의 실질적 창건자이자 이 왕조에 긴 생명력을 부여한 정책의 입안자인 알-만수르가 번역운동을 시작하고 장려했다고 말한다. 2차 문헌에서는 이 사실을 널리 인정받지 못하지만(이 점과 관련해서는 보통 알-마문이 중심적인 자리를 차지한다), 그 사실에 논란의 여지는 없다.

우선 초기 압바스 왕조 문화에 관한 1차 자료에 속하는, 서로 관련 없는 두 역사가의 분명한 증언이 있다. 첫 번째는 역사가 알-마스우디

(956년 사망)로, 그는 알-만수르의 후손인 칼리프 알-카히르(재위 932~934)와 이븐-알리 알-압디 알-후라사니 알-아흐바리라는 이름의 어떤 역사가 또는 전승의 보고자(아흐바리aḫbārī) 사이의 대화를 인용한다. 이 대화 전체의 서문에서 알-카히르는 선임자들에 관해 솔직하게 보고해달라고 요청하며, 불쾌한 이야기를 들어도 화내지 않을 것이라고 약속한다. 특히 아흐바리가 이전 압바스 왕조 칼리프들의 상스럽거나 불법적인 사건을 이야기해도 벌을 내리지 않을 것이라고 약속한다.[2] 그러자 아흐바리는 알-만수르에 관하여 다음과 같은 이야기를 한다.

> 알-만수르는 점성학자에게 호의를 보이고 또 점성학자의 예언을 기초로 행동한 첫 칼리프였습니다. 알-만수르의 수행원 가운데는 조로아스터교도 점성학자 나우바흐트가 있었는데, 그는 알-만수르의 권유로 이슬람으로 개종했으며, 나우바흐트 가문의 선조가 되었습니다. 알-만수르의 수행원에는 또한 별에게 보내는 송시를 비롯하여 점성학과 천문학 책을 여러 권 쓴[3] 점성학자 이브라힘 알-파자리도 있었고, 천체 관측의를 제작한 점성학자 알리 이븐-이사도 있었습니다.[4]
>
> 알-만수르는 외국어 책을 아라비아어로 번역시킨 첫 칼리프였는데, 그런 책에는 『칼리아 와딤나Kalīla wa-Dimna』 『신드힌드Sindhind』 등이 있습니다.[5] 아리스토텔레스의 논리학과 다른 주제에 관한 책들, 프톨레마이오스의 『알마게스트Almagest』*, [게라사의 니코마코스*의] 『수론Arithmetic』,[6] 유클리드의 [기하학에 관한] 책, 또 고전 그리스어, 비잔

틴 그리스어, 팔라비어[중기 페르시아어], 신新페르시아어, 시리아어로 기록된 다른 고대의 책들도 번역이 되었습니다. 이 [번역된 책들은] 사람들에게 공개되었으며, 사람들은 이 책들을 검토했고, 익히려고 노력했습니다.[7]

두 번째 보고자는 역사가 사이드-알-안달루시*(1070년 사망)인데, 그는 고대의 나라들이 다양한 학문에서 보여준 성취를 언급한 뒤 그 학문들이 아랍인에게 와서 발전한 상황을 다음과 같이 전한다.

이슬람이 시작될 때 아랍인은 그들 자신의 언어와 그들의 종교법 규제에 관한 지식 외에는 다른 학문을 발전시키지 않았다. 의학만이 예외였다. 의학 지식은 일부 개인들이 갖고 있었지만, 그렇다고 대중이 모르는 것은 아니었다. 사람들 모두가 필요를 느꼈기 때문이다. [사이드는 여기서 아랍 최초의 의사들 몇 사람을 나열하는데, 특히 우마이야 왕조의 칼리프 우마르 이븐-아브드-알-아지즈가 몸이 아플 때 오줌을 보내곤 했던 이븐-아브가르 알-키나니에게 주목하며, 의학과 연금술 전문가였던 우마이야 왕조의 왕자 할리드 이븐-야지드를 특별히 언급한다.]
이것이 우마이야 왕조 아랍인의 상황이었다. 그러나 전능하신 신께서 하심 가문[즉 압바스 가문]의 왕조를 이용하여 이 왕조를 끝내시고 통치권을 하심 가문에게 넘기시자, 사람들은 무관심에서 벗어나 야망을 갖게 되었고, 잠들어 있던 정신은 깨어났다. 아랍인 가운데 학문을 발전시킨 첫 번째 인물은 두 번째 칼리프인 아부-자파르 알-만수르였다. 그는—신께서 그에게 자비를 베푸시기를—학문과 학자들에게 깊은 애착을 품었으며, 그 자신이 종교에 깊은 지식이 있었고, 철학 지식, 특히 점성학을 [장려하는] 데 선구적 역할을 했다.[8]

이런 자료 외에도 알-만수르의 번역 후원을 지나가며 언급하는 사례는 많다. 이븐-아비-우사이비아는 알-만수르가 주치의 구르기스 이븐-부흐티슈[IAUI, 123-127]에게 그리스 책의 번역을 많이 맡겼다고 보고하며, 이븐-안-나딤은 그에게 비트리크가 번역한 "오래된 책 몇 권ašyā' min al-kutub al-qadīma"이 있었다고 말한다.[9] 수백 년 뒤 이븐-할둔*(1406년 사망)은 유클리드의 『원론Elements』 번역을 알-만수르가 특별히 후원했다고 다시 언급한다.

> 이슬람교도에게는 정주 문화가 발달했다. (…) 이윽고 그들은 철학을 연구하기를 원했다. 그들은 (그들의) 기독교 신민 가운데 주교와 사제들이 그 학문을 이야기하는 것을 들었다. 사실 인간의 사고 능력이란 (어차피) 지적인 과학 쪽을 갈망하기 마련이다. 그래서 아부 자파르 알-만수르는 비잔틴 황제에게 사람을 보내 수학 책의 번역본을 보내달라고 요청했다. 황제는 유클리드의 책과 물리학에 관한 책을 몇 권 보내주었다…….
> 이 분야에 관한 그리스 책 가운데 (아라비아어로) 번역된 것은 유클리드의 책이었다. (…) 이것이 아부 자파르 알-만수르 시대에 이슬람에서 번역된 최초의 그리스 책이었다.[10]

설사 이런 보고들의 구체적인 사항 가운데 미심쩍은 것이 있다 해도, 많은 부분은 다른 자료를 통해 확인할 수 있다. 이런 점과 더불어 알-만수르가 번역운동을 시작했다는 점과 관련하여 여러 자료가 놀라울 정도로 의견 일치를 보인다는 사실을 생각하면, 이런 보고들을 진지하게 고려해볼 가치가 있는 믿을 만한 사료로 받아들일 수 있다.

이제 현대의 학자들도 알-만수르의 명민함과 정치적 통찰력을 보편적으로 인정하고 있다. 예를 들어 M.A. 샤반은 "아부 쟈파르 [알-만수르]는 확실히 장기 계획을 세우는 데 천재였고, 이것이 그의 행동 대부분의 특징"이라고 말하며, 휴 케네디는 『이슬람 백과사전 Encyclopedia of Islam』 2판에서 알-만수르에 관한 권위 있는 글을 쓰며 "그는 변치 않는 마음과 신중한 결단으로 목표를 추구한 천재적 정치가였다"는 말로 끝맺고 있다. 1차 자료나 2차 문헌에서 알-만수르는 행정, 군사, 경제, 또 바그다드를 건설할 때는 지형 측량과 건축에 이르기까지 통치의 모든 측면을 개인적으로 책임진 인물로 묘사되고 있다. 그러나 좋은 머리를 타고났고 문화에 관심이 깊었으며 뛰어난 웅변가였음에도 그는 전통적인 의미의 학자는 아니었다.[11] 이러했기 때문에 제국의 문화적·이념적인 방향 설정에서 매우 중요했던 번역운동의 후원은 우연적이거나 자의적인 것이었다고 말할 수 없다. 따라서 문제는 알-만수르가 왜 그런 정책을 택했으며, 동기가 무엇이었냐 하는 것이다.

알-만수르가 학문과 번역을 장려하는 일을 주도했다는 이야기에서는 그가 점성학에 관심과 믿음을 가졌던 사실이 눈에 띈다. 이런 사실은 다른 자료로도 확인된다. 여기에서는 잘 알려진 사건 몇 가지만 언급하는 것으로 충분할 것이다. 알-만수르는 궁정 점성학자 나우바

호트와 그의 동료들(마샤앗라흐, 알-파자리, 우마르 앗-타바리*)의 권고에 따라 바그다드 창건일을 762년 7월 30일로 잡았다. 그는 친척 알리드 이브라힘 이븐-압달라의 반역(145/762~763)에 관해서도 나우바흐트의 조언을 들었다. 마지막으로 메카를 순례할 때(158/775)는 시의侍醫들과 더불어 아버지 나우바흐트의 뒤를 이어 궁정 점성학자 일을 했던 아들 아부-사흘과 동행했다.[12] 이제 사산 왕조의 문화 양식이 침투하면서 아랍 통치자들의 공적 생활에 점차 점성학이 나타나기 시작했다. 이슬람 이전에 또는 이슬람 초기에 아랍 사회에 점성학이 있었다는 증거는 없다. 우마이야 왕조 말기에 칼리프의 궁정에 점성학이 등장했다는 자료는 있지만, 점성학이 지배적인 위치에 선 것은 알-만수르 치세에 들어서면서였던 것으로 보인다. 이와는 대조적으로 점성학은 사산 왕조의 마지막 세기에, 또 이슬람 사회에서 사산 왕조의 마지막 후손들 사이에 널리 퍼져 있었다. 이들에게는 점성학이 과학적 형태와 대중적 형태 양쪽으로 널리 응용되고 있었다. 점성학은 그들 세계관 전체의 특징이기도 했다.[13]

압바스 왕조가 750년에 우마이야 왕조에게 승리를 거두는 데는 페르시아 사람들, 특히 호라산(이란 북동부와 중앙아시아) 사람들이 반드시 필요했다. 여기에는 이미 말했듯이 이 지역에서 적어도 두 세대 동안 살면서 혼인에 의해서건 문화적 동화에 의해서건 "페르시아화"된 이슬람교도 아랍인, 이슬람으로 개종한 아랍화된 페르시아인, 조로아스터교를 유지한 페르시아인, 전에 사산 제국이 점령했던 땅의 원주민으로서 아람어를 사용하는 기독교인과 유대인 등 다른 배경을 가진 사람들이 포함되었다. 이 사람들에게는 크든 작든 종교에서 세속적인 면에 이르기까지 사산 왕조 문화가 강하게 남아 있었으며, 그들의 엘리트는 압바스 왕조 행정부에서 주요한 자리를 차지했다. 이런 상황을 상징하는 것이 초기 압바스 왕조의 정치에서 바르마크 가문(750~803), 의학에서 부흐티슈 가문의 두드러진 역할이다. 이 엘리트가 유지하던 사산 왕조 문화에는 압바스 왕조의 대의를 공고하게 다지는 데 도움을 주었다는 점에서 알-만수르에게 큰 의미가 있는 두 구성 요소가 있었다. 하나는 조로아스터교의 제국 이데올로기이고, 또 하나는 정치적 점성학이었다. 이 두 요소가 융합되어 알-만수르가 제시한 압바스 왕조 이데올로기의 초석을 이루었다.

사산 왕조에서 물려받은 조로아스터교 제국 이데올로기

권좌를 차지한 뒤 칼리프 직의 소재지가 이라크, 궁극적으로는 바그다드로 옮겨졌기 때문에 압바스 왕조는 페르시아어 주민의 중심지에 자리잡게 되었다. 따라서 이 주민의 역사와 문화가 아직 형성중이던 새로운 압바스 왕조 문화를 규정하는 데 핵심적인 역할을 할 수밖에 없었으며, 이런 면에서 이 지역 주민의 고전 그리스 학문에 대한 태도를 확인하는 것이 중요하다.

조로아스터교를 국교로 삼았던 페르시아 사산 왕조 제국(226~642)은 아주 오래전 비길 데 없는 문명을 자랑했던 아케메네스* 제국의 후예를 자처했으며, 이런 자기 이미지를 반영하고 장려하는 이데올로기와 문화를 계발해나갔다. 사산 왕조를 계승한 당당한 황제들은 아케메네스 문명의 역사적·종교적 기록을 모으고, 베끼고, 편집하는 일에 적극적으로 나섰다. 사산 제국은 가장 유명한 황제 가운데 한 사람인 호스로 1세(아누시르완, 재위 531~578)가 죽고 나서 겨우 50년 뒤에 이슬람교도 아랍인에게 무너졌다. 호스로 1세는 우리에게 현재 전해지는 사산 왕조 이미지의 가장 새로운 판본 편집을 모든 면에서 책임졌던 인물이다. 조로아스터교와 페르시아 문명의 이 보물창고에는 오래전부터 호스로 1세의 치세에 이르기까지 페르시아에서 학문과 과학이 전파된 이야기가 담겨 있다.

이 이야기는 원본이라 할 수 있는 팔라비어 정리본과 압바스 혁명 이후 널리 유통된 다양한 아라비아어 판본 양쪽으로 남아 있다. 이제 이 글의 주제와 직접적인 관련이 있는 세 판본을 시대 순으로 인용해 보겠다. 첫 번째 판본은 아누시르완의 치세에 편찬되어 조로아스터교 책 『덴카르드』에 기록된 원본이다. 나머지 둘은 8세기 후반에 나온 최초의 아라비아어 판본일 가능성이 높다. 『덴카르드』 4권에는 다음과 같은 대목이 나온다(좀 더 쉽게 참조하도록 세 판본에서 똑같은 주제를 다루는 대목에는 똑같은 번호를 붙여놓았다).[14]

조로아스터교 『덴카르드』 4권에서

[1] 다라의 아들 다라[다리우스 3세 코도만누스, 재위 336~331]는 모든 아베스타[아베스타어로 기록된 조로아스터교의 성스러운 텍스트]와 잔드[아베스타의 팔라비어 번역과 주석]를 조로아스터가 오르마즈드['선한 영']에게서 받은 그대로 두 부씩 보존하라고 명령했다. 하나는 국고에, 다른 하나

는 문서보관 요새에 두라는 것이었다.

[2] 아르사케스* 왕조의 볼로가세스[1세(?), 재위 51년경~80년경][15]는 아베스타와 잔드만이 아니라 거기에서 파생된 모든 가르침 가운데 순수한 상태로 살아남은 모든 것을 [각] 지방에 전해져온 그대로 보존하라고 [지시하는] 각서를 각 지방으로 내려 보내라고 명령했다. 알렉산드로스 [대왕]의 파괴와 마케도니아인의 약탈로 이란 왕국 전역에 흩어져 있던 이 기록은 글로 적힌 것이건 구전된 것이건 여전히 권위를 유지하고 있었다.

[6] 바바크의 아들인 왕 중의 왕 아르다시르[1세, 재위 226~241] 폐하는 탄사르의 정당한 판단에 기초하여 흩어져 있는 모든 가르침을 궁정으로 가져오라고 요구했다…….

[7] 아르다시르의 아들인 왕 중의 왕 사부르[1세, 재위 241~271]는 추가로 인도, 비잔틴 제국을 비롯한 다른 나라에 흩어져 있는 의학, 천문학, 운동, 시간, 공간, 물질, 우연, 생성, 쇠퇴, 변형, 논리, 기능과 기술에 관한 비종교적 글을 모아 아베스타와 대조해보고, 흠 없는 모든 [글의] 사본을 만들어 국고에 보관하라고 명령했다. 또 모든 순수한 [가르침을] 마즈다 신앙에 합치는 문제를 토의해볼 것을 제안했다…….

[8] 왕 중의 왕인 현재의 키스라[호스로 1세 아누시르완 재위 531~578]는 (…) 선언했다. "우리는 마즈다 신앙의 진실을 인식했다. 따라서 지혜로운 사람들은 토론으로 이 신앙을 세계에 자신 있게 세울 수 있다……. 이란 왕국은 마즈다 신앙의 가르침, 즉 우리 선구자들이 축적한 지혜의 종합체가 지시하는 경로를 따랐다……. 우리는 모든 모

베드[성직자]가 열심히 또 새롭게 아베스타와 잔드를 검토하여, 그들이 성취한 결과로 이 땅에 사는 사람들이 가치 있고 풍요로운 지혜를 갖추게 하라고 명한다……. 모든 지식의 뿌리는 신앙의 가르침이기 때문에 (…) 지혜롭게 말하는 자는 세상 모든 사람에게 [자신의 지식을] 선사해야 한다……. 따라서 그의 말은 아베스타의 계시에서 가져온 것이 아니라 해도 아베스타의 해설로 간주해야 한다."

아라비아어로 기록된 첫 번째 판본일 가능성이 높은 두 번째 판본은 조로아스터의 5부로 이루어진 점성학 작업인 『출생 점성학의 책 Kitāb al-Mawālīd』을 담으려고 한 팔라비어 책을 아라비아어로 번역한 책의 머리말로 제시된 것이다. 750년경 이루어진 이 번역의 정치적·문화적인 맥락은 뒤에 간략하게 다루었다[본문 153~171쪽 참조*]. 텍스트 자체는 다음과 같다.[16]

조로아스터가 썼다고 하는 『출생 점성학의 책』에서

이것은 마한카르드가 번역한 책이다.

그[즉 뒤에 나오는 사이드 이븐-호라산-훗레흐]는 조로아스터의 천문학 책들을 아부 무슬림[알-후라사니, 129/746~137/755]이 통치하던 시기에 번역했다.

[2] 그[즉 마한카르드]가 말했다.[17] "나는 조로아스터의 책들 가운데 이 책을 번역했다……. 나는 철학이 포함된 (…) 것은 전혀 보지 못했다……. 알렉산드로스가 다라[다리우스] 왕의 나라를 정복했을 때,

그가 모두 그리스어로 번역하고, 그런 뒤에 다라의 보물창고에 보관된 원본을 태우고, 그것을 가지고 있다고 여겨지는 사람을 모두 죽였기 때문이다. 몇 사람이 간신히 보관하여 일부가 보존되었을 뿐이다. 그들은 알렉산더를 피해 섬이나 산으로 달아났다. 그들은 알렉산드로스가 죽은 뒤에 고향으로 돌아와 암기하고 있던 부분을 글로 적었다. 그들이 적은 것은 단편적이다. 많은 부분이 사라졌고, 남은 것은 거의 없다.

그래서 마한카르드는 그의 시대까지, 즉 페르시아인들의 지배 체제가 아랍인들의 손에 무너질 때까지 남아 있던 것을 번역했다. 그의 번역은 아베스타어 문자[18]에서 [새로운] 페르시아어 다리dari로 이루어진 것이었다.

그러다가 나중에 이 학문이 폐절 상태에 빠지지 않고, 윤곽[즉 흔적]이 쓸려나가지 않도록, 사이드 이븐-호라산-홋레흐가 이것을 아라비아어로 번역했다…….

마한카르드는 마르즈반인 마후예 이븐-마하나히드를 위해 그것을 번역했다……. 이스파부드인 순바드는 페르시아인의 언어가 용처를 잃고, 아랍 언어가 다른 언어들을 앞지르는 것을 보고 (…) 이 신비[즉 천문학의 신비]를 아라비아어로 드러내면 그 지식이 더 쉽게 전달될 수 있을 것이라고 생각했다……. 이 두[?] 책은 보물창고 관리인이 다루었으며, 『딘-나메dīn-nāmeh』[종교의 서] 안에 포함되어 읽혔다.

세 번째 판본은 우리가 앞서 보았던 아부-사흘 이븐-나우바흐트의 펜에서 나오는데, 그는 알-만수르의 점성학자의 아들로서 그 자리를 이어받았으며, 알-만수르의 마지막 순례에도 동행했다. 그는 조로아스터교의 학문 전파의 역사를 다룬 이 판본을 그의 『출생에 관한 나흐무탄의 책Book of Nahmuṭān on the Nativities』, 즉 점성학의 역사에 관한 책 속에 집어넣었다. 아부-사흘의 글은 『덴카르드』와 유사한 팔라비어 자료에서 번역된 것으로 보인다. 비비 꼬인 아랍어 문체는 원문의 구문을 그대로 따르고 있다.[19]

아부-사흘 이븐-나우바흐트의 『나흐무탄의 책』에서

[2] 그리스인의 왕 알렉산드로스는 페르시아를 치려고 마케도니아라 부르는 비잔틴의 한 도시를 나섰다……. 그는 다라의 아들인 왕 다라를 죽이고 그의 왕국을 점령했다……. 그리고 여러 건물을 무너뜨리고, 태우고, 안에 보관된 것은 다 흩뿌려, 그런 건물의 돌과 나무에 새겨진 다양한 종류의 지식을 파괴했다.

[3] 그러나 그는 이스타흐르[페르세폴리스]의 문서보관소와 보물창고에서 거두어들인 모든 책은 사본을 만들고, 비잔틴어[그리스어]와 콥트어로 번역하게 했다. 그는 이 [자료]에서 필요한 것을 모두 복사한 뒤 페르시아어[일반적인 글자]와 카스타그라고 부르는 [장식적이고 형식적인] 글자로 적힌 것은 태워버렸다. 그는 천문학, 의학, [천체의 점성학적] 속성에 관한 책에서 필요한 것을 취했다.[20] 그는 이 책들을 그가 얻게 된 나머지 학문, 재산, 보물, 학자들과 함께 이집트로 보냈다.

[4] 그러나 인도와 중국의 경계 내에는 예언자 조로아스터와 현자 자마스브가 명령한 대로 페르시아의 왕들이 복사해서 보존해놓은

[이 책들 가운데] 일부가 남아 있었다…….

[5] 그 뒤로 이라크에서 학문은 말살되었다…….

[6] 그러다가 사산 왕조의 아르다시르 이븐-바바크는 인도와 중국으로 그곳에 있는 책을 구하러 사람을 보냈고, 비잔틴에도 보냈다. 그는 그곳에 있는 모든 책의 사본을 만들고, 이라크 내의 얼마 남지 않은 책들도 추적했다. 그는 흩어진 것을 모았고, 나뉜 것을 합쳤다.

[7] 그를 뒤이어서는 아들 사부르가 똑같은 일을 하여, 마침내 이집트를 다스린 바빌로니아인 헤르메스, [시돈의] 시리아인 도로테우스, 학문으로 유명한 도시 아테네 출신의 그리스인 카이다루스,[21] 알렉산드리아인 프톨레마이오스, 인도인 파르마스브가 [편찬한] 방식으로 모든 책이 페르시아어로 복사되었다. 그들은 바빌론에서 나온 책들에서 배운 것과 같은 방법으로 그 책들에 주석을 달고 그 책들을 사람들에게 가르쳤다.

[8] 아르다시르와 사부르 뒤에는 키스라[호스로 1세] 아누시르완[531~578]이 이 책들을 모으고 [올바른 순서로] 정리하였고, 지식에 대한 욕망과 사랑 때문에 그것을 행동의 기초로 삼았다.

알렉산드로스의 약탈과 페르시아 책의 그리스어 번역에 관한 보고는 팔라비어의 여러 교정판으로 나온 『신들의 책Ḫwdadāy-nāmag| Ḫudāy-nāma』에 기록된 사산 왕조 말기(7세기 초)의 역사적 전승에 포함된 것이다.[22] 이 가운데 한 가지 판본은 이슬람교도 페르시아인 역사학자 함자 알-이스파하니(350/961년 이후 사망)가 아라비아어 번역본 또는 무사 이븐-이사 알-키스라위의 판본(8세기 중반?)을 근거로 이야기하는

것으로, 이에 따르면 알렉산드로스가 페르시아 책들을 그리스어로 번역한 뒤에 태운 것은 "[페르시아인]이 다른 어떤 나라도 따라오지 못할 방식으로 학문을 수집한 것을 질투했기" 때문이라고 한다.[23]

조로아스터교 제국 이데올로기와 번역 문화

여러 보고에 묘사되는 지식과 학문의 기원과 전달 이야기는 분명하다. 조로아스터는 '선한 신' 오르마즈드에게서 모든 지식이 담긴 아베스타 텍스트를 받았다(§1). 그러나 알렉산드로스 대제가 페르시아를 파괴하면서 이 텍스트가 전 세계에 흩어졌다(§2). 그리스인과 이집트인은 알렉산드로스가 그리스어와 콥트어로 번역한 이 조로아스터 텍스트로부터 지식을 얻었다(§3). 이후 사산 왕조 황제들은 흩어진 여러 장소로부터 그 텍스트와 거기에 나오는 지식을 모두 모으는 일을 떠맡았다(§§6~7). 자료들은 그 장소로 인도와 비잔티움을 꼽으며, 아부-사흘은 중국을 덧붙인다(§§4, 6). 구체적으로 아르다시르 황제와 그의 대신 탄사르는 마스다의 글을 종교적 정전으로 만들어냈으며(§6), 사부르는 (§7)에 열거된 주제를 다루는 모든 비종교적 글을 모으고, 아베스타와 일치하는 글들을 확정하고, 그것을 마즈다 신앙에 병합했다고 전해진다. 아부-사흘은 이 책들이 다시 페르시아어(팔라비어)로 번역되었다고 덧붙이면서, 텍스트가 복원된 저자들의 이름을 구체적으로 이야기한다(§7). 호스로 1세 아누시르완은 조로아스터교 신앙을 이루는 이 텍스트들을 모두 보급하면서, 인류를 위하여 이것을 연구하고 논의하라고 공포했다(§8). 마지막으로 조로아스터교를 흉내낸 점성학 문서인 『출생 점성학의 책』의 머리말은 이후 번역이 이루어진 두 단계와 관련된 아주 중요한 세부 사항을 덧붙인다. 이슬람 정복 때 팔라비어에서 신페르시아어(7세기 중반)로 이루어진 번역과 그후 100년 뒤 압바스 혁명 동안 신페르시아어에서 아라비아어로 이루어진 번역이다.

이들 텍스트의 저자와 독자가 다양하다는 점을 고려할 때, 이야기들의 취지가 어느 정도 다른 것은 당연하다. 『덴카르드』는 조로아스터교의 공식 텍스트이다. 조로아스터가 썼다고 하는 이 점성학 텍스트는 머리말에서 저자가 진짜임을 입증하는 데 관심을 갖지만, 아부-사흘의 텍스트는 이슬람으로 개종한 조로아스터교 신자가 알-만수르에서부터 하룬 앗-라시드에 이르는 압바스 왕조 칼리프들의 궁정 점성학자라는 공식 자격으로 쓴 문건이다.[24] 『덴카르드』는 모든 필수 지식이 아베스타에 포함되어 있다고 보며, "세속적" 지식—§7에서 열거하고 있다—이 거기에서 파생된다고 여긴다.[25] 이슬람교도인 아부-사흘은 조로아스터교에 대해 똑같은 이야기를 할 수 없다. 그래서 그는 모든 학문이 바빌론에서 나왔다고 말하며, 이라크를 그들의 지리적 중심으로 세우고 있는 듯하다. 그런 다음 알렉산드로스 이후 학문이 흩어진 과정을 추적하고, 『덴카르드』와 마찬가지로 사산 왕조가 학문을 복구하여 이라크에 돌려주었다고 말한다.

이 모든 이야기가 말하는 핵심은 **모든** 학문이 원래 아베스타, 즉 조로아스터교 정전에서 파생되었으며, 학문의 보존·수집·전파는 사산 왕조, 그 가운데서도 특히 아르다시르 1세, 사부르 1세, 호스로 1세 아누시르완 덕분이라는 것이다. 압바스 왕조 첫 100년 동안 널리 퍼졌고 수많은 관련 문헌에서 찾아볼 수 있는[26] 이러한 견해는, 대중적인 수준이라고 할 수도 있겠지만, 조로아스터 자신이 모든 현존하는 학문의 저자이며, 그가 세상 모든 언어로 그것을 썼다고 하는 믿음으로도 표현되었다. 위대한 번역가이자 학자인 쿠스타 이븐-루카(912년 사망)는 이슬람교도 후원자이자 친구인 아부-이사 이븐-알-무낫짐에게 보낸 편지에서 다음과 같이 말한다.

> 조로아스터교도는 조로아스터가 물소 가죽으로 장정한 책 1만 2000권을 황금 잉크로 썼으며, 여기에 모든 학문과 언어가 담겨 있다고 주장합니다……. 예를 들어 "bi-smi llāhi r-raḥmāni r-raḥīm"["자비롭고 자애로운 신의 이름으로"라는 이슬람의 관용 표현]를 쓸 때는 페르시아어로 "bi-smi"라고 쓰고, 산스크리트로는 "Allāh"라고 쓰고, 슬라브어로는 "ar-Raḥmān"이라고 쓰고, 시리아어로는 "ar-Raḥīm"이라고 쓰는 등, 모든 언어를 훑을 때까지 이런 식으로 계속하고, 이어 처음부터 다시 시작하여 물소 가죽으로 장정된 1200권을 채웠다는 것입니다. 이 책들이 오늘날까지 완전한 형태로든 부분적으로든 그들에게 남아 있습니다. 나는 이븐-주바이다, 아두야 알-무아이야드, 알-무칼라드 이븐-아이유브와 다른 페르시아인 몇 명에게서 그런 이야기를 들었습니다.

역사의 이런 이데올로기적 재구성은 압바스 왕조 초기 이라크의 많은 주민 집단(또는 요즘 우리가 흔히 하는 말로 "선거구민들")에게 호소력이 있었을 것이다. 압바스 왕조에서 살던 페르시아인 조로아스터교도는 아베스타만이 아니라, 거기서 파생되고 『덴카르드』에서 언급된 다른 모든 학문을 공부하는 것을 그들의 당연한 종교적 의무로 여겼을 것이다. 실제로 아누시르완은 그런 취지를 분명히 드러내는 포고를 했다(§8). 따라서 압바스 왕조 초기에 이슬람으로 개종한 페르시아인은 모든 학문의 연구를 자신들의 유산의 일부로 여길 수 있었다. 당시 이라크에 살던 비페르시아인 가운데 다수는 그 무렵 이슬람으로 개종한 사람이든 기독교인이나 유대인이든 모두 아람어를 사용했다. 이 사람들—아부-사흘은 이 사람들을 위하여 그 보고서를 쓴 것으로 보이는데—에게 그런 이데올로기적인 메시지는 특별한 의미가 있었을 것이다. 아람어를 사용하는 메소포타미아 원주민은 친그리스적 태도에도 불구하고 자신들이 고대 바빌로니아인의 후손이라는 사실을 의식하고 있었을 것이다. 7세기 최고의 시리아인 학자인 니시비스의 세베루스도 아주 분명하게 말하고 있다. "바빌로니아인이 시리아인[즉 아람어 사용자]이라는 사실에는 아무도 토를 달지 않을 것이다."[28] 압바스 왕조 통치자들은 그런 관점을 채택하여 아람인의 지지를 얻었을 것이다. 또 아람인은 수백 년에 걸쳐 칼케돈파 비잔틴인의 정치적·문화적 박해를 받은 뒤였기 때문에 그런 정책을 환영했을 것이다. 마지막으로 아랍인 이슬람교도에게는 당시 이 문제가 거의 중요하지 않았을 것이다. 그들에게는 이것이 민족적 또는 역사적 이해관계가 걸린 일이 아니었기 때문이다. 아마 그들은 여러 면에서 모든 학문 연구가 이전 시대 훌륭한 황제들의 정책일 뿐 아니라 고유한 전통을 계승한 것이라고 보았을 것이며, 그런 면에서 기본적으로 권할 만한 일로 여겼을 것이다.

더욱이 그리스 책이면 **모두** 당연히 조로아스터교 정전의 일부라는 데 이 세 판본 모두가 합의하고 있다. 이 책들이 그리스인에게 알려진 것이 알렉산드로스의 이란 약탈 때문이라고 보기 때문이다. 따라서 그리스 책의 번역과 연구는 고대 페르시아의 지식을 복원한다는 뜻이었다. 이 점은 나우바흐트의 판본에 가장 분명하게 나타난다. 결국 이 이야기가 우위를 차지하여, 통념으로 받아들여지게 된다. 이것은 수백 년 뒤 학문 발달에 관한 이븐-할둔의 설명에도 등장한다.

> [고대] 페르시아인에게는 지적인 학문이 크고 중요한 역할을 했다. 페르시아 왕조들이 막강하여, 아무런 방해를 받지 않고 통치했기 때문이다. 지적인 학문은 알렉산드로스가 다리우스를 죽이고 아케메네스 제국을 장악했을 때 페르시아인에게서 그리스인에게로 전해진 것으로 이야기된다. 당시 알렉산드로스는 페르시아인의 책과 학문을 자신의 것으로 만들었다.[29]

§3에서 제시된 주제들의 목록을 보면 이 책들의 성격과 출처에 관해서는 의심의 여지가 없다. 텍스트 자체에서 정확하게 말하고 있듯이, 이 책들은 비잔틴(즉 그리스)과 인도의 자료에서 왔다. 인도 쪽 구성요소는 중요하기는 하지만 상대적으로 소수이며 당장 우리 관심사도 아니다. 그러나 비잔틴에서 온 것은 아주 중요하다. 나열된 주제들이 고대 말기에 연구되다가 결국 압바스 왕조에서 아라비아어로 번역된 그리스 학문의 정전에 속한 것이기 때문이다. 구체적으로 보자면 여기서 가리키는 정전은 다음과 같다.[30] 우선 의학. 그리고 점성학을 포

함하기도 하는 천문학—『덴카르드』는 다른 곳에서 프톨레마이오스의 『알마게스트』를 언급하기도 한다. 운동, 시간, 공간, 물질, 우연 등 다섯 단어는 아리스토텔레스의 『자연학Physics』을 직접적으로 가리키는데, 『자연학』은 실제로 그런 주제를 구체적으로 다룬다. 생성, 소멸, 변형 등 세 단어는 아리스토텔레스의 『생성소멸론De generatione et corruptione』을 안에 담긴 주제와 더불어 제목으로도 가리키고 있다. 논리는 물론 아리스토텔레스의 『오르가논』을 가리키며, "다른 기능과 기술"에는 연금술이 감추어져 있는 것일 수도 있다.[31] 이 다른 기예 가운데 몇 가지는 『덴카르드』 전체에 흩어져 있다. 해럴드 베일리*는 논리학, 변증법, 기하학을 언급한다.[32] 이 책들 가운데 일부는 틀림없이 시리아를 거쳐 페르시아인에게 이르렀을 것이다. 아람인은 늘 사산 제국의 신민이었기 때문이다. 그리스어가 팔라비어로 이렇게 옮겨지는 데 시리아어가 적어도 그 일부분에서는 중개자 역할을 했다는 사실은 "철학자philosopher" "소피스트sophist"처럼 팔라비어에서 나타나는 그리스 단어 형태들로도 짐작할 수 있다.[33]

이러한 사산 왕조의 조로아스터교 제국 이데올로기에서 핵심적 역할을 하는 것—실제로 이 이데올로기에 신빙성과 일관성을 부여하는 불가결한 요소다—이 바로 이 이데올로기가 떠맡아 장려하는 번역 문화다. 번역이 존재할 뿐 아니라 문화적인 선善이라고 가정하지 않는다면, 아베스타가 모든 나라의 모든 학문과 철학의 원천이자 기원이라는 이데올로기적인 주장은 첫째, 근동의 헬레니즘 이후 세계에서 그리스 문자들이 논란의 여지없이 최고의 자리를 차지하고 있다는 점, 둘째, 사산 왕조 제국에서 실제로 그리스어(와 산스크리트)에서 팔라비어로 번역이 이루어졌다는 점(§7에서 아부-사흘이 실제로 목록을 제공한다) 등의 역사적 사실들과 양립할 수 없다. 따라서 조로아스터교 이데올로기가 효과를 발휘하기 위해서는 완전히 번역에 의존할 수밖에 없다. 즉 알렉산드로스의 정복을 계기로 이루어졌다고 하는, 아베스타어로부터 그리스어를 비롯한 다른 언어들로의 번역, 그리고 사산 왕조 시기에 그리스어와 다른 언어들로부터 팔라비어로 실제로 이루어진 번역에 의존해야 하는 것이다. "조로아스터"의 점성학 텍스트는 우리에게 번역 문화의 더 나아간 단계를 보여준다. 이번에는 아랍 정복에 의해 이루어진 번역으로, 정복이 진행중이던 때에 팔라비어에서 신페르시아어로 이루어진 번역, 그리고 100년 뒤에 페르시아어에서 아라비아어로 이루어진 번역이다. 사산 왕조 제국이 붕괴하고 옛 언어로 아베스타를 보급할 중앙집권적 조로아스터교의 권위가 소멸한 상황에서 아베스타 텍스트를 당시 사용되던 언어(신페르시아어)로 번역하는 것은 이 텍스트의 생존 문제였다. 페르시아어에서 다시 아라비아어로 번역된 이유는 텍스트 자체에 의해 주어지며, 결코 엉뚱한 일로 보이지 않는다. 아라비아어로 이루어진 조로아스터교 부흥운동에 관해서는 다음 절에서 논의할 것이다.

이렇게 조로아스터교 제국 이데올로기는 우선 문명의 기초로서 책들의 집합체를 제시했다. 기본적으로 고대로부터 당시까지 남아 있는 모든 언어의 모든 책을 이야기하는 것이었다. 모든 책이 아베스타에서 번역되었거나 거기에서 파생된 것이라고 여겼기 때문이다. 또 이 이데올로기는 그런 책들을 획득하는 것이 가능할 뿐 아니라 바람직하다는 문화적 관점을 제공했다. 번역의 가치를 인정한 것이다. 다음 절에서 이유를 제시하겠지만, 알-만수르가 사산 왕조의 제국 이데올로기를 채택한 것은 따라서 번역 문화도 함께 채택한다는 뜻이기도 했다.

정치적 이데올로기로 등장한 점성학적 역사 해석

점성학적 역사 해석은 별과 행성들이 관장하는 다양한 주기週期와 관련하여 왕조의 역사를 설명하는 것이다. 앞의 인용문이 담겨 있는 아부-사흘의 『나흐무탄의 책』이 바로 점성학적 역사 해석이며, 아라비아어로 기록된 그러한 책들 중 맨 처음은 아니라 해도 초기에 등장한 것들 가운데에 속한다. 아부-사흘은 학문이 전파된 역사를 이야기한 뒤 그 이야기의 교훈을 분명히 언급하며 끝을 맺는데, §8 다음에 이렇게 말한다.

> 모든 시대 사람들은 별의 포고와 12궁도의 궁에 따라 새로운 경험을 얻고 지식을 갱신한다. 별은 전능하신 신의 명령에 의거하여 시간을 관장하는 책임을 진다.

압바스 왕조 통치자들에게 보내는 메시지는 분명하다. 신의 명령에 의거하여, 별들이 전에 사산 왕조가 그랬듯이 이제 압바스 왕조가 학문을 새롭게 할 차례라는 포고를 내렸다는 것이다. 이것이 아부-사흘의 점성학적 역사 해석의 목적이기도 하다. 아부-사흘은 원래 호스로 1세 아누시르완이 내렸고 『덴카르드』에 적혀 있기도 한, 지식을 전파하라는 포고를 반복하면서, 원숙한 솜씨로 이런 포고를 내린 것이 별, 궁극적으로는 신이라고 말하고 있는 것이다. 여기에는 압바스 왕조 체제의 모든 잠재적 반대자들에게 보내는 메시지, 즉 이 체제에 반대하는 모든 정치 행동은 무익하다는 메시지가 내포되어 있다. 그것은 압바스 왕조 국가가 별들이 관장하는 웅장한 계획 속에서 메소포타미아와 이란의 고대 제국들, 가장 직접적으로는 사산 왕조의 유일한 정통 계승자라는 관점을 제시한다는 점에서 이데올로기적인 메시지이기도 하다.[34]

알-만수르가 압바스 왕조의 통치는 난공불락이라는 정치적 메시지와 새로 세워진 왕조는 사실상 사산 왕조의 후계자라는 이데올로기적 메시지를 보내는 정책을 채택한 데에는 그럴 만한 이유가 있었다. 그는 페르시아와 조로아스터교 부흥운동이라는 형태로 나타나는 압바스 왕조 통치에 대한 반발과 맞서 싸워야 했다.

페르시아인이 지배적인 이란과 호라산 주민 속에서 압바스 혁명을 오랫동안 꿈꾸던 시기에 압바스 왕조 운동(da'wā)이 퍼뜨린 주된 두 메시지는 우마이야 왕조가 곧 무너질 것이라는 점과 그 왕조가 모두가 받아들일 수 있는(앗-리다ar-riḍā) 예언자 집안 출신 지도자로 대체될 것이라는 점이었다. 그러나 개종하지 않은 주민에 속한 많은 집단에게 이 두 메시지가 반드시 똑같은 영향을 준 것은 아니었다. 압바스 가문과 마찬가지로 우마이야 왕조의 아랍인 지배를 무너뜨리는 데는 큰 관심을 가졌지만, 그들을 누구로 교체할 것인가에 관해서는 생각이 다른 사람이 많았다. 말을 바꾸면, 압바스 혁명의 선전은 아랍인 지배의 붕괴와 그에 이은 새로운 정치적·종교적 질서의 전망에 대한 기대감을 일으켰지만, 기대감을 품은 모두가 이 새 질서를 이슬람과 압바스 왕조로 본 것은 아니라는 것이다. 페르시아 민족 종교의 부흥을 꾀하는 다양한 집단이 동시에 자신들의 의제와 이데올로기를 내세웠으며, 이것들 또한 이슬람교도의 의제나 이데올로기에 대응하여 종교 용어로 표현되었다.

반대파의 첫 번째 구성 요소는 지역 주민 가운데 대지주를 제외한 대부분의 구성원 또는 계급들로, 이들은 이슬람이 호라산을 직접 통제하면 피해를 보는 사람들이었다. 이들의 움직임을 느슨하게나마 분리 또는 탈퇴운동이라고 부를 수도 있을 것이다. 이들이 알-만수르의 통치에 대항하여 일으킨 반란의 목표는 아랍 지배를 무너뜨리고 페르시아 민족 종교의 다양한 형태, 또는 조로아스터교의 모티프를 종교적으로 융합한 형태를 복원하는 것이었다.[35] 반란은 호라산의 압바스 왕조 혁명군 지도자 아부-무슬림 알-후라사니[*EI* I, 141]라는 이름과 연결되어 있었다. 그는 혁명을 성공시키는 데 매우 중요한 역할을 했고, 마르브를 중심으로 한 지역에서 폭넓은 지지를 받고 있었기 때문에 결국 그의 처형은 불가피했다(137/755). 이 사건에 자극을 받아 일어난 첫 번째 봉기는 육군 지휘관(이스파흐바드ispahbaḏ) 순바드(137~138/755년 사망)가 주도했는데, 그는 아부-무슬림 군의 장군이자 『출생 점성학의 책』의 번역 후원자였다. 순바드의 반란 뒤에도 바라즈(142/759)와 터키인 이스하크의 반란(142/759)이 잇따랐다.

압바스 왕조 정책에 두 번째 유형의 반대를 펼친 사람들은 지역의 지주 귀족, 즉 데흐칸dehqan이었다. 사산 제국 말기 이 계급은 사산 왕조 황제에 맞서 상당한 권력을 손에 쥐고 해당 지역에서 마치 총독처럼 주민을 다스렸다. 이들은 대부분 항복 문서에 서명하면서 아랍 통치를 받아들였고, 그 결과 계속 특권을 유지할 수 있었다. 이들에 대한 우마이야 왕조의 정책은 그들이 계속 비이슬람 주민에게 세금을 거두면서 그들을 다스리는 지역 지배자로 기능하게 하는 것이었다. 아랍인이나 개종한 페르시아인으로 이루어진 이슬람교도는 물론 그들의 관할 밖이었지만, 우마이야 왕조 시기에는 개종자 수가 적었기 때문에 거의 문제가 되지 않았다. 그러나 압바스 왕조가 등장하여 평등한 이슬람 사회를 내세우면서, 지주 귀족의 권력은 이슬람화가 진행되는 것에 반비례하여 점차 감소했다. 따라서 그들은 압바스 왕조의 대의에 반대했으며, 이것은 혁명에 참여한 귀족 가문이 거의 없다는 사실만이 아니라 그들 가운데 한 가문인 우스타즈시스 가문이 150/767년에 실제로 알-만수르에게 맞서 반란을 일으켰다는 사실로도 입증된다.[36]

이런 모든 반대 집단의 이데올로기는 정도의 차이가 있고 강조하는 바가 다르기는 했지만 조로아스터교의 부흥이었다. 압바스 혁명과 그 여파가 이어지는 전체 과정에서 번역은 이 반대 집단들이 주민과 소통하고, 지지자를 모으고, 선전을 하는 데 매우 중요한 역할을 하게 되었다. 그 무렵에는 페르시아 주민 가운데 조로아스터교의 많은 텍스트를 기록한 언어인 팔라비어보다도 아라비아어가 쓰기 편한 사람이 늘어, 이들과 소통할 필요가 있었기 때문이다. 그뿐 아니라, 100년 전 사산 왕조의 국가와 종교 체계의 붕괴 이후 공식 관리자가 없어 사라질 위기에 처한 조로아스터교 공동체의 종교 텍스트를 우세한 아라비아어로 보존할 필요가 있었기 때문이기도 하다. 전통적인 조로아스터교 자료를 아라비아어로 번역한 텍스트는 팔라비어를 알 수 없었을 아랍화된 페르시아인들에게 우마이야 왕조의 몰락의 불가피성과 그들이 부활을 꿈꾸는 조로아스터교 전통의 타당성을 설득하는 중요한 선전 도구였다.

이것은 정치적 요구 외에 이데올로기적·문화적으로 확실한 목표를 갖고 있었던 순바드의 활동에서도 분명하게 나타난다. 그의 반란은 아부-무슬림의 처형 뒤에야 공개적으로 모습을 드러냈지만, 오래전부터 계획되고 있었음이 분명하다. 그는 앞에서 언급했던 조로아스터교의 점성학 텍스트를 신페르시아어에서 아라비아어로 번역하는 일을 맡겼고, 그 결과 우리는 행복한 우연의 일치로 사산 왕조의 제국 이데올로기를 소생시키고자 하는 그의 정책에 대한 문서 증거를 손에 쥐게 되었다. 그 이야기의 머리말에서 읽을 수 있듯이, 순바드가 번역을 명령한 것은 아라비아어의 급속한 확산으로 팔라비어로 기록된 전통적인 조로아스터교 책들이 낡은 것이 되어버렸다고 생각했기 때문이다. 머리말에 따르면 100년 전 사산 제국이 무너졌을 때(650년경) 팔라비어 책을 신페르시아어로 번역했던 마한카르드라는 사람도 비슷한 이유를 댔다.[37] 번역을 위해 선정된 텍스트가 정치적 점성학을 포함하여 점성학에 관한 것이라는 사실은 점성학이 압바스 왕조에 반대하는 운동의 이데올로기에서 중요한 자리를 차지했음을 보여준다.

이런 반란들이 압바스 왕조의 생존에 얼마나 심각한 위협이 되었는가 하는 것은 경우마다 달랐다. 그러나 알-만수르는 모든 반역에 단호하게 대처했을 뿐 아니라, 이데올로기적인 흡수 정책을 채택했다. 즉 조로아스터교의 호소력과 의미를 선점하기 위해 아부-무슬림 지지 운동이 표명했던 조로아스터교 이데올로기를 압바스 왕조의 것으로 전유했다. 알-만수르가 반압바스 왕조 운동을 정치적으로 탄압함 **과 동시에** 이데올로기적으로 흡수하겠다는 실용적인 결정을 내린 이유는 어떤 반란에서나 실제로 무기를 든 사람은 상대적으로 소수일지라도 동조하는 사람은 많다는 분명한 사실 때문이다. 알-만수르는 경제적으로 가장 중요하고 페르시아 조로아스터교 주민이 지배적인 방대한 지방 호라산이 특히 그렇다는 사실을 알고 있었을 것이다. 조로아스터교 이데올로기와 사산 제국이라는 배경이 여전히 강력하게 살아남아 있다는 사실은 압바스 왕조 시대 호라산의 수도 메르브에 거주하는 주민의 전통으로도 잘 알 수 있다. 언제나 페르시아 문화의 요새였던 메르브는 압바스 왕조의 무함마드 이븐-알리가 가문의 혁명활동 중심지로 선택한 도시였으나, 130/748년에 아부-무슬림이 통제하게 되었다.[38] 우리의 조로아스터교 점성학 텍스트는 이번에도 이런 정치사를 확인해준다. 이 텍스트는 아부-무슬림이 압바스 혁명의 중심지인 메르브에서 "통치권의 소유자"였다고 분명하게 말한다. 메르브는 또 팔라비어나 신페르시아어를 아라비아어로 옮기는 번역활동의 중심지로도 확인된다.

아부-무슬림 이후에도 메르브에서 페르시아인의 문화활동은 수백 년 동안 계속되었다. 알-마스우디에 나오는 알-아바리의 보고에 따르면, 8세기가 끝날 무렵 알-만수르의 증손자이자 미래의 칼리프인 알-마문(그의 어머니는 페르시아인이었으며, 어떤 이야기들에 따르면 앞서 이야기했던 반역자 데칸 우스타즈시스의 손녀였다)은 그곳에서 점성학을 공부했으며, 사산 왕조의 행적을 모범으로 삼았다. 알-마문은 또한 동생 알-아민과 내전을 벌일 때도 메르브를 본부로 삼았다. 그는 바그다드에서 자신의 권력을 확고하게 굳힌 뒤에야 알-만수르의 도시로 갔다. 메르브는 압바스 왕조가 붕괴할 때까지 도서관으로 유명했으며, 그곳에서 학자들이 페르시아 책들을 공부하고 복사했다는 이야기가 전해진다.[39]

마음대로 늘여서 생각해볼 수는 있겠지만, 어쨌든 이런 아주 간략한 스케치만으로도 아랍 정복 이후 수백 년 동안 조로아스터교 이데올로기를 살아 있게 해준 사회적·문화적인 배경을 대략적으로 알 수 있다. 알-만수르는 이 점을 완벽하게 인식하고 있었으며, 그런 이데올로기들의 중심지로서 메르브 자체에 특히 주의를 기울였다. 그는 모든 일을 제어하기 위해 자신의 아들이자 후계자인 알-마흐디를 759년부터 769년까지 호라산 총독으로 임명하여 메르브에서 통치하게 했다. 그러나 알-만수르는 동시에 무모한 사람들을 제거하는 일이 상대적으로 쉬울지는 모르지만, 문화적 배경 전체를 없애버리는 것은 가능하지도 않고 사실상 바람직하지도 않다는 것도 알았다. 이런 맥락에서 조로아스터교 이데올로기를 흡수하여 그것을 바그다드로 옮겨놓겠다는 알-만수르의 결정은 특별히 지혜롭다기보다는 그저 실용적이고 분별력 있는 행동으로 보인다.

바그다드 건설 직후 그곳에서 조로아스터교 사산 왕조의 문화적 태도가 받아들여지자, 세속적 지식을 아라비아어로 번역하는 것도 그런 수용 과정의 일부가 되었다. 이것은 압바스 왕조 초기 칼리프들이 번역운동을 지지한 동기를 많은 부분 설명해준다. 또 이런 해석은 사실에 의해 확인된다. 우리에게 남아 있는 그리스 문헌의 최초 번역은 **실제로** 그리스어에서 바로 이루어진 것이 아니라, 팔라비어를 매개로 이루어졌다. 또 번역된 텍스트는 그 성격상 점성학적인 면이 압도적이다.

알-만수르가 그의 통치의 정치적·행정적인 문제에 빈틈없이 세밀하게 관심을 기울였다는 것은 널리 알려져 있고 또 이론異論이 별로 없는 이야기지만, 그런 태도는 이데올로기적인 문제에도 분명히 적용된다. 경쟁자들을 군사적으로는 말살하되 그들의 이데올로기는 흡수한다는 정책은 다른 분야에서도 볼 수 있다. 가장 의미심장한 결정은 그가 "알-만수르"라는 존칭을 사용한 것으로 보인다. 이 존칭은 "[신으로부터] 승리를 하사받은 자", 또는 M.A. 샤반의 표현을 빌리면, "승리할 운명을 타고난 자"라는 뜻이다. 이 호칭의 메시아적인 함의는 분명하다. 그가 이런 칭호를 채택한 것은 역사가 알-마스우디가 언급한 대로 145년 말/763년 3월 알-만수르가 칼리프 지위를 요구하는 시아파에게 최종 승리를 거둔 뒤 신이 자신들을 총애한다는 시아파의 주장을 반박하기 위한 것으로 보인다. 이것은 그의 아들이자 후계자의 존칭으로 시아파의 냄새가 물씬 풍기는 칭호인 알-마흐디, 즉 "메시아"를 고른 사람이 알-만수르라는 점을 생각할 때 더욱 그럴듯해 보인다.[40]

확실히 평가하기는 더 어렵지만, 그럼에도 알-만수르가 투사하고자 했던 독특한 제국 이데올로기를 확실하게 암시하는 것이 그가 건설한 도시 바그다드의 형태, 규모, 화려함이다.[41] 이 도시를 원형으로 건설한 의미와 기원에 관해서는 약간의 논란이 있으며, 의견이 매우 다양하다. 어떤 사람들은 우주적이고 점성학적인 의미를 주장하고, 어떤 사람들은 그냥 편의성 외에는 다른 의미가 없다고 보기도 한다. 어떤 저자는 심지어 연속된 두 출간물에서 생각이 바뀌어, 한쪽 극단에서 다른 쪽 극단으로 옮겨가기도 했다. 역사적 인물의 이데올로기적 관심은 물론 가장 확정하기 어려운 대목이며, 이용할 수 있는 자료에서 정보를 거의 얻을 수 없을 때는 더욱 그러하다. 그러나 지금까지의 논의를 보면, 자료에는 바그다드 건축에서도 비슷하고 낯익은 이데올로기적 관심을 찾아낼 수 있는 일화적 정보가 충분하다. 즉 확고하게 통제를 하면서도 압바스 제국을 구성하는 다양한 민족과 전통의 이데올로기적 요소를 흡수하겠다는 이중적 접근 방법이 드러난다는 것이다.

우선 칼리프의 궁을 중심에 둔 원형은 중앙집권적 통치를 상징하고, 알-만수르가 통제하고 있다는 사실을 생생하게 과시한다. 그러나 자료에 따르면 알-만수르가 이런 형태를 선택한 것은 원의 중심에 있으면 도시의 모든 지역과 거리가 같기 때문이라고 한다. 이것은 유클리드의 원에 대한 정의(*Elements* Book I, 정의 15)를 도시 계획에 적용한 것으로 보인다. 이 장의 서두에서 나는 알-만수르가 유클리드의 번역에 관심이 있었다는 과학사가들의 되풀이되는 주장을 기록해놓았다. 아마 알-만수르는 자신이 위임한 번역을 직접 읽었거나, 아니면 다른 사람들에게 읽고 나서 말해달라고 했던 것 같다. 그러나 그 사회에서 유클리드를 아는 사람들에게 이 일의 의미는 칼리프가 고대의 지식을 적용하고 있다는 것이었다. 즉 이슬람적 표현으로 바꾸어 표현된 『덴카르드』의 명령, 즉 그 기원이 무엇이건 고대의 지식을 찾아서 사용하라는 명령을 여기서 알-만수르가 이행하고 있다는 것이었다. 더욱이 바그다드가 사산 왕조의 수도인 크테시폰과 아주 가깝다는 사실 자체가 그렇게 보는 사람들의 눈에는 새 왕조가 진실로 옛 페르시아 제국들의 계승자라는 상징일 수밖에 없었다. 알-만수르는 이런 점에서 또 사산 왕조 제국의 전통을 이어가고 있었던 것이다.

또 자료는 이 '원형 도시'의 문에 관해서도 말해준다. 그 문 가운데 몇 개는 성경의 솔로몬이 와시트 근처에 지은 도시에서 사용했고, 와시트에서 핫자쥬가 다시 사용했다고 전해진다. 시리아에서 온 또 하나의 문은 파라오들을 위해 만든 것이라는 이야기가 있었다. 이런 전설이 대표하는 주민들 또한 무작위인 것이 아니다. 크테시폰에 가깝다는 점과 원형 자체가 사산 왕조 문화에 물들어 있던 사람들에게 의미가 있었다면, 이 문들의 기원에 관한 전설은 '경전의 사람들'인 유대인과 기독교인, 이집트인, 우마이야 왕조에게 의미가 있었다. 따라서 알-만수르는 바그다드를 단지 논란의 여지 없는 통치의 상징만이 아니라, 다양한 민족, 종교, 전통이 모자이크처럼 짜 맞추어져 있는 근동의 풍요로운 과거를 상속한 압바스 왕조의 상징으로 제시한 것이다.[42]

번역운동과 '지혜의 집'이라는 문제

사산 제국 이데올로기의 두드러진 측면들을 채택한다는 알-만수르의 정책은 최고 행정 관료를 선택하는 일에서도 반영된다. 여러 이유—몇 가지는 앞에서 간략하게 추적해보았지만 대부분은 우리 주제의 범위 밖이다—때문에 알-만수르는 페르시아인이 그의 칼리프 지위와 압바스 왕조 전체에 충성하는 종이 될 것이라고 계산했다. 페르시아인은 이슬람으로 개종하여 거기에 애착을 갖고 있다는 기록에도 불구하고 여전히 사산 왕조 문화에 깊이 물들어 있었다. 바로 그의 뒤를 이은 후계자들도 이런 평가에 동의하였으며(알-마흐디 치세에 칼리프 궁정에서 페르시아인의 권력은 강화되는 쪽이었다), 그 결과 압바스 왕조 행정부와 궁정의 고위직을 페르시아인 집안들이 장악하게 된다. 그 가운데도 바르마크 집안과 나우바흐트 집안이 아마 가장 유명할 것이다. 이런 상황은 202/818년에 알-마문의 스승이자 재상인 알-파들 이븐 사흘이 암살될 때까지 실질적으로 지속된다. 알-파들 이븐-사흘은 바르마크 집안의 보호를 받았지만, 187/803년에 바르마크 집안이 몰락하고 알-아민과 알-마문 사이에 일어난 내전 동안 불안정한 상황이 지속되면서 관계가 약화되었다.[43]

압바스 왕조 최초의 칼리프들의 이런 정책이 번역운동에 갖는 의미는 매우 크다. 알-만수르가 채택한 사산 왕조의 조로아스터교 이데올로기는 팔라비어 번역을 통하여 고대 문헌을 "복원"한다는 개념을 포함하고 있었다. 사산 왕조의 몰락과 압바스 왕조의 등장 사이 1세기 동안 이런 복원활동은 팔라비어 문헌을 아라비아어로 번역하는 것으로 방향을 틀게 되었다. 압바스 왕조 초기에 바로 이런 번역 문화의 주요 담당자들이 행정부 최고위직에 오르게 되었고, 이런 활동을 수행하도록 제도적 뒷받침과 재정 지원을 받았다.

빈약한 분량이기는 하지만, '지혜의 집bayt al-ḥikma'에 관한 믿을 만한 보고들도 이런 맥락에서 평가해야 한다. 사실 지혜의 집을 묘사하는 글이 불필요할 정도로 많이 나왔지만, 대부분은 현대의 제도와 연구 기획을 공상적으로, 때로는 소망을 담아 8세기에 투사하는 것에 불과했다. 사실 우리에게는 지혜의 집에 관한 **역사적** 정보가 **거의 없**

다. 이 자체가 지혜의 집이 뭔가 대단하거나 의미 있는 것이 아니었음을 보여주며, 따라서 최소한의 해석이 역사적 기록에 더 잘 어울릴 것이다.[44]

우선 지혜의 집은 하나의 용어로 볼 때 사산 왕조에서 도서관을 가리키던 말의 번역어다. 이 정도는 이슬람 이전 페르시아에서 가장 박식한 저자로 꼽히는 함자 알-이스파하니(350/961년 이후 사망)의 이야기에서도 분명히 알 수 있다[*EI* III, 156]. 그는 시적 격언을 모아놓은 책(al-Amṭāl aṣ-ṣādira'an buyūt aš-ši'r)의 머리말에서 이슬람 이전 사산 왕조 이란에서 페르시아로의 역사적 전승, 전쟁에 관한 보고서, 유명한 연인들에 관한 다양한 정보가 담긴, 원래 산문으로 쓴 책들을 사산 왕조 왕들을 위해 시로 바꾸었다고 말한다. 이 시들을 책에 적어 창고(하자인ḫazā'in)에 보관했는데, 이 창고가 "지혜의 집들buyūt al-ḥikma"이었다. 이 말은 이곳들이 왕립 도서관, 아니면 적어도 국가 행정부와 어떤 식으로든 관계를 맺고 있는 곳임을 암시한다. 역사적인 시들은 왕들을 위한 것이었기 때문이다. 또 문맥으로 볼 때 이것이 지혜의 집의 기능이었고, 그래서 그런 이름이 붙었던 것으로 보인다. 이 집들은 **이란의 과거와 관계 있는** 책, 특히 시를 보관했다. 다시 말해서, 사산 왕조(또 사산 왕조의 조로아스터교에 따르면 아케메네스 왕조)의 영광에 관한 시적 기록이 담긴 책들을 보관했던 것이다.[45] 궁정 도서관의 이 명칭은 사산 왕조의 모델들로부터 영감을 받아 앗-사라흐시가 썼다고 하는 왕의 품행에 관한 다른 책(Ādāb al-mulūk)으로도 확인된다. 이 책의 6장에는 왕들이 왕가의 역사를 연구한 과정에 관한 논의가 포함되어 있으며, 그런 맥락에서 궁정 도서관bayt al-ḥikma의 역할에 관한 정보를 제공하

고 있다.[46]

2차 문헌에는 압바스 왕조 궁정에 지혜의 집을 "건립" 또는 "확립"한 이야기가 자주 나오며, 그 일을 한 칼리프는 알-마문과 하룬 앗-라시드로 제시되고 있다. 그러나 사실 가장 믿을 만한 자료에는 그런 건립에 대한 언급이 전혀 없다.[47] 내가 확인한 바로는 지혜의 집과 관련하여 앗-라시드의 이름을 언급한 곳은 딱 두 구절밖에 없는데, 둘 다 이븐-안-나딤의 『피흐리스트Fihrist』에 나온다. (a) 그는 내가 앞에서 언급했던 점성학적 역사 해석의 저자 아부-사흘 이븐-나우바흐트가 "하룬 앗-라시드를 위해 지혜의 보고(ḫizānat al-ḥikma)에 있었다"고 말한다. "그는 페르시아어를 아라비아어로 번역했으며, 학문 연구에서 이란의 책에 의존했다"(274.8-9). 지혜의 보고"에" 있다는 것은 아마 앗-라시드를 "위해", 즉 그가 칼리프일 때 거기에 고용되었다는 의미일 것이다. 『피흐리스트』에 있는 정보를 다시 전하는 이븐-알-키프티(Q 255.4-7)는 "앗-라시드가 그를 지혜에 관한 책의 창고ḫizānat kutub al-ḥikma 책임자로 임명했다"고 덧붙인다. 여기서는 이븐-알-키프티 또는 어떤 서기가 도서관의 일반적 명칭을 자의적으로 바꾸어쓴 것으로 보인다. 이 임명과 관련된 추가 정보가 어디서 온 것인지는 알 수 없다. 어쩌면 이븐-알-키프티 자신의 추측일 수도 있다. (b) 그는 앗란 앗-슈우비가 "앗-라시드, 알-마문, 바르마크 가문을 위하여 지혜의 집에서 필사본을 복사하곤 했다"고 말한다. 야쿠트도 『피흐리스트』에서 복사한 지식인 사전에서 이 정보를 되풀이하고 있다.[48]

이것이 우리가 압바스 왕조 초기 지혜의 집의 성격에 관해 알고 있는 거의 유일한 정보다. 이 정보를 기초로 우리가 안전하게 가정할 수 있는 것은 이곳이 도서관이고, 하나의 기관으로서 사산 왕조의 행정적이고 관료적인 국가 장치였는데 압바스 왕조도 초기에 이것을 채택했다는 것 정도다. 그러한 것이기 때문에 "건립" 연도가 따로 있지도 않고, 구체적인 목적이 나와 있지도 않다. 어느 모로 보나 이것은 압바스 왕조 초기 행정부가 사산 왕조 모델을 기초로 사산 왕조 문화에 물든 관료들의 지휘에 따라 물리적인 형태를 잡아갈 때 창조된 또 하나의 "부서"일 뿐이었다. 압바스 왕조 행정부가 출범하던 시점에 만들어진 최초의 국가 장치 중 일부였는지 아닌지 확인할 정보는 없다. 어쨌든 이와 관련된 최초의 **언급**은 하룬의 시기에 나온다—물론 알-만수르와 알-마흐디 치세에도 이미 존재했을 수는 있지만.

사산 왕조 시대에 지혜의 집, 즉 궁정 도서관은 이상적인 국가문서 보관소 기능을 수행했다. 이곳은 이란의 역사, 전쟁, 로맨스를 다루는 시적인 이야기들을 옮겨 적고 보존하는 장소였다. 적어도 이것이 우리가 알고 있는 그 기관의 기능 가운데 일부다. 압바스 왕조 초기 행정부에서 이런 기능을 계속 유지했다는 것을 의심할 이유는 없다. 이런 도서관 제도를 채택한 것은 사산 왕조 문화를 전달하는 개인들의 영향하에 이루어진 일이고, 사산 왕조의 제국 이데올로기를 투사하는 칼리프의 정책적 명령에 따라 이루어진 일이기 때문이다. 말을 바꾸면 그 기능은 **이란의** 역사, 전쟁, 로맨스에 관한 책을 옮겨 적고 보존하는 것이었다. 현존하는 자료에 나오는 그 기능에 관한 두 가지 언급은 실제로 이런 결론을 뒷받침해준다. 『피흐리스트』 가운데 지혜의 집과 관련하여 번역활동을 언급하는 두 구절은 그리스어가 아니라 페르시아어를 아라비아어로 번역한 일과 관련되어 있다. 한 구절은 페르시아 책을 번역하기 위하여 지혜의 집에 고용된 것이 분명한 아부-사흘 이븐-나우바흐트에 관해 앞에 인용했던 보고서에 나오는 구절이며, 또 하나는 "사흘 이븐-하룬과 함께 지혜의 집을 관리하는 사람으로서 페르시아어를 아라비아어로 번역하는 살름"(120.17)이라는 사람에 관한 짧은 문장이다.[49]

둘째로, 이 궁전 도서관의 내용에 관한 한, 우리에게 남아 있는 극소수의 언급은 증거가 결정적인 것은 아니지만, 지혜의 집이 실제로 고서古書 도서관이었다는 가정을 뒷받침하는 듯하다. 이븐-안-나딤은 원래 "알-마문의 도서관"[*F* 5.29, 19.15]에 있었던 것으로 여겨지던 책들에서 힘야르어와 에티오피아어 알파벳을 베꼈다고 말하며, 나아가 "알-마문의 도서관에는 아브드-알-맛탈리브 이븐-하심"—'예언자'의 할아버지—"의 손으로 쓴 양피지 필사본도 있었다"[*F* 5.18]고 말한다. 이 모든 것이 매우 불확실하다. 알-마문의 도서관이 지혜의 집과 같다고 가정한다 해도, 알-마문의 사후 150년이 지난 뒤인 이븐-안-나딤의 시대에는 그의 도서관이 전설적인 성격을 지니게 되어, 모든 진귀한 고대의 책이나 이상한 알파벳으로 쓴 책이 모두 그곳에 속한 것으로 여겨졌다고 생각하는 것도 얼마든지 가능한 일이다. 이븐-안-나딤 자신이 비슷한 말을 하고 있다. **"알-마문의 도서관에서 나온 것으로 보이는 아주 오래된 필사본을 우연히 보았다"**(kitāb waqa'a ilayya qadīm an-nasḫyušbihu an yakūna min ḫizānat al-Ma'mūn[*F* 21.26], 강조는 필자). 이븐-안-나딤의 증언 외에는 네스토리우스파 세에르트 연대기의 매우 수상쩍은—골동품으로서 흥미가 있을지는 모르지만—보고가 있는데, 여기에서는 무함마드와 나주란 기독교도 사이의 협정을 복사한, 출처가 의심스러운 문건이 지혜의 집에서 나왔다고 주장하고 있다.[50] 그 외에는 사산 왕조의 관행과 일치하는, 왕실의 특징과 품행에 관한 책들에 대한 두 번의 언급만 남아 있을 뿐이다.[51]

마지막으로, 알-마문 치세의 지혜의 집에 관한 보고에는 대수학자이자 천문학자인 무함마드 이븐-무사 알-흐와리즈미*가 "알-마문을 섬겨 그곳에 상근으로 고용되어 있었다"(wa-kāna munqaṭi'an ilā ḫizānat al-ḥikma li-l-Ma'mun[*F* 274.24])고 나와 있다. 마찬가지로 천문학자였던 야흐야 이븐-아비-만수르가 젊은 바누-무사 3명과 함께 그 안에 자리잡고 있었다고 말한다[Q 441-442]. 이것이 우리가 가진 빈약한 자료 가운데 사산 왕조의 유산을 연구하거나 번역하는 일 외에 다른 일에 종사하는 사람들이 지혜의 집에 고용되었거나, 그곳과 관계를 맺고 있었다고 말하는 첫 번째 언급이다. 그러나 알-마문의 도서관 책임자가 위대한 페르시아 민족주의자(수우비šu'ubī)이자 팔라비어 전문가인 사흘 이븐-하룬이었다는 점도 눈여겨보아야 한다[*F* 120.3-4, 125.24; *EI*. VIII, 838-840].

이것이 우리가 갖고 있는 확실하고 믿을 만한 증거의 전부이며, 이 증거는 지혜의 집의 성격과 기능에 관하여 오직 다음과 같은 재구성만 허용한다. 지혜의 집은 도서관이었으며, 알-만수르 치세에 사산 왕조의 행정부를 모델로 삼은 압바스 왕조 행정부의 일부로, 하나의 "부서"로서 설립되었을 가능성이 높다. 그 1차적 기능은 사산 왕조의 역사와 문화를 페르시아어에서 아라비아어로 번역하고 또 그 결과물을 보관하는 것이었다. 이런 기능을 위해 번역하는 사람들과 책의 보존을 위해 장정을 하는 사람들을 고용했다[*F* 10.2]. 이것이 사산 왕조 시대의 기능이었고, 하룬 앗-라시드 시대, 즉 바르마크 가문 시대에도 내내 같은 기능을 유지했다. 알-마문 치세에 지혜의 집은 천문학이나 수학에 대한 활동과 관련된 추가의 기능을 하게 된 것 같다. 어쨌든 이 시기에 지혜의 집과 관련된 이름들은 그런 사실을 암시한다. 그러나 그런 활동이 실제로 어떤 것이었는지에 관해서는 아무런 구체적 정보가 없다. 그저 조사와 연구라고 추측만 해볼 수 있을 뿐이다. 언급된 사람들 가운데 번역자는 한 사람도 없기 때문이다. 나중에 논의한 알-마문의 새로운 합리주의적 이데올로기 경향이 그의 치세에 도서관 기능이 추가된 것을 설명해줄 수도 있을 것이다.

따라서 이것이 지혜의 집에 관해 안전하게 말할 수 있는 전부이다. 다른 활동에 대한 증거는 전혀 없다. 이곳은 물론 그리스어 문헌을 아라비아어로 번역하는 중심이 아니었다. 그리스어-아라비아어 번역운동은 지혜의 집의 활동과는 전혀 관계가 없었다. 그리스 문헌의 아라비아어 번역에 관하여 우리가 갖고 있는 수십 건의 보고 가운데 지혜의 집을 언급하는 것은 단 한 건도 없다. 이것은 페르시아어 번역에 관한 언급과 대조를 이룬다. 페르시아어 번역에 관한 언급 자체는 아라비아어의 경우보다 적지만, 그 가운데 두 대목—모두 앞서 인용한 『피흐리스트』에 나온 것이다—이 지혜의 집을 말하고 있다. 정말 놀랍게도 위대한 후나인 자신의 번역운동에 관한 직접적인 보고에서도 지혜의 집은 언급되지 않는다. 마찬가지로 이 도서관은 **그리스어** 필사본을 보관하는 것을 임무로 삼지 않았다. 후나인은 자신이 그리스어 필사본들을 찾느라 많이 노력했다고 말하지만, 역시 바로 코앞에 있던 바그다드의 지혜의 집에서 그런 필사본을 찾았다는 말은 한 번도

하지 않는다. 또 자신의 힘야르어와 에티오피아어 필사본이 마문의 도서관에서 나온 것이라고 주장하는 이븐-안-나딤도 다양한 종류의 그리스 문헌을 이야기할 때 그런 말을 전혀 하지 않는다.

지혜의 집은 번역되고 있던 "고대" 학문을 가르치는 "학교"가 아니었던 것도 분명하다. 우리가 실제로 갖고 있는, 이런 학문들의 가르침과 전달에 관한 그럴듯한 보고를 쓴 사람들은 그런 터무니없는 생각을 해보지도 않았다. 마지막으로 지혜의 집은 알-마문의 후원을 받고 있던 학자들이 모이는 "회의" 시설도 아니었다. 물론 알-마문(과 초기의 모든 압바스 왕조 칼리프들)은 학자들의 회의 또는 집회를 주최했지만, 도서관에서 하지는 않았다. 칼리프 쪽에서 그런 세련되지 못한 사회적 행동을 한다는 것은 생각도 할 수 없었을 것이다. 우리가 갖고 있는 수많은 묘사가 암시하듯이 회합mağālis은 칼리프가 참석할 때는 칼리프의 거처에서, 칼리프가 참석하지 않을 경우에는 다른 개인의 거처에서 열렸다[알-마문이 주최한 회합에 관해서는 본문 136~149쪽을 보라*].[52]

지혜의 집이 그리스어-아라비아어 번역운동을 위해 실제로 한 일은 그런 운동을 요구하고 또 성공적으로 실행에 옮길 수 있는 분위기를 조성하는 것이었다. 만일 지혜의 집이 실제로 압바스 왕조의 행정부처였다면, 팔라비어를 아라비아어로 번역하는 문화를 **제도화**한 기관이었을 것이다. 이 말은 그 문화가 내포하거나 암시하는 모든 활동—그리스어 문헌의 (재)번역을 통한 고대 아베스타 텍스트의 복원이라는 조로아스터교 이데올로기와 그것이 의미하는 모든 것—이 반半 공식활동으로 수행될 수 있었다는 뜻, 또는 적어도 공식 정책의 묵인을 받았다는 뜻이다. 예를 들어 바르마크 가문이 위임한 수많은 그리스어 번역도 이런 맥락에서 보아야 한다. 칼리프와 행정부 고위인사들이 세워놓은 선례는 당연히 그다음 서열에 있는 사람들—공무원이건 민간인이건—이 뒤따랐다. 이런 식으로 비록 간접적인 방식으로나마 그리스어-아라비아어 번역이 추가로 공식 승인을 받았다는 사실을 파악한다면, 압바스 왕조 초기의 번역운동의 유래와 급속한 확산도 더 쉽게 이해할 수 있을 것이다.

알-마흐디와 그의 아들들 : 사회·종교 담론과 번역운동

신앙 간 담론의 절박성: 아리스토텔레스의 『토피카』와 이슬람-기독교 대화

절대 의심할 수 없는 전거에 따르면, 알-만수르의 아들이자 후계자인 칼리프 알-마흐디(785년 사망)는 아리스토텔레스의 『토피카Topics』를 아라비아어로 번역하는 일을 맡겼다. 이 번역은 네스토리우스파 총대주교 티모테오스 1세가 모술 총독의 기독교인 비서 아부-누흐의 도움을 얻어, 그리스어를 참조는 했지만 기본적으로 시리아어를 중역하는 방식으로 이루어졌다. 『토피카』의 번역은 이것으로 끝나지 않았다. 약 100년 뒤 이 책은 다시 번역되었는데, 이번에는 아부-우트만 앗-디마스키가 그리스어를 직접 번역했다. 그리고 약 50년 뒤에는 야흐야 이븐-아디(974년 사망)가 이전의 이샤크 이븐-후나인의 시리아어본을

다시 번역했다.[1]

언뜻 보면 이것은 아주 놀라운 일이다. 『토피카』는 가벼운 읽을거리라고는 할 수 없다. 따라서 이 책이 번역운동의 시작 단계에서 왜 이렇게 관심을 끌었느냐 하는 것은 의미심장한 문제다. 또 이슬람 칼리프가 아리스토텔레스의 이 책을 번역해주기를 바랐다는, 언뜻 보기에 믿어지지 않는 사실은 그보다 훨씬 중요하다. 이 책의 선정은 내용 때문이고, 그것이 이슬람 사회 내부에서 생긴 요구, 알-마흐디가 대처해야 한다고 느꼈던 요구와 관련이 있다는 것에는 의심의 여지가 없다. 물론 알-마흐디는 이 책이 고대 말 그리스어와 시리아어 논리학 커리큘럼에서 차지했던 위치—중요한 위치는 아니었다—때문에 관심을 가진 것이 아님은 분명하다. 우리가 아는 한 이 책의 시리아어 주석은 없었다. 그러나 발라드의 아타나시우스*(686년 사망)가 번역한 이전 시리아어본은 있었으며,[2] 이것은 그리스어를 읽을 수 없는 사람들에게도 이 책이 알려져 있었다는 뜻일 수 있다. 그랬기 때문에 어떤 식이었는지는 몰라도 알-마흐디의 관심을 끌게 되었을 것이다.

『토피카』는 한 가지 변증법(자달ğadal), 즉 체계적인 기초에서 논증하는 기술을 가르친다. 규정된 목표는 공통적으로 갖고 있는 믿음에 기초하여 하나의 명제에 찬성하거나 반대하는 토론을 할 수 있는 방법을 계발하는 것이다. 따라서 두 적대자, 즉 질문자와 응답자 사이의 질문과 응답 과정에 관한 교전 규칙을 제공하고, 논점, 또는 주제topoi에 접근하는 방법을 제공하는 시험 사례들—약 300가지—을 아주 길게 나열한다.[3] 문제는 알-마흐디의 시대에 왜 이런 학문이 필요했느냐 하는 것이다.

앞에서 나는 알-만수르가 압바스 왕조 국가는 별에 의해, 그리고 궁극적으로는 신에 의해 그전에 이 지역에 있던 세계 제국들의 계승자로 미리 정해졌다는 주장을 근거로 보편성을 갖춘 제국 이데올로기를 만든 경위를 논의했다. 이 이데올로기의 이면이자 이에 선행하는 이데올로기는 권리와 특권이 모두에게 평등한 이슬람교도 주민의 나라를 만든다는 것이었다. 우마이야 왕조의 우마르 2세*(재위 717~720)가 아랍인의 배타적 지배로 인한 우마이야 제국의 몰락을 저지하기 위한 방편으로 처음 구상한 이 이데올로기의 이슬람적 요소는 결국 압바스 왕조 선전의 구호가 되었고, 압바스 왕조를 권좌에 앉힌 대의(da'wā)의 주요소이기도 했다. 이 정책의 결과는 두 가지였다. 하나는 "동화된" 아랍인, 즉 자신의 아랍 부족 세계와 관련을 잃은 페르시아화한 아랍인, 그리고 이슬람으로 개종한 비아랍인—이라크와 호라산 양쪽에서 압바스 혁명의 주축이었다—이 권력과 위신이 있는 자리에 다가갈 수 있었다는 것이다.[4] 실제로 이런 일이 벌어졌다는 것은 압바스 왕조 행정부와 군대의 최고 계층에서 비아랍인들이 맨 처음부터 권력을 잡았다는 사실이 증명하고 있다. 이것이 바로 아랍인이 친우마이야 왕조 성향이든 아니든 나중에 불평했던 점이다. 알-아흐바리가 알-카히르에게 제출한 보고서에서 이 점은 알-만수르 치세의 주요한 특징으로 분명하게 언급되고 있다.

> 그는 [비아랍인] 보호민과 자유민mawāliyahu wa-ġilmānahu을 아랍인보다 좋아하여 지방 총독이나 세금징수인a'māl으로 고용하고 권한을 부여한, 첫 칼리프였습니다. 그의 핏줄로서 뒤를 이은 칼리프들은

선례를 따랐습니다. 이렇게 해서 아랍인은 명령하는 위치에서 물러났고, 지도자로서의 지위는 끝났으며, 높은 신분을 가진 사람도 사라졌습니다.[5]

이런 정책의 두 번째 결과는 직접적으로나 간접적으로나 이슬람을 우마이야 왕조 시대와는 다르게 바꿀 수밖에 없었다는 것이다. 즉 이슬람이 다른 종교를 가진 사람들에게 개종을 요구하는 종교가 되었다는 것이다. 직접적으로는, 이슬람의 보편주의적·평등주의적인 주장에 기초하여 권좌에 오른 왕조가 이 주장을 실현하기 위해서는 새로운 종교를 따르는 대중이 반드시 있어야만 했기 때문이다. 간접적으로는, 바로 이런 주장들—개종자들에 대한 세금 감면은 말할 것도 없고—의 현실화에 대한 희망이 비아랍인 주민에게 개종의 강한 유인이었기 때문이다. 따라서 압바스 왕조가 권좌에 오른 뒤 개종 비율이 상당히 올라간 것을 알 수 있다. 이것은 이란에서 극적으로 드러난다. 이란에서는 100/719년 직후 호라산에서 압바스 왕조의 대의가 처음 퍼지기 시작했을 때부터 개종의 가속화가 눈에 띄었는데, 메르브의 혁명평의회가 압바스 가문의 대의를 지지하기로 결정했던 해인 126/743년 이후 속도가 엄청나게 빨라졌다. 이런 상관관계는 매우 분명하기 때문에, 압바스 왕조의 대의가 승리를 거두는 데 그들의 이슬람적 주장이 중심적인 자리를 차지했다는 것, 그리고 이후 개종 과정에서 그것이 중요한 의미가 있었다는 것에 관해서는 의심의 여지가 없다.[6] 개종 정책과 압바스 혁명의 긴밀한 관련은 알-만수르가 개시한 번역운동에도 극적인 영향을 주었다.

개종 정책은 정의상 **하나의** 종교, 그리고 그 종교 내에서 **하나의** 종파가 참이라는 뜻을 내포한다. 이것이 개종 정책이 호소력을 갖는 기초다. 그렇기 때문에 어떤 사회에서 어떤 식으로 이루어지는 개종 정책이든 일반적으로 두 방면에서 반대와 맞닥뜨린다. 하나는 그 종교 내에서 어떤 이유로든 다른 종파를 지지했기 때문에 배제되었다고 느끼는 사람들의 반대다. 또 하나는 그 종교 외부, 즉 다른 종교를 가진 사람들의 반대다. 그들은 당연한 일이지만 **자신들의** 종교가 참이 아니라는 지적 때문에 반발한다. 그러나 동시에 필연적으로 개종자가 생기면서 힘을 잃기 때문에 반발하기도 한다. 따라서 알-만수르가 압바스 왕조의 권력을 다지고 확고한 정치적 통제를 확립한 직후, 압바스 왕조의 권력 기구가 이슬람으로 규정한 것과 거기에 반대하는 이슬람 내부자들, 또 이슬람과 그 지역의 다른 종교들—여기에서 새로운 개종자들이 나왔다—사이 대립의 무대가 마련되었다. 이 경우 엄청난 규모의 사람들이 관련되어 있기 때문에 대립은 주로—또 필연적으로—토론과 논쟁의 형태를 띠었다. 혁명 직후 이슬람교도—정확히 말하자면 압바스 왕조에 동의하는 이슬람교도—는 비옥한 초승달 지대와 페르시아와 그 너머에서 종교적으로 단연 가장 적은 소수파였다. 국가 권력이 이용할 수 있는 사회적 압력을 통한 설득과 강제가 예속의 유일한 수단일 수밖에 없었다. 번역운동은 알-만수르가 앞에서 논의한 다른 목적 때문에 개시했지만, 이제 변화된 이슬람으로 인해 점점 늘어나기 시작한 개종 때문에 발생하는 정치적·사회적인 대립을 해결하기 위해 알-마흐디가 채택할 수밖에 없었던 조치들도 이 운동을 뒷받침하게 되었다. 이 과정에서 알-마흐디의 역할을 이해하려면, 이

번에도 알-마스우디와 함께 일하던 역사가이자 그의 전거이기도 했던 무함마드 알-후사라니 알-아흐바리가 그의 치세에 관해 보고한 내용을 보는 것이 유용하다.

> 알-마흐디는 이단과 배교자들을 멸절하는 데 모든 노력을 기울였다. 이 사람들은 그의 시대에 나타나, 공공연하게 자신들의 신앙을 고백했다. (이븐-알-무카파를 비롯한 여러 사람이 전달한 책들 가운데도) 마니*, 바르데사네스*, 마르키온*이 쓴 책들이 널리 퍼졌기 때문이다.[7] 이 책들은 신페르시아어와 팔라비어에서 아라비아어로 번역되었다. 또 그 주제에 관한 책들도 널리 퍼져 있었는데, 이븐-아비-알-아와자, 함마드 아주라드, 야흐야 이븐-지야드, 무티 이븐-이야스 등이 지은 이런 책들은 마니교, 바르데사네스교, 마르키온교의 교리를 지지하고 있었다. 그 결과 마니교도의 수가 늘었으며, 그들의 의견이 사람들 사이에 공개적으로 전파되었다. 알-마흐디는 변증법적 논쟁al-ğadaliyyīn을 이용하여 연구하는 신학자들에게 우리가 방금 언급한 이단자를 비롯해 여러 이교도에게 반대하는 책을 쓰라고 명령한 첫 칼리프였다. 그러자 신학자들은 논쟁자mu'anidīn에 대항하는 논증적 증명을 만들어냈으며, 이단자들이 제기하는 문제를 해결하고, 의심하는 사람들에게 분명한 표현으로 진리를 설명했다.[8]

알-아흐바리의 보고는 이번에도 정확하게 문제의 핵심을 드러내고 있다. 알-만수르가 압바스 왕조의 정치적 지배를 확립한 직후, 그러한 지배의 종교적 함의에 이의를 제기하는 운동들이 생겨났다. 가장 목소리를 높였고, 또 사회적으로도 가장 공격적인 운동들은 아흐바리가 위의 보고에서 밝힌 대로다. 알-만수르는 압바스 왕조의 목표를 달성하기 위해 조로아스터교의 제국 이데올로기를 흡수했지만, 페르시아의 반대 세력은 페르시아 민족 종교들의 변종에 속한 "이단과 배교자들"의 형태로 다시 나타났다. 마니교도, 바르데사네스교도, 마르키온교도가 그런 사람들이었다. 압바스 왕조 초기 100년 동안 국가와 이들 집단 사이에는 계속 투쟁이 벌어졌다. 이런 투쟁은 때로 바바크의 반란*과 마찬가지로 폭력적 반역의 형태로 터져나왔다.

그러나 당연한 일이지만, 압바스 왕조 초기에 제시했던 이슬람 보편주의 정책에 내포된 개종에 반발한 신앙은 마니교만이 아니었다. 유대교와 기독교 또한 이 정책의 영향을 받았다. 기독교의 경우 이 점은 아마 멜키트파 공동체 내부의 상황 전개에서 가장 쉽게 관찰될 수 있을 것이다. 멜키트파 교회는 압바스 혁명 이후 새로운 사회 상황으로 인해 시리아-팔레스타인 주민에게 그리스어가 쇠퇴하는 사태를 목격하게 했으며, 결국 전례典禮도 아라비아어로 할 수밖에 없었다.[9] 아랍인의 이슬람이 근동의 종교들 속으로 파고든다는 것은 많은 곳에서 느껴졌으며, 사실 그 방식 또한 비이슬람교도가 우마이야 왕조 시대에 경험해본 적이 없는 것이었다. 따라서 비이슬람교도는 자신을 설명하고, 지탱하고, 확장하고, 때로는 심지어 자신의 권리와 입장을 재확립할 필요가 있었다. 그 결과 압바스 왕조 첫 100년 동안 이슬람에 대항하는 **아라비아어**로 된 기독교 옹호 문건이 전례 없이 늘어났다.

종파 간 논란의 심각성을 보여주는 구체적인 신호는 번역운동 기간에 아라비아어로 쓴 옹호와 논박 논문이 엄청나게 증가했다는 것이다. R. 카스파르와 그의 동료들이 정리한, 아라비아어로 쓴 이슬람과 기독교의 논쟁적 문헌 가운데 **지금 알려져 있는** 것의 전체 목록은 29쪽에 달한다.[10] 여기에 다른 종교나 종파, 특히 마니교를 논파하고 그들에게 대응하기 위한 이슬람의 아라비아어 문헌을 보태면 그 목록은 상당히 늘어날 것이다.

물론 기독교는 논쟁적 문헌에 익숙했다. 7세기, 특히 553년 5차 공의회의 결과로 더 심각해진 칼케돈파, 단성론파, 네스토리우스파 사이의 갈등에서 논쟁은 의사소통의 주요한 형태였다. 그때부터 종교 문제에 관한, 형식을 갖춘 공적 토론은 빈번한 일이 되었으며, 때로는 수십 명이 참가하기도 했다. 이런 토론은 기록으로 남겨졌으며, 그 결과 대화 형식의 논쟁은 7세기 기독교 (그리스어와 시리아어) 문헌에서 가장 널리 사용되는 장르의 하나가 되었다. 앞에서 논의했듯이 압바스 혁명 후 기독교도의 주도로 기독교도-이슬람교도 대화가 시작되었을 때, 그들은 "기독교를 옹호하고 논쟁을 벌일 목적으로 대화 형식을 사용하는 기존의 오랜 전통에 큰 빚을 졌다." 실제로 이슬람교에 대항하여 기독교를 방어하는 글 가운데 우리가 갖고 있는 최초의 아라비아어 문헌은 8세기 중반으로 거슬러올라가는데, 바로 이런 대화 형식으로 이루어져 있다.[11]

알-마흐디는 막강한 이데올로기의 적들을 마주하고 있었다. 알-아흐바리는 아라비아어 역사 문헌을 되새겨보다가 잔다카zandaqa(마니교, 그리고 모든 이단)에 대한 싸움이 중요한 역할을 했다는 점을 인식하고, 알-마흐디의 시대에 공개적으로 활동하게 되었던 다양한 마니교 종파를 일부러 언급하고 있다. 알-마흐디는 이들을 매우 심각하게 여겼다.

그들이 페르시아 부활의 흐름을 대표하고 있었고, 그들의 이데올로기가 압바스 왕조 행정부에 들어가 있던, 페르시아 배경을 가진 많은 사람에게 호소력을 지녔기 때문이다. 이것은 문서로 남아 있는 그런 개인들의 수많은 사례에서 분명히 확인되는 것이다. 기독교인과 유대인들은 법률적 관점에서 보자면 분명한 사회적 지위를 가지고 있었고, 따라서 아무런 정치적 위협이 되지 않았지만, 그럼에도 수백 년에 걸친 종파 간 논쟁 경험 때문에 막강한 지식인 반대파를 형성하고 있었다. 이런 맥락에서 논증과 반박의 기술을 가르치는 아라비아어 안내서가 분명히 필요했다. 알-마흐디에게는 훌륭한 조언자들이 있었던 것이 틀림없다. 그들은 다름 아닌, 이 모든 것의 출발점에 있다고 할 수 있는 아리스토텔레스의 『토피카』를 권했다.

알-마흐디는 훌륭한 학생이었다. 그는 신중하게 책을 읽었다. 심지어 그것을 적용할 기회도 있었다. 그는 이슬람교를 옹호하여 기독교인과 논쟁한 문서를 남긴 최초의 이슬람교도이기 때문이다. 이 기독교인은 다름 아닌 네스토리아우스 총주교 티모테오스 1세로, 알-마흐디가 『토피카』의 번역을 맡긴 사람이기도 했다. 이 논쟁을 전하는(그러면서 당연하다는 듯이, 그러나 또 아주 정중하게, 기독교에 대한 알-마흐디의 모든 이견을 논박할 수 있었다고 분명하게 말한다) 티모테오스가 서두에 칼리프가 자신과 신학적 **논쟁**을 시작한 것에 놀랐다고 언급한 점은 흥미롭다.

> 우리는 승리를 거둔 왕[알-마흐디]의 알현을 허락받았다. 신의 본질과 시작도 끝도 없는 신의 영원성에 관한 우리의 토론 도중, 왕은 우리에게 전에 한 번도 한 적이 없는 이야기를 했다. 이렇게 말한 것이

다. "오, 총주교여, 그대처럼 학식과 경험이 많은 분은 전능하신 하느님께서 부인을 얻어 부인에게서 아들을 낳았다고 말하는 것이 어울리지 않는 거요?" 우리는 이렇게 대답했다. "오, 왕이여, 하느님의 친구여! 누가 전능하신 하느님에 관하여 그런 신성모독적인 발언을 합니까?" 그러자 승리를 거둔 왕이 나에게 말했다. "그렇다면 그대는 그리스도에 관해서는 뭐라고 주장합니까? 그리스도는 누구입니까?"[12]

그때까지 신학적 주제들에 관한 티모테오스의 이야기를 들으며 만족했던 것으로 보이는 알-마흐디가 갑자기 자신감을 갖고 논쟁을 시작했다. 그는 매우 지적인 방식으로 매우 도발적인—사실 모욕에 가까운—질문을 한다. 질문의 내용은 쿠란에 암시는 되어 있지만, 직접 언급된 것은 아니다. 쿠란은 분명히 기독교 교리를 언급하면서 이렇게 말한다. "하늘과 땅의 창조주—그분에게는 배우자가 없는데 어떻게 아들이 있을 수 있겠는가?"[13] 알-마흐디는 이슬람교도 칼리프가 있는 자리에서도 상대가 안전하게 반박할 수 있는 방식으로 질문함으로써—만일 알-마흐디가 바로 쿠란을 인용했다면 티모테오스는 그것을 신성모독이라고 말할 수 없었을 것이다—티모테오스에게 자신이 기독교도 신하의 이슬람 군주에 대한 응답에서 기대하는 것은 형식적이고 비굴하고 진부한 말이 아님을 암시한 것이다. 쿠란을 분명히 알고 있는(이 점은 논쟁 과정에서 분명하게 드러난다) 티모테오스는 그 암시를 포착하고 기분좋게 놀란 것이다. 그 뒤에 이어지는 토론은 『토피카』가 제시한 논쟁 규칙을 적용한 훌륭한 예를 보여준다.[14]

따라서 『토피카』는 압바스 왕조의 첫 200년 동안 종파 간 논쟁과 분명히 관련이 있었으며, 이 때문에 그렇게 많이 번역된 것이다. 알-아흐바리가 위에 인용한 구절에서 말했듯이, 알-마흐디는 종교적·정치적 논쟁을 해결하거나 장려하기 위한 토론법과 그런 논쟁과 관련된 사회적 태도를 이슬람 세계에 소개했고, 처음으로 옹호했다. 이것은 광범한 영향을 주었는데, 그 가운데 가장 의미심장한 것은 그후 수백 년 동안 법이 하나의 종교인 이슬람을 사회적으로 표현하는 지배적 형태가 되었다는 점으로 보인다.

알-마흐디 시대의 정치투쟁과 압바스 왕조의 정통성 추구는 그들의 적에 대항하여 옹호해야 하는 종교적 또는 신학적 입장들에 달려 있었다. 신학자들은 이미 논쟁에 깊이 관여하고 있었으며, 법학자들도 끼어들게 되었다. 곧 논쟁에 참여하는 이슬람교도들에게는 토론에 뛰어난 것이 정치적으로 중요하며, 결국 법 연구나 방법론에서 토론이 단연 가장 좋은 훈련이 된다는 사실이 아주 분명해졌다. 법학자들이 4/10세기에 이슬람 학교를 처음 건립한 목표는 변증법과 법학(피크흐 fiqh)을 가르치는 것이었다.[15] 이것은 압바스 왕조 초기 동안 이슬람 사회에서 정치활동 아니, 더 중요한 것으로, 정치적 행동주의는 신학적 문제의 변증법적 토론을 통해 표현되었음을 보여준다. 따라서 알-마흐디는 이러한 기술을 가르치는 기본적인 교과서를 요구했고, 그 결과 정확성과 이해를 추구하기 위하여 같은 책의 번역이 반복된 것이다.

종교 간 담론의 필요성:
아리스토텔레스의 『자연학』과 초기 신학

이슬람 신학'ilm al-kalām의 출발은 논란이 많은 문제였다. 그러나 이 글의 목적과 관련해서는 그 출발을 확정하는 것보다는 번역운동을 직접 움직인 측면들을 살펴보는 것이 더 중요하다. 우선 이슬람교도 사이에 "신학적"이라고 부를 수 있는 논의가 처음 시작된 것은 번역운동이 시작되기 전, 이슬람교 첫 100년 동안의 정치적·사회적 발전의 결과라는 점이 널리 인정되고 있다. 이해할 만한 일이지만, 계승의 정통성, 지도력과 신앙의 관계, 그리고 그런 관계가 부적절하다고 여겨질 경우 생길 수밖에 없는 불신앙의 문제 같은 것들이 토론의 중심에 있었던 것으로 보인다. 비이슬람교도를 논박하는 문제도 들어 있었다. 이런 배경에서 에스가 "논쟁의 신학"이라고 부른 것이 등장했는데, 이것은 갓 태어난 이슬람교도 아랍인 사회 내 정치 담론의 일부를 이루었다.[16]

문제는 토론 주제가 바뀌게 된 과정을 확인하고 이해하는 것이다. 이 사회와 직접적인 관련이 있었던 토론 주제는 서로 대립하는 토론 집단이 자신의 입장과 정당성을 뒷받침하기 위한 자료를 찾아 번역된 문헌에 의존할 수밖에 없게 만드는 주제로 옮겨갔던 것이다. 말을 바꾸면, 왜 또 어떤 과정을 통해 이런 토론이 그리스와 다른 외국 문헌의 번역을 결국 불가피하게 만든 주제로 옮겨갔느냐 하는 것이다. 어떻게 하다가 이슬람 역사 첫 100년에서 직접 나온 구체적 쟁점들을 둘러싼 논쟁의 신학이 **겉으로 보기에는** 역사적·정치적인 사건들과 관계가 없는 것으로 보이는 추상적 문제들을 토론하는 "신학"으로 바뀌었느냐고 물어볼 수도 있겠다.

알-아흐바리는 알-마흐디 시대의 논쟁에 관한 이야기에서 마니교도, 바르데사네스교도, 마르키온교도를 언급한다. 거기에서 시작하는 것도 좋을 듯하다. 이 이원론적 종파들이 이슬람의 2세기에, 즉 압바스 왕조가 권좌에 오른 직후에 주요한 역할을 했다는 역사적 기록은 분명하다. 알-마흐디는 그들에게 가혹한 조치를 취했으며, 4/10세기 말에 이 종파들이 최종적으로 사라질 때까지 박해에는 강약이 있었지만, 잔다카—마니교와 이단 전체를 가리키는(종종 이 두 가지를 일부러 뒤섞기도 한다) 공식 명칭—가 압바스 왕조 초기에 종교와 이데올로기로서 이슬람이 밟아나간 경로와 발전에 엄청난 영향을 준 것은 사실이다. 그러나 문제는 정확히 어떤 영향을 주었느냐 하는 것이다. 에스는 아주 최근에 잔다카라는 현상은 이슬람을 위협했다고 여겨지는 마니교의 선교활동에 대한 가정보다는, 일부 이슬람교도 지식인들이 마니교나 이와 관련된 이원론 체계에서 당대의 이슬람이 제공할 수 없는 것을 발견했다는 사실로 잘 설명된다고 주장했다. 즉 지식인들이 교파보다는 지성주의적 분위기와 접촉하게 되는 문제였다는 것이다.[17]

어떤 식이었든—만일 이것이 단순히 지적 토론의 문제였을 뿐 압바스 왕조에 대한 인지 가능한 위협은 없었던 것이라면, 박해와 처형이 잘 설명되지 않기는 하지만—이슬람 논쟁 신학에 토론의 새로운 주제, 즉 우주론이라는 주제를 집어넣은 것이 그런 집단들의 구성원(또는 에스가 말하듯이, 그런 집단에서 이슬람으로 개종한 사람들)이었다는 점은 거의 확실하다.[18] 사실 우리가 듣게 되는 가장 초기의 신학적 토론은 원자,

공간, 허공 등 물리 이론의 문제와 관련이 있는데, 최근에 다나니는 이것이 이원론적인 기원을 갖고 있다고 주장했다.[19] 우주 이론—그것도 원자론적 이론—이 이슬람 신학(그전까지만 해도 신앙의 본질, 칼리프 제국의 계승권 등과 같은, 논쟁의 신학에 중요한 문제라는 것을 충분히 이해할 수 있는 쟁점들과 관련이 있었다)에서 매우 논란이 많은 중심 쟁점이 된 정확한 과정과 구체적인 이유는 우리가 아직 모르지만, 원자론이 처음부터 중심 무대를 차지하고 있었고 그 뒤로도 수백 년 동안 그런 흐름이 계속되었다는 사실은 분명하다.

압바스 왕조 초기 지식인들이 우주론적 질문에 몰두했음을 설명하는 다른 이야기들도 있다. 앞에서 우리는 압바스 왕조가 채택한 공식 이데올로기에 조로아스터교가 관심을 가졌던 점성학도 포함되어 있음을 알았다. 이것은 압바스 왕조가 점성학을 지탱하는 바탕이 되는 우주론도 더불어 채택했음을 뜻한다. 아리스토텔레스-프톨레마이오스의 우주관은 점성학에 도움이 되며, 실제로 마샤앗라흐의 저작 가운데 한 편에서 이 둘을 연결시키는 입장이 제시되어 있음을 알 수 있다.[20] 물리학과 우주론의 주제들은 조로아스터교도의 정전 『덴카르드』에서도 두드러진다. 만일 이 문화의 담당자인 관료들이 압바스 왕조 초기의 국가 행정을 적극적으로 관장했다면, 점성학에 대한 이런 관심이 당연히 사람들 눈에 띄었을 것이다. 나아가 같은 문서에 나오는, 국교의 교의를 "토론으로 이 세상에 확립하라"는 호스로 1세 아누시르완의 지시는 전체적으로 보자면 논쟁의 신학, 즉 칼람kalām의 정의로 보인다. 이것은 신학자들mutakallimūn이 이슬람을 정력적으로 방어하는 데도 어느 정도 기여했을 것으로 보이는데, 압바스 왕조 초기에는 그런 신학자들을 선전가들로 이용했던 것 같다. 슈로모 피네스* 는 아부-무슬림이 바로 그런 목적을 위해 무타칼리문이라고 부르는 사람들을 이용했다고 주장했다.[21] 이원론자들에 관한 이야기를 마무리하려면, 마지막으로 깁의 이야기도 해야 한다. 깁은 미켈란젤로 구이디와 마찬가지로 최초의 무타질라파* 신학자들이 번역된 "그리스 논리학과 변증법에서 발견한" 변증의 무기를 이용하여 "이원론 이단과 싸우는 정통파의 호전적 일파였다"고 주장한다.[22]

이런 정황들 때문에 이 주제에 관한 그리스 책들의 번역이 이루어진 것이다. 알-마흐디의 재위 시절에 같은 정황 때문에 『토피카』의 번역이 필요했던 것과 마찬가지다. 압바스 왕조의 정책이 계기가 되어 벌어진 종교 논쟁에서 아라비아어로 토론 방법을 안내하기 위해 아리스토텔레스의 『토피카』 번역이 필요했다면, 다른 책들의 번역은 이런 신학적 논쟁에서 이용할 사실 정보를 찾기 위해 필요했던 것이다. 아리스토텔레스의 『자연학』은 이런 범주에 속하며, 이 책이 아라비아어로 번역된 역사는 오래되었을뿐더러 매우 복잡하다.

이븐-안-나딤은 "바르마크 가문의 시기에 최초 번역자들 가운데 한 사람이었던"[F 244.6] 살람 알-아브라슈가 처음으로 『자연학』을 번역했다고 말한다. 그렇다면 그 시기는 750~803년, 또는 엄격하게 말해서 하룬의 치세인 786~803년이 된다. 이븐-안-나딤은 이사 이븐-알리(914~1001)에게서 이 정보를 가져왔는데, 그는 "훌륭한" 재상 알리 이븐-이사의 아들로, 그 자신도 그리스 학문을 열심히 공부하여 명성을 얻었다. 또 철학적인 문제에서 이븐-안-나딤의 주요한 정보 제공자인 야히아 이븐-아디의 제자이므로, 이사는 믿을 만한 정보를 갖고 있었다고 신뢰할 만하다.[23] 살람 알-아브라슈의 번역 뒤에는 적어도 다른 세 번역이 뒤따르며, 『자연학』에 대한 수많은 그리스어 주석의 번역과 더불어 이 주제에 관하여 처음부터 아라비아어로 쓴 글도 등장한다.[24]

『자연학』 번역에 대한 수요가 생겨난 이유가 신학적 논쟁의 우주론적 구성 요소라는 점은 논쟁이 시작될 때부터 아리스토텔레스가 이 논쟁에서 했던 역할만 보아도 비교적 분명해진다. 786년에서 795년까지(따라서 살람 알-아브라슈와 정확하게 같은 시대를 살았던 셈이다) 바르마크 가문의 궁정에서 지식인 집단의 토론에 참여했던, 영향력이 크고 논쟁을 즐기던 신학자들 가운데 한 사람인 히샴 이븐-알-하캄은 신의 개념에 관하여 아리스토텔레스를 논박하는 논문을 썼다. 히샴의 공격 대상은 『자연학』 8권 또는 『형이상학』 람다 권(12권)일 수밖에 없는데, 우리에게는 9세기의 첫 10년대 이전의 『형이상학』 번역에 관한 정보는 없다. 히샴으로부터 한 세대 뒤에 유명한 신학자 안-낫잠도 자연철학이라는 주제로 아리스토텔레스를 논박한 것으로 전해진다. 이렇게 히샴과 안-낫잠이 신학 논쟁이라는 맥락에서 아리스토텔레스를 공격했다는 사실이야말로 아리스토텔레스의 글—두 경우 모두 『자연학』이었던 것이 분명하다—이 실제로 신학적인 목적에 이용되었음을 보여준다.[25] 수백 년 동안 아라비아 지성사를 지배했던 원자론과 아리스토텔레스주의 사이의 대립은 이렇게 일찍부터 시작되었으며, 아랍 사상에 아리스토텔레스의 『자연학』이 소개된 계기는 토론에서 이원론의 도입, 즉 원자론적 우주론의 도입이었던 것으로 보인다. 원자론의 반대자들은 자신들의 목적을 위해 그보다 강한 무기는 찾을 수 없었을 것이다.

마지막으로 알-마흐디 시대의 번역과 관련하여, 이 주제의 복잡성을 강조하기 위해 한 가지 더 언급해둘 필요가 있다. 번역운동의 원인들에 관해 이야기하면서 지금까지는 개인적이고 일시적인 생각이라는 요인보다는 역사적 관련성이라는 요인을 강조해왔다. 그러나 칼리프의 개인적인 성향도, 비록 번역운동 전체에서 핵심적이지는 않지만, 그럼에도 번역되는 자료의 성격에는 영향을 주었다는 점을 지적하지 않을 수 없다. 매사냥을 좋아했던 알-마흐디는 노련한 매사냥꾼 알-갓사니에게 아라비아어 자료만이 아니라 외국 자료도 이용하여 이 주제에 관한 책을 편찬하게 했다고 알려져 있다. 그 결과로 나온 책은 이 주제에 관한 이후 아랍 문헌의 원형이 되었다.[26] 알-마흐디가 매사냥을 즐기지 않았다면 우리에게는 이 책이 없었을지도 모른다. 반대로 모든 주제에 관하여 아랍 전통 외부에서 정보를 찾는 태도를 장려하는 번역 문화가 자리를 잡지 않았다면, 알-가삿니의 책은 우리에게 매사냥에 관한 아랍의 지식만 전해주었을지도 모른다.

알-마문 : 국내의 정책과 번역운동

중앙집권적 권위를 뒷받침한 번역운동

알-마문은 압바스 왕조 국가를 근저에서 흔든 동족상잔의 여파 속에서 권좌에 올랐다. 혼란이 얼마나 극심했는지 알아보기 위해 이 시기 사건들을 간략하게 살펴보자. 알-마문의 아버지 하룬 앗-라시드는 193/809년에 죽었다. 두 형제 가운데 알-아민이 바그다드에서 칼리프 자리를 이었고, 알-마문은 호라산 총독으로 메르브에 배치되었다. 두 형제는 즉시 갈등을 일으켰으며, 이 갈등은 승리를 거둔 알-마문 휘하의 장군 타히르가 명령에 따라 패한 알-아민을 처형할 때(193/81)까지 계속되었다. 바그다드 함락과 알-아민의 죽음 뒤에도 알-마문은 메르브를 떠나지 않고 그곳에서 통치하려 했으며, 이 때문에 내전은 6년을 더 끌었다. 알-마문이 마침내 내전에서 완전히 승리를 거두고 204/819년에 바그다드로 돌아가기로 결정하자, 비로소 알-만수르의 도시의 10년에 걸친 불안정도 끝났다.

내전은 본래 여파가 오래가며, 이 경우도 예외가 아니었다. 945년 부와이 왕조*의 등장으로 인한 압바스 왕조의 실질적 권력 붕괴는 이 내전에서부터 시작되었다고 주장할 수도 있다. 알-마문은 수많은 문제와 직면했는데, 그 가운데 가장 중요한 것은 정통성의 위기였던 것으로 보인다. 이것은 그의 증조부 알-만수르의 경우보다 훨씬 까다로웠다. 알-만수르는 힘 있는 위치에서 수용과 화해 정책을 펼치고, 달래야 할 파벌들의 지지를 얻기 위해 그들의 이데올로기를 흡수하는 정책을 펼쳤기 때문에 대체로 성공적으로 그런 문제를 극복할 수 있었다. 앞에서 논의한 대로 알-만수르가 조로아스터교 제국 이데올로기를 채택한 것도 그런 맥락에서 이루어진 일이었다.

그러나 알-마문은 그렇게 운이 좋을 수 없었다. 상황은 70년 전과는 완전히 달랐다. 우선 정통성 위기의 상처가 훨씬 깊었다. 알-아민의 처형은 압바스 왕조 최초의 국왕 시해였을 뿐 아니라, 무익하기까지 했다. 그것이 알-마문의 이미지에 입힌 피해는 알-마문과 그의 선전가들이 그 행동을 정당화하려고 역사를 수정하기 위해 들인 엄청난 노력에서도 알 수 있다. 둘째로, 압바스 왕조 초기에 알-마문의 선조들이 펼친 정책은 자신들의 대의를 장려하는 과정에서 결국 그 자신의 대립물을 만들어냈으며, 이 대립이 내전으로 심화되면서 그것을 해결하는 일도 알-마문의 손에 맡겨지게 되었다.

알-만수르가 시작하고 그의 후계자들이 따른 수용과 이데올로기적 화해 정책은 다양한 사상, 이데올로기, 학문이 방해받지 않고 발전하는 결과를 낳았다. 우리가 보았다시피 번역운동은 이런 정책의 직접적인 혜택을 받았다. 그러나 번역운동을 장려하는 바그다드 사회 내 계급들과는 다른 방식으로 이슬람에 접근하는 태도가 생겨나고 문서의 형태로도 기록되고 있었다. 특히 법 이론과 실천의 성문화는 가장 의미심장한 발달이었던 것으로 보인다. 예언자의 선례를 전하고자 하는 취지의 텍스트(순나sunna)에 기초한 법의 대의를 옹호하는 법학 방법론에 관한 논문을 쓴 유명한 법학자 샤피이는 204/820년에 죽었다. 엘-히브리가 날카롭게 지적했듯이 그의 논문은 대의보다는 공동체의 흐름의 결과물이었다.[1] 여기에 이런 발전에는 초기 압바스 왕조의 또 다른 정책, 즉 개종 정책도 도움이 되었다는 점을 덧붙여야 할 것이다. 이렇게 해서 압바스 왕조 통치 초기 70년 동안 이슬람의 주요 도시에 중앙의 칼리프의 정책과는 대체로 독립하여, 무엇보다 먼저 법에 몰두하는 학자나 지식인 집단이 생겨나게 되었다.

중앙 집중과 확고한 통제를 밀어붙이는 칼리프의 경향은 알-만수르 시기에도 이미 나타났다. 칼리프가 중심에 자리잡는 바그다드 도시 계획이 가장 두드러진 상징이다. 그러나 알-만수르조차도 최대의 지지를 유지하려면 유연해야 한다는 것을 알았다. 그와 말리크파*의 창건자인 말리크 이븐-아나스* 사이에 발생했다고 전해지는 사건보다 이를 잘 보여주는 일은 없다. 알-만수르는 말리크의 책 『알-무웟타al-Muwaṭṭa』를 예언자의 (허용되는) 하디스*ḥadiṯs의 표준 서적으로 채택하자고 요청했으나 말리크는 사양했다. 이 이야기는 두 가지를 보여준다. 첫째, 알-만수르가 널리 균일하게 사용되어 칼리프에게 어느 정도 통제권을 줄 수 있는 법 텍스트의 정전을 만들려고 했다는 점, 둘째,

말리크가 여러 도시의 다양한 이슬람 관행을 근거로 칼리프의 권위에 독립적인 상태를 유지하는 것을 분명히 원했다는 점이다.

알-마문이 이런 도전들에 대응하여 채택하게 된 정책은 그의 시대 이후 당파적으로나 학문적으로나 토론의 중심이 되었다. 이 정책을 대표하는 것이 미흐나miḥna, 즉 종교재판이다. 이것은 쿠란이라는 교의를 공식적으로 제도화한 것으로, 법적 처리 과정에서 교의를 지지한다고 고백하지 않는 사람을 태형이나 징역형으로 처벌할 수 있었다. 이 맥락에서 번역운동과 관련된 문제는 두 가지다. 하나는 이 운동이 역사적으로 알-마문의 전체적인 정책 안에서 한 역할이며, 또 하나는 주류 역사가 이 역할을 왜곡되게 표현한 이유다. 내가 왜곡되었다고 말하는 것은 이후 아랍 역사 편찬이나 그것에 의존하는 현대 연구에서 알-마문을 실제로나 결과적으로 번역운동을 시작한 사람으로 거의 보편적으로 평가하고 있기 때문이다. 이미 논의했듯이 이것은 사실이 아니지만, 왜 그가 번역운동을 시작했다는 인식이 생겨났는지 이야기해볼 가치는 있다.

앞에서 나는 알-마스우디가 전하는, 알-아흐바리의 압바스 왕조 초기 정책에 관한 설명이 유용하다는 점을 확인했다. 지금도 알-아흐바리는 출발점으로 삼기에 좋은 독특한 관점을 제시한다. 그는 알-마문에 관하여 이렇게 말한다.

> 치세 초기에 알-파들 이븐-사흘을 비롯한 몇 사람의 영향하에 있을 때 그는 점성학에 따른 판결이나 예언을 조사하며 시간을 보내고, 별이 명령한 것을 따랐으며, 아르다시르 이븐-바바크 같은 과거

사산 왕조 황제들의 행동을 자신의 모범으로 삼았다. 그는 고대의 책들을 열심히 읽었다. 열심히 연구하고 부지런히 읽어, 그 책들을 이해하고 파악하는 수준이 아주 높아졌다.

그러나 알-파들 이븐-사흘에게 운명적 사건이 벌어진 뒤 이라크에 도착한 알-마문은 모든 것에 등을 돌리고, '유일성' '보상 약속' '벌의 위협'이라는 교리를 선포했다. 그는 신학자들과 회의하고, 변증법적 논박과 토론으로 유명한 학자들을 옆에 앉혔다. 아부-알-후다일과 안-낫잠, 나아가서 그들의 지지자나 반대자 같은 사람들이었다. 그는 법학자나 일반교양을 갖춘 사람들 가운데 학식 있는 이들이 회의에 참석하게 했다. 또 여러 도시에서 그런 사람들을 부르고 그들에게 보수를 주었다. 그 결과 사람들은 이론 연구를 하는 데 관심을 갖게 되었고, 조사를 하고 변증법을 이용하는 방법을 배웠다. 그런 사람들로 이루어진 집단마다 자신의 대의를 옹호하는 책을 써서, 그것을 통하여 자신의 학설을 뒷받침했다.[2]

알-마문은 그의 선조의 정책이 남긴 산물이었다. 그에 대한 알-야흐바리의 보고는 이 점을 확인해준다는 차원에서 의미가 있다. 그의 어머니는 페르시아인이었으며(알-만수르에 대항한 반역자 우스타즈시스의 손녀일 가능성이 있다), 하룬이 그를 호라산 총독으로 보내기로 결정한 데는 이 사실이 중요한 역할을 했다는 데 의심의 여지가 없다. 그러나 그는 알-만수르가 처음 이슬람 제국에 적용한 사산 제국의 조로아스터교 이데올로기가 지배하는 교육을 받았으며, 이 교육 때문에 그런 이데올로기와 완전히 일치하는 관점을 갖게 되었다. 그 결과 그는 점성학에 의지하게 되고, "고대의 책들"을 탐독한 것이다. 알-아민의 죽음 전후 그가 메르브에 있을 때 그를 지지한 사람들은 호라산의 지방 엘리트였으며, 그들은 사산 제국의 부활이라는 관념을 환영했을 가능성이 높다. 알-마문이 처음에 나라의 색깔로 사산 왕조의 색깔이었던 녹색을 택한 사건—나중에 바그다드로 돌아오면서 이슬람 압바스 왕조의 검은색으로 바뀌지만—은 그런 경향의 표현으로 볼 수도 있다.[3]

알-마문의 스승, 조언자, 재상이었던 알-파들 이븐-사흘은 그를 지지한 계급의 이해관계를 대변했다. 알-마문의 아버지 하룬 앗-라시드가 187/803년에 바그다드에서 바르마크 가문에 등을 돌리고 그들을 권좌에서 몰아낸 이유가 무엇이든, 그것은 알-마문이 바그다드로 돌아가겠다고 결정을 내리면서 바르마크 가문이 후견했던 알-파들을 제거하기로 결정한 사건과 관련이 있을 것이다. 이 두 사건만으로 판단하건대, 과거 "사산" 분파와 정책이 9세기 초에 압바스 왕조가 처한 상황에는 도움이 되지 못했다는 것이 분명하다. 역사적 상황이 변한 것이다.

우선 낡은 사산 왕조 이데올로기는 이제 60년 전과 같은 역할을 할 수 없었다. 그 사이에 페르시아 주민이 이슬람으로 빠르게 개종했을 뿐 아니라, 알-마문이 메르브에서 통치하는 동안 그를 지지하던 페르시아 주민 엘리트도 알-마문을 이슬람 제국 전체의 칼리프로서 지지할 수 없었기 때문이다. 게다가 알-마문은 이미 그들의 결정적인 지지를 얻은 뒤였기 때문에 더 양보할 필요가 없었다. 둘째로 조로아스터교 이데올로기와 알-마문을 위해 해석된 점성학적 역사는 압바스 왕조를 이 지역을 다스린 과거 제국들의 상속자로 보고 있었다. 그러나 내전 뒤, 특히 알-마문이 메르브에 있는 동안 알리드 앗-리다를 상속자로 지명한 뒤, 압바스 가문의 정치권력과 권위는 많이 약해졌다. 이런 맥락에서 알-마문은 메르브에 머물면서 계속 이 이데올로기를 유지한다면, 자신이 세계 제국의 칼리프가 아니라 지방 총독으로 남게 될 것임을 분명하게 깨달았을 것이다. 그는 바그다드로 돌아갈 수밖에 없었다.

메르브를 버린다는 것은 또한 조로아스터교 이데올로기를 버리고, 그것을 다른 이데올로기로 대체한다는 뜻이었다. 선택은 분명했다. 이슬람 황제, 즉 그가 201/816~817년에 새로 채택한 칭호가 의미하는 대로 "신의 칼리프"가 되는 것이었다.[4] 알-마문의 선택은 어떤 면에서는 전임자들의 개종 정책의 결과로 제국 전체에 걸쳐 이슬람이 하나의 종교로서 주도권을 쥐게 된 상황의 강요에 따른 것이었다. 그러나 이슬람 이데올로기를 적용하는 방식은 알-마문 자신의 결정이었다. 그리고 이 결정에서 미흐나, 즉 종교재판이 나왔던 것이다.

알-마문의 새로운 정책은 칼리프를 교리의 최종 조정자로 설정하는, 이슬람의 절대주의적 해석에 기초를 두고 있었다. 이것은 이슬람 역사에서 대체로 전례가 없는 일이었으며, 알-마문 시대까지 힘을 얻어오던, 종교적 권위의 탈중심화 흐름에 완전히 배치되는 것이었다. 이런 결정은 알-마문의 다른 정책적 노력의 맥락에서 평가되어야 할 터인데, 그 정책들에는 모두 한 가지 공통 주제와 관심사가 있었다. 즉 **모든 권력**을 칼리프와 그가 직접적으로 또 절대적으로, 통제하는 사람들의 손에 집중시키는 것이 가장 우선적인 목표라는 점이었다. 알-마문은 특히 내전의 부정적 영향이 사라진 뒤 정치적으로 폭넓게 그의 직위의 집중화된 권위를 재확립하려 했다. 군사적으로는 중앙집권적인 군대를 육성하는 정책을 택했다. 행정적 수준으로는 재판관 몇 명과 상당한 마찰을 일으킨 뒤, 사법 제도에 특히 관심을 기울이면서 그 분야를 더 확고하게 통제하려 했다.[5] 재정 면에서는 여러 지방의 화폐 주조소에서 만드는 화폐에 동질성을 부여하고, 그것을 수도에서 통제할 수 있도록 광범한 화폐 개혁을 단행했다.[6] 이데올로기적인 면에서 알-마문의 정책들이 보인 중앙집권적 경향은 어떤 면에서는 이슬람 내부의 발전에 대한 반동이었다. 그의 시대에 이르기까지 수많은 종교학자가 등장하여, 이슬람의 올바른 해석자로 추앙받으며 중앙의 권위로부터 권력을 빼앗고 있었기 때문이다. 알-마문은 어느 누구에게도 칼리프의 권위를 내줄 생각이 없었다. 마지막으로 개인적인 면에서 알-마문의 결정은 그가 사산 왕조 이데올로기 안에서 성장했다는 배경에서 나온 것이다. 이 이데올로기는 그의 중앙집권적 정책들 전체의 이해와 해석을 위한 중요한 실마리를 제공한다.

알-아흐바리는 매우 예리하게 알-마문이 사산 제국의 황제들, 특히 아르다시르 이븐-바바크, 즉 사산 왕조의 창건자인 아르다시르 1세(재위 224~242)처럼 행동했다고 언급한다. 이해할 만한 일이지만 아르다시르는 사산 왕조의 역사에서 정치적인 지혜로 유명했으며, 미래의 사산 왕조 황제들에게 통치법에 관해 조언하는 "유언"(andarz, 'ahd)의 저자로 알려져 있다. 원래의 팔라비어 형태는 아랍 정복 직전에 나온 것으로 보이지만, 현재 남아 있는 것은 초기 아라비아어 번역본이다. "아르다시르"는 종교와 정부에서 종교의 역할이라는 주제에 관하여 다음과 같이 충고하고 있다.

왕의 권위와 종교는 서로 완벽하게 조화를 이루는 두 형제라는 것을 알라. 어느 한쪽은 다른 쪽 없이는 살 수 없다. 종교는 왕의 권위의 기초이고, 왕의 권위는 종교의 수호자가 되기 때문이다. 왕의 권위는 기초 없이 존재할 수 없으며, 종교는 수호자 없이 존재할 수 없다. 수호자가 없으면 무엇이든 길을 잃게 되고, 기초가 없으면 무엇이든 파괴되기 때문이다. 내가 너에게 걱정하는 첫 번째 것은 사회적 지위가 낮은 사람들이 종교 공부에서, 해석에서, 또 그것을 배우는 데서 너를 앞서고, 너는 왕의 권위가 주는 힘만 믿고 그들을 과소평가하게 되는 것이다. 그렇게 하다보면 종교 영역에서 네가 한때 부당하게 대하고, 학대하고, 소유를 빼앗고, 위협하고, 모욕을 주었던 하층 계급 신민과 보잘것없는 평민 사이에 감추어진 지도자가 생기는 것이다.

하나의 나라에서 감추어진 종교 지도자와 공개된 정치 지도자가 함께 존재하면 반드시 종교 지도자가 정치 지도자의 권력을 탈취하게 된다는 것을 알아야 한다. 종교는 기초이고 왕권은 기둥이기 때문이다. 기둥을 통제하는 자가 아니라 기초를 통제하는 자가 전체 건물을 더 잘 통제한다…….

너의 통치는 신민의 몸에만 국한되며, 왕이라도 마음은 지배하지 못한다는 것을 알아야 한다. 백성의 힘을 누를 수는 있어도 그들의 마음을 누르지는 못한다는 것을 알아야 한다. 소유를 빼앗긴 똑똑한 자는 너에 대항하여 자신의 혀를 뽑아들 것인즉, 이 혀가 검보다 날카로워, 종교 쪽으로 그 혀를 휘두르면 너에게 가장 심각한 피해

> 를 줄 수도 있다는 것을 알아야 한다. 그는 종교의 언어로 주장을 펼칠 것이기 때문이다. 그는 종교를 위하여 분노한 척할 것이며, 종교 때문에 울 것이며, 종교에 호소할 것이다…….
> 왕은 숭배자들, 금욕주의자들, 경건한 자들이 종교에서 왕보다 훌륭하며, 종교를 더 좋아하며, 종교 때문에 더 화를 낸다는 것을 절대 인정하지 말아야 한다.[7]

프리츠 슈테파트*가 지적했듯이, 이 문건을 번역한 글의 언어 구사는 알-마문이 미흐나를 명령한 칙령에서 사용한 것과 매우 흡사하다.[8] 알-마문은 아르다시르의 조언에 따라, 수많은 종교학자에게 주어진 종교적 권한이 의미하는 다원주의가 국가의 이익에 유해하다는 점을 분명히 인식했다. 미흐나는 중앙정부로 통제권을 되찾아오고, 아르다시르의 텍스트가 경고하는 위험을 피하려는 시도였다.

칼리프에게 집중된 권한을 재확립하고, 나아가 그 범위를 확대하려는 노력을 성공으로 이끌기 위하여, 알-마문은 두 가지를 축으로 삼아 강력한 선전활동에 돌입했다. 하나는 그가 진실로 이슬람의 옹호자이자 국가의 기초라는 것이며, 또 하나는 그가 이슬람의 진정한 해석에서 최종 결정권자이고 다른 모든 사람은 부차적이라는 것이었다. 첫 번째 목적을 달성하기 위해 알-마문은 불신자, 즉 비잔틴 사람들을 상대로 제국주의 전쟁을 시작했다. 이것은 그의 압바스 왕조 선왕들이 해왔던 계절에 따른 침략과는 질적으로 다르다는 의미에서 제국주의적이었다.[9] 알-마문의 원정은 이슬람의 집Dār al-Islam의 영역을 확장하기 위해 비잔틴 사람들로부터 영토를 빼앗아 그곳에 이슬람교도를 정착시킬 목적으로 이루어졌다.

두 번째 목적은 그의 시대까지 최고의 자리에서 지배해온 종교학자들로부터 종교적 권위의 기준을 박탈하고, 그것을 조직적인 지식인 엘리트의 뒷받침을 받는 칼리프에게 집중함으로써만 이룰 수 있었다. 또 그런 박탈과 집중은 칼리프가 궁극적 기준인 이성에 기초하여 종교 텍스트를 해석하는 개인적인 판단을 내림으로써만 가능했다. 칼리프는 판단에 도달한 다음, 토론과 변증법적 논증에 의해 그것이 적절한 판단이라고 다른 사람들을 설득할 수 있었다. 물려받은 권위에 기초한 종교 지도자들의 교조적 진술이 아니라, 토론과 논증이 종교 문제에서 결정을 내리고 판단을 하는 도구가 될 터였다. 이렇게 해서 알-야흐바리가 우리에게 전하는 대로, 알-마문이 토론을 장려하는 정책을 펼치고, 변증법이 인기를 끌게 된 것이다.

어쩌면 여기서 구분을 해두는 것이 중요할지도 모르겠다. 알-마문은 개인적인 근거로 종교에서 최종 결정권을 가지고자 했다기보다는—물론 이것도 유익한 부산물이었겠지만—아르다시르가 남긴 유언의 표현대로 "사회적 지위가 낮은 사람들"이 종교 문제에서 우위에 서는 것을 인정하지 않으려 했다. 종교적 정통성과 신앙의 최종 결정권자라는 통치자의 권리를 포기하고 싶지 않았던 것이다. 그래서 그는 자신과 함께 종교를 책임질 계급을 **위에서부터** 만들고자 했다. "감추어진 지도자"를 갖춘 대중이 **아래로부터** 통제하는 것을 원치 않았던 것이다. 이것은 이슬람 사회에서 새로운 경향이었던 것이 분명하다. 알-마문은 정치적 귀족과 병행하는 종교적 귀족을 창조하려고 의식적으로 노력했던 듯하다.

이 양 정책에서 알-마문은 전임자들의 정책을 이어받는 동시에 그것을 수정했다. 그는 중앙집권적 정부라는 조로아스터교 제국 이데올로기를 채택하면서, 단순히 조로아스터교를 이슬람으로 대체했다. 그는 또한 자신의 판단이 최종적이라는 단서만 단 상태에서 변증법적 토론에 기초를 둔 이슬람으로의 개종 정책을 채택했다. 이 양 정책에서 번역운동은 그에게 중요한 뒷받침이 되었다.

외교 정책과 번역운동:
친그리스주의로 표현된 반비잔틴 이데올로기

알-마문은 논란의 여지가 있기는 하지만 번역운동의 가장 열렬한 지지자들이라고 할 수 있는 바르마크 가문의 태도가 지배하던 문화적 환경에서, 번역운동이 한창 전개되며 성장하던 170/786년에 태어났다. 알-아흐바리의 말에 따르면 젊은 시절 그는 열심히 책을 읽고 공부했다. 칼리프가 되었을 무렵 그는 한 개인으로서 번역운동과 그것이 대표하는 모든 것을 문화적 선으로 여기는 가치들을 내재화하고 있었다. 196/812년 그가 칼리프로 선포된 호라산의 수도 메르브, 그리고 물론 그가 204/819년에 칼리프로서 입성한 바그다드에서도 그런 가치가 지식인들을 지배하고 있었다. 따라서 알-마문이 그에 앞선 모든 전임자와 마찬가지로 번역운동을 적극적으로 장려할 만한 사람이라는 사실은 그때도 그러했고, 지금도 의문의 여지가 없는 일로 여겨진다. 따라서 그가 번역운동을 시작했다거나 번역운동에서 가장 중요한 칼리프라는 보고는 훗날의 명백히 편향적이고 수정주의적인 이야기로 넘겨버려야 한다. 번역운동이 하나의 사회적 사실이고, 이런 수정주의적 보고 또한 알-마문이 번역운동을 중시했다는 사실에 주목했다는 점에서 진실의 핵심은 포착하고 있는 것이라고 가정한다면, 우리가 물어볼 것은 그가 이 운동을 어떤 특정한 용도로 이용했느냐 하는 것이 되어야 한다.

압바스 왕조 초기의 사회사가 전보다 자세히 알려지면서, 공중이 매우 민감하게 반응하는 수사를 활용하는 "홍보"활동을 통하여, 더 심한 표현을 쓰자면, 선전을 통하여 칼리프의 정책을 퍼뜨리는 것이 행정부 활동의 중요한 부분이었다는 점이 점차 분명하게 드러나고 있다. 알-마문은 그럴 만한 이유가 있어 행정의 이런 측면에 특별히 관심을 기울였다. 이미 간략하게 언급했듯이 그는 형제 살해라는 오명까지 덧붙여진 국왕 시해로 권좌에 올랐을 뿐 아니라, 바그다드에 돌아온 뒤에는 수많은 지방으로부터 비난받을 수밖에 없는 중앙집권 강화를 시작했다. 따라서 그는 자신이 권좌에 오른 것에 정통성을 부여하고, 국왕 시해와 형제 살해를 정당화하고, 자신의 정책을 퍼뜨리거나 알리고, 그것을 받아들이게 하기 위해 강력한 선전활동을 실시했다. 알-마문(즉 그를 둘러싼 집단들)이 벌인 그런 선전의 좋은 예로 아버지 하룬 앗-라시드가 802년에 반포한 계승과 관련한 메카 협정을 고쳐 써서 알-아민의 폐위와 살해를 정당화하려 한 것을 들 수 있다. 역사는 무조건 알-아민이 먼저 왕위를 계승하며 그다음 차례가 알-마문이라고 분명히 밝힌 원래의 문건과 알-아민이 명문화된 조건들을 이행하지 않을 경우 반란도 정당화될 수 있다는 알-마문 지지파의 "수

정된" 판본을 둘 다 보존하고 있다.[10]

새로운 이데올로기적 선전의 요구에 따라 외교 정책에서 자신을 이슬람 옹호자로 제시하려는 알-마문의 시도는 비잔틴에 대해 유별나게 공격적인 정책을 낳았다. 이 정책은 그의 치세 말기, 구체적으로 미흐나를 실시하기 시작했을 때 서부 지역을 군사적·행정적으로 확보한 뒤에 구체화되었다. 따라서 비잔틴에 반대하는 운동과 새롭고 가혹한 국내 정책이 서로 관련 있다는 것은 더욱 분명해진다. 그가 시작한 비잔틴에 대한 전면전에는 새로운 이데올로기적 구성 요소가 있었다. 비잔틴은 이교도—이것은 무함마드가 헤라클리우스에게 썼다고 하는 서신에 이미 나오는 주제였다—이기 때문만이 아니라, 이슬람교도는 물론이고 비잔틴인 자신의 조상인 고대 그리스인보다 문화적으로 미개하고 열등하기 때문에 이슬람교도의 공격을 받아 마땅하다는 것이었다. 이와 대조적으로 이슬람교도는 이슬람이기 때문에 우월할 뿐 아니라, 고대 그리스 과학과 지혜를 높이 평가하여 그 책들을 아라비아어로 번역했기 때문에 우월하기도 했다. 이런 우월성은 심지어 하나의 종교로서 이슬람 자체에도 전이되었다. 비잔틴은 기독교 때문에 고대 과학에 등을 돌린 반면, 이슬람교도는 이슬람 때문에 그것을 환영했다. 따라서 반비잔틴은 친그리스가 되었다. 번역운동은 이슬람교도에게 비잔틴 사람들에 대항하여 싸울 이데올로기적 도구를 제공했다. 그 과정에서 번역운동과 그것이 대표하는 모든 것이 이슬람 사회에서 더 높이 평가되었다.

알-마문의 선전 활동의 이런 반비잔틴적·반기독교적 측면의 초기 단계는 알-마문과 그의 무타질라파 계승자들의 계관 선전자라 할 수 있는 알-자히즈*(255/868년 사망)의 작품에 반영되어 있다.[11] 그는 비잔틴 사람들(룸Rūm)을 장점이 많고 과학적인 업적을 쌓은 사람들로 묘사하면서, 그런 사람들이 어떻게 기독교의 영향을 받아 세 신을 믿고, 소변을 보고 대변을 보는 인간에 불과한 자를 신이라고 주장할 수 있느냐고 묻는다.

> 비잔틴 사람들은 다른 사람들과는 다른 건축물을 소유하고 있다. 그들은 다른 누구도 만들 수 없는 조각품과 목공품을 만들 수 있다. 게다가 그들에게는 거룩한 책과 종교 공동체가 있다. 그들은 아름다움을 소유하고 있고, 대수, 점성학, 아름다운 글씨에 익숙하고, 용기, 통찰력, 다양하고 훌륭한 기술을 갖추고 있다…….
> 이 모든 것에도 불구하고 그들은 신이 셋 있다고 믿는데, 둘은 보이지 않고 하나는 보인다. 램프에 기름, 심지, 용기가 필요한 것과 마찬가지다. [그들의 의견으로는] 똑같은 것이 신들의 실체에도 적용된다는 것이다. 그들은 피조물이 창조주가 되고, 노예가 주인이 되고, 창조된 존재가 원래부터 창조되지 않은 존재가 되었다고 가정한다. 머리에 가시관을 쓰고 십자가에 못 박혀 죽은 뒤 사라졌다가, 죽은 뒤에 다시 살아났다는 것이다…….
> 우리가 우리 눈으로 보고, 우리 귀로 듣지 않았다면, 이것은 사실이 아니라고 생각할 것이다. 신학자[mutakallimūn], 의사, 천문학자, 외교관, 대수학자, 서기 등 모든 분야에서 대가를 배출한 사람들이 사람, 즉 먹고, 마시고, 소변을 보고, 대변을 보고, 굶주림과 목마름을 겪고, 옷을 입고 벗고, [몸무게가] 늘고 주는 것을 그들 자신의 눈으로

본 사람, 그러다가, 그들이 가정하는 대로, 십자가에 못 박혀 죽은 사람이 영원하고 창조되지 않았으며, 살아 있는 자를 죽게 하고 죽은 자를 살려내며, 세상을 위해 마음대로 훨씬 더 많은 것을 창조할 수 있는 주이자 창조주이자 섭리의 신이 되었다고 말할 수 있다는 것, 그리고 그들이 여전히 유대인들과 마찬가지로 그를 십자가에 달고 죽인 일에 자부심을 느낀다는 것이 도무지 믿어지지 않는다.[12]

기독교가 지배하는 비잔틴에 반대하는 주장의 요점이 단지 이슬람이 기독교를 대신하기 때문이 아니라, 기독교적인 믿음이 본질적으로 **비합리적**이기 때문에 기독교가 못마땅하다는 데 주의할 필요가 있다. 다른 면에서는 계몽적인 사람들에게 벌어진 아쉬운 상황이라는 것이다. 이 주장에서 알-쟈히즈가 이슬람 사회에 이야기하는 점은 분명하다. 비잔틴 사람들에게서 얻을 교훈이 있다는 것이다. 즉 그들과 마찬가지로 계몽된 이슬람교도도 일부 이슬람교도의 말도 안 되는 신인동형동성론神人同形同性性論을 따른다면, 비슷한 비합리성에 빠질 위험이 있다는 것이다. 알-쟈히즈는 이런 식으로 자신의 주장을 펼치기 때문에 고대 그리스인과 비잔틴인을 하나의 민족으로 생각할 필요가 있었으며, 그래서 둘 사이의 구별을 의도적으로 흐린다.[13] 그러나 기독교도를 반박하는 다른 글에서 알-쟈히즈는 둘을 구별하는 것에 기초하여 주장을 펼치는데, 이때는 고대 그리스인과 학문을 모르고 그저 장인에 불과한 비잔틴인을 대비시킨다. 그는 서두에서 기독교인과 유대인을 구별하기도 한다.

기독교인과 유대인의 차이는 유대인은 철학 연구가 불신앙의 원인이며, 변증법을 종교 연구에 적용하는 것은 이단이고 의심의 근원이며, 유일하게 진실한 학문은 모세5경과 예언자들의 글에 담겨 있으며, 약의 효험과 점성학자의 예언을 믿는 것 또한 이단의 원인으로 비정통성을 낳고 조상들이 걸어온 길과 모범으로부터 멀어지게 한다고 생각한다는 점이다. 그들은 이 문제에서 극단으로 나아가기 때문에 그런 짓을 하는 자들이 피를 흘리게 해도 벌을 받지 않으며, 그들의 예를 따르고자 하는 유혹을 느끼는 사람은 누구든 입을 막아버린다.

보통 사람들이 기독교인과 비잔틴인이 지혜도 없고 [정신의] 명석함도 없고 생각의 깊이도 없으며, 다만 나무를 만지고, 목수 일을 하고, 조형을 하고, 비단 브로케이드를 짜는 데나 뛰어날 뿐이라는 것을 알았다면, 그들을 지식 계급의 대열에서 밀어냈을 것이며, 철학자나 현자의 명단에서 뺐을 것이다. 아리스토텔레스는 『오르가논』 『생성소멸론』 『기상론Meteorology』 같은 책을 썼지만, 그는 비잔틴인도 아니고 기독교인도 아니기 때문이다. 프톨레마이오스는 『알마게스트』는 썼지만, 그는 비잔틴인도 아니고 기독교인도 아니기 때문이다. 유클리드는 『원론』을 썼지만, 그는 비잔틴인도 아니고 기독교인도 아니기 때문이다. 갈레노스는 의학 책들을 썼지만 그는 비잔틴인도 아니고 기독교인도 아니기 때문이다. 데모크리토스, 히포크라테스, 플라톤 등도 마찬가지다. 이 모두가 한 나라 사람들이다. 그들은 죽었지만, 그들 정신의 가치는 계속 살아 있다. 그들은 그리스인이다. 그들의 종교는 비잔틴인의 종교와 달랐으며, 그들의 문화는 비잔틴인의 문화와 달랐다. 그들은 과학자들이었지만, 이 사람들[비잔틴인들]은 지리적으로 가깝다는 이유로 그리스인의 책을 차지한 장인에 불과하다. 그들은 그런 책들 가운데 일부는 자기들이 썼다고 말했으며, 다른 책들은 자신들 종교에 맞게 바꾸었다. 다만 그리스의 매우 유명한 책이나 잘 알려진 철학 작품들은 예외였다. 그들은 이런 책의 [저자의] 이름을 바꿀 수 없자, 그리스인이 비잔틴 부족들 가운데 하나라고 주장했다. 그들은 자신들의 종교적인 믿음을 이용하여 유대인에 대한 우월성을 내세우고, 아랍인에게 오만한 태도를 보였으며, 인도인에게 거만을 떨어, 실제로 우리 현자들이 자신들의 추종자이고, 우리 철학자들이 자신들의 예를 따른다고 주장하기까지 했다. 이것이 실상이다.[14]

여기에서는 비잔틴인들이 고대 그리스인, 그리고 수사적 효과를 위해 나열한 가장 위대한 인물 몇 사람과 자신들을 동일시하는 것을 이기적인 목적을 위하여 내세우는 거짓 주장이라고 몰아붙인다. 사실 그들은 기독교인으로서 철학자가 전혀 없다. 유대인도 마찬가지다. 이것은 필연적으로 알-자히즈 시대의 이슬람교도에게는 철학자가 있다는 암시가 된다. 알-자히즈가 이에 앞서 유대인의 비합리적이고 광신적인 태도를 길게 묘사한 대목 또한 동시대적인 의미가 있을 수밖에 없다. 이슬람교도가 이성을 버리고 전통에만 매달리고자 한다면, 그들도 유대인보다 나을 것이 없다는 뜻이 되기 때문이다.

알-마문의 선전활동은 이런 이데올로기적 입장에 포함된 뜻에 편승하고자 하는 지식인들 사이에서 비옥한 땅을 발견했다. 압바스 왕조 사회에서 번역 학문의 발전을 위하여 그런 암시된 의미를 정교하게 다듬은 첫 번째 인물은 유명한 철학자 알-킨디(256/870년 직후 사망)였던 것으로 보인다. 그는 하나의 계보를 만들어냈는데, 이것에 따르면 고대 그리스인의 조상(즉 이오니아인)과 이름이 같은 유난Yūnān과 아랍인의 조상 카흐탄은 형제다. 이런 식으로 고대 그리스 학문의 기원은 아랍인으로 제시되며, 압바스 왕조 사회에서 번역운동을 통하여 학문을 발전시키는 것은 학문을 원래의 소유자에게 되돌려주는 것에 지나지 않는 일이 된다. 이런 구도는 물론 조로아스터교 사산 왕조 이데올로기에 정확히 대응하는 것이다. 사부르와 호스로 1세가 알렉산드로스의 정복 때문에 흩어졌다고 하는 고대 페르시아의 지혜를 다시 모아 페르시아어로 재번역하려고 했던 것처럼, 압바스 왕조의 아랍 지식인들은 계보로 볼 때 자신들에게 속했지만 역사적인 이유 때문에 우연히 다른 언어로 기록된 학문을 그들의 언어로 "다시" 번역하고 발전시키려 했다.[15]

지식인들 사이의 반비잔틴, 친그리스적 수사는 다음 세기에도 흔들림 없이 계속되었다. 오히려 강해지고, 구체화되고, 세련되게 다듬어졌다. 선전 수준에서 보자면 이것은 번역운동을 장려한 사람들이 이런 태도가 그들의 대의에 매우 유익하다고 생각했음을 보여준다. 반면 더 넓은 수준에서 보자면 이것은 압바스 왕조 문화에서 이런 이야기를 역사적 사실로 폭넓게 받아들였다는 신호이기도 하다.

4/10세기의 가장 뛰어난 문화사가인 알-마스우디는 이런 점에서 흥미 있는 자료를 제공한다. 그에게 비잔틴인은 고대 그리스인과 달랐는데, 이것은 소문 때문만이 아니라 그들의 구체적 혈통 때문이기도

했다. 그리스인은 야페테의 후손이고, 비잔틴인은 셈의 후손이었다. 따라서 비잔틴 사람들이 그리스인을 모방하기는 하지만 그 둘은 본질적으로 다르다.

> 비잔틴인은 구어와 문어 양쪽에서 그리스인의 발자취를 쫓지만, 언어의 본질적 순수함이나 절대적 울림에서 결코 그들의 수준에 이르지 못했다. 비잔틴인의 언어는 그리스인의 언어와 비교할 때 열등하며, 구문은 표현되는 방식에서나 관례적인 이야기 방식에서 그리스의 경우보다 약하다.[16]

그러나 고대 그리스인과 비잔틴인 사이에 혈통적 관련이 있건 없건, 그들을 갈라놓은 중대한 사건, 그들을 본질적으로 다른 존재로 만들고 비잔틴인을 **열등하게** 만든 결정적 요인은 기독교의 도래다. 알-마스우디는 이 점에서도 아주 분명하다.

> 고대 그리스인의 시기에, 그리고 비잔틴 [즉 이 경우에는 로마] 제국 시기에 잠깐, 철학적 학문들이 성장하고 발전했으며, 학자와 철학자들이 존경과 명예를 얻었다. 그들은 자연과학에 관한(몸, 지성, 영혼에 관한) 이론, 4과, 즉 수의 학문arithmētikē, 표면과 기하의 학문geōmetrikē, 별의 학문astronomia, 조화로운 선율 구성의 학문mūsikē에 관한 이론을 개진했다. 학문은 계속 큰 수요가 있었으며, 기독교가 비잔틴인에게 나타나기 전까지 열심히 연구되었다. 그러나 기독교는 철학의 표시들을 지우고, 흔적을 말살하고, 그 길을 파괴했다. 그들은 고대 그리

스인이 명확하게 제시해놓은 것을 바꾸고 망쳐버렸다.[17]

이슬람교도 지식인 사이의 이런 태도의 의미와 이 태도가 암시하는 바를 오해하면 안 된다. 그 의도는 기독교를 공격하면서 이교 사상을 미화하자는 것이 **아니다**. 이것은 이슬람교도에게는 있을 수 없는 태도다. 실제로 기독교는 '경전'의 종교 가운데 하나로, 쿠란에서도 그렇게 인정하고 있으며, 예수는 존경받는 예언자다. 반면 고대 그리스인의 이교 신앙이나 다신교는 증오의 대상이다. 여기서 실제로 염두에 두고 있는 것은 이번에도 이슬람, 또는 3~4/9~10세기에 우위를 놓고 경쟁하던 이슬람의 다른 변형이다. 이런 태도는 번역운동을 통하여 옮겨지는 그리스 학문은 문화적 선이라는, 언뜻 보기에 의문의 여지가 없는 가정을 암시한다. 이런 가정에 기초할 때 기독교가 비잔틴 사람들에게 악이었음을 보여줄 수 있기 때문이다. 따라서 모든 사람이 끌어낼 수 있는 교훈은 뻔하다. 이슬람교도가 그리스 학문을 거부한다면, 비잔틴 기독교도보다 나을 것이 없다는 것이다. 따라서 이런 맥락에서 이슬람의 기독교에 대한 우위는 오직 이슬람교도가 번역운동의 성과를 받아들였다는 점에 기초하고 있다.

이런 태도가 번역운동의 마지막 세기인 4/10세기를 지배하며 널리 퍼졌다는 것은 많은 예에서 알 수 있다. 예를 들어 비잔틴인은 철학과 과학을 금지한다는 말이 여러 차례 언급되고 있다. 이븐-안-나딤은 『피흐리스트』에서 "믿을 만한" 사람으로부터 비잔틴 사람들이 아르키메데스의 책을 15수레에 실었다는 이야기를 들었다고 말한다[*F* 266.19 = *GAS* V, 121]. 다른 곳에서는 율리아누스 대제*의 이야기를 요약하며 거기에 공감하고 있다. 비잔틴 기독교도는 처음에는 "예언자의 법에 반대되기" 때문에 철학을 금한 것으로 이야기된다. 그러다가 아리스토텔레스의 책에 주석을 단 테미스티우스의 영향을 받은 율리아누스가 철학 연구를 복원하지만, 그가 죽은 뒤에 기독교인들은 다시 철학을 금지한다.[18]

그러나 이런 태도가 가장 널리 확산된 것은 그리스 철학과 의학이 알렉산드리아에서 바그다드로 옮겨진 과정을 묘사한 악명 높은, 그러나 허구적인 역사 때문이다. 이 역사는 의미심장하게 변형되어 수많은 중요한 책에 나타나지만, 마이어호프가 60여 년 전 쓴 「알렉산드리아에서 바그다드From Alexandria to Baghdad」라는 유명한 논문은 알-파라비*가 했다고 전해지는 이야기에 기초를 두고 있다.[19]

그러나 원본에 가장 가깝다고 생각할 수 있는 판본은 독학자인 카이로의 의사 이븐-리드완(460/1068년 사망)과 살라딘의 주치의 이븐-구마이(594/1198년 사망)가 각각 별도로 보관하고 있던 것이다. 이 판본은 이븐-구마이의 표현을 빌리자면 다음과 같은 내용이다.

> [의학의 역사는 아스클레피우스에서 갈레노스에 이르기까지 고대의 의학 발전을 다룬 짧은 이야기에서 시작된다.] 갈레노스 이후 그리스인들로부터 기독교도 공동체가 나타나 그들을 지배했다. 기독교인은 지적 문제를 연구하는 것을 잘못이라 여겼고, 그들의 왕들은 의학을 무시하였으며, 그 연구자들을 돌보지 않았다. 그래서 연구자들은 힘겨운 의학 공부를 중단했고, 히포크라테스나 갈레노스의 저작을 읽는 것을 따분하게 여겼다. 그 결과 의학은 혼란에 빠지고, 그런 상황은 점점 악

화되었다.

그렇게 기독교 왕들의 [의학의] 가르침에 대한 관심 부족이 확고하게 뿌리를 내린 뒤 오리바시우스가 등장했다. 오리바시우스는 의학의 가르침이 사라지지 않도록 그것을 대중화하고, 쉽게 바꾸고, 공부하는 데 필요한 자료와 시간을 줄여 대중에게 그 가르침을 퍼뜨리려 했다. 그는 개론을 편찬하여, 사람들을 위한 기술을 대중화하고 그것을 공부하기 쉽게 해주었다. 이런 면에서는 [아에기나의] 파우로스를 비롯하여 다른 사람들이 지금까지 그의 뒤를 잇고 있다. 이렇게 해서 의학 기술을 알려주는 책은 개요, 축약본, 요약본 등의 형태로는 많이 나왔지만, 의학에 관한 히포크라테스와 갈레노스의 작업은 잊혀버렸다.

왕들 가운데 누구도 [의학의] 가르침을 장려하고 싶어하지 않고, 사람들은 히포크라테스와 갈레노스의 저작이 너무 지루하다고 여겨 개요나 축약본만 보고 있을 때, 알렉산드리아의 가장 유명한 의사들이 이 기술이 완전히 사라질 것을 걱정하여 왕들에게 [의학의] 가르침을 알렉산드리아에 보존하고, 의학서적은 갈레노스의 책 16권과 히포크라테스의 책 4권 등 20권만 읽도록 [허락할 것을] 요청했다. 왕들은 그 요청을 받아들였고, 그 결과 [의학의] 가르침이 알렉산드리아에 계속 남게 되었다. 그러다 마침내 우마르 이븐-아브드-알-아지즈의 시대에 그 관리자가 우마르의 손에 의해 이슬람으로 개종하여 그의 벗이 되었다. 이것은 우마르가 칼리프가 되기 전의 일이었다.

우마르가 칼리프가 된 뒤 이 가르침은 안티오키아, 핫란을 비롯한 여러 곳으로 옮겨지며 불안한 토대 위에 서 있었다. 그러다 마침내 알-마문 아브드-알라 이븐-하룬 앗-라시드가 칼리프가 되면서 그것을 소생시켜 널리 퍼뜨렸고, 훌륭한 의사들을 총애했다. 그가 없었다면, 한때 의학에서 가장 탁월했던 그리스인의 땅에서 현재 의학이 말살된 것처럼, 고대인의 의학을 비롯한 여러 학문이 말살되었을 것이다.

가장 탁월한 의사들이 한정해놓은 책 20권은 다음과 같다[『알렉산드리아학파 요람Summaria Alexandrinorum』에 포함된 갈레노스와 히포크라테스의 저작 목록이 나온다.][20]

이 "역사"의 핵심 요소의 기원은 『알렉산드리아학파 요람Ğawāmi ál-Iskandarāniyyīn』이라고 알려진 알렉산드리아의 고대 말 의학 커리큘럼의 탄생에 관한 이야기에서 찾아야 할 것 같다. 반기독교적 정서가 없는 이런 이야기의 최초의 예는 9세기 에데사 출신의 학자 이샤크 이븐-알리 앗-루하위의 의학 행위(adab aṭ-ṭabīb)에 관한 저작에서 찾을 수 있다. 그는 갈레노스가 의술을 베풀려면 알아야 하는 자연의 모든 법칙에 관한 별도의 책을 썼다고 말한 뒤, 이렇게 덧붙인다.

알렉산드리아의 박학한 의사들은 의학도들의 회의와 모임 도중에 그들 시대의 젊은 사람들 대부분의 열정이 이런 책들, 특히 갈레노스가 쓴 책들을 공부하는 수준까지 나아가지 못하는 것을 보았다. 그들은 학생들이 의학 공부를 쉽게 할 수 있도록 갈레노스의 책들을 16권으로 정리하고, 다시 이것을 줄이고 요약하여 개요만 정리한 다음 그들이 학생들을 가르치던 스콜레σχολή에서 가르쳤다. 따라서 인체의 본질을 알고 건강과 병을 다루는 법을 안다고 주장하는 사람들은 이 책들을 알아야 한다. 그 배열을 알고, 박식한 교수의 도움을 받아 그 책들을 읽어야 한다. [그런 다음 앗-루하위는 16권의 목록을 나열한다.][21]

알-마문의 홍보 관리자들은 이런 핵심적인 이야기를 가져와, 이븐-구마이 판본의 경우처럼, 거기에 반기독교적 논쟁과 알-마문에 대한 최후의 찬사를 보탠 것으로 보인다. 사실 이븐-리드완에 보존되어 있는 판본은 마지막 대목에서 알-마문을 훨씬 정교한 방식으로 찬양한다. 이것은 칼리프와 그의 지지자들이 반비잔틴, 친그리스 정책을 통해 전달하고 싶어했던 것이 무엇인지 분명하게 보여준다.

알-마문은 가장 뛰어난 자들을 총애하여 [의학의 가르침을] 소생시켰다. 그렇지 않았다면 의학, 논리학, 철학을 포함하여 고대의 모든 학문이 잊혔을 것이다. 〈마치〉 오늘날 그 학문이 특별히 발전했던 곳, 즉 로마, 아테네, 비잔틴 지역을 비롯한 많은 곳에서 그것이 〈잊힌 것처럼〉.[22]

이것은 알-마문의 새로운 반비잔틴 이데올로기가 내세우고자 하는 중요한 점을 분명하게 전달한다. 즉 칼리프 지도하의 이슬람 국가가 고대 그리스와 인류의 모든 학문의 진정한 계승자라는 것이다. 이슬람 제국의 주요 정적이었던 비잔티움은 문화적으로 죽었고, 이제 정치적으로 없애기만 하면 된다는 것이다.

알-마문이 그런 이데올로기를 장려한 것은 사실 완전히 새 방향을 도입한 것이 아니라, 단지 그의 증조부 알-만수르 이후로 압바스 왕조를 통치하는 가문이 채택한 이데올로기적 태도의 방향만 튼 것이라는 점은 흥미롭다. 알-만수르는 조로아스터교의 제국 이데올로기를 자기 것으로 만들었는데, 이 또한 압바스 왕조의 칼리프가 고대 제국의 상속자이며, 실제로 똑같은 그리스 학문의 장려자임을 보여주었다. 유일한 차이는 이란의 이데올로기는 그 학문이 원래 이란에서 나온 것으로 사산 제국이 전달 매체 역할만 했다고 본 반면, 알-마문은 방향을 틀면서 고대 그리스와 비잔티움에 집중하고 있다는 점이다. 이런 방향 전환으로 인해, 영토 정복이 끝나고 이데올로기와 종교적 흡수도 거의 완료된 이란인은 시야에서 사라지게 되었다. 대신 이제 이슬람교도의 새로운 적이자 그들을 돋보이게 하는 존재, 나아가 피해야 할 종교적 불합리성과 반계몽주의의 예로서 제시되고 있는 비잔틴인과 기독교인에 관심을 돌리게 된 것이다.

이런 점에서 알-마문의 이데올로기적 선전은 성공했다는 것이 입증되었다. 예를 들어 역사학자 사이드가 비잔틴 제국과의 관계 속에서 번역운동을 인식한 대목은 알-마문의 선전이 전달하고자 했던 바를 정확하게 표현하고 있다.

> 학문을 처음 발전시킨 첫 아랍인은 두 번째 칼리프인 아부-자파르 알-만수르였다. 그는—신이여, 그에게 자비를—학문과 학문을 하는 사람들에게 깊은 애착을 갖고 있었으며, 그 자신이 종교 지식이 깊

었고, 철학 지식, 특히 점성학을 [장려하는] 데 선구적인 역할을 했다. 그러다가 칼리프 자리가 압바스 왕조의 일곱 번째 칼리프인 알-마문—알-만수르의 아들인 알-마흐디의 아들인 하룬 앗-라시드의 아들이다—에게 넘어갔는데, 그는 자신의 조상 알-만수르가 시작한 일을 완료했다. [이어 알-마문의 업적과 그가 그리스 학문이냐 아니냐를 가리지 않고 모든 학문을 장려했다는 긴 찬사가 뒤따른다] 그 결과 압바스 왕조 국가는 전성기와 가장 위대한 통일의 시기에 비잔틴 제국과 거의 경쟁할 수 있는 위치에 서게 되었다.[23]

알-마문의 치세에 고대 그리스인을 이용하여 비잔티움과 기독교의 부족한 면을 부각시킬 수 있었던 것은 그전의 번역운동이 만들어낸 친그리스적 분위기의 기초에서만 이룰 수 있었던 일이다. 이것은 거꾸로 알-마문 이후 수백 년 동안 그리스 철학이나 과학과 관련된 편향적 "역사들"을 쉽게 사실로 여길 수 있는 문화적 태도를 만들어냈다. 이 역사에서 기독교도는 이성에 대한 공포 때문에 철학과 의학(과 학문들)을 금지한 반면, 이슬람교도는 진리를 옹호한 사람들로 제시된다. 이런 맥락에서 알-파라비의 판본은 이런 편향적 역사의 철학적인 면을 이야기하며, 이븐-리드완(이슬람교도)과 이븐-구마이(유대인)는 의학적인 면을 이야기한다.

알-마문은 반비잔틴주의와 친그리스주의 정책으로 많은 목적을 달성했다. 그는 비잔틴에 반대하는 운동, 그들이 기독교도일 뿐 아니라 고대 그리스인의 부끄러운—그리고 그들의 자리를 찬탈한—후계자로 제시하는 선전을 성공적으로 수행했다. 그는 번역운동을 자신의 정책에 통합하고, 그것을 새로운 목적에 이용했다. 또 그는 이성적인 토론에 관심을 유도하며 그것을 종교 정책의 기초로 삼았고, 그 정책은 아르다시르의 유언에 따라, 지적 엘리트가 틀어쥐고 있어야 했다. 이 점은 알-마문의 아리스토텔레스 꿈에 의해 뒷받침되기도 했는데, 여기에 관해서는 다음 절에서 이야기하겠다.

국내 정책과 번역운동:
아리스토텔레스 꿈과 합리주의 이데올로기

바그다드 복귀 후 알-마문의 새로운 이데올로기적 지향은 수도, 그리고 그 연장선상에서 이슬람 세계에서 종교 토론을 통제하고, 이런 토론을 수용 가능한 방법으로 진행해나갈 지적 엘리트를 육성하는 것과 관련되어 있었다. 이것은 칼리프가 이슬람의 옹호자라는 이미지를 유지하여, 그의 종교적, 나아가서 정치적 권위를 강화하기 위해 필요했다. 그리고 당연한 결과로, 아르다시르가 유언을 통해 사산 왕조의 황제들에게 경고한 대로 "감추어진 지도자"일 수도 있는 대중 속 지도자들의 종교적 권위를 약화시키기 위해서도 필요했다. 그래서 알-마문은 결국 미흐나를 실행하게 된 것이며, 미흐나는 전통적 가르침의 맹목적 고수—"감추어진 지도자"의 권위의 유일한 근거였다—보다는 논쟁을 권위의 기준으로 장려할 수밖에 없었다.

알-마문의 정책에 큰 변화가 있었다고 이야기하는 알-아흐바리의 "솔직한 역사"에서도 이 점은 분명하게 드러난다. 알-마문은 "[신의] 유일성과 보상 약속과 벌을 통한 위협"이라는 무타질라파의 교리로 방향을 틀었으며, 변증법적 논증 방법이 최고의 자리를 차지하는 지적 모임과 토론을 후원했다는 것이다. 그러나 알-아흐바리는 다른 거의 모든 사람이 주장하는 점에 관해서는 이야기하지 **않는다**. 즉 알-마문의 번역운동 후원이 그의 치세의 두드러진 특징이라는 이야기는 하지 않는 것이다. 물론 알-아흐바리의 침묵을 그런 후원이 존재하지 않았다는 뜻으로 오해하면 안 된다. 단지 번역운동 후원이 두드러진 것이 아니었다는 뜻, 즉 방금 말한 전체 정책의 종속적인 부분이었다는 뜻일 뿐이다. 그럼에도 알-아흐바리의 증언은 그런 후원을 강조하는 대립되는 견해와 조정할 필요가 있다. 그 대립되는 견해는 우리가 반박하기 힘든 권위자인 이븐-안-나딤이 『피흐리스트』에서 아주 진지하게 제시한다. 이 견해는 지겹도록ad nauseam은 아니라 해도 자주ad satiatem 되풀이되어 언급되는 알-마문의 악명 높은 꿈 이야기와 연계되어 있다. 이븐-안-나딤은 "철학과 다른 고대 학문에 관한 책들이 왜 그렇게 많이 발견되는가"라는 제목을 붙인 절을 "한 가지 이유는 알-마문의 꿈"이라는 말로 시작한 뒤, 꿈 이야기를 하고, 마지막으로 이렇게 요약한다. "이 꿈이 책들을 [알-마문의 후원하에 아라비아어로] 번역한 가장 확실한 한 가지 이유다."

이제 우리는 여기서 번역에 관한 사항만큼은 사실이 아님을 알고 있다. 알-마문은 단지 압바스 왕조 모임들 사이에 확고하게 정착된 관행을 따르고 있었을 뿐이며, 이 관행은 다른 곳도 아닌 바로 『피흐리스트』의 앞 쪽에 아주 세세하게 또 논쟁의 여지가 없는 내용으로 기록되어 있다. 그러나 우리는 또 이븐-안-나딤이 믿을 만하고 양심적인 학자(비록 내적 일관성이라는 면에서는 부주의했을지 몰라도)였음을 알고 있다. 따라서 그는 알-마문의 꿈의 의미를 평가할 때 그냥 자신이 가진 자료에서 내린 평가를 따르고 있었던 것이 틀림없다. 알-마문의 칼리프 지위에 대한 알-아흐바리의 현실 정책적 관점과 이븐-안-나딤의 자료의 관점을 조정하려면 우리는 그 꿈을 꼼꼼하게 비판적으로 볼 수밖에 없다.

꿈은 진지하게 받아들여야 한다. 해몽의 대가 아르테미도로스*나 현대에 등장한 그의 제자 프로이트가 의도한 의미에서만 그런 것이 아니다. 대부분의 사회에서, 물론 그리스나 아랍 사회에서도 정서적 내용 때문에 꿈은 태도, 생각, 입장을 전달하고 확산할 때, 간단히 말해서 선전을 할 때 선호하는 수단이 된다. 압바스 왕조 초기 역사에서 적당한 예 하나를 드는 것으로 이 점은 설명이 될 것 같다. 알-만수르의 어머니 살라마는 다음과 같은 꿈을 꾼 것으로 전해진다. "내가 아부-자파르[즉 알-만수르]를 가졌을 때 사자가 내 앞으로 튀어나오는 꿈을 꾸었다. 사자는 [머리를 들고] 웅크리고 앉아 포효하며, 꼬리로 [땅을] 쳤다. 그러자 사방에서 사자들이 몰려나왔다. 나오는 사자들은 맨 처음 사자에게 다가가 그 앞에 엎드렸다." 물론 이것은 자신의 칼리프 지위를 유지하기 위해 같은 가문 출신의 왕위 요구자 3명—예언자 집안 출신의 다른 사자들—과 싸워야 했던 칼리프에게 아주 어울리는 꿈이며, 그 사회적 기능과 유포 이유는 특별히 언급할 필요도 없다.[24] 문제는 알-마문의 꿈의 유포 배경은 무엇이었냐 하는 것이다.

이 꿈은 두 판본으로 전해지는데, 그 두 가지를 비교해보면 이 문제가 어느 정도 해명될 것이며, 두 판본을 모두 인용하는 장황한 행동을 어느 정도는 정당화해줄 것이다. 쉽게 참조하기 위해 꿈 텍스트의 각 문장에 번호를 붙였다.

압달라 이븐-타히르의 판본[25]

(1) 압달라 이븐-타히르가 다음과 같이 전한다. (2) 알-마문은 말했다. "나는 꿈에서 한 남자를 보았다. (4) 그는 철학자들의 집회에 앉아 있었다.[26] (6)알-마문은 그에게 말했다. '당신은 누구시오?' 그가 대답했다. '철학자 아리스토텔레스요.' (9) 내가 말했다. '오 철학자여, 최선의 말은 무엇입니까?' 그가 대답했다. '무엇이든 개인적으로 판단할 때 옳은 것이오.' (10) 내가 말했다. '그다음에는 무엇입니까?' 그가 말했다. '그 결과에 두려움이 없는 것이오.' (12) 내가 말했다. '그다음에는 무엇입니까?' 그가 말했다. '다른 모든 것은 당나귀의 울음소리와 같소.'" (13) 알-마문이 말했다. "아리스토텔레스가 살아 있다 해도, 여기서 말한 것에 하나도 보태지 않았을 것이다. [이 말 속에] 그는 [해야 할 모든 말을] 모아놓았으며, [불필요한 말을 하는 것은] 삼갔을 것이기 때문이다."

야흐야 이븐-아디의 판본[27]

(2) 알-마문은 꿈에서 한 남자를 보았다. (3) 불그스름하고 하얀 안색에 이마가 높고, 눈썹이 짙고, 대머리가 벗겨졌고, 눈은 짙푸르고, 이목구비는 잘생긴 남자였다. (4) 그는 의자에 앉아 있었다. (5) 알-

마문이 말했다. "나는 꿈에서 경외심이 가득하여 그 사람 앞에 서 있었다. (6) 나는 물었다. '당신은 누구십니까?' 그가 대답했다. '나는 아리스토텔레스요.' (7) 나는 그와 함께 있다는 것이 기뻤다. (8) 내가 물었다. '오 철학자여, [몇 가지] 물어보아도 되겠습니까?' 그가 대답했다. '물어보시오.' (9) 내가 말했다. '선이 무엇입니까?' 그가 대답했다. '지성이 선하다 하는 것은 모두 선이오.' (10) 내가 물었다. '그다음에는 무엇입니까?' 그가 대답했다. '종교의 법에서 선하다고 하는 것은 모두 선이오.' (11) 내가 물었다. '그다음에는 무엇입니까?' 그가 대답했다. '대중의 의견에서 선하다 하는 것은 모두 선이오.'[28] (12) 내가 물었다. '그다음에는 무엇입니까?' 그러자 그가 대답했다. '그다음은 없소.'"

다른 전승에 따르면 다음과 같다.

(14) "나[즉 알-마문]는 말했다. '더 [말해주십시오].' 아리스토텔레스가 대답했다. '그대에게 금에 관해 진지한 조언을 해주는 사람[29]을 금처럼 여기시오. 신이 하나임을 선포하는 것이 그대의 의무요.'"

이 꿈은 서로 독립된 두 전승에서 전달되고 있다. 원본으로 보이는 첫 번째 전승은 압달라 이븐-타히르까지 거슬러올라가며, 그를 전거로 삼고 있다. 그의 아버지는 알-마문이 형제 사이의 내전에서 동생 알-아민에게 승리를 거두고, 알-아민을 처형하는 데 적극적으로 관여했다. 타히르는 호라산과 바그다드에서 총독으로 알-마문을 섬겼는

데, 이 두 자리는 그다음 세대에서는 그의 아들 압달라와 그의 후손들이 맡았다. 아랍화된 페르시아인인 타히르 집안은 역사적으로 돌이켜보면 승리를 거둔 것으로 드러나는 압바스 왕조 집안 구성원들의 정책을 촉진하고 집행하는 데, 또 그런 정책에 유리한 문화적이고 이데올로기적인 분위기를 조성하는 데 아주 중요한 역할을 했다. 클리퍼드 보즈워스*가 잘 묘사한[30] 그들의 문화적 우선권과 활동은 이런 맥락에서 보아야 한다. 따라서 압달라 이븐-타히르의 꿈 이야기는 알-마문의 종교적·이데올로기적인 의제를 뒷받침한다는 맥락에서 이해될 수 있다. 압달라의 판본에서 아리스토텔레스가 하는 답변은 알-마문의 친무타질라파의 입장이나 종교적인 법을 희생해서라도 칼리프의 권위를 내세우려 한 태도와 완벽하게 맞아떨어진다. 아리스토텔레스는 문맥으로 볼 때 칼리프의 공식적인 정책 천명("최선의 말")으로 보아야만 하는 것의 궁극적인 기준은 개인적 판단(라이ra'y)이 되어야 한다고 주장하고 있다. 당시의 법적·종교적인 담론에서는 법적 권위를 확립하는 문제에서 쿠란과 예언자의 선례(sunna)라는 텍스트와 관련하여 라이가 어떤 위치를 차지하는가 하는 문제가 토론의 중심에 있었다. 라이의 1차적 지위를 인정하면 판단을 내리는 사람, 즉 재판관(카디qāḍī), 이 경우에는 칼리프에게 무제한의 힘을 주는 반면, 전해지는 텍스트인 쿠란과 순나를 인정하면 정전을 이루는 텍스트의 보관자이며, 따라서 해석자이기도 한 종교 엘리트에게 힘을 옮겨주게 되었다. 알-마문의 치세에는 칼리프라는 개인에게 권력을 집중·강화시키려는 시도가 두드러졌기 때문에 당연히 전자의 대의를 옹호했다. 미흐나, 즉 종교재판은 이런 정책의 연장선상에 있었다.

알-마문의 이런 정책 지향은 이 꿈을 꾸며낸 이유를 설명해준다. 꿈 자체는 칼리프의 가장 가까운 측근, 아마도 타히르 집안에서 만들어냈을 가능성이 높다. 이 꿈의 또 하나의 가능한 출처는 알-마문의 종교재판관, 즉 미흐나 동안 카디였던 아흐마드 이븐-아비-두아드다. 알-바이하키는 독자적으로 알-마문의 다른 꿈 이야기를 하는데, 이에 따르면 칼리프는 원래 이성적인 근거에서 꿈을 믿지 않는 사람이지만, 자신의 꿈 가운데 하나가 진실로 드러나자 꿈을 인정할 수밖에 없게 된 것으로 묘사된다.[31] 사실 이븐-아비-두아드가 전하는 꿈은 상대적으로 무해한—또 어쩌면 사실일 수도 있는—사건을 통하여 알-마문의 꿈들의 진실성을 입증함으로써 아리스토텔레스 꿈을 더 쉽게 받아들일 수 있는 길을 닦아놓은 것일 수도 있다. 그러나 아리스토텔레스 꿈의 저자가 누구이든, 이 꿈이 알-마문을 둘러싼 여러 집단에서 선전의 목적으로 자주 이용되었다는 것은 변함없는 사실이다.

이렇게 아리스토텔레스의 꿈은 기원에서 보자면 번역운동과 전혀 관계가 없었다. 꿈을 사람들에게 퍼뜨려 어떤 정책에 대한 신의 승인 비슷한 것을 얻으려는 일은 분명히 그 정책에 대한 현실적 반대에 대응하려는 시도였을 것이라는 점을 생각해보아도 이 점은 확인된다. 만일 번역운동 제안자들이 꿈을 꾸며냈다면, 알-마문의 생전에 번역운동에 대한 반대가 있었다는 의미일 것이다. 그러나 해당 시기에 그런 일이 있었다는 이야기는 들어본 적이 없다. 당시 특히 법과 관련된 집단에서 실제로 논쟁이 되었던 것은 이슬람의 기둥을 구성하는 요소들, 즉 개인 의견 대 **순나**(공동체 또는 예언자의 관행) 대 (학자 공동체의) 합의 사이에 상대적 무게를 배분하는 문제였다.

이런 각도에서 보자면, 꿈에 아리스토텔레스가 나타난 것, 또는 알-마문의 정책이 기초를 두고 있는 원리의 선언에서 전거로 삼는 인물로 아리스토텔레스를 택했다는 것은 알-마문의 시기에 바그다드의 지식인 집단에서 아리스토텔레스를 매우 존중했음을 보여준다. 꿈이 만들어진 의도대로 효과를 발휘하려면 그래야 했을 것이다. 따라서 이 꿈은 이븐-안-나딤(또는 그의 출처인 야흐야 이븐-아디)과 그의 모든 추종자들이 생각한 것과는 달리 전면적인 그리스어 번역활동의 유인을 제공한다기보다는, 반대로 더욱 한참 전에 시작된 번역운동이 알-마문의 시기에 지적인 태도를 형성하는 데 행사했던 영향력을 가리킨다고 말할 수 있다. 이 꿈은 번역운동의 원인이 아니라 사회적 결과인 것이다.

이것은 놀랄 일이 아니다. 아리스토텔레스는 그런 탁월한 지위에 이른 고대의 인물이었을 뿐 아니라, 더 중요한 것으로, 압바스 왕조 통치의 첫 100년 동안 권위자로 널리 받아들여졌기 때문이다. 알-마문 자신과 관련된 다음 보고는 고대의 인물들이 그의 주변의 교육받은 사람들의 담론으로 얼마나 뚫고 들어갔는지 보여준다. 알-마문은 수많은 학자, 신학자, 법학자(알-아흐바리는 알-마문이 바로 이런 사람들을 후원했다고 말한다)와 함께 호화로운 식사를 하던 도중 식탁에 나오는 300가지 이상의 요리 각각의 의학적·식이요법적 속성에 관해 정확하게 말하곤 했다. 식탁을 치우자 바스라와 나중에 바그다드의 재판관이 되었을 뿐 아니라, 알-마문의 재상 가운데 한 사람이기도 했던 야흐야 이븐-아크탐이 칼리프에게 이렇게 말했다.

오, 믿는 자들의 지휘관이여! 우리가 의학을 화제로 삼으면, 전하는 그 화제에 익숙한 것이 마치 갈레노스의 화신 같습니다. 점성학이라면, 계산이 헤르메스 [트리스메기스토스]와 같습니다. 종교 지식에서는 숙달된 수준이 알리 이븐-아비-탈리브(그에게 신의 가호가 있기를)와 같습니다. 관용을 이야기하자면, 전하의 너그러움이 하팀보다 낫습니다. 진정한 말로 이야기하자면, 전하는 말의 진실됨에서 아부-닷르와 같습니다. 고귀함으로 보자면, 전하 자신보다 남들을 더 좋아한다는 점에서 카브 이븐-마마와 같습니다. 의리에서 보자면 전하의 의리는 사마우알 이븐-아디야와 같습니다.[32]

갈레노스처럼 역사적 인물이든 헤르메스 트리스메기스토스처럼 전설적 인물이든 비아랍계 인물들이 알리 이븐-아비-탈리브를 비롯하여 위에 열거한 자질들로 유명한 아랍 영웅이나 저명인사와 함께, 같은 수준에서 언급되었다는 것은 초기 압바스 왕조 사회에서 그리스 권위자들이 어느 정도나 받아들여졌는지 잘 보여준다. 알-마문의 꿈은 단지 칼리프가 지혜롭게 따르는 자들의 명단에 아리스토텔레스의 이름을 보탠 것에 불과하다. 802년 승계에 대한 하룬의 메카 협정을 다시 써서 알-아민에 대한 알-마문의 반역을 정당화하고 변명하는 편향적인 역사 기술이 생겨났듯이, 알-마문의 합리주의적이고 친무타질라파적인 정책을 정당화하기 위해 알-마문의 아리스토텔레스 꿈의 원본이 만들어졌던 것이다.

꿈의 두 번째 판본은 10세기 중반 알-파라비와 아부-비슈르 맛타의 제자이자 바그다드 아리스토텔레스주의자들의 우두머리였던 야흐야 이븐-아디에게서 나온 것이다. 이것은 서로 약간 다른 두 판본으로 남아 있는데, 하나는 위에 인용한 『피흐리스트』에 나온 것이며, 또 하나는 우리가 그 자신의 출처, 그리고 간접적으로 이븐-안-나딤의 출처까지 확인하도록 도와준 이븐-아비-우사이비아의 글에 나온다. "나는 앗-사나디키(그에게 신의 가호가 있기를)라고 알려진 하산 이븐-알-압바스의 손[으로 쓴 보고]를 옮기고 있다. 그는 아부-술라이만[앗-시지스타니]가 다음과 같이 말했다고 말했다. 나는 야흐야 이븐-아디가 다음과 같이 말하는 것을 들었다…… [꿈 이야기가 이어진다]."[33] 『피흐리스트』의 저자 이븐-안-나딤은 야흐야로부터 아라비아어로 그리스 작품들에 관한 상당량의 정보를 받았는데, 그는 야흐야를 개인적으로 알았고, 그의 친필로 된 서지 메모도 볼 수 있었다. 그가 제공하는 꿈에 관한 이야기의 판본은 더 자세하기 때문에 원본으로 보인다. 이븐-안-나딤은 분명하게 말하지 않지만, 이것은 야흐야가 쓴 메모에서 나왔을 가능성이 높다. 야흐야의 메모의 다른 판본은 야흐야의 제자 아부-술라이만 앗-시지스타니가 복사한 것으로, 그의 텍스트는 앗-사나디키가 복사했고, 이것이 이븐-아비-우사이비아의 직접적인 출처가 되었다.

이용 가능한 모든 증거를 볼 때 번역활동을 설명하기 위해 알-마문의 아리스토텔레스 꿈에 관한 이야기를 처음 이용한 사람은 야흐야 이븐-아디였던 것으로 보인다. 그의 동기는 적어도 두 가지였다. 하나는 그리스어에서 번역한 문헌에 대해서 칼리프의 권위를 주장하는 것, 또 하나는 고대의 모든 사상가 가운데 아리스토텔레스에게 최고의 지위를 부여하는 것. 첫 번째 동기 뒤에 숨은 이유는 당대의 지적인 분위기와 어울리게, 번역 문헌을 위해서도 정전이 성립되는 이야기를 제공할 필요가 있다는 것이었다. 야흐야가 글을 쓰던 4/10세기 중반에 이르면 이슬람 학문 대부분이 독자적인 지위를 확립하고 정전의 형태를 띠기 시작한다. 각각 창시자, 전승, 정전에 해당하는 문헌이 있었다. 관련된 두 가지 예만 들어보도록 하겠다. 교리상 받아들여지던 쿠란 독법(자음만 있는 선형의 텍스트에 모음이나 자음을 변별하는 점을 첨가하는 것)에 만연한 혼란은 바그다드의 학자 이븐-무자히드(324/936년 사망)의 노력에 의해 다양한 독법을 정전화함으로써 마침내 질서가 잡혔다. 이븐-무자히드는 이 작업을 하면서 권위자들의 지원을 받았고, 이들은 이런 식으로 교리 형성에 국가 개입—알-마문 자신이 시작했다—을 계속 이어갈 수 있었다. 예언자의 수용 가능한 전승도 쿠란 독법과 비슷하게 혼란을 일으키며 걷잡을 수 없이 늘어나자 알-부하리(256/870년 사망)와 무슬림(261/875년 사망)이 진정한(ṣaḥiḥ) 묶음집을 편찬하여 제어했다. 이로 인해 다음 세대에서는 이븐-아비-하팀 앗-라지(327/983년 사망)가 하디스 비판학에서 방법론적 엄격성을 보여줄 수 있었다.[34]

이런 맥락에서 알-마문의 꿈은 고대 학문 번역 문헌을 이와 비슷하게 정전화하는 데 큰 도움이 되었다. 압달라 이븐-타히르가 처음 이야기했던 알-마문의 꿈의 판본과 야흐야가 그것을 다르게 정리한 것을 비교하면 10세기 바그다드 철학자들의 관심이 분명하게 드러난다. 꿈의 핵심은 아리스토텔레스와 알-마문 사이의 문답이며, 가장 의미심장한 변화가 일어나는 곳도 바로 그곳이다. 원래의 판본에서 칼리프의 질문은 실제적인 것이었다. "최선의 말은 무엇입니까?" 즉 정책과 관련하여 정치적·종교적인 의미에서 말하기 가장 좋은 것은 무엇이냐는 것이다. 마찬가지로 모든 답도 실용적이고 구체적이다. 이미 이야기했듯이, 첫 번째 답은 개인, 즉 칼리프의 개인적 판단(ra'y)을 기준으로 설정한다. 두 번째 답은 그 말을 하는 대상인 청중이라는 매우 상대적인 개념을 척도로 제시한다. 세 번째 답은 완전히 문맥적이고 기회주의적이다. 결국 말의 "선"을 결정하는 것은 바라던 결과라는 것이다. 그러나 야흐야의 판본은 정반대다. 이것은 완전히 비정치적이며, 문답을 추상적인 철학적 수준으로 끌어올린다. 질문은 구체적으로 좋은 것이 아니라 [절대적] 선에 관한 것이며, 답은 보편적 개념들을 기준으로 설정한다. 인간의 능력, 즉 지성, 종교법, 대중이라는 것이다.

라이(개인적 판단)를 아클(지성, 'aql)로 대체하는 것은 겉으로 보기에는 해가 없을지 모르나, 그 의미는 아무리 높이 평가해도 지나치지 않다. 이것은 대가다운 일격으로 모든 문제에서 정치적 고려(대중)만이 아니라 종교적 권위(법, šarī 'a)에 대한 이성의 절대적 우위를 확립하며, 따라서 이성을 연구하는 학문인 철학의 우위를 확립한다. 보편적이고 언어를 초월했다는 점에서 논리학이 문법보다 우위인 것처럼—논리학을 옹호하는 아부-비슈르 맛타와 야흐야의 논증은 이런 식으로 진행되었다—이성을 이용하는 철학이 보편적이고 민족을 초월한다(각 민족은 그 나름의 종교를 갖고 있기 때문에)는 점에서 철학은 종교보다 우위에 있다. 따라서 야흐야는 알-마문의 꿈에 대한 자신의 판본으로 고대인의 번역서가 그 분야의 정전임을, 아리스토텔레스가 가장 의미 있는 선배임을, 칼리프의 권위 부여가 그 연구의 승인임을 확인한 것이다.

야흐야에게 아리스토텔레스는 알-마문이나 그를 선전하던 압달라 이븐-타히르의 경우와는 다른 의미가 있었다. 꿈의 압달라 판본이 독자로 의도했던, 비전문가이기는 하지만 교육받은 아랍인들에게 아리스토텔레스는 그저 위대한 고대의 지적·철학적인 문제에서 매우 존경받는 권위자를 의미할 뿐이었다. 의학의 갈레노스나, 실용적 수학의 헤르메스 트리스메기스토스와 마찬가지였던 것이다. 그러나 야흐야에게 아리스토텔레스는 철학에서 페리파토스학파적 전통의 창시자였으며, 바로 그 순간 야흐야가 수장으로 있는 학파의 첫 조상이었다. 10세기 중반에 이르면 바그다드에는 다양한 철학적 흐름이 나타나게 된다. 존경받는 의사 앗-라지(라제스, 925년 사망)의 플라톤적 관념들, 알-킨디와 후계자들의 아테네의 신플라톤주의적 전통이 그런 예다. 후자와 연결된 것으로 헤르메스주의의 영향을 강하게 받은 핫란의 사비아교도 점성학적 신학이 있었는데, 바그다드에서 이 신학의 대표자는 타비트 이븐-쿳라의 후손들이었다. 이보다 더 낮은 수준에서는 자비르의 무리와 그들의 그리스 선배들의 글에 나타나는 마법적이고 연금술적인 사고 세계가 있었는데, 이것은 아라비아어로 이루어진 번역 활동의 최초 단계와 유산을 보여준다. 이 모두가 고대 학문의 대표자 자리를 요구하며, 10세기 바그다드의 지적 세계의 중심 무대에 자리를 차지하려고 기본적으로 경쟁하는 관계에 있었다. 위에 언급한 꿈들을 통해 받아들여지고 정통성을 얻기 위해 경쟁하던 지적·정치적 경향들과 마찬가지로, 야흐야는 알-마문의 꿈을 수단으로 자신이 내세운 아리스토텔레스주의에 똑같은 것을 요구할 수 있었다. 결국 그와 그의 선배인 알-파라비가 한 작업은 위대한 아비센나의 상상력(그리고 더 중요한 것으로, 철학적 충성심)을 사로잡아 아랍 철학에서 아리스토텔레스주의의 생존만이 아니라 승리를 보장받았다. 마지막으로 야흐야와 그의 학파의 지성에 관한 주장은 단순한 겉치레가 아니었다. 그들과 번역활동에 관여한 모든 지식인은 실제로 이성의 1차적 지위를 믿었다. 당시 종교를 불문한 수많은 철학적 토론과 서신이 이 점의 중요한 증거 역할을 하고 있다.

제2부

번역과 사회

흔히 생각하듯이 그리스어-아라비아어 번역 때문에 아랍 과학과 철학이 융성한 것이 아니다. 아랍의 과학적·철학적 전통의 발달로 인해 그리스어 번역에 대한 대량 수요가 생겨난 것이다.

응용 지식과 이론 지식에 도움이 되는 번역

들어가며

1부에서는 번역운동을 필수적인 구성 요소로 삼았던 이데올로기에 표현된 초기 압바스 왕조 사회의 정치적·사회적인 구성을 분석하는 데 집중했다. 구체적으로 압바스 혁명, 알-아민과 알-마문 사이의 내전, 이 초기 동안 제국의 종교적·정치적 담론을 통해 압바스 왕조와 지배 엘리트에 대한 요구가 생겨났고, 그들은 또 광범한 번역운동의 채택과 장려를 통하여 이런 요구에 부응할 수 있었다고 주장했다. 이런 요구는 물론 이데올로기와 선전이라는 면만 지향했던 것은 아니다. 그러나 본서에서는 그런 면에 중요한 자리를 할당했다. 이데올로기와 선전이 통치자—어떤 통치자든 마찬가지이며, 압바스 왕조 또한 예외가 아니었다—들의 권력에 머물러 있고자 하는 노력에서 나온 것인 한, 또 번역을 제국의 정책으로 채택하는 과정에서 최초의 동력을 제공하는 것인 한, 매우 중요하다고 생각하기 때문이다. 따라서 압바스 왕조 이전의 번역활동이 제국의 정치 역학에 따라 얼마만큼이나 번역운동으로 바뀌었는지 조사하는 것은 당연한 일이 될 것 같았다.

그렇다고 해서 이데올로기 이외의 요인들이 작용하지 않았다는 뜻은 아니다. 번역운동이 놀랄 만큼 오래 계속되었다는 것을 생각하면 특히 그러하다. 이런 요인들은 바그다드의 급속하게 진화하는 사회적 분위기에서 응용 지식에 대한 요구, 그리고 형성 과정에 있는 과학적이고 철학적인 전통에서 나오는 이론 지식에 대한 요구와 관련되어 있었다. 알-만수르가 정치적인 절박함에 내몰려 사산 왕조의 제국 정책과 더불어 그에 따르는 번역 문화를 채택한 뒤, 그런 요구는 더 긴 기간 동안 광범한 번역운동도 지탱하게 되었음이 증명되었다. 처음에 이런 요구는 사산 왕조 정책에 수반되는 응용과학, 1차적으로 점성학과 그와 연관된 분야인 천문학과 수학의 발전과 관련되어 있었다.[1] 팔라비어에서 아라비아어로 번역된 것으로 알려진 그리스 문헌을 기준으로 판단한다면, 농업도 여기에 포함될 수 있을 것이다. 초기 압바스 왕조 궁정에서 사산 왕조의 번역 문화를 담당하던 사람들—그들 가운데 선두에 선 사람들은 바르마크 가문과 나우바흐트 가문이었다—은 압바스 왕조 이전에 이따금씩 이루어지던 팔라비어의 아라비아어 번역활동을 확산시키고, 이런 응용과학 분야에서 그런 활동을 지휘하는 데 중요한 역할을 했다. 그러나 결국 바그다드에서 일하는 과학자들은 임계질량에 이르자 스스로 이론적 관심을 가졌으며, 지배 엘리트와 수도의 지적인 발효 작용의 계속되는 지원을 받아 철학적 학문들까지 포함하는 번역운동의 더 폭넓은 확산으로 이런 관심을 충족시켜 나갔다.

점성학에 대한 요구

어느 모로 보나 점성학은 가장 실용적인 요구가 많은 분야였으며, 실제로 알-만수르의 제국 이데올로기의 중심에 자리잡고 있었다. 앞에서 주목했던 압바스 왕조 이전의 번역 외에도, 새로운 체재의 등장과 더불어 점성학 논문 번역이 여러 면으로 증가했다. 처음에는 팔라비어를 번역했지만, 점차 그리스어 원본을 구해 번역하게 되었다.

점성학이 압바스 왕조 궁정에 처음 속하게 된 첫 학자들의 관심사에서 지배적인 자리를 차지하게 된 것은 점성학적 역사 해석, 또는 별점을 비롯한 점성학의 다른 부분에 대한 실용적인 요구 때문만은 아니었다. 점성학적 역사 해석이나 별점이 충족시키는 실용적인 요구와 더불어—또는 바로 그 점 때문에—점성학은 학자들의 눈에 "모든 학문의 여주인"으로 보였다.[2] 지배 엘리트도 점성학에 대한 학자들의 이런 태도를 받아들였으며, 그 결과 점성학은 압바스 왕조 첫 100년 동안 유례없이 장려되었다.

이런 저작의 전달에 팔라비어가 중간 역할을 했다는 것은 중요하고 결정적이었다. 압바스 혁명 이전에 이미 점성학 텍스트가 페르시아어에서 아라비아어로 번역되었다는 정보가 있다. 그런 번역의 목적은 페르시아인이 아랍인의 통치하에 살고 점점 아라비아어를 하게 되는 새로운 정치적 상황에서, 750년경 아라비아어로 번역된 "조로아스터의" 『출생 점성학의 책』에서 말하듯이, "이 학문", 즉 점성학이 "폐절 상태에 빠지지 않고, 그 윤곽[즉 흔적]이 쓸려나가지 않도록" 하려는 것이었다. 헤르메스가 썼다고 하는 점성학 텍스트가 그 전에 번역되었다고 하는 125/743년의 보고도 있는데, 역시 페르시아어에서 번역되었을 가능성이 높다.[3] 이런 압바스 왕조 이전의 번역은 "조로아스터의" 『출생 점성학의 책』에 언급된 순바드와 같은 부흥운동 계획을 가진 페르시아인 조로아스터교도 집단이 이슬람 시대에도 사산 왕조의 관행을 이어간 것으로 보아야 한다. 압바스 왕조가 권좌에 오른 뒤에 나온 번역과의 차이는 후자가 제국 정책의 한 부분으로 칼리프의 후원하에 이루어졌다는 점이다. 테우크로스의 『파라나텔론타Paranatellonta』는 서기 540년경 호스로 1세 아누시르완 치세에 팔라비어로 번역되었으며, 9세기 중반 전에 아라비아어로 번역되었다.

반면 도로테우스(K. al-Ḫamsa)의 『5경Pentateuch』은 우마르 이븐-팟루한 앗-타바리(200/816 사망)가 5세기 팔라비어 번역판을 번역했다. 이는 3세기 팔라비어 번역의 개정판이었다.[4] 점성학 자료에 대한 요구가 워낙 커서 팔라비어 자료는 곧 고갈되었으며, 그리스어 자료에 의지해야 했다. 도로테우스의 『5경』을 번역한 번역자 우마르 이븐-팟루한은 그리스어를 몰랐기 때문에 이번에는 고대의 주요 점성학 저작인 프톨레마이오스의 『테트라비블로스Tetrabiblos』*를 그리스어에서 아라비아어로 번역하는 일을 알-비트리크에게 맡겼다. 『테트라비블로스』는 곧 아라비아어로 된 점성학 글을 지배했는데, 그것은 아마 프톨레마이오스가 천문학과 음악 이론에서도 명성이 높았기 때문일 것이다. 이 책은 이브라힘 이븐-앗-살트가 다시 번역했으며, 후나인이 개정했고, 여러 사람이 논평했다.[5] 따라서 우리는 알-만수르에서 알-마문에 이르기까지 압바스 왕조 최초의 기간에 마샤앗라흐, 아부-사흘 이븐-나우바흐트, 아부-마샤르 등 역사 전체에 걸쳐 가장 유명한 점성학자 몇 사람의 화려한 활동을 보게 된다. 이들은 번역운동에 깊이 관여했을 뿐 아니라 독자적인 논문을 쓰기도 하고, 갓 태어난 이슬람 문명에서 점성학을 하나의 학문으로 자리잡게 했다. 알-마문의 장군이자 타히르 왕조*의 창건자인 타히르 이븐-알-후사인(207/823년 사망) 같은 고위 군사 정치 지도자가 아라토스의 『파이노메나Phaenomena』 같은 책을 그리스어에서 아라비아어로 번역하는 일을 맡겼다는 것은 그들의 작업이 사회적 태도에 미친 심오한 영향, 나아가 그 결과 이런 번역 문화를 채택한 지배 엘리트가 점성학에 부여한 가치를 보여준다.[6] 수요가 줄지 않자, 결국 아라비아어로 쓴 위명 또는 익명의 점성학 저작도 크게 늘어나게 되었다.[7]

전체적인 면에서 보자면 점성학의 번역 과정은 다른 모든 번역 학문에서 되풀이되었다. 처음에는 정치적 고려, 이데올로기적 또는 이론적 지향, 또는 실용적 요구 때문에 번역이 시작되었으며, 그것을 공부하고 사용했다. 그러다 그 분야의 아라비아어 저작이 나타났고, 이런 식으로 이 주제에 대한 연구가 발달하자, 이미 이용 가능한 텍스트의 더 정확한 번역과 새로운 텍스트의 번역에 대한 요구가 다시 생겨났다. 우리는 아직 번역운동기 전체에 걸쳐 각 학문 분야의 발달사를 쓸 수 있는 수준과는 한참 거리가 멀다. 분야마다 편집하고, 번역하고, 연구할 텍스트가 많이 있으며, 각 분야에서 전달 과정과 전문 어휘의 점진적 발달과 관련된 문헌학적 세부 사항의 연구는 거의 이루어지지 않았다. 다른 증거가 없는 상황이라 그런 세부 사항마저 없다면 결국 각 분야의 역사적 진화를 올바르게 이해한다는 희망도 가질 수 없을 것이다.

전문 교육에 대한 요구: 행정서기, 상속변호사, 토목기사, 경제학자

압바스 왕조 국가 설립의 최초 단계에 특별히 중요했던 것으로 보이는 점성학 외에 번역운동에 동력을 제공했던 또 하나의 주요한 사회적 요구 또는 요인은 압바스 왕조가 막 상속한 제국을 관리할 서기 계급의 교육이었다. 이 계급의 세속적 훈련에서 사산 왕조 모델을 따른다는 것은 압바스 왕조 통치자들이나 그들이 행정 수장들로 임명한 바르마크 가문 같은 주요 행정가들의 지향을 고려할 때, 이미 결론이 내려져 있는 것이나 마찬가지였다.

서기들이 자신의 기능을 수행하기 위해 습득해야 했던 학과들은 실용적 문제와 관련이 있었다. 예를 들어 회계, 측량, 공사, 시간 기록이 그런 예였다. 수학 관련 학문—대수, 기하, 삼각 함수, 천문학—이 최초의 번역활동의 중심이 된 것도 이런 요구와 관련되어 있었다. 서기 계급 교육을 위한 실용적 요구와 이 교육이 사산 왕조의 모델을 따랐다는 사실에 대한 최고의 증언은 말하자면 이 주제에 관한 책을 썼다고 할 수 있는 학자인 이븐-쿠타이바*(276/889년 사망)가 제공한다. 그는 번역운동이 시작되고 나서 100년쯤 뒤에 서기들을 위한 올바른 언어학적 훈련을 뒷받침하고 외국 학문에 지나치게 빠져드는 것을 교정하기 위해 『서기들의 교육Adab al-kātib』을 썼다. 그는 중세 학자들이 자주 논평한, 유명할 수밖에 없는 서문에서 서기가 되고자 하는 사람이 익혀야 할 학과를 나열했다.

> [서기는] 나의 저작들[언어, 문학, 종교 훈련을 시키는 책들이다]과 더불어 반드시 땅의 측량을 위해 기하학적 도형을 공부해야 한다. 그렇게 해야 직각, 예각, 둔각 삼각형과 삼각형의 높이, 다양한 종류의 사각형, 호와 다른 원형, 수직선을 알 수 있다. 또 그렇게 해야 [측량] 기록이 아니라 땅에서 실제로 자신의 지식을 검증할 수 있다. **이론 지식은 실제 경험과 다르기 때문이다.**
>
> 페르시아인[즉 사산 왕조 사람들]은 다음과 같은 것을 알지 못하는 사람은 국가 서기 자격이 결여되어 있다고 말하곤 했다. 관개[iğrā' al-miyāh]의 원리를 몰라 물길로 연결되는 운하를 여는 방법과 터진 데를 막는 방법을 모르는 사람. 하루의 다양한 길이, 태양의 회전, 별이 [지평선에서] 뜨는 지점, 달의 상과 그 영향을 [측정하는 방법]을 모르는 사람. 측정의 기준을 [판단하는 방법]을 모르는 사람. 삼각형, 사각형, 여러 가지 다각형과 관련하여 [측량하는 방법]을 모르는 사람. 아치형 돌다리, 다른 종류의 다리, 물통이 있는 두레박, 물길의 물방아를 [만드는 방법]을 모르는 사람. 직인이나 장인이 사용하는 도구의 성격을 모르는 사람. 회계의 세부적인 내용을 모르는 사람.[8]

이븐-쿠타이바가 여기에서 서기가 획득해야 하는 모든 주요한 수리과학의 아주 구체적인 지식과 더불어, 서기가 이 지식을 응용할 능력도 있어야 한다는 점을 언급했다는 데 주목할 필요가 있다. 이것은 이론적 학문을 장려할 때 응용에도 상당한 관심을 기울였다는 점을 보여주는 아주 의미심장한 진술이다. 물론 모든 학문이 모든 역사적 시기에 똑같이 응용될 수 있었던 것은 아니기 때문에 일반화를 피하도록 주의를 기울일 필요가 있다. 그럼에도 그리스어-아라비아어 번역운동이 절정에 이르렀던 시기에 나온 이븐-쿠타이바의 진술은 번역과 이론적 수준의 학문을 장려하는 데 전문적으로 관여하던 계급들이 그 가운데 일부를 응용하는 데도 관심을 기울였다는 점을 분명히 보여준다. 이런 맥락에서, 앞으로 논의할 수학 저작의 번역은 사회적 관련성이 있다고 말할 수도 있다.

서기 지망자가 습득해야 할 유용한 분야를 나열한 이븐-쿠타이바의 목록에서 가장 자랑스러운 자리는 기하학이 차지하고 있다. 1부에서 언급한 몇 가지 이야기에 따르면, 유클리드의 『원론』은 알-만수르 치세에 처음 번역되었다. 물론 우리는 각각 하룬과 알-마문 치세에 나온 알-핫자쥬 이븐-마타르의 두 판본만 알고 있다. 하지만 알-만수르 치세의 번역과 관련된 문제가 최종적으로 어떻게 해결되든—결국 언어학적 증거에 기초하여 결정이 되겠지만—측량, 공사, 관개 작업을 위한 기하학의 실용적인 쓸모만큼은 이븐-쿠타이바가 분명하게 제시했다. 이런 맥락에서 당시의 아라비아어에서 무한디스muhandis라는 말—페르시아어에서 빌려온 말에서 나온 아라비아어의 분사형—이 기하학자와 토목기사 양쪽을 다 가리켰다는 점에 주목할 필요가 있다. 이븐-쿠타이바로부터 100년의 세월이 흐른 뒤 알-흐와리즈미가 편찬한 모든 학문을 위한 전문 용어 사전에서 기하학자/토목기사는 다름 아닌 아라비아어 사전 편집의 아버지 알-할릴을 전거로 관개 운하의 경로와 그것을 팔 지역을 측량하고 설계도yuqaddiru를 그리는 사람으로 정의되고 있다.[9]

아주 이른 시기에 실용적인 요구에 부응할 목적으로 장려된 또 하나의 수리과학은 대수학이었다. 공사나 관개 문제에 응용할 때 대수학은 기하학과 마찬가지로 서기들에게 유용했다. 그러나 압바스 왕조 초기에는 이슬람법 또한 빠르게 발전하여 대수학은 상속법의 모든 복잡한 세부 사항을 정리하는 데도 필수적인 도구가 되었다. 무함마드 이븐-무사 알-흐와리즈미 자신이 『대수학』의 머리말에서 이 두 응용 방식을 언급하고 있다. 그는 이렇게 말한다.

> 알-마문의 격려로 나는 대수학에 관한 간명한 책을 쓰게 되었다. 이것은 계산 가운데 사람들이 상속, 유산, 분할, 소송, 거래의 경우에, 또 측량, 운하 파기, 기하학적 계산을 비롯하여 다양한 종류의 목적이 관련된 일에서 서로 상대하는 경우에 항상 요구되는 세밀하고 중요한 부분에 한정된 것이다.[10]

이 책은 순수하게 수학적인 머리말을 뺀 나머지 텍스트가 상업 거래, 측량, 유산, 결혼, 노예 해방 등 다양한 문제를 해결하는 방식으로 구성되어 있으며, 분야마다 대표적 사례가 자세하게 나와 있다.

수학적 천문학의 발달은 수리과학이나 점성학(궁정 점성학자가 맡은 일은 서기의 권한 밖이었지만)과 밀접한 관련을 맺고 있었다. 천문학의 경우에는 압바스 왕조 이전에도 중요한 번역활동이 있었는데, 이 경우는 팔라비어와 산스크리트 양쪽을 번역했다. 또 천문표가 작성되고 다른 유용한 천문학이나 관련 문헌, 이른바 지쥬(zīğ, 페르시아어 zīğāt의 아라비아어식 복수형)의 저술이 이루어졌다. 가장 주목할 만한 것이 호로스 1세 아누시르완(재위 531~578)과 야즈디지르드 3세(재위 632~651)의 시대에 작성되어 지금까지 남아 있는 『지쥬 아스-샤흐Zīğaš-Šah』, 735년의 『지그 알-아르칸드Zīğal-Arkand』, 742년의 『지그 알-하르칸Ziğ al-Harqan』이다.[11] 그러나 압바스 왕조가 이런 번역 및 저술활동을 공식적으로 채택하게 된 것은 154/771년 또는 156/773년에 신드에서 바그다드의 알-만수르의 궁정으로 사절이 오면서부터였다. 이 사절의 목적을 알려주는 자료는 없다. 우리가 아는 것이라고는 이 대표단의 일원이었던 한 인도 학자가 『싯단타siddhānta』라고 부르는 산스크리트 천문학 텍스트들을 한 묶음 가져왔으며, 알-파자리가 이것을 아라비아어로 번역했고—알-만수르가 직접 명령을 내린 것으로 보인다—이 번역이 아라비아어화된 『지그 앗-신드힌드 알-카비르Ziğas-Sindhind al-kabīr』라는 제목으로 출간되었다는 것뿐이다. "이 책에서 그는 인도어, 팔라비어, 그리스어 자료들에 나온 요소들을 섞어 천문학적 계산을 위한 규칙과 표를 만들어냈는데, 이것은 유용하기는 하지만 내적 모순이 있었다."[12] 돌이켜보면, 위대한 알-비루니도 분명하게 언급하는[13] 알-파자리의 번역과 저술이 제기한 문제와 질문이 천문학적 조사 작업의 시발점이 되었다고 말할 수 있다. 이 조사는 본서에서 논의한 다른 모든 요인과 결합하여, 수백 년에 걸쳐 아랍 천문학이라는 화려한 전통을 낳았다.

농업 저작의 번역에도 비슷한 흐름이 보인다. 우리는 카시아누스 바수스의 『시선집Eclogae』이 아라비아어로 두 번 번역되었다는 기록을 갖고 있다. 처음에는 팔라비어(『농학서Warz-nāma』)에서 번역되었으며, 이 번역은 7세기 이전에는 이루어졌을 것이다. 그다음에는 시르지스 이븐-힐리야 앗-루미가 그리스어에서 직접 번역했는데, 그는 212/827년에 『알마게스트』를 번역하기도 했다.[14] 아나톨리우스의 『시나고게 Synagoge』도 두 번 번역되었다. 179/795년에 야흐야 이븐-할리드 이븐-바르마크는 알렉산드리아의 총주교(아마 폴리티아누스였을 것이다), 다마스쿠스의 주교, 수사 에우스타티우스에게 이 책을 그리스어에서 직접 번역해달라고 의뢰했다.[15] 두 번째 번역은 연도 미상의 시리아어 번역본에서 번역한 것으로 알려져 있다. 다만 이번에도 이것이 그리스어 번역보다 먼저 이루어졌다고 추측해볼 수 있을 뿐이다.[16] 이런 이중 번역이 가리키는 바는 압바스 왕조가 공식적 번역 정책을 채택함으로써 수단과 자금이 생기자, 연구와 응용에서 이런 분야에 관심이 있던 사산 왕조 문화의 담당자들이 더 정확하고 믿을 만한 텍스트를 얻을 기회를 갖게 되었다는 것이다. 따라서 서기 교육에 대한 요구는 처음부터 번역운동의 점진적 확대에 기여했다고 보아야 한다.

연금술과 압바스 왕조 국가의 경제

번역 텍스트에 대한 분명한 요구를 자극한 것으로 보이는 또 하나의 응용과학은 연금술이었다. 최근 학자들은 알-만수르가 연금술의 혜택을 알고 있었다는 사실에 관심을 기울여왔다. 290/903년경 바그다드에서 편찬된 문화 지리학에 관한 책인 이븐-알-파키흐 알-하마다니의 『만국의 정보Aḫbār al-buldān』에 보존된 한 보고서에서 알-만수르의 비서인 우마라 이븐-함자는 콘스탄티노플의 콘스탄티누스 5세(재위 741~775)의 궁정에 오래 머무른 뒤 바그다드로 돌아와 칼리프에게 비잔틴 황제가 마른 가루(τὸξηρῐον=al-iksīr=연금약elixir)를 이용하여 그가 있는 자리에서 납과 구리를 은과 금으로 바꾸었다고 이야기했다. 우마라는 다음과 같은 말로 보고를 끝맺었다. "이것이 그[알-만수르]가 연금술에 관심을 갖게 된 이유였다."[17] 알-만수르가 연금술 텍스트의 번역을 명령했는지는 알려져 있지 않지만, 번역된 것이 분명한 많은 텍스트가 아라비아어로 존재하며, 이것이 분명히 압바스 왕조 초기에 나왔다는 사실에는 변함이 없다.[18] 알-만수르는 연금술이 국가 재정에 도움을 줄 것이라는 환상에서 곧 벗어난 것이 틀림없지만,[19] 자신도 모르는 사이에 이 "기술"에 몰두한 왕의 선례를 제공한 셈이 되었다.

과학 연구와 이론 지식에 대한 요구

이 최초 번역들은 1부에서 논의했던 제국의 이데올로기적 요소를 보완하기 위한 응용 연구에 대한 요구가 처음부터 번역운동의 기초에 자리잡고 있었음을 보여준다. 알-만수르 덕분에 공식적으로 동력을 얻고 자금도 마련한 번역운동은 두 방향으로 발전했다. 하나는 기존 분야의 학문적 정밀성과 정확성을 추구하는 방향이었다. 또 하나는 번역할 가치가 있다고 여겨지는 새로운 영역과 주제로 뻗어나가는 방향이었다. 번역운동과 점성학이나 천문학 같은 분야의 전문가들 사이의 관계에 관해 이야기할 때는 이런 전문가들이 바그다드 건설보다 먼저 존재했다는 점을 잊지 말아야 한다. 앞에서 나는 이들을 국제학자라고 불렀는데, 이들은 근동의 어떤 환경이든 자신을 가장 아낌없이 지원해주는 곳에서 적극적으로 자기 전문 분야의 활동을 했으며, 그럼으로써 번역 없이 많은 과학 지식을 전달했다. 예를 들어 나우바흐트는 알-만수르가 바그다드를 건설하기로, 또는 사산 왕조의 예를 따라 만든 제국 정책을 채택하기로 결정했을 때 하룻밤 새에 점성학과 점성학적 역사 해석에 대한 지식을 얻은 것이 아니다. 공식 정책의 발전이 제도적 지원을 제공하고 과학활동에 중심점을 제시함으로써 나우바흐트를 비롯한 전문가들이 연구와 응용에 대한 요구를 깨닫게 된 것이다. 이런 요구는 바그다드에 임계질량에 이를 만큼의 많은 전문가를 만들어냈으며, 이들에게서 아랍의 과학적·철학적인 기획이 시작되었다. 이런 전문가들의 요구가 번역운동에 동력을 부여했고, 이런 힘이 이번에는 아라비아어로 점점 동질적인 과학 지식을 만들어냈다. 이것은 점성학자와 천문학자, 수학자, 의사, 궁극적으로 철학자에 이르기까지 점점 많은 수의 학자를 불러들였고, 그들의 참여를 가능하게 해주었다. 이 사람들은 연구를 해나가면서 수많은 문제에 부닥쳤으며, 그것을 해결하기 위해 더 많은 번역을 맡길 필요를 느꼈다. 따라서 이 시점에서 번역운동은 아라비아어로 이루어지는 과학 기획의 일부가 되었으며, 그런 기획으로서 스스로 지속성을 얻어나갔다. 번역의 후원자들 자신이 과학자들이었던 것이다.

이것은 몇몇 과학의 발전에서 목격될 수 있다. 압바스 왕조 초기에 조성된 번역 문화와 그것이 길러낸 지성주의라는 우호적인 맥락에서 이들 과학은 학문적인 면에서나 이론적인 면에서나 더 엄격해진 요구에 부응하여 더욱 발달하든가, 아니면 새로 탄생하게 되었다. 수리과학이 행정서기들을 가르친다는 단순한 필요를 넘어서 놀랍게 발전한 것이 전자의 적절한 사례가 될 것이다.

이제 수학의 경우에는 국제 전문가들의 연구, 번역, 더 나아간 연구, 그로 인해 생겨난 번역에 대한 새로운 요구 사이에 발생한 변증법적 발전의 여러 측면을 문헌으로 입증하는 것이 가능하다. 수학 연구에 근본적인 혁명을 일으킨 알-흐와리즈미의 대수학에 관한 유명한 책은 813년과 830년 사이의 언젠가, 즉 앞에서 언급한 대로 유클리드의 『원론』이 번역되고 나서 약 반세기 후에 등장했다. 알-흐와리즈미의 다양한 대수 공식 증명은 면적이 같다는 관념에 기초를 두었다는 점에서는 유클리드에게 영향을 받고 있었다.[20] 그리고 알-흐와리즈미의 저작과 대수학의 더 나아간 발전은 결국 디오판토스*의 『수론 Arithmetica』을 아라비아어로 번역하는 계기가 되었다. 그리고 흥미롭게도, 디오판토스의 『수론』은 산술에 관한 책이었음에도, 알-흐와리즈미의 대수학에 관한 책의 관점에서 그 책에서 빌려온 전문 용어를 사용하여 번역되었다. 관련된 분야인 광학에서도 비슷한 예를 들 수 있다. 디오클레스, 트랄레스의 안테미우스*, 디디무스의 광학 책들은 학자와 통치자들의 거울에 대한 실용적인 관심의 결과였다. 아라비아어로도 알려져 있던, 아르키메데스가 시라쿠사의 포위 공격 때 마르켈루스의 함대를 불태웠다는 전설 때문에 수학자들은 이런 업적을 실제로 재현할 가능성에 관심을 갖게 되었다. 그래서 이 주제에 관한, 구할 수 있는 그리스어 문헌을 추적하여 아라비아어로 번역했으며, 알-킨디는 이 주제에 관한 독자적인 논문을 써서 많은 면에서 그리스 저자들의 작업을 교정하고 진전시켰다.[21]

의학에 대한 요구는 지금까지 논의된 과학에 대한 요구와 분명히 뿌리가 다르다. 의학은 영향력 있는 사산 왕조 문화 출신의 학자들이 가장 먼저 장려한 분야로 꼽힌다. 765년 칼리프 알-만수르를 치료하기 위해 바그다드로 불려온 의사 주르지스 이븐-지브릴 이븐-부흐티슈가 티그리스 강 동쪽의 이란 도시 준디사부르 출신이라는 사실만으로도 그것을 알 수 있다. 그는 이 도시 병원의 책임자였다. 이곳에서 온 의사들은 히포크라테스와 갈레노스의 의학에 대한 수준 높은 지식을 보여주었다. 부흐티슈 가문은 오랫동안 바그다드에서 가장 영향력 있는 의사 가문으로 명성을 유지했을 것이다. 주르지스의 후손들이 대를 이어가며 칼리프들의 주치의를 맡았기 때문이다. 주르지스의 아들 부흐티슈는 하룬 앗-라시드를 섬겼고, 그의 아들 지브릴은 하룬, 알-아민, 알-마문을 섬겼으며, 그의 아들 부흐티슈는 알-마문, 알-와티크, 알-무타왓킬을 섬겼다. 마사와이히 가문, 앗-타이푸리 가문, 세라피온 가문 등 준디사부르 출신의 다른 의사 가문들도 마찬가지로 중요했다. 이 가문들은 바그다드에서 긴밀하게 연결된 사회 단위를 형성했다. 네스토리우스파 기독교인의 전례와 학문용 언어가 시리아어였듯이, 그들의 모국어는 페르시아어였으며, 이 가문들끼리 결혼을 했다. 그러나 그들은 압바스 왕조 궁정에서 의사 일을 했을 뿐 아니라, 의학 연구에도 종사하고, 의학 교과서도 쓰고, 가장 중요한 것으로 번역도 맡겼다. 그들은 자신들의 과학적 우월성을 유지하는 데 분명한 이해관계를 갖고 있었다. 칼리프의 주치의라는 높은 사회적 지위와 그 결과로 모은 부는 그들의 전문 의학 지식에 의존하고 있었기 때문이다. 따라서 그들의 최고의 관심은 전문 의학 지식이었다.

이런 사람 가운데 하나가 바그다드와 사맛라에서 알-마문과 그의 후계자들의 주치의였던 유명한 유한나 이븐-마사와이히*였다. 그는 바그다드의 중요한 의사로서 진료 과정에서 연구도 했다고 추측할 수 있는데, 그가 접근할 수 없었던 의학 연구 분야가 하나 있었다. 그것은 해부학 지식을 늘리기 위한 목적으로 이루어지는 인간 해부였다. 이런 해부가 이슬람법에서 결코 공식적으로 금지된 적은 없지만, 중세에는 시행되었던 것 같지 않다. 어쨌든 이븐-마사와이히는 아래 인용한 구절에서 그가 말하는 대로, 칼리프의 금지 명령을 받았다.[22] 이븐-마사와이히에게는 압달라 앗-타이푸리의 딸에게서 낳은 아들이 있었다. 그가 말하는 바에 따르면, 이 여자는 매우 아름다웠지만, 동시에 매우 어리석었다. 아들 또한 정신박약이어서, 이븐-마사와이히의 말에 따르면 어머니와 아버지의 최악의 특징만 물려받고, 최선의 것은 전혀 물려받지 못했다. 이븐-마사와이히는 계속해서 이렇게 말한다.

> 자신과 관계없는 일에 대한 통치자의 간섭과 개입만 아니었다면, 나는 갈레노스가 사람과 원숭이를 해부하곤 했듯이, 나의 아들을 산 채로 해부했을 것이다. 아들을 해부했다면 그 아이가 어리석은 이유를 알아내고, 세상에서 그런 종류의 어리석음을 없애고, 책을 써서 사람들을 위한 지식을 제공하게 되었을 것이다. 즉 아들의 몸이 구성된 방식, 그리고 동정맥과 신경의 흐름을 알려주었을 것이다. 그러나 통치자가 이를 금하고 있다[Q 390-391].

이렇게 해부의 길이 막히자 이븐-마사와이히는 가장 나은 대안에 의지할 수밖에 없었다. 자신의 제자이자 유명한 번역가인 후나인 이븐-이샤크에게 갈레노스의 해부학 책들의 번역을 맡긴 것이다. 후나인 자신도 갈레노스 번역에 관한 서지에서 자신이 이븐-마사와이히를 위해 갈레노스의 해부학 책을 무려 9권이나 번역했으며, 그 가운데 2권은 이븐-마사와이히가 연구하고자 하던 바로 그 분야라고 밝히고 있다. 이 두 권은 『동정맥 해부학On the Anatomy of Veins and Arteries』과 『신경 해부학On the Anatomy of Nerves』이었다.[23]

마지막으로 철학이 있는데, 그 기원은 또 다른 면들을 보여준다. 철학은 점성학, 기하학, 의학과 같은 방식으로 "실용적"이지 않다는 의미에서 실용적인 요구가 가장 적은 분야인 것이 분명했다.—그럼에도 사회적으로 관련 있는 용도를 찾아낼 수 있었고, 철학을 발전시킨 사람들은 실제로 그런 생각을 했던 것으로 보인다. 이슬람 세계에 철학이 도입된 것은 아라비아어를 사용한 첫 철학자 알-킨디(870년경 사망)와 그 주변에 모인 과학자나 협력자들이었다. 이런 발전을 이해하려면 무엇보다도 알-킨디가 오직 철학만 하는 철학자도 아니었고, 철학을 가장 우선시하는 철학자도 아니었다는 사실을 잊지 않는 것이 중요하다. 그는 번역된 학문들에 박식했으며, 그런 점에서 그가 살던 시대의 산물이었다. 그는 위에 언급한 모든 학문, 즉 점성학, 천문학, 대수학, 기하학, 의학에 관하여 글을 썼다. 그의 시대에 앞서 50년 전부터 시작된 번역운동이 장려한 백과사전파적 정신과 더불어 모든 학문에 대한 이러한 폭넓고 개괄적인 관점 덕분에 그는 고대로부터 전해오는 학문들을 습득하고 완성하는 것을 목표로 삼는 연구 프로그램을 발전시켜 나가게 되었다. 알-킨디가 그의 에세이의 여러 머리말에서 말하듯이 이런 접근 방법의 목표는 단지 기계적인 암기로 그것을 되풀이하는 것이 아니라 지식을 발전시키는 것이었다. 알-킨디는 자신의 논증에서 수학적 정확성에 다가가는 것을 목표로 삼았기 때문에, 수학적 또는 기하학적 증거를 가장 수준이 높다고 생각했다. 철학적인 글에서 "그는 늘 어떤 증명을 이용하는데, 이런 증명에서 그의 방법론은 유클리드의 『원론』에서 나왔다는 것이 분명하게 드러난다."[24] 번역된 과학 문헌과 갓 태어난 독창적인 아랍 학문의 영향은 이 정도로 강했기 때문에 난공불락의 증명이라는 이상은 9세기에 널리 퍼지면서, 여러 "인문" 분야의 많은 논의에서 모델이 되었다.[25]

둘째로, 알-킨디의 독창성은 이런 방법을 당대의 신학적·종교적인 논의에 적용하려는 시도에 있다. 그렇게 하기 위해 알-킨디는 이 주제들 가운데 가장 "과학적인", 즉 방법론적으로 엄격한 분야에 다가가려 했으며, 그 가운데도 아리스토텔레스의 『형이상학』과 아라비아어로는 각각 『아리스토텔레스의 신학Theology of Aristotle』과 『순수한 선』(al-ḫayr al-maḥḍ, 중세 라틴어 번역인 『원인의 서Liber de causis』로 널리 알려지게 된다)이라고 알려진 플로티누스와 프로클로스*의 선집에 주목했다. 그러나 그가 이런 텍스트에 의지한 것 자체는 특별할 것이 없다. 번역이 널리 퍼진, 아니, 지배적인 그 시대의 바그다드 문화를 고려할 때, 지적인 문제의 해결을 위해 그리스 문헌의 번역에 의지하는 것은 그가 속한 엘리트 계급의 지식인들 사이에서 표준 절차였기 때문이다.

보호자, 번역자, 번역

보호자와 후원자

번역운동이 초기 바그다드 사회에서 아주 넓은 지지 기반을 확보했다는 것은 그것이 퍼진 범위나 수명만 보아도 전체적으로 분명하다. 그러나 번역운동을 요구하고 지원한 이 사회의 역학을 더 정확하게 이해하려면, 연구를 인도할 만족스러운 이론적 틀이 없는 상황에서는 (「들어가며」 참조), 그것을 후원한 중요한 사회 집단이나 계층을 꼼꼼하게 묘사하는 것이 필요하다. 우선 거기에 속하는 개인들을 확인하는 일이 유용한 출발점이 될 수 있을 것이다. 따라서 8세기와 9세기 바그다드의 포괄적인 인물 연구가 1차적으로 반드시 필요하다. 이 경우 아마 두꺼운 아랍 인물 사전들(제대로 모아서 해석을 할 수만 있다면)이나 일부 가문과 그 관계자들에 대한 2차 연구에서 충분하고도 남을 만한 정보를 얻을 수 있겠지만, 그 철저함에서는 예를 들어 아널드 존스의 『후기 로마 제국 인물 연구(260~641)The Prosophography of the Later Roman Empire(260~641)』를 도저히 따라갈 수 없다.[1] 여기서는 그런 작업을 시도할 수 없다. 지금부터 하려고 하는 일은 단지 주요 후원자 집단의 표본을 제시하고, 그들과 번역운동의 관계에 대해 간략하게 논평하는 것이다. 동시에 이것이 이 주제를 다루는 예비 작업이라는 점을 강조해두어야겠다. 번역운동 같은 하나의 사회 현상을 둘러싸고 200년 동안 계속된 후원은 동질적일 수 없으며, 따라서 몇 가지 인상주의적 예로 설명될 수도 없기 때문이다.[2]

우리의 자료로 판단하건대 앞으로의 분석에서 가장 생산적일 수 있는 범주화의 기준은 첫째, 직업이나 사회적 지위이고, 둘째, 종교적·인종적·가족적 관계일 것이다. 나는 우선 첫 번째에서 시작하여, 필요할 때마다 두 번째 기준에 따른 정보를 집어넣을 것이다. 이렇게 할 경우 사회적 지위를 기준으로 번역운동의 후원자나 보호자를 4개의 주요 집단으로 나눌 수 있다. 그 네 집단은 압바스 왕조 칼리프와 그 가족, 궁정인, 국가 관리나 군부 장교, 학자와 과학자다.[3]

압바스 왕조 칼리프와 그 가족

1부의 논의에서는 압바스 왕조 초기 칼리프들이 번역운동을 장려하고 지원하게 된 이유를 집중적으로 검토했다. 따라서 압바스 왕조 첫 100년 동안 지배 왕조의 다양한 구성원이 번역운동을 보호한 것에는 증거 자료가 더 필요하지 않다. 오히려 증거 자료가 너무 많은 쪽이다. 특히 스스로 의학과 농업에 관하여 논문—현존하는 논문이다—을 썼다고 하는 알-마문의 경우가 그러하다[*GAS* IV, 336]. 그러나 알-마문의 정책이 끝난 뒤 알-무타왓킬 이후에는 칼리프들이 번역운동을 후원했다는 사실을 분명하게 보여주는 역사적·문헌적인 자료를 찾을 수 없다. 이것은 여러 이유 때문인 듯한데, 이 사실을 정확하게 해석하는 것이 중요하다.

우선 이런 자료에는 모든 혹은 대부분의 번역운동 후원이 초기 칼리프들의 영광스러운 계보를 통해 이루어졌다고 보는 편견이 있다. 전임자들이 명성을 얻은 영역에서 어떤 칼리프가 업적을 이루었다 하더라도, 그 업적이 전임자들에게 돌아가는 것은 흔한 일이다. 사람들의 마음속에서 하룬 앗-라시드, 그리고 특히 알-마문 같은 통치자들은 번역운동과 직결되어 있었다. 앞에서 논의한 대로, 이것은 대체로 알-마문 자신이 그런 선전에 노력했기 때문이다. 이런 것이 어느 정도 성공을 거두었기 때문에 이 분야에서 이루어진 이후의 활동도 알-마문의 활동인 것처럼 이야기되는 것이다. 알-마문의 후계자인 알-무타심(재위 218/833~227/842)의 사례가 아주 좋은 예다. 이 칼리프는 전임자의 정책을 맹목적으로 추종했으며, 실제로 알-마문의 반비잔틴 이데올로기의 수혜를 받았고, 838년에 아모리움과 안키라를 정복하여 소아시아에서 비잔틴 사람들에게 큰 승리를 거두었다. 또 그는 알-마문이 시작한 교리와 관련된 종교재판(미흐나)이라는 공식 정책도 그대로 이어받았다. 그는 철학자이자 과학자인 알-킨디를 아들 아흐마드(앞으로 이야기가 더 나올 것이다)의 가정교사로 불렀으며, 그 자신도 알-킨디가 보낸 편지를 여러 통 받았다.[4] 따라서 그가 번역활동에 후원자로 참여하지 않았다면 오히려 놀라운 일일 것이다. 그러나 문헌 자료는 이와 관련하여 입을 다물고 있다.[5] 우리 눈에 띄는 것은 약 150년 뒤에 나온 이븐-쥴쥴의 보고인데, 그는 유명한 의사(857년 사망) 유한나 이븐-마사와이히가 "안키라, 아모리움, 소아시아를 정복한 뒤 그곳에서 발견된 고대 의학서적을 번역하는 일을 **앗-라시드**에게서 위임받았다"고 말하고 있다.[6] 여기에 나타난 시대착오는 주목할 만하다. 유한나가 앗-라시드 치세에 태어나 알-마문에서 알-무타왓킬에 이르기까지 칼리프들의 주치의였다는 사실을 떼어놓고 보면, 이 보고에서 구체적으로 언급하는 두 도시는 앞에서 말한 것처럼 알-무타심이 838년에 정복했다. 앗-라시드는 806년에 안키라를 공격했을 뿐이다. 따라서 번역에 관련한 위임이 있었다면 그것은 알-무타심이 주도한 것이겠지만, 이 보고에서는 고대 학문의 보호라는 면에서 두 칼리프 가운데 상대적으로 잘 알려진 앗-라시드가 그 일을 한 것으로 적고 있다.

둘째로, 훗날의 칼리프들이 번역운동과 관련 활동을 계속 보호했다 하더라도, 시간이 흐르면서 그런 보호의 속도와 활력이 늦어지고 약해졌다는 것은 부정하기 어렵다. 일반적으로 칼리프의 보호활동은 칼리프 직 자체의 힘이나 그 자리에 오른 사람들이 휘두른 실제 권력과 밀접한 관련을 맺고 있다는 사실이 관찰된다. 그러나 알-무타심의 파괴적 정책 이후 후기 칼리프들은 실질적인 권력을 잃기 시작했다. 알-무타심이 군부를 재조직하고 터키 부대를 적극적으로 보강한 뒤 군사령부를 사막라로 이동한 결과 칼리프 직은 군부의 통제를 받게 되었다. 이 정책으로 말미암아 결국 상황을 역전시키려 했던 그의 아들과 두 번째 후계자 알-무타왓킬(재위 847~861)은 목숨을 잃게 되었다.

알-무타왓킬 이후 945년에 부와이 왕조가 등장할 때까지 칼리프는 결코 이전의 이데올로기적 독립성, 정치적 권위, 군사적·경제적인 권력을 회복하지 못했다. 이런 상황에서 점점 약해지는 칼리프들은 이전 압바스 왕조 칼리프들처럼 이데올로기적 목적을 위해 번역운동을 이용하지도 않았고, 이용할 수도 없었음이 분명하다. 그러나 칼리프의 지원이 약화되었다 해서 실제 상황이 바로 나빠진 것은 아니다. 알-무타왓킬 치세에 미흐나가 끝난 후, 바그다드 궁정에서는 번역운동과 관련 문헌의 보호가 문화생활에서 여전히 지배적인 자리를 유지하고 있었기 때문이다.

사실 압바스 왕조가 2세기째로 접어들던 바로 그 시점에 번역운동은 후나인 이븐-이샤크와 그의 동료들의 작업으로 정점에 이르게 되며, 그 커다란 성공 때문에 아주 중요한 두 가지 발전이 이루어졌다. 바그다드 사회에서는 번역 문헌이 다루는 모든 분야의 학문이 널리 퍼지고 깊이 뿌리내려, 아라비아어로 과학이나 철학적 주제에 대한 저술을 맡기는 일이 그리스어로 된 저술의 번역을 맡기는 일만큼이나 많아지게 되었다. 둘째로, 번역운동이 가르치는 연구와 분석의 정신 때문에 번역과 관련 없는 다양한 학문 분야도 세련되게 다듬어지고, 많은 사상이 당장이라도 유통될 만큼 무르익었으며, 번역 문헌이 다루는 분야는 이제 강력한 정신의 소유자들이 관심을 가지는 영역을 넘어서게 되었다. 온갖 종류의 지적 논쟁이 유행하게 되었으며, 보호자들은 그리스에서 **전달된** 지식만이 아니라 이 지식이 제기하는 주요 문제나 그 지식에 대한 다양한 이데올로기적 이의 제기에도 관심을 갖게 되었다. 미흐나가 끝나는 시기와 부와이 왕조의 등장 사이의

100년(대체로 850년에서 900년 사이다)은 번역 시기 이전에 등장했느냐 번역 때문에 등장했느냐와 관계없이 **모든** 지적 분야가 내용과 방법이라는 면에서 합리화되고 조직되던 때다.

이런 면에서 번역운동에 대한 칼리프의 후원 약화가 그 자체로 칼리프들의 이 운동에 대한 반감의 표시라고 말할 수는 없다. 오히려 번역운동이 성공하고 자리잡으면서 지배 엘리트의 모든 구성원은 넓은 의미의 지식인이 되었으며, 그 결과 문헌 자료에는 알-마문 이후의 칼리프들이 다른 분야는 물론이고, 번역된 문헌에 직접적으로 의존하는 작업들도 위임했다는 언급이 많이 나타나게 된다. 알-마문의 후계자인 알-무타심의 경우는 앞에서 간략하게 언급했다. 그의 후계자 알-와티크는 의사나 철학자들과 과학 토론을 했다.[7] 알-무타디드(재위 279/892~289/902)는 그리스 과학에 특별히 관심이 있었던 것으로 보인다. 그리스 여자의 아들로서 그는 당대의 그리스어를 할 줄 알았고,[8] 번역운동의 지도자인 이샤크 이븐-후나인과 타비트 이븐-쿳라와도 친하게 지냈다[*F* 272.10]. 그는 야흐야 이븐-아비-하킴 알-핫라지에게 의학 논문을, 또 앗-나이리지에게 기상학 논문을 청탁하기도 했다.[9] 그의 아들 알-무크타피(재위 289/902~295/908)도 앗-나이리지에게 예언에 관한 글을 묶는 일을 맡겼다[*GAS* VII, 156].

칼리프들 외에도 왕자들이 과학적·철학적 활동의 보호자로 자주 언급되는데, 그 가운데 가장 유명한 사람은 알-무타심의 아들 아흐마드이다. 그는 다름 아닌 철학자이자 과학자 알-킨디에게 교육을 받았고, 알-킨디는 그에게 많은 편지를 보냈다.[10] 아주 구체적으로 아흐마드는 알-킨디에게 이븐 나이마가 플로티누스의 『엔네아데스Enneads』

의 마지막 3부를 발췌한 이른바 『아리스토텔레스의 신학Theology of Aristotle』을 아라비아어로 딱딱하게 번역한 것을 "교정"해달라고, 즉 문체를 손봐달라고 청탁했다고 한다[*DPA* I, 546]. 그러나 아흐마드는 알-킨디와의 관계 외에도, 쿠스타 이븐-루카에게 테오도시우스*의 『구면학K. al-Ukar』, 아우톨리코스의 『[항성의] 뜨고 짐K. aṭ-Ṭulu'wa-l-ġurūb』, 알렉산드리아의 헤론의 『양력추진기K. Raf'al-aṯqāl』 등 수학과 천문학 저작의 번역을 맡겼다.[11] 이와 관련하여 아흐마드는 가끔 그의 조카이자 알-무타심의 손자인 아부-알-압바스 아흐마드 이븐-무함마드 이븐-알-무타심과 혼동되는데, 이 인물은 칼리프 알-무스타인으로서 248/862년부터 251/866년까지 통치했지만, 이 저작들의 원고에서 가리키는 사람은 알-무타심의 아들임이 분명하다.[12]

한 세기쯤 뒤의 칼리프인 알-무크타피(재위 902~908)의 아들 쟈파르는 천문학사에 박식했으며, 젊은 시절에는 유명한 천문학자 밧타니(317/929년 사망)도 만나고, 이 주제에 관하여 이븐-안 나딤의 정보 제공자로도 활약한 것으로 보인다(*F* 275.20-24, 279.21-24). 더욱이 이븐-안-나딤이 그리스어 알파벳 글자의 특성과 관련하여 쟈파르를 인용한 것을 보면, 쟈파르는 그리스어를 알았던 것으로 보인다(*F* 16.7-16).[13]

칼리프의 직계가족에 속하는 다른 구성원들 가운데 번역운동과 학문 생산을 후원했던 사람들로는 궁정의 여자들이 있다. 『피흐리스트』[294.29]에 따르면 알-무타왓킬의 노예 출신 첩과 그의 아들의 어머니(이 여자는 특별한 아름다움 때문에 카비하Qabiḥa, 즉 추한 사람이라는 어의역용語義逆用의 별명이 붙었던, 알-무탓츠의 어머니인 듯하다)[14]는 다름 아닌 위대한 후나인에게 『8개월 태아에 관한 책K. al-Mawlūdīn li-ṯamāniyat ašhur』의 번역을 청탁했다.

궁정인

칼리프와 그 가족의 측근 가운데는 궁정인(이른바 좋은 친구nadīm, nudamā'를 포함해서)이 들어가야 한다. 이들은 학식, 재치, 우아한 예절을 갖춘 사람들로, 칼리프는 함께 어울리기 위해 이들을 궁정으로 불러들였다. 이들의 사회적 기능은 중요했으며, 이들이 통치자들이 높이 평가한 학식 있는 엘리트의 문화적 태도를 보여준다고, 또 역으로 엘리트가 비위를 맞추던 통치자들의 문화적 애호를 보여준다고 생각한다면 자세히 연구해볼 가치가 있을 것이다.[15] 좋은 친구 가운데 가장 유명한 사람은 아마도 알-킨디의 제자이자 나름 실력 있는 철학자이며 학자인 아흐마드 이븐-앗-타이이브 앗-사라흐시(835~899년경)를 들 수 있을 것이다. 앗-사라흐시는 알-무타왓킬의 손자로, 나중에 알-무타디드(재위 892~902)로서 칼리프 자리에 오르게 되는 왕자의 개인교사로 선발되었다. 알-무타디드가 권좌에 오르자 앗-사라흐시는 옛 제자의 좋은 친구가 되었다. 그러나 결국 총애를 잃고, 분명치 않은 상황에서 처형당했다. 그의 죽음의 원인은 종교적인 것은 분명히 아니다. 그는 재상의 아들인 카심 이븐-우바이달라흐(나중에 재상이 된다)와 터키인 장군 바드르가 꾸민 궁정 음모의 희생자가 되었다. 아마 앗-사라흐시가 우바이달라흐의 계승자로 다른 후보들을 염두에 두고 있었기 때문일 것이다. 앗-사라흐시가 무신론자라거나 신앙이 부족했다고 하는 이야기는 그가 갑자기 알 수 없는 이유로 총애를 잃은 이유를 설명하기 위해 나중에 지어낸 것이다. 실제로 현재 남아 있는 그의 왕복 서신은 종교적 편협함과 광신을 비웃고 있어, 9세기 말 압바스 왕조에서는 이런 종류의 태도를 재미있게 받아들였음을 보여준다. 만일 야쿠트가 주장하듯이 앗-사라흐시가 알-무타디드를 기쁘게 하려고 편지를 꾸며낸 것이라면, 이것은 칼리프가 외국 학문을 높이 평가하고 있었다는 뜻이 되므로, 앗-사라흐시의 태도는 더욱더 문제될 것이 없다.[16]

궁정인들은 다양한 배경 출신이며, 다양한 이유로 그러한 지위까지 올라갔다. 다음의 예는 양 극단을 잘 보여준다. 파트흐 이븐-하칸은 터키인 군인이자 알-무타심의 근위대장의 아들이었다. 그는 궁정에서 알-무타심의 아들, 즉 미래의 칼리프 알-무타왓킬과 함께 컸으며, 나중에도 가까운 친구가 된다. 그는 알-무타왓킬의 치세(232/847~274/861) 내내 그런 지위를 유지하며, 지식인들을 위한 화려한 궁정 살롱을 운영했다. 그는 글에 대한 헌신, 아주 풍부한 개인 서재, 과학과 문학의 진지한 장려로 이름을 길이 남겼다.[17] 스펙트럼의 맞은편 끝에는 유명한 바누-알-무낫짐 가문이 있다. 이 페르시아계 조로아스터교도 지식인 가문의 조상은 사산 왕조의 장관들로 거슬러올라간다. 그들은 원래 알-만수르 치세에 점성학자(여기에서 그들의 성 무낫짐Munağğim이 나왔다)로서 압바스 왕조 궁정으로 들어갔으며, 6대에 걸쳐 영향력 있는 지위를 유지했다. 즉 번역운동 기간 내내 그런 지위를 유지했다는 뜻으로, 그들은 여러 번 번역운동의 보호자 역할을 했다. 후나인에게 유명한 『리살라Risāla』—여기에 갈레노스 저작의 번역 목록이 실려 있다—를 의뢰한 사람도 이 가문의 한 사람인 알리 이븐-야흐야였다.[18]

국가 관리나 군부 장교

압바스 행정부의 서기(쿳타브kuttāb)나 이와 관련된 국가 관리들은 처음부터 번역과 번역에 기초한 저작을 보호하고 장려한 가장 중요한 사회 집단 가운데 하나를 구성했다. 이런 점에서 초기 압바스 왕조 칼리프들이 사산 왕조 모델에 의지하고 있었다는 사실은 손에 넣을 수 있는 여러 문헌에서 풍부하게 논의되었으며, 여기서 특별히 언급할 필요는 없다. 압바스 왕조의 첫 50년 동안 의문의 여지없이 가장 높은 관료적 지위에 올라갔던 바르마크 가문은 당연히 사산 왕조 관행을 이어나갔으며, 그와 더불어 번역 문화도 이어나갔다. 그들은 번역운동의 후원자, 나아가 천문학[*F* 267.29ff.]과 농업 관련 저작의 후원자로서 두각을 나타냈다.[19] 나아가 그들은 인도 자료에도 관심을 보여, 그런 자료의 번역을 청탁했다[*F* 303.6, 345.25 이하]. 154/771년 또는 156/773년에 알-만수르의 궁정에 인도 사절이 온 일—그 결과 『신드힌드』가 전해지고 번역되었다—에서도 이들의 역할이 중요했다고 가정하는 것 또한 억측은 아닐 것이다.

바르마크 가문의 몰락(187/803) 이후, 더 구체적으로 말해서 그들의 피보호자이자 알-마문의 재상인 알-파들 이븐-사흘의 암살 이후, 압바스 왕조 칼리프들이 재상을 선출하는 방향에 분명한 전환이 나타난다. 바르마크 가문과 그들의 일파가 알-마문의 시기까지 페르시아계 조로아스터교 성향이라는 받아들일 수 없는 이미지를 보여주었기 때문인지 몰라도(어떤 현대 학자는 알-파들 이븐-사흘이 "압바스 왕조 칼리프의 재상들 가운데 가장 이란인에 가까운 사람"이라고 불렀다)[20] 알-마문은 그다음에는 방향을 틀어 철저하게 아랍화된 페르시아계 이슬람교도, 즉 그의 장군인 타히르 두-알-야미나인 이븐-알-후사인(207/823년 사망)의 가족을 선호하게 되었다. 타히르 가문은 알-파들 이븐-사흘의 죽음의 원인이 되었던 종류의 자극적인 행동은 피하려고 아랍화라는 문화적 이데올로기를 따랐다.[21] 역사는 이들의 정책이 성공했음을 보여주었다. 그들의 정책은 칼리프 영토 한복판에서 최초의 반독립적인 페르시아계 이슬람교도 왕조를 만들어내 번창하게 하는 것이었다. 둘째로, 압바스 통치 왕조의 관심은 타히르 가문과 더불어 아랍인이든 아니든 이라크의 기독교인을 향하게 되었으며, 그들 가운데서 궁정의 고위 관리를 선발했다. 그러나 알-마문의 시대 이후 서기 계급의 구성원을 선발하는 방향은 달라졌지만, 이 서기들의 번역운동에 대한 지원은 줄어들지 않았다.

아랍화된 페르시아계 이슬람교도의 대표자라면 가장 먼저 알-마문의 장군 타히르의 가계에 속하는 모든 군인과 총독들을 들 수 있다. 타히르 자신이 번역운동의 중요한 보호자였으며, 수많은 번역을 맡겼다.[22] 타히르의 조카 이샤크 이븐-이브라힘 이븐-알-후사인(235/849-850년 사망)은 바그다드의 총독(214/829-235/849-850)이었으며 알-마문의 가까운 친구이자 말벗이었다.[23] 그는 후나인에게 영양에 관한 책을 청탁했으며, 그 결과 갈레노스와 다른 그리스 저자들에 기초한 『영양분의 성질에 관하여Fīquwāl-aġdiya』라는 제목의 아라비아어 책—지금까지 남아 있다—이 나왔다.[24] 타히르의 손자이자 메르브와 흐와리스므의 총독이었던 만수르 이븐-탈하 이븐-타히르는 철학, 음악, 천문학, 수학에서 인정받는 권위자였을 뿐 아니라,[25] 의학서적으로 보이는 책(K. al-wuğūd)을 써서 유명한 의사 앗-라지(라제스)의 비판을 받기도 했다[*F* 301.18]. 타히르의 다른 손자 우바이드앗라흐 이븐-아브닷라흐 이븐-타히르(300/913년 사망)도 바그다드의 총독이었다. 아부-알-파라주 알-이스파하니는 그의 지혜, 고대 철학 지식, 음악과 기하학 분야의 조예를 칭찬했다.[26]

철저하게 아랍화된 이슬람교도 페르시아인으로 이루어진 또 다른 가계에서 등장한 질란 출신의 무함마드 이븐-아브드-알-말리크 앗-자이야트(233/847년 사망)는 알-무타심, 알-와티크, 알-무타왓킬 등 세 칼리프 밑에서 재상을 세 번 연이어 역임했다. 무함마드는 번역운동의 보호자들 가운데 흥미로운 사례다. 그의 집안은 기름 생산과 교역으로 돈을 벌었지만(여기에서 "기름 장수"라는 뜻을 가진 그들의 성 앗-자이야트가 나왔다), 이미 그의 아버지와 함께 왕족의 양산, 군용 천막, 빠르게 낙타를 타기 위한 장비 등 칼리프가 사용하는 물품 제조로 사업을 다각화하고 있었다.[27] 사회적 지위는 분명히 열등하지만 그럼에도 나라의 서기가 되겠다는 것이 무함마드의 큰 야망이었으며, 그의 야망은 몇 가지 요인이 결합하여 실현되었다. 그는 제조업자 자격으로 궁정에 접근하였으며, 재정과 행정에 의문의 여지없는 재능을 갖추고 있었고, 아마 상당한 자산도 갖고 있었을 것이다.[28] 무함마드는 사회적 사다리를 올라간 사람임이 분명했다. 비천한 출신에도 불구하고 그는 시인, 나아가 번역운동의 보호자를 자처했으며, 우리의 흥미를 끈다. 그가 번역자와 서기들에게 한 달에 2000디나르를 쓰곤 했다는 보고가 있다[*IAU* I, 206.16-20]. 후나인이 전하는 흥미로운 에피소드에 따르면, 그가 "지성인ḥusn al-fahm"이라고 묘사한 무함마드는 그에게 갈레노스의

『목소리에 관하여Περὶ φωνῆς, Fī-ṣawt』를 아라비아어로 번역해달라고 청탁했으며, 후나인이 일을 마치자 무함마드는 번역문의 많은 표현을 자신이 낫다고 생각하는 쪽으로 바꾸었다.[29] 따라서 무함마드 이븐-앗-자이야트의 사례는 번역운동이 압바스 왕조 엘리트, 나아가서 국가 관리들의 문화생활을 규정하는 특징 가운데 하나가 되었다는 사실의 훌륭한 예를 보여주고 있다. 계급과 직업은 달랐지만, 무함마드는 상당한 재능이 있었기 때문에 번역운동을 받아들였으며, 그 자신은 학자가 아니었지만 자신이 새로 획득한 지위에 속할 자격이 있음을 증명하기 위해 번역자들에게 지나칠 정도로 돈을 썼다.

압바스 왕조 두 번째 100년 동안 이라크의 기독교도는 행정부 자리를 위한 두 번째로 중요한 인력 제공처 역할을 했다. 이들 가운데는 관직에 오르면서 이슬람으로 개종한 네스토리우스파 아랍인이 있었는데, 비서, 재상, 학자들을 배출한 유명한 와하브 가문이 그런 예다. 이들은 스스로 아랍 남부 나주란 출신의 기독교인이라고 주장했으며, 실제로 우마이야 왕조에서 비서 일을 하기도 했다.[30] 알-무타디드와 알-무크타피 밑에서 재상 자리를 맡았던 뛰어난 행정가이자 궁정인 알-카심 이븐-우바이닷라흐 이븐-술라이만 이븐-와흐브(291/904년 사망)는 이샤크 이븐-후나인을 고용했다[*F* 285.24-25]. 알-카심은 후나인에게 아리스토텔레스의 『자연학』 번역을 맡겼으며, 이것이 오늘날에도 남아 있는 마지막이자 최고의 아라비아어 번역이다.[31] 또 같은 과정을 거쳐 번역된 그리스 의학의 짧은 역사도 지금까지 남아 있다.[32] 알-카심의 형제 아부-무함마드 알-하산도 국가의 서기였으며,[33] 유클리드의 문제에 관한 에세이를 쓴 것을 보면 수학자이기도 했던 것 같다[*F*

273.5-7]. 마지막으로 그들의 사촌 이샤크 이븐-이브라힘 이븐-술라이만 이븐-와흐브—이 가문 가운데 시아파로 개정한 지파로 보인다—도 서기로서 335/947년 이후에 수사학에 관한 책 『수사학적 방법의 증명K. al-Burhān fī wuğūh al-bayān』을 썼는데, 이 책은 "아랍의 수사학에 그리스, 무타질라파, 이맘파의 교의를 적용하려는 시도"라고 묘사되었다.[34]

다른 네스토리우스파 기독교인은 아랍화된 페르시아인으로, 이들은 서기 가문 알-자라흐처럼 나중에 이슬람으로 개종했다. 이들은 티그리스 강 하류 쪽의 다이르 쿤나 출신으로, 이곳은 전통적인 네스토리우스파 교육의 중심이며, 국가의 수많은 고위 관리만이 아니라 바그다드의 아리스토텔레스학파 창건자이자 알-파라비의 스승인 철학자 아부-비슈르 맛타 이븐-유누스의 고향이기도 했다.[35] 무타미드 밑에서 재상을 세 번 역임한 아부-무함마드 알-하산 이븐-마흐라드 이븐-알-자라흐(269/882년 이후에 사망)[36]는 의학 문제에 관심을 가졌으며, 쿠스타 이븐-루카에게 성 위생에 관한 논문,[37] 그리고 최근에 편집된, 순례자를 위한 의학에 관한 또 한 편의 논문을 청탁했다.[38] 그러나 이 가문의 가장 유명한 구성원들은 알-하산의 다른 지파 출신의 친척들인 "선한 재상" 알리 이븐-이사(334/946년 사망)[39]와 그의 아들 이사 이븐-알리(391/1001년 사망)이다. 이 가운데 아버지와 관련해서는 그가 당대의 주요한 학자들과 예언자 전승(ḥadīṯ), 신학, 신비주의 쿠란 주석, 문법을 연구했다는 점을 말해둘 필요가 있다. 그뿐만 아니라 그의 관심은 번역 문헌을 포함하여, 시에서 역사까지 다른 모든 분야에 걸쳐 있었다고 덧붙일 수 있다. 『피흐리스트』는 당연하다는 듯이 번역가 아부-우트만 앗-디마스키가 그를 위해 일했다고 전한다[F 298.24-25]. 그러나 당대 고대 학문에서 비길 데 없는 학자로 이름을 얻은 사람은 그의 아들 이사 이븐-알리였다[F 129.8]. 그는 야흐야 이븐-아디와 함께 철학을 공부했고, 그의 살롱에서 지적인 모임을 열었다. 『피흐리스트』에 따르면 그런 모임 가운데 하나는 철학의 기원을 논의하는 데 바쳐졌으며, 그 과정에서 이사 이븐-알리는 포르피리오스*의 『철학사 Philosophos historia』에 대한 정밀한 지식을 드러냈고, 그 책들 가운데 아라비아어로 번역된 것이 얼마나 되는지도 알고 있었다[F 245.12-15].[40]

학자와 과학자

정치·사회 엘리트의 지원과 마찬가지로 중요했던 것이 자신의 일과 연구를 위해 그리스어 텍스트의 번역을 청탁했던 모든 집단의 과학자나 학자들의 적극적 후원이었다. 이런 보호자들 가운데 의사들이 가장 눈에 띄고 중요했는데, 그중에서도 준디사부르 출신의 네스토리우스학파 의학 엘리트, 부흐티슈 가문, 마사와이히 가문, 타이푸리 가문—가장 유명한 예만 든 것이다—이 중요했다. 이들은 번역운동 기간 내내 바그다드와 압바스 왕조 궁정의 의료와 학문을 지배했으며, 후나인과 그의 동료들에게 수많은 갈레노스의 저작을 번역해줄 것을 의뢰했다.[41]

모든 번역된 학문, 그중에서도 특히 수학은 노상강도 출신으로 알-마문이 813년에 칼리프 권좌에 오르기 전에 메르브에서부터 그와 사귀었던, 가계를 알 수 없는 천문학자 무사 이븐-사키르의 세 아들보다 더 큰 후원자가 없었을 것이다. 무사(바누-무사)의 세 아들은 알-마문의 피후견인으로 바그다드에서 성장하면서 당대 최고의 학문 교육을 받았다. 그들은 경제적으로도 성공을 거두어, 그 부 가운데 상당한 부분을 번역과 학문활동 후원에 썼다. 『피흐리스트』[243.18-20]에 따르면, 아부-술라이만 앗-시지스타니는 후나인, 후바이슈, 타비트 이븐-쿠라에게 "상근 번역li-n-naql wa-l-mulāzama"의 대가로 매월 500디나르를 주곤 했다. 이 말은 후나인과 그의 조카 후바이슈가 무함마드 이븐-무사(259/873년 사망)의 위임을 받아 번역한 아주 긴 의학 저작 목록으로 확인된다. 이 삼형제 자신—특히 무함마드—도 남아 있는 그들의 저작이 증명하듯이 천문학, 수학, 역학 분야의 아주 유능한 학자였다.[42]

번역운동 기간의 철학과 모든 과학의 보호자로서 이슬람교도 아랍 귀족 알-킨디(256/870년경 사망)보다 중요한 사람은 없다. 그에 관해서는 많은 기록이 남아 있지만, 현재 논의의 맥락에서 언급할 필요가 있는 점은 첫째, 그가 과학적 주제의 번역을 청탁했고, 이 주제에 관하여 독자적으로 글을 쓰기도 했다는 것이다. 둘째, 신학 같은 이데올로기적 논의에서 과학적 확실성을 달성하려고 시도했고, 그에 따라 그리스 철학, 특히 자연학과 형이상학을 공부하려 했다는 것이다. 셋째, 방금 말한 분야에 대한 그의 관심을 충족시키기 위해 이런 텍스트에 관해 자문하고 그런 텍스트를 번역할 수 있는 사람을 주위에서 널리 모아들였다는 것이다. 넷째, 이런 활동의 결과 모든 지식이 통일되어 있고 상호 관련되어 있으며, 입증 가능하고 합리적인 방법(기하학적 방법)으로 연구해야 한다는 중요한 비전을 갖게 된 것이 분명해 보인다는 것이

다.[43]

마지막으로, 번역운동을 후원했던 학자들 가운데 번역자들 자신도 언급해야 한다. 시리아어와 아라비아어로 번역에서 첫손에 꼽히던 후나인은 많은 요구에 응하기 위해 다른 사람들과 협력 작업을 해야 했던 것이 분명하다. 그는 『리살라』에서 되풀이하여 갈레노스의 책들을 언급하는데, 이것은 그가 시리아어로 번역했으며, 그의 아들 이샤크, 조카 후바이슈, 이사 이븐-야흐야 등을 포함하는 그의 동료들 가운데 한 사람이 아라비아어로 번역했다.[44]

번역운동의 보호자들에 대한 이 짧고, 따라서 인상주의적일 수밖에 없는 개괄의 결과는 그런 후원이 어떤 쉽게 확인할 수 있는 집단에 한정되었던 것으로 보이지 않는다는 점에서 약간 부정적이다. 후원자들은 아라비아어, 시리아어, 페르시아어 사용자, 이슬람교도, 온갖 종류의 기독교도, 조로아스터교도, 이교도 등 모든 민족 및 종교 집단에서 나왔다. 물론 통치자인 압바스 왕조 가문과 가장 가까운 조언자들이 최초의 동력을 제공하고 그후에도 상당한 후원을 했던 것으로 보이지만, 위에 언급한 다른 집단의 적극적 관여가 없었다면 번역운동은 오래 지속되지도 못하고, 큰 영향을 주지도 못했을 것이 분명하다. 물론 어떤 종교 집단은 다른 집단보다 더 깊게 관여했다. 가령 의학에서는 네스토리우스파 기독교도가 그리스 정교보다 두드러졌지만, 이것은 특정한 역사적 조건 때문이지 그 자체가 당면한 문제와 관련하여 어떤 해석상의 가치를 가지는 것은 아니다. 네스토리우스파는 알-만수르가 부흐티슈 가문 사람을 처음으로 바그다드로 초대하기 전에 준디사부르에서 의학으로 이미 두각을 나타냈지만, 그곳에는 번역운동에 비길 만한 일이 일어난 적이 없었다. 어떤 민족 집단이 다른 민족 집단보다 어떤 과학활동에서 두각을 나타낸 것, 예를 들어 압바스 왕조 첫 100년 동안 점성학과 천문학 연구에서 페르시아인의 존재가 두드러졌던 것을 의미 있게 보는 주장에도 똑같이 이의제기를 할 수 있다. 따라서 보호의 문제와 관련하여 번역운동은 압바스 왕조 첫 200년 동안 바그다드에서 **경제적으로 또 정치적으로** 중요한—실제로 지배적인—집단들 전체는 아니라 해도 다수의 공동 노력의 결과라는 것이 비교적 분명해 보인다. 앞에서 논의한 대로 번역운동이 개별적으로나 집단적으로 그들의 다양한 목적을 이루어주었기 때문이다.

그러나 구별은 해야 하며, 이 구별은 조금 전에 강조한 단어들에 기초를 두고 있다. 즉 번역운동이 경제적으로 부유한 사람들이나 정치 엘리트(군부 지도자들도 여기에 속한다고 생각할 수 있을 것이다)와 강한 관계를 맺고 있었다는 것 또한 분명하다는 것이다. 특히 이 둘이 결합될 경우는 말할 것도 없다. 사실 바그다드는 처음부터 제국의 수도였으며, 사회에서 두각을 나타내는 사람은 불가피하게 경제나 정치 가운데 한 쪽을 수단으로 삼을 수밖에 없었다. 번역운동은 경제·정치 엘리트의 문화로서 상류사회에 진입하였으며, 또 글을 알지만 그렇게 부유하지는 않았던 계층들로까지 밑으로 스며들었다. 이븐-안-나딤의 『피흐리스트』는 10세기 바그다드에 모든 주제에 관한 책이 널리 퍼져 있었음을 가장 잘 보여준다. 즉 번역된 과학 책을 읽으려면 후나인 같은 번역자에게 큰돈을 줄 필요 없이, 책 몇 권을 복사할 서기에게 줄 돈만 있으면 되었다는 뜻이다. 그러나 번역운동이라는 문화적 산물을 사회적으로 장려하고 소비하는 과정에서 차별을 만들어내는 요인은 운동의 지속 기간 내내 정치적, 그리고 무엇보다도 경제적 지위였던 것으로 보이며, 바그다드의 사회사에 대한 추가 연구는 번역운동이 가난한 계층 사이에 어느 정도나 확산되었는지, 그리고 사회적·문화적인 의미는 무엇인지 파악하는 데 집중해야 할 것이다.

번역가와 번역

비기독교 그리스어 저작을 아라비아어로 번역하는 작업은 그리스어 원본에서 직접 하거나, 시리아어나 페르시아어(팔라비어)에서 중역했다.[45] 팔라비어 자료의 번역자들은 따라서 페르시아인, 아마도 이슬람으로 개종한 페르시아인일 것이다. 이전 사산 왕조 제국의 경계 내에 살던 네스토리우스파 기독교도도 다수가 페르시아어를 썼고 번역운동에도 관여했지만—1차적으로 준디사부르의 의사 가문들—그들이 팔라비어로 번역된 그리스어 저작을 다시 아라비아어로 번역했다는 기록은 없다.

그리스어와 시리아어 텍스트의 번역자들은 더 다양한 그림을 보여준다. 그들 가운데 소수는 시리아어를 하는 이교도, 즉 핫란의 사비아교도 학자들이었으며, 그들도 자신들의 종교 언어로서, 최신의 이교도 영성 언어인 그리스어를 알고 있었다. 그러나 대다수는 아람어(시리아어)를 하는 기독교인(그들 가운데 일부는 후나인처럼 아랍인이었다)으로, 이들은 그리스어를 전례 언어로 알고 있었으며, 이슬람 이전 그리스어-시리아어 과학 번역을 고려할 때, 어떤 경우에는 과학 언어로도 알고 있었을 것이다. 그리스어와 시리아어를 번역하는 이런 사람들 자신도 비옥한 초승달 지대에서 지배적이던 기독교 교회에 소속되어 있었다. 이들은 비트리크 부자와 쿠스타 이븐-루카(그리스어를 모어로 구사했다)처럼 멜키트파나 그리스 정교 소속이었고, 아브드-알-마시흐 이븐-나이마 알-힘시나 야흐야 이븐-아디처럼 야코프파이거나, 후나인 이븐-이샤크의 가문이나 맛타 이븐-유누스처럼 네스토리우스파였다.

사산 왕조의 팔라비어를 매개로 그리스어 저작을 처음 중역한 뒤—팔라비어-아라비아어 번역은 압바스 왕조 이전에 이루어졌기 때문에 그 일을 할 페르시아어를 사용하는 번역가들은 쉽게 구할 수 있었다—후원자들이 그리스어에서 직접 책을 번역하고 싶어했을 때 전문가를 찾는 일은 쉽지 않았다. 즉 8세기 후반 근동의 인구통계학을 기초로 시리아-팔레스타인에 그리스어를 사용하는 사람들은 충분했을 것이라고 가정해야겠지만, 직업적인 그리스어-아라비아어 번역자는 없었다는 것이다. 이것은 우리가 읽어본, 최초의 번역 시도에 관한 보고에서도 분명하게 알 수 있다. 예를 들어 알-마흐디는 아리스토텔레스의 『토피카』를 번역하기 위해 그가 아는 가장 적당한 사람인 네스토리우스파의 총주교 티모테오스 1세에게 부탁해야 했다. 그러나 티모테오스 1세 또한 다른 성직자인 아부-누흐의 도움을 받아야 했던 것을 보면 자신이 그 일을 하기에 적당치 않다고 느낀 것이 틀림없다. 마찬가지로 바르마크 가문의 야흐야 이븐-할리드도 아나톨리오스의 『시나고게』를 그리스어에서 아라비아어로 번역하고 싶어했을 때, 알렉산드리아의 총주교를 비롯한 성직자들의 재능을 활용해야 했다. 이렇게 초기의 그리스어 번역자들은 대부분 성직자였던 것으로 보인다.

물론 압바스 왕조의 번역운동 보호자들이 공식적인 지위에서 그들에게 접근할 수 있었기 때문일 것이다. 그러나 압바스 왕조의 번역운동 보호자들이 교회의 고위 성직자들에게 **직접** 번역을 해달라고 부탁하지는 않았을 것이다. 그냥 그 일이 적당한 사람에게 맡겨질 것이라 여기고 요청을 그들에게 전달하기만 했을 것이다. 따라서 번역자 명단에 이 성직자들의 이름을 넣는 것은 조심해야 한다. 그러나 상황 때문에 불가피하게 그런 식으로 일이 시작되었지만, 과학자와 철학자들의 요구 때문에 그리스어-아라비아어 번역에 대한 수요가 늘어났듯이, 번역자의 능력과 수도 늘어났다.

이 점을 강조하는 것은 중요하다. 흔히 생각하듯이 번역 때문에 과학과 철학이 융성한 것이 아니라, 아랍의 과학적·철학적인 전통의 발달로 인해 그리스어(또 시리아어와 팔라비어) 번역에 대한 대량 수요가 생겨난 것이기 때문이다. 이런 수요자들이 주요하게 여긴 점이 1차적으로 시간과 내용이었다는 것은 최초 번역들의 아라비아어 문체가 형편없다는 사실(내용은 꼭 그렇지 않다 해도)에서도 분명히 드러난다. 앞에서 이야기한 대로, 초기에는 번역운동 보호자 쪽의 번역에 대한 사회적·과학적인 요구가 무척 강했기 때문에, 당대의 문법학자나 문장가들이 올바른 아라비아어라고 찬양하던 것보다 아주 열등한 **아라비아어 문체**도 기꺼이 용인되었던 것이다. 예를 들어 번역자 야흐야 이븐-앗-비트리크는 형편없는 문체로 유명했다. 이븐-알-키프티[Q 379.18-19]는 "그가 믿을 만한 번역자이고 [원문의] 개념을 잘 전달하지만, 엉터리 아라비아어를 사용했다"고 말한다(alkanu; *WKAS* II, ii, 1265.32-35를 보라). 알-쟈히즈가 혹평한 이런 초기 번역들은 따라서 철학자 알-킨디 같

은 정확한 아라비아어의 구사자가 문체를 다시 손보고 정정해야 했다(islāḥ).[46]

이에 따라 문체와 내용 양쪽에서 번역의 질이 발전한다. 처음에 성직자나 다른 임시 번역자들이 다양한 후원자로부터 그리스어 저작을 아라비아어로 번역해달라는 청탁을 받았을 때, 그들은 모범적으로 의지할 만한 초기 이슬람 그리스어-시리아어 번역이나 그 이전 번역이 있었다. 그러나 쓸모는 제한적이었다. 비기독교 텍스트의 그리스어-시리아어 번역은 아라비아어 번역 청탁자들이 원하는 광범한 주제들을 다루지 않았다. 또 아라비아어 번역을 요구하는 환경과는 완전히 다른 환경에서 그 나름의 학문적인 목적에 따라 생겨난 번역이었기 때문에, 날카로운 비판을 받지도 않았고 정확성을 요구받지도 않았다. 이 점은 후나인이 『리살라』에서 이전의 시리아어 번역을 날카롭게 비판한 것—그가 자기 과시를 위해 그런 행동을 하지 않은 것은 분명하다—에서 가장 잘 드러난다. 따라서 그리스 문화가 이슬람의 첫 세기와 그 이전 시기에 수도원과 기독교 중심에서 "번창했다"고 말하거나 추론하는 것, 또 그리스어-아라비아어 번역운동이 단순하게 그전에 존재하던 기독교도의 그리스어 지식에 의존했다고 말하거나 추론하는 것은 부정확하다.

번역자들은 그리스어에 대한 지식을 이전의 시리아어 수준 이상으로 높여야 했다. 후나인이 유한나 이븐-마사와이히에게 퇴짜를 맞고 나서 3년 동안 사라졌다가 호메로스를 암송할 만큼 그리스어 실력을 쌓고 돌아왔다는 낭만적인 이야기도 그렇게 해석해야 할 것이다.[47] 시리아어 학교들의 그리스어는 번역의 부유한 후원자들이 요구하는 새로운 기준에는 미달했으며, 이에 따라 번역자들은 높은 수준의 그리스어를 배우는 데 시간과 노력을 투자했다. 이 무렵에는 그것이 돈이 벌리는 직업이 되었기 때문이다. 앞에서 언급했듯이, 바누-무사는 "상근 번역"에 매달 500디나르를 지불했다. 당시 1디나르는 거의 순금의 4.25그램이었다. 말을 바꾸면 한 달 보수가 금 2125그램, 즉 거의 75온스이며, 오늘날의 가격(온스당 약 320달러)으로 따지면 2만4000달러가 되는 셈이다. 보수가 이렇게 높았기 때문에 자연히 당대 최고의 재능 보유자들을 끌어들일 수 있었다. 시리아-팔레스타인계 그리스인인 쿠스타 이븐-루카, 즉 루카스의 아들 콘스탄티노스가 아주 좋은 예다. 그에 관한 전기적 보고들을 보면 그는 번역자로서 돈을 벌고 명성을 얻기 위해 고향 발라박크(현대의 레바논)를 떠나 바그다드로 갔다. 그는 심지어 책까지 들고 갔다. 바그다드의 부유한 보호자들이 번역을 원할 것 같은 그리스어 필사본들을 들고 간 것이다[*F* 243.18]. 결국 쿠스타는 아르메니아로 가서 계속 바쁘게 활동했다.

번역에 돈이 많이 든다는 점은 후나인이 『리살라』에서 말하는 다음과 같은 사건으로도 알 수 있다. 아흐마드 이븐-무함마드 이븐-알-문답비르는 후나인에게 히포크라테스의 『잠언집Aphorisms』에 대한 갈레노스의 주석을 번역해달라고 요청했다. 그러나 후나인이 첫 권을 번역하고 나자, 아흐마드는 자기가 첫 권을 다 읽기 전에는 더 번역하지 말아달라고 했다. 아흐마드는 돈을 더 쓰기 전에 번역의 질을 살피고, 자신이 구매하는 물건의 유용성을 따져보려 했던 것이 분명하다. 말을 바꾸면 들어가는 돈이 상당했기 때문에 아흐마드로서는 이런 식으로 조심할 수밖에 없었던 것이다.[48] 물론 모든 번역이 직접적인 경제적 이

익 때문에 이루어진 것은 아니다. 후나인은 『리살라』에서 아들 이스하크를 위해 번역을 준비한다는 말을 여러 번 한다.[49] 아마도 아들에게서 돈을 받지는 않았을 것이다. 우리가 아는 한 이 번역은 모두 시리아어로 이루어졌으며, 따라서 어떤 교육을 위해 한 것이거나, 아니면—이쪽이 더 가능성이 높지만—어떤 다른 보호자를 위해 다시 아라비아어로 번역하려는 의도였을 것이다. 따라서 궁극적인 목적은 역시 경제적인 것이 된다. 번역자들은 전문 직업인이었으며, 어떤 기관과도 제휴하지 않고 혼자서 일했다.

따라서 번역은 시간이 갈수록 질이 나아졌다. 단지 번역자들의 경험이 쌓였기 때문만이 아니라, 무엇보다도 그들의 그리스어 지식이 향상되었기 때문이다. 또 그리스어 지식이 향상된 것은 수요 증가로 인해 그들이 전문 번역자가 되었기 때문이다. 압바스 왕조 첫 100년 동안 번역 문화를 육성하자 그리스어 지식 수준을 높이자는 요구가 생겨났으며, 두 번째 100년 동안에는 전문 번역자 집단이 형성되었다. 이들의 그리스어 실력은 총주교 티모테오스 1세 같은 이전 세대의 교육받은 성직자들의 실력을 훌쩍 뛰어넘었다. 과학자이자 번역가였던 압바스 이븐-사이드 알-자우하리(843년 이후 사망) 같은 사람은 그리스어를 아주 잘 알아 논리에 관한 책들을 그리스어로 외워서 이야기할 수 있었다.[50] 후나인은 자신이 번역하는 내용의 맥락을 더 잘 이해하기 위해 그리스어라는 언어를 배우는 데 그치지 않고, 그리스 문화 전체를 배웠다. 다음 세대 번역자들에 관해서도 같은 말을 할 수 있다. 조금 전에 거론했던 쿠스타 이븐-루카는 애초에 그리스인이었으며, 타비트 이븐-쿳라는 어느 기준으로 보아도 번역의 걸작인 니코마코스의 『수론』 번역서를 남겼으며, 이스하크 이븐-후나인은 아마 아버지에게 가르침을 받았을 것이다. 후나인은 일부 저자들, 특히 호메로스의 문체와 사상에는 자신이 전문가이지만, 다른 사람들의 경우는 그렇지 못하다고 이야기한다. 갈레노스의 『의학적 명칭에 관하여De nominibus medicinalibus』에서는 다음과 같이 말한다.

> 다음 구절에서 갈레노스는 아리스토파네스를 인용하고 있다. 그러나 내가 이 저작을 시리아어로 번역할 때 원본으로 삼은 그리스어 필사본에는 수많은 실수와 오류가 있어, 만일 내가 갈레노스의 그리스어에 익숙하지 않았다면, 또 그의 다른 저작을 통해 그의 생각 전반을 잘 알지 못했다면, 텍스트의 의미를 이해할 수 없었을 것이다. 하지만 나는 아리스토파네스의 언어에는 익숙하지도 못하고, 잘 알지도 못한다. 따라서 그 인용문을 이해하는 것은 내게 쉬운 일이 아니었으며, 따라서 생략했다.
> 그것을 생략한 데에는 또 다른 이유가 있다. 그 대목을 읽어보니 갈레노스가 다른 데서 이미 말한 것 이상은 찾아볼 수 없었다. 따라서 거기에 더 시간을 빼앗기지 말고, 더 유용한 문제로 나아가는 것이 좋겠다고 판단했다.[51]

후나인이 이 인용문에서 제시하는 두 번째 이유 또한 번역 작품 밑에 깔려 있는 이론적 가정들, 그리고 이런 맥락에서 "원 텍스트"와 "번역 텍스트"에 대한 지배적인 개념들에 관하여 많은 것을 알려준다. 후나인의 이해에 따르면, "(원) 텍스트"가 무엇인가를 규정하는 1차적 특질은 저자가 그 텍스트에 부여한 물리적 형태(즉 정확하고 독특한 단어 사슬)라기보다는 내용과 그것을 참조하는 용도였다. 이러한 점은 후나인이 『리살라』의 맨 앞에서 번역의 질을 평가하려면 그것이 누구를 위해 번역된 것인지 아는 것이 중요하다고 강조한 대목에서도 드러나는 듯하다.[52] 따라서 "번역 텍스트"의 의무는 우리가 오늘날 가정하는 것과는 달리, 원 텍스트의 "완결성"으로 추정되는 것을 재생산하는 것이 아니라, 그러한 특징들을 재생산하는 것이 된다. 후나인이 획득한 그리스어에 대한 전문 지식과 번역 능력은 기독교 수도원—아마 이곳에서 이런 번역자들 대부분이 교육받았을 것이다—에서 일반적으로 통용되던 것이 아니라, **번역운동 자체에서 생겨난 것**이었다.

후나인과 그의 동료, 또 4/10세기 초 여러 번역자가 성취한 높은 수준의 번역 기술과 언어학적 정확성은 그들의 여러 후원자들의 너그러움 때문이었으며, 이런 너그러움은 또한 바그다드 사회가 번역작품과 그 내용에 대한 지식에 부여하는 중요성 때문이었다. 그 결과가 아라비아어와 아라비아어 학문에 미친 엄청난 영향을 생각할 때 이보다 나은 장기 투자는 이루어진 적이 없을 것이다. 번역자들은 과학 담론을 위한 아라비아어 어휘와 문체를 계발했으며, 이것은 금세기까지도 표준으로 남아 있다.[53]

번역 복합체와 그 연구

알-만수르의 치세 동안 첫걸음을 내디딘 번역운동은 200여 년 동안 빠르게 전진하며, 한편으로는 이 운동이 내부에서 만들어낸 연구 욕구와 학문 능력에 의해서, 다른 한편으로는 밖에서 이 운동을 지원하는 지배 이데올로기의 경향과 정책이 규정하는 길을 따르고 단계들을 거쳤다. 따라서 번역운동 단계라는 주제는 두 가지 주요한 측면, 즉 기술적 측면과 사회사적 측면에서 연구될 수 있다. 첫 번째 측면은 번역의 언어학적 성격과 그것이 드러내는 번역 기술과 관련되어 있다. 두 번째 측면은 번역을 위해 선정된 저작이 어떤 것인지, 그것이 어떤 사회적 요구와 연구의 요구를 충족하는지, 이것이 사회사에는 어떤 의미를 가지는지 연구한다. 이 둘은 여러 방식으로 자연스럽게 상호 관련을 맺는다.

그리스어-아라비아어 번역의 기술적 측면에 관한 논의는 처음부터 배타적일 정도로 학문적 관심을 지배해온 것으로 보인다. 다름 아닌 후나인과 같은 시대 인물인 위대한 아랍 문인 알-자히즈는 번역 기획과 과정에 관하여 많은 이야기를 하고 있다.[54] 그러나 이 주제에 관한 아랍 학자의 말 가운데 가장 자주 인용되는 것은 14세기의 박식한 인물 할릴 이븐-아이바크 앗-사파디(764/1363년 사망)의 말이다. 그는 번역에는 직역(ad verbum)과 의역(ad sensum) 두 방법이 있다고 주장하면서, 이븐-알-비트리크와 이븐-앗-나이마를 전자의 대표자, 후나인 이븐-이샤크와 알-자우하리를 후자의 대표자로 들고, 의역이 더 낫다고 덧붙였다.[55] 단순화된 정식화의 매력과 후나인의 큰 명성 때문에 이 말은 과분한 주목을 받았지만, 지금은 전혀 근거가 없는 것으로 드러났다. 만일 그리스어-아라비아어 번역의 기술적 측면을 묘사하는 일반화가 가능하다고 한다면, 오히려 후나인 이후로 직역으로 움직이는 경향이 더 강해졌다는 것이 사실에 가까울 것이다.[56] 그의 말은 오해를 일으키기도 쉽다. 앗-사파디는 이븐-알-비트리크와 이븐-나이마가 후나인과 알-자우하리보다 앞선 인물들이라는 사실을 이용해 번역 방법의 발달에서 처음에 서툰 직역이 나타나고, 그다음에 세련된 의역이 나타났다는 식으로 **시간에 따른** 진전이 이루어졌다는 인상을 만들어내고 있기 때문이다. 이것은 또한 번역운동이 번역 기술이라는 면에서 점차 다듬어지고 세련되어지는 단계들을 **연속적으로** 거치며 발전했다는 통념을 널리 퍼뜨리는 데 일조했다. 이 단계는 대체로 세 가지로 이야기되었다. 첫째는 "낡은" 직역veteres, 그다음은 후나인과 주변 인물들의 세련된 중간 단계, 그리고 바그다드 철학파의 후기 단계recetiores다. 마지막 단계에서는 주로 이전 번역들의 수정이 이루어지며, 문헌학적이고 학문적인 면에서 세밀한 부분에 이르기까지 정통한 면모를 보여준다는 것이다.[57]

그러나 현실은 훨씬 복잡하며, 연속적인 단계라는 연대기적 패러다임, 즉 각 단계가 구체적 특징, 즉 직역, 의역, 수정이라는 번역 스타일로 다른 단계와 확연하게 구분된다는 패러다임은 분석에 도움이 되지 않는다. 연대기적 패러다임은 공시적으로나 통시적으로나 번역 방식과 관련하여 경직되어 있기 때문이다. 공시적으로는 같은 단계에 속한 번역에도 다양한 방식의 번역이 목격된다. 예를 들어 우스타스의 『형이상학』 번역은 『엔네아데스』, 즉 『아리스토텔레스의 신학』 번역과는 반대로 원문을 맹종하는 직역이다. 그러나 이 두 번역은 같은 시대에 나온 것일 뿐 아니라, 똑같은 목적으로 똑같은 집단(알-킨디의 집단은 앞으로 더 논의될 것이다) 안에서 이루어졌다. 따라서 초기의 번역 방식을 직역이라고 가정하든 의역이라고 가정하든, 방금 든 두 사례 가운데 어느 한쪽은 설명을 할 수가 없다. 만일 둘 다라고 가정하면, 번역 방식을 기준으로 삼는 패러다임은 분류 기준으로서의 가치를 잃는다. 통시적으로 보아도, 똑같은 방식의 번역이 여러 단계에서 목격된다. 따라서 앞서 말한 것과 똑같은 논거로 이런 분류는 의미를 잃게 될 것이다.

번역 방식의 차이에 기초한 연대기적 패러다임은 번역이 번역으로서 가지는 성격을 중심에 두고 번역운동의 실제 진행 과정이라는 현실을 표현하는 데 전혀 적합하지 않다. 이런 단계보다는 번역 **복합체**와 관련하여 이 문제를 논의하는 것이 훨씬 보람 있을 것이다. 이 도식은 이론적인 전제 없이 번역을 구체적 표현 속에서 검토하게 해주고, 다른 복합체와 공유되지 않을수도 있다는, 각 복합체에 관한 모든 구체적 사실을 받아들이게 해주기 때문이다. 번역의 구체적 특징들은 많고, 이런 특징들은 다양한 조합을 이루어 번역 복합체 안에 존재한다. 다양한 조합으로 존재할 수 있는 가변적인 특징들 가운데는 다음과 같은 것들이 가장 뚜렷하다. (a) 아라비아어로 번역된 언어는 다양했다. 최초의 그리스어 저작 번역 몇 가지의 원어는 페르시아어였다(중역). 시리아어는 번역운동기 마지막까지 중간 단계 역할을 하여, 계속 사용되었다. 또 다른 많은 번역은 그리스어에서 직접 이루어지기도 했다. (b) 반복되는 번역은 종종 "새" 번역이 아니라 기존 번역의 수정이었다. 그런 수정은 당연히 번역 방식과 용어의 혼합을 보여준다. 수정된 번역에 이따금씩 나타나는 혼합은 (c) 주석 전통에서 오는 이론적인 것이기도 하고, (d) 학자 후원자들의 실제 연구에 기초한 용어와 용법에서 오는 응용적인 것이기도 하다. (e) 번역자들의 능력은 전체적인 면에서나 특정 주제와 관련해서나 다양했다. 『피흐리스트』는 번역자들에 대한 평가로 가득하며, 후나인조차도 아리스토파네스의 저작은 번역할 수 없다고 말한다. (f) 마지막으로 번역자의 접근 방법과 목적 또한 다양했다. 풀어쓴 번역은 무능의 소산이 아니라 종종 목표이기도 했다.[58]

번역 복합체에 기초하여 분석하게 되면 위의 모든 것을 고려하고, 그런 고려 사항과 연구중인 복합체의 관련을 판단하고, 복합체를 묘사할 수 있으며, 이것은 또 이 복합체가 어떤 특정한 면을 띠게 된 이유를 **역사적으로** 설명해준다. 분명히 요구되는 것은 번역자와 과학자들의 모임, 주제, 지향을 밝히고, 그렇게 밝혀진 각 단위의 구체적인 면을 연구하는 것이다. 이런 방향을 따라 연구가 어느 정도 진행되었기 때문에, 번역 복합체들이 실제로 어떻게 움직였는지 어느 정도 알 수 있다.

우선 후나인과 그의 동료들이 번역하는 갈레노스와 히포크라테스의 저작들로 하나의 분명한 번역 복합체가 이루어져 있다. 이 작품들을 확인하는 과정에서 우리는 운좋게도 후나인 자신의 이야기를 지금까지 자주 인용했던 그의 저작 『리살라』에서 발견할 수 있다. 그러나 후나인의 아라비아어 판본들은 후바이슈나 이사 이븐-야흐야의 판본과 달랐으며, 그들 번역에 대한 고텔프 베르그슈트라서*의 선구적인 언어학적 분석은 그들을 구분하는 길을 닦아놓았다.[59] 같은 방향에서 좀 더 최근에 이루어진 H.H. 비슈터펠트의 작업은 후바이슈의 번역의 특징을 훨씬 상세하게 규정했다.[60] 이 작업에 기초하여 『리살라』에서 다루어지지 않은 후나인과 그의 동료들의 번역까지 연구를 확대하는 것이 가능해졌다. H.-J. 룰란드는 아프로디시아스의 알렉산드로스의 에세이 몇 편의 아라비아어 판본에 기초하여 그리스어-아라비아어 "번역 문법Übersetzungs-grammatik"의 형태로 내가 조금 전에 언급했던 점들 가운데 몇 가지와 관련하여 번역물의 여러 층을 분별할 수 있는 유용한 기준을 제공했다.[61] 후나인은 가장 유명한 번역자였기 때문에 아라비아어 서지 문헌이나 필사본에서 그의 번역으로 잘못 기록된 것이 많다. 아르테미도로스의 유명한 꿈에 관한 책의 경우 이번에는 후나인의 어휘 분석에 기초하여 그의 번역이 아님을 증명하는 것이 가능했다.[62]

아랍 철학의 기원에서 가장 중요한 요소 가운데 하나로 꼽히는 두 번째 번역 복합체는 알-킨디와 그의 주변 인물들의 복합체로, 이것은 엔드레스의 일련의 출간물이 밝혀내고 묘사했다. 엔드레스는 언어학적 유사성에 기초하여 다음 저작들이 이 복합체에 속한다는 것을 밝혀냈다. 에우스타티우스(우스타스)의 번역인 아리스토텔레스의 『형이상학』—이 번역물의 다른 사항은 알 수 없다. 플로티누스의 『엔네아데스』(IV-VI권)를 풀어 번역한 선집—이것은 『아리스토텔레스의 신학』이라고도 알려져 있으며, 아브드-알-마시흐 이븐-나이마가 번역하고 알-킨디 자신이 정정한 것이다. 프로클로스의 『신학 요강Elements of Theology』의 명제들을 뽑아 번역한 것—이 가운데 일부는 나중에 『순수한 선The Pure Good』(『원인의 서Liber de causis』라는 제목으로 중세 라틴어로 번역되었다)으로 다시 나왔는데, 이 작업을 한 사람은 알-킨디 자신일 가능성이 있다. 신피타고라스학파의 니코마코스가 쓴 『산술 입문

Introduction to Arithmetic』—하비브 이븐-비흐리츠가 번역하고 알-킨디가 교정했다. 플라톤의 대화의 일부를 풀어 번역한 것—예를 들어 『티마이오스』는 비잔틴의 귀족patrikos인 야흐야 이븐-알-비트리크가 번역했고, 『심포지움Symposium』은 사비아교도 학자가 번역한 것으로 보인다. 아리스토텔레스의 『천체론De caelo』 『기상론』, 동물학 저작들—역시 야흐야가 번역했다. 아리스토텔레스의 『영혼론De anima』—요안네스 필로포누스의 해석의 영향을 받았다.[63] 이 모든 텍스트는 이 복합체를 규정하는 번역의 특징들을 보여준다. 엔드레스는 이것을 "표준 화석"이라고 부르면서 다음과 같이 나열하고 있다[p. 59].

· 차용어와 그리스어(또 아람어와 페르시아어도 약간) 음역 용어 사용.
· 차용번역어calque 사용.
· 아라비아어 등가어(가끔 시리아어 번역차용어를 기초로 만들어내기도 했다)의 전前 과학적 사용으로부터 체계적이고 일관된 용어 사용으로 이동.
· 추상명사와 다른 신조어의 형성.
· 동시대 번역자들이나 번역자 집단의 몇 가지 용어나 용어군의 동시 사용.
· 번역자의 어법에서 알렉산드리아학파 강의 과정의 문체적 영향. 도입, 요약, 전환, 접속을 위한 일정한 표현들은 이 텍스트 가운데 일부의 가장 두드러지는 특징으로 꼽힌다.[64]
· 뚜렷하게 신플라톤주의적인 방향을 가진 해석으로 기우는 경향. 그러나 신플라톤주의적인 텍스트 자체에서는 신이 여러 실체로

이루어져 있다는 주장을 제거했다.

여기에서 엔드레스가 지적한 마지막 사항은 번역활동을 창조적 과정으로 이해—이 점은 이제야 비로소 제대로 평가되기 시작했다—하는 방향을 가리키고 있기 때문에 의미심장하다. 우리가 번역된 텍스트를 그리스어 원본과 비교해볼 때 자주 눈에 띄는 변경이나 첨가는 부연 설명하는 것이거나 아니면 체계적이고 편향적인 것이었다.[65] 이것은 번역의 일부가 특정한 목적을 위해 이루어지거나 이미 갖고 있던 어떤 이론적 입장에 봉사하기 위해 이루어졌기 때문에 의도적으로 직역에서 벗어났다는 뜻이다. 압바스 왕조 사회에서 진행중인 논의에 정보와 논거를 제공할 것이라는 기대 때문에 특정 그리스어 텍스트들이 선정되었듯이, 이런 논의의 이데올로기적 또는 과학적 지향이 그 텍스트가 번역되는 방식에 영향을 주기도 했던 것이다. 이런 순환성은 압바스 왕조 초기 지적인 생활에서 번역운동의 유기적 성격과 관련하여 우리가 갖고 있는 가장 좋은 증거다. 수학에서 이런 예는 디오판토스의 번역에서 찾아볼 수 있지만, 철학 쪽의 예는 알-킨디파에서 번역한 아프로디시아스의 알렉산드로스의 작품들을 분석하는 과정에서 나왔다.[66]

아리스토텔레스의 『오르가논』 번역 복합체는 그 영향으로 보나 철학적 내용으로 보나 번역운동의 위대한 성취로 꼽을 만하다. 상세한 연구는 그 자체로 한 권의 책이 될 것이며, 최초의 시리아어 번역으로부터 바그다드 아리스토텔레스주의자들의 학문으로 표현—텍스트의 파리 필사본(Bibliothèque Nationale, ar. 2346)에 기록되어 있다—되는 마지막 단계까지 진화의 여러 단계에 따라 나누어 살펴보아야 할 것이다. 파리 필사본에는 포르피리오스의 『에이사고게』에서 시작하여 『수사학』과 『시학』에 이르기까지 알렉산드리아학파의 논문 아홉 편이 모두 담겨 있다. 이것은 모두 하산 이븐-수와르(421/1030년경 사망)의 자필 문서에서 복사한 것인데, 그는 또 그의 스승 야흐야 이븐-아디(363/974년 사망)의 자필 문서 가운데 일부를 복사한 것이며, 그는 또 번역자 이스하크 이븐-후나인(298/910년 사망)의 자필 문서와 『범주론 Categories』 『명제론De interpretatione』의 자신의 복사본을 대조해보았다. 더욱이 모든 논문은 야흐야 이븐-아디의 다른 제자인 이븐-주라(398/1008년 사망)의 복사본으로부터 아부-우트만 아드-디마슈키(302/914년 이후에 사망)의 자필 문서에 이르기까지 수많은 다른 판본과 다시 대조한 것이었다. 나아가 이 필사본에는 여백과 행간에 철학적인 성격의 주석이 아주 많이 담겨 있다. 이것은 이전의 시리아어 번역을 자주 참고하고, 그들 모두가 속해 있던 알-파라비 학파에서의 철학적 논의에 기초를 두고 분석한 결과였다.[67] 이 필사본은 100년에 걸친 바그다드의 아랍 논리학의 역사를 한 권으로 묶은 백과사전인 셈인데, 아직 그 역사는 다 쓰지 못했다고 말할 수 있다.[68]

네 번째이기는 하지만 똑같이 의미 있는 번역 복합체는 유클리드의 작업, 특히 그의 『원론』의 번역이다. 상황은 극히 복잡하여, 시간이 갈수록 번역이 점점 충실해진다는 선형적 발전 이론은 상황을 정리하는 데 아무런 도움을 주지 않는다. 『피흐리스트』는 알-핫자쥬 이븐-유수프 이븐-마타르가 번역을 두 편 했는데, 하나는 하룬의 치세에(또는 그의 위임으로), 또 하나는 알-마문의 치세에 했으며, 그 뒤 이스하크 이븐-후나인이 다시 번역하고 타비트 이븐-쿠라가 교정했다고 알려준다[*F* 265]. 또 아라비아어 주석서들이 많이 있었다. 그러나 이런 정보는 당혹스러울 정도로 다양한 모습을 보여주는 기존 텍스트들만 보아서는 입증하기 어렵다.[69] 더욱이 서지학자들은 알-만수르 치세에 이루어진 이전의 번역을 전혀 언급하지 않으며, 역사가들만 그 이야기를 할 뿐이다. 상황의 복잡성은 번역을 책꽂이에 꽂아두고 잊어버리려고 한 것이 아니라—그런 경우라면 그 계보를 추적하는 것은 간단한 일이었을 것이다—학자들이 연구에 사용하려고 한 것이라, 연구 과정에서 계속 다듬어지고 수정되었다는 점에 기인한다. 결국 『원론』의 아라비아어 번역 연구는 번역 시기 동안 이루어진 수학 발달을 동시에 연구하지 않으면 이루어질 수 없다. 유클리드의 『광학Optics』도 비슷하면서 약간 다른 복잡한 면을 보여준다. 중세의 서지학적 정보에 따르면 그 번역과 전달은 단순했던 것 같다. 그러나 R. 라셰드가 이 주제에 관한 현존하는 초기의 모든 논문을 꼼꼼하게 조사한 결과, 지금 남아 있는 『광학』의 아라비아어 번역은 알-킨디가 사용한 번역이 아니라는 사실이 드러났다. 알-킨디는 그 이전의 번역을 사용했던 것으로 보인다. 더욱이 이 두 번역은 그리스어 텍스트의 개정판을 반영하고 있는데, 이 개정판은 또 현존하는 그리스어 개정판—하이베르크가 "원판"과 "테온판"이라고 부르는 것—과도 다르다.[70] 더 분명한 그림이 떠오르려면 이 수학 텍스트들에 대한 문헌학적·과학적인 연구가 계속되어야 할 것이며, 어쩌면 프톨레마이오스의 『알마게스트』[71] 번역과 연결하여 연구가 이루어져야 할지도 모른다.

방금 든 각각의 네 가지 예에서 번역 기술과 진전은 각 복합체에 고유한 것이며, 모든 복합체에 일반화할 수 없다. 물론 복합체마다 초기, 중기, 후기 번역이 있었지만, 이런 용어는 각각의 복합체마다 서로 다른 의미를 가질 것이다. 무엇보다도 연대기적으로 보았을 때 의미심장한 불균형이 너무 자주 생긴다. 예를 들어 알-킨디파의 번역 복합체는 바그다드의 『오르가논』 복합체가 시작되기도 전에 끝났다. 발생적으로 알-킨디파의 번역은 그리스어로부터 직접 이루어진 것으로 보인다. 반면 바그다드의 『오르가논』은 파리 필사본에 있는 판본으로 보건대 시리아어 중역에 거의 전적으로 의존하고 있다. 사실 이 번역은 연대기적으로 7세기까지 거슬러올라가는 시리아어 논리학 저작들이라는 아주 풍부하고 오랜 전통에 의지하고 있다. 내용으로 볼 때, 알-킨디파 복합체에서는 이데올로기적인 이유로 원본에 대한 충실성이라는 의미에서의 문헌학적 정확성에는 거의 관심이 없었던 것으로 보인다. 우리가 보았듯이 "해석적" 번역이 이 복합체의 특징이었기 때문이다. 이와는 대조적으로 바그다드의 『오르가논』은 (또한 논리학이라는 주제의 성격 때문에도) 발처가 보여주었듯이 문헌학적 세목에 큰 관심을 기울였다. 위고나르 로슈가 정확하게 덧붙였듯이 더 나은 철학적 이해에 이르기 위해서라도 그것은 불가피했다.

이 예들만으로도 번역물 자체가 무한히 복잡하고 풍요롭다는 점, 그것들을 기계적으로 "직역" 단계에서 "세련된" 단계로 진보했다고 보려는 것이 쓸모없다는 점, 제대로 연구하면 번역운동 기간 바그다드의 지적 발전을 더 깊이 아는 데 큰 도움이 된다는 점을 이해할 수 있을 것이다. 각각의 복합체가 고유한 일군의 문제에 따라 그 나름의 발달사를 갖고 있다는 관점에서 본다면 번역운동 자체만이 아니라, 아랍 과학과 철학 발달에 관한 많은 잘못된 개념이 저절로 사라질 것이다. 그런 널리 퍼진 잘못된 개념 가운데 한 가지는 번역운동이 "수용" 단계에서 대체로 알-마문 시대를 거치며 "창조" 단계로 가며 주요한 두 단계를 거쳤다는 것이다.[72] 알-킨디파 번역 복합체의 예가 보여주듯이 번역 복합체 연구를 해보면 그런 식으로 문제를 설정하는 것 자체가 저절로 타당성을 잃는다. 번역은 처음부터 바그다드의 지적인 흐름으로부터 갈라져나온 연구 과정의 일부였던 것으로 보이며, 그러한 것으로서 급속하게 발달하는 아랍의 과학적·철학적인 전통에 대한 창조적 대응이 있었다. 복합체의 연구는 아랍 과학과 철학이 어느 정도나 "독창적"이었느냐, 또는 아랍인과 셈족에게 "창조성"이 있었느냐 없었느냐와 같은 문제, 즉 본질주의적 개념화와 설명이라는, 계속 등장하기는 하지만 결론은 나지 않는 문제에서 벗어나게 해준다.

번역과 역사 : 번역운동의 결과

번역운동의 끝

우리가 가진 모든 정보는 바그다드의 번역운동이 200년에 걸쳐 줄기차게 흐름을 유지하다가 속도가 느려지면서 마침내 1000년 전후에 끝났음을 보여준다. 그러나 제대로 이해하기 위해서는 이 말에 여러 단서를 달 필요가 있다. 우선 이 말에서 번역된 학문들에 대한 관심이 약화되었다고, 또는 그 당연한 결과로 그리스어에서부터 번역할 수 있는 학자의 수가 줄었다고 추론해서는 안 된다는 것이다. 정반대로 바그다드에 아두디 병원이 건립되고(372/982), 학자들이 이 병원과 관계를 맺으면서 학문활동의 전성기가 찾아왔다는 증거가 있다. 이런 학자들 가운데 한 사람인 멜키트파 나지프 이븐-유믄 (또는 아이만?) 앗-루미는 의학서적과 더불어 아리스토텔레스의 『형이상학』 가운데

A권(또 어쩌면 M권도)을 번역한 것으로 보이며,[1] 『피흐리스트』의 저자 이븐-안-나딤에게 그림 40점이 더 포함된 유클리드의 『원론』 제10권의 그리스어판을 보았는데, 그것을 번역할 계획이라는 말도 했다[*F* 266.2-4]. 그의 동료인 유명한 의사 이브라힘 이븐-박쿠슈 알-앗샤리는 테오파라스토스의 『식물원인론The Causes of Plants』과 『지각론On Sense Perception』을 그리스어로부터 번역했고, 이븐-나이마가 아리스토텔레스의 『궤변논박론Sophistici elenchi』을 시리아어로 번역한 것을 다시 아라비아어로 번역했다.[2] 이븐-아비-우사비아는 이브라힘의 아들 알리 또한 의사이자 번역자였다고 말하면서, 그의 번역이 호평을 받았다고 구체적으로 이야기한다[IAU I, 244.13]. 이런 활동과 관계는 없지만, 타비트 이븐-이브라힘 앗-사비(369/980년 사망) 같은 사비아교도 학자들도 계속 그리스어 의학서적을 번역했다[*GAS* III, 154-156; *EI* VIII, 673-674].

이런 예들을 포함한 다른 많은 예는 압바스 왕조의 첫 200년 이후 부와이 왕조 시기 바그다드에서 번역과 번역된 학문에 대한 관심이 줄지 않았을 뿐 아니라 오히려 늘었을 가능성이 높다는 것을 풍부하게 보여준다. 부와이 왕조 시대 문화의 개화는 최근 연구, 특히 크레이머의 『이슬람 르네상스의 휴머니즘Humanism in the Renaissance of Islam』에서 풍부하게 묘사되기 때문에, 여기에서 더 설명할 필요는 없다. 관심과 후원자들의 경제 지원만 있다면, 그리고 그런 것들이 그리스어 저작을 향하고 있다면, 그것을 번역할 수 있는 번역자들—나지프나 이브라힘 이븐-박쿠슈 같은 사람들의 이론을 중시하는 제자들—은 얼마든지 찾을 수 있었다. 이런 맥락에서 보자면 그리스어-아라비아어 번역운동의 쇠퇴는 이 운동이 더 제공할 것이 없다는 사실 때문이라고 볼 수밖에 없다. 말을 바꾸면 사회적·학문적인 유효성을 잃어버린 것이다. 번역할 세속 그리스어 서적이 더 없다는 의미가 아니라, 후원자나 학자나 과학자들의 관심을 갖고 번역을 요구하는 그리스어 서적이 이제는 없다는 의미에서 제공할 것이 없다는 뜻이다. 대부분의 분야에서 핵심적인 텍스트들은 오래전에 번역되고, 연구되고, 주석이 달려 있었다. 그 결과 각 분야의 발전을 추동한 번역된 저작으로 대표되던 시대는 지나갔다. 따라서 그리스어 저작들은 학문적 현재성을 잃었으며, 이제 최신 연구에 대한 요구가 생겨났다. 보호자들은 점차 그리스어 저작의 번역이 아니라, 독창적인 아라비아어 저작을 의뢰했다. 이런 과정은 오래전부터 시작되어, 이미 압바스 왕조 2세기에도 눈에 띄었다. 부와이 왕조 시대에는 이런 경향이 널리 퍼져, 이제 번역을 맡기지 않는 상황에 이르렀다. 이런 관점에서 보자면 번역운동은 애초에 그런 운동에 대한 요구를 만들었던 아라비아어를 이용한 철학적·과학적 기획이 자율성을 얻으면서 중단되거나 끝나게 된 셈이다.

한번 생각해보자. 부와이 왕조 시기가 끝나기(1055) 오래전, 따라서 번역운동이 최종적으로 시들기 전에 여러 학자가 이미 학문에 혁명을 가져온 주요 저작들을 써냈다. 이런 학자들로는 의학에서는 알리 이븐-압바스 알-마쥬시(Haly Abbas, 4/10세기 말경 사망)와 아비센나(428/1037년 사망), 천문학에서는 알-밧타니(317/929년 사망)와 알-비루니(440/1048년 사망), 수학에서는 알-흐와리즈미(3/9세기 전반), 물리학에서는 이븐 알-하이탐(432/1041년 이후 사망), 철학에서는 알-파라비(339/950년 사망)와 다시 아비센나 등을 꼽을 수 있다. 이런 학자들의 저작은 학문적 관점에서 번역된 문헌을 이용하고 결국 대신했을 뿐 아니라, 당대 이슬람 세계의 태도에 부응하는 문체, 형식, 태도로 기록되었다. 대표적인 예는 라제스의 『갈레노스에 대한 의심aš-Šukū 'alā Ǧālīnūs』과 이븐-알-하이탐의 『프톨레아미오스에 대한 의심aš-Šukūk 'alā Baṭlamyūs』 같은 노골적으로 비판적인 책들이다. 여기에 아비센나의 『동방의 철학al-Ḥikma al-mašriqiyya』을 보탤 수도 있을 텐데, 아리스토텔레스와 의견이 다른 주요 영역들을 핵심만 뽑아 설명한 이 책은 어느 모로 보나 "아리스토텔레스에 대한 의심"이라고 부를 만하다.[3] 결국 중요한 것은 그리스 학문의 세 기둥—갈레노스, 프톨레마이오스, 아리스토텔레스—의 불완전함을 드러내는 이 특정한 책들의 영향이라기보다는, 각 분야의 발전에 대한 적극적인 관심을 통하여 그런 책들을 쓰고 높이 평가하는 지적 분위기를 조성한 학자들과 과학자들의 태도였다. 이런 맥락에서 번역된 저작들은 유효성을 잃고 학문 역사의 일부가 되었다.

사실 10세기와 11세기에 아라비아어로 번역된 그리스어 저작의 수준을 넘어서는 독창적인 과학, 철학 논문을 쓰는 것은 널리 퍼진 지배적인 현상이 되었기 때문에, 이것은 그 나름의 "순수주의적" 반발을 불러왔다. 현학적인 경향의 학자들, 즉 과학과 철학에 대한 접근 방법이 실험적이고 창조적이라기보다는 형식적이고 규범을 따지는 학자들은 이런 상황이 "절대 오류가 없는" 그리스 과학자들의 가르침을 희석시킨다고 간주하여 반발하면서, 말과 행동으로 그리스어 저작 원본(물론 아라비아어 번역으로)으로 돌아갈 것을 주장했다. 이런 운동은 안달루스에 가장 널리 퍼져 있었다. 이곳에서 아베로에스*는 아비센나가 주도한 철학의 발전에 반대하며, "원래의" 아리스토텔레스에 대한 이해로 돌아가고자 했다. 또 이곳에서 천문학자 알-비트루지는 아랍 천문학자들만이 아니라 아리스토텔레스의 원리를 지키지 않았던 프톨레마이오스도 발견했으며, 천체의 균일한 원형운동이라는 아리스토텔레스의 이론에 꿰어맞추기 위한 괴상한 천문학 이론들을 만들어냈다.[4] 동방의 아브드-앗-라티프 알-바그다디(629/1231년 사망)의 글에서 그런 반발을 찾아볼 수 있다. 그는 『두 가지 조언Kitāb an-Naṣīḥatayn』, 즉 철학과 의학에 대한 두 가지 조언이라는 의미심장한 제목이 붙은 책에서 독창적인 아라비아어로 이루어지는 학문(아비센나)을 거부하고 아리스토텔레스, 히포크라테스, 갈레노스로 돌아가자고 주장했다. 아랍 과학과 철학의 큰 발전과 맞선 이런 시도의 반동적 성격은 이 학자들이 이후 아랍 학문에 거의 영향력을 행사하지 못했다는 사실에서도 분명해진다.

나란히 발전하던 과학과 철학활동은 10세기 부와이 왕조 시대의 특징인 정치적 파편화 및 "이슬람 국가"[5]의 창설과 더불어 그 탄생지인 바그다드로부터 벗어나 이슬람 세계 전역으로 퍼져나갔다. 권력의 분산은 곧 문화적 보호의 분산을 뜻했다. 그러나 정치권력의 모델이 바그다드와 칼리프 지배에 그대로 남아 있었듯이, 지방의 야심만만한 모든 통치자가 모방하는 문화의 모델 또한 여전히 바그다드 엘리트의 과학적·철학적인 전통과 번역 문화였다. 예를 들자면 위에 언급한 학자들 가운데 알-비루니와 아비센나는 중앙아시아에서, 아비센나(인생 후반에)와 알-마쥬시는 이란 세계에서, 알-밧타니는 랏카(시리아 동부)에서, 이븐-알-하이탐은 카이로에서 활동했다. 안달루시아의 칼리프 아브드-앗-라흐만 3세(재위 300/912~350/961)는 번역된 과학 문헌을 자신의 궁정에 도입하고, 비잔틴 황제에게서 대여한 번역자에게 디오스쿠리데스의 『약물지Materia medica』를 새로 번역하게 했다.[6]

과학과 철학 전통의 확산은 기분좋은 부산물을 낳았다. 정치권력의 중심이자 문화의 중심이 되는 곳의 수가 늘어나면서, 문화를 보호하는 사람도 늘어나고, 그와 더불어 과학적이고 철학적인 저작 자체도 늘어났다. 그래서 부와이 왕조 시대가 일부 학자의 눈에는 문화 부흥이라는 의미의 "르네상스"로 보일 수도 있는 것이다. 그러나 고전 그리스 학문의 부흥이라는 원래 의미의 진정한 르네상스는 사실 압바스 왕조 첫 200년 동안 바그다드에 나타났다. 그러나 이러한 의미라 하더라도 유럽의 르네상스와는 다른 면이 있다. 압바스 왕조 초기 르네상스와 유럽의 르네상스는 둘 다 고전 학문의 사용가치에, 즉 현실 문제에 그것을 적용하는 것에 관심을 갖고 있지만, 아랍의 르네상스에는 고전 연구의 철학적 측면—근대의 철학 또한 유럽 르네상스에 뿌리를 두고 있다—이 전혀 보이지 않는다. 아리스토텔레스 연구와 관련하여 학문적이고 문헌학적인 스콜라 철학 비슷한 것들이 바그다드의 야흐야 이븐-아디나 그의 제자들의 학파와 더불어 나타나는 것처럼 보이기도 했지만,[7] 아비센나 철학의 허리케인이 곧 그런 경향을 쓸어가버렸다.

번역운동에 대한 그 시대의 반발

9세기와 10세기에 고전 아랍 문화의 형성에서 번역된 저작들의 대량 주입은 결정적인 역할을 했다. 역사상 다른 모든 운동과 마찬가지로 번역운동은 앞에서 묘사된 대로 압바스 왕조 초기 사회 내부의 일부 사회 집단과 계층이 자신들의 대의, 이해관계, 정책을 옹호하기 위해 시작하고, 지지하고, 장려했다. 그러한 내적인 후원이 없었다면 번역활동은 설사 시리아어를 사용하는 재능 있고 학식 있는 기독교도가 있었다 해도, 사회적으로나 역사적으로 의미 없는 특이한 소수의 우연적인 학문활동에 그쳤을 것이다.

번역운동은 이런 의미에서 사회적·역사적인 현상이었기 때문에 그에 상응하는 결과도 낳았을 것이라고 예상하는 것은 지극히 당연한 일이다. 이런 결과는 여러 가지이며, 이슬람 역사 전체에 걸쳐 다양한 형태로 나타났다. 그러나 역사적인 윤곽을 그려내고 진지하게 연구하는 작업은 아직 시작되지 않았다. 오히려 방해받고 저지되는 상황인데, 그것은 통일된 획일적인 이슬람 "정통성"이 존재했으며, 이것이 고대의 학문에 적대적이었을 것이라는 거의 보편적인, 그러나 전혀 근거 없는 가정이 있었기 때문이다. 번역운동에 대한 반발은 물론 있었지만, 이 또한 이슬람 역사 안의 모든 시대와 사회적 맥락을 염두에 두고 구체적으로 자세하게 묘사하고 연구할 필요가 있다. 이 절에서는 번역운동 기간에 두드러졌던 반발들을 제시하겠다. 그리고 다음 절에서는 그 이후 수백 년 동안 실제 역사 기록에 나타난 이른바 "정통"을 향한 저항을 이야기해볼 것이다.

번역된 학문의 주입에 대한 최초의 반발은 기본적으로 두 방향에서 나타났다. 하나는 바그다드의 압바스 왕조 지식인 집단들 외부였고, 또 하나는 내부였다. 외부의 반발은 이해할 만한 일이지만, 패배한 우마이야 왕조를 지지하거나 거기에서 노스탤지어를 느끼는 사람들에게서 나타났다. 750년 압바스 왕조의 승리 이후 우마이야 왕조 왕자 가운데 유일한 생존자였던 아브드-앗-라흐만은 안달루스와 북아프리카의 칼리프 자리에 올랐다. 이 지역에 이미 확산되었던 말리크파는 이 몰락한 왕조를 옹호하는 일을 맡고 나섰다. 말리크파의 주요 옹호자 가운데 한 사람으로 "제2의 말리크 이븐-아나스"[*GAS* I, 478-481]라는 별칭을 얻었던 튀니지 카이라완의 압달라흐 이븐-아비-자이드(310/922-386/998)는 왕조의 몰락에 대한 변명이라고 할 수밖에 없는 글에서 다음과 같이 말했다.

> 신이여, 우마이야 왕조에 자비를 베푸소서! 이 왕조에는 이슬람에 [이단적인] 혁신을 꾀한 칼리프가 하나도 없었다. 그 땅의 총독과 행정관은 대부분 아랍인이었다. 하지만 칼리프의 자리가 그들로부터 압바스 왕조에게로 넘어가자, 나라는 페르시아인의 기초 위에 서게 되어, 그들이 지도자의 자리를 차지하게 되었다. 이 지도자들 대부분의 심장에는 아랍인과 이슬람 국가에 대한 불신과 증오가 가득했다. 그들은 이슬람 속에 이슬람을 파괴할 수 있는 물결을 끌어들였다. 전능하신 신께서 예언자에게 그의 종교와 신자들이 심판의 날에 승리를 거둘 것이라고 약속하지 않으셨다면, 그들이 이슬람을 없애고 말았을 것이다. 그러나 그들은 비록 없애지는 못했지만 이슬람의 [벽에] 구멍을 뚫고 기둥을 훼손했다. 그러나 신의 뜻이라면 신께서 자신의 약속을 지키실 것이다!
>
> 그들이 몰고 온 첫 물결은 이슬람 땅에 그리스인의 책을 들여오는

것이었다. 이 책들은 아라비아어로 번역되어 이슬람교도에게 널리 퍼졌다. 이런 책들이 비잔틴 사람들의 땅에서 이슬람 영토로 들어온 것은 야흐야 이븐-할리드 이븐-바르마크 때문이다.

이어 압달라흐 이븐-아비-자이드는 야흐야가 그리스 책들을 손에 넣은 과정을 설명하다 다음과 같은 이야기를 한다. 그리스 책들이 많았던 비잔틴 황제는 비잔틴인이 이 책을 보고 나면 기독교를 버리고 그리스인의 종교로 돌아갈 것을 걱정했다. 그래서 고대의 책들을 모두 모아 비밀 건물에 묻어버렸다. 바르마크 가문의 야흐야 이븐-할리드는 압바스 국가를 실질적으로 통제하게 되었을 때, 책을 묻었다는 이야기를 듣고 비잔틴 황제에게 빌려달라고 요청했다. 황제는 이 요청을 받고 기뻤다. 그가 주교들을 모아놓고 말했듯이, 그의 모든 선임자는 기독교인이 이 책들을 손에 넣고 읽게 될 경우 기독교가 망하는 결과를 낳을 것이라고 두려워했기 때문이다. 그래서 황제는 이 책들을 야흐야에게 보내고, 돌려주지 말고 그대로 갖고 있으라는 요청을 하자고 제안했다. 그는 이렇게 말했다. 그렇게 하면 "이슬람교도가 이 책으로 괴로움을 겪을 것이고, 우리에게는 악이 사라질 것이다. 내 뒤에 감히 이 책들을 백성에게 공개하려는 사람이 올지도 모르기 때문이다. 그렇게 될 경우 우리가 두려워하는 결과가 생길 것이다." 압달라흐 이븐-아비-자이드는 다음과 같은 교훈으로 말을 맺는다. "이 [논리학에 관한] 책을 공부하고 나서 이단[잔다카]을 벗어난 사람은 거의 없다. 그런데 야흐야가 자신의 집에서 [토론되지] 말아야 할 문제들에 관해서 논쟁하고 변증법적 논증을 하게 되었다. 모든 신자가 종교에 관해 토론하고, 자신에게만 의지하여[혼자 생각으로, 즉 계시에 관계없이] 종교에 이의 제기를 시작했다."[8]

이것은 그리스 학문에 대한 "연상聯想적" 반대로 해석될 수밖에 없다. 그리스 학문은 그 자체의 문제 때문에 비난받는 것이 아니라, 그것을 들여온 가증스러운 압바스 왕조와 연결되어 있기 때문에 비난받는 것이다. 몰락한 우마이야 왕조에게는 압바스 왕조가 하는 일은 무엇이든 좋을 수 없었던 것이다. 비잔틴 황제와 책들에 관한 이야기는 압바스 왕조가 속기 쉽고 무능하다는, 그래서 결과적으로 이슬람 공동체를 이끌 능력이 없다는 증거로 제시되었다.

바그다드의 압바스 왕조 지식인 세계와 압바스 왕조 사회 전체 내부의 반발은 다양한 방면에서 나타났으며, 서로 독립적이었고 이유도 달랐다. 번역운동 시기 바그다드의 아주 복잡한 사회적 상황을 이해하려면 주의를 해야 왜곡되고 시대착오적인 역사적 관점을 가지지 않을 수 있다. 우선 논의되는 시기에는 일반적 의미에서(아니, 사실상 어떠한 의미에서도) "이슬람 정통"이라는 것은 존재하지 않았다. 물론 칼리프들이 지지하고 선전하는 이데올로기적 정책들이 있었지만, 여기에는 1차적으로 다양한 수준과 다양한 강도의 종교적 내용이나 지향이 담겨 있었다. 앞에서 논의한 세 가지 이데올로기적 정책 가운데 알-만수르의 정책은 그 자체로는 가장 "종교적"이지 않았고, 알-마흐디의 정책은 논쟁적인 의미에서만 종교적(이슬람적)이었다. 즉 논쟁에서나 박해를 통해서나 비이슬람교도와 대립하며 이슬람을 옹호했지만, "이슬람"이 무엇인지 규정하지는 않았다는 것이다. 오직 알-마문의 정책만이 특정한 교리를 강요한다는 의미에서 종교적이었다. 이 교리는 그의 정치적 이데올로기에서 종교적 요소를 주된 것으로 격상시켰으며, 종교를 그의 정치 의제의 두드러진 이데올로기적 표현으로 만들었고, 사산 왕조 아르다시르의 유언을 진지하게 받아들이게 했다. 실제로 칼리프의 이데올로기는 때때로 정통으로 제시하고 싶은 믿음을 강요하려 했지만, 이것은 흔히 정통이라고 말할 때 생각하는 것과는 다르다. 맨 위에서 내려오는 이데올로기와는 달리, 밑에서부터 바라보는 압바스 왕조 사회는 아주 다양한 이데올로기, 종교적 믿음, 관행들을 가진 경쟁하는 집단들의 거대한 융합체였으며, 이들 또한 통치자들과 마찬가지로 자신들의 관점을 정통으로 투사하고, 사회에서 중심적인 자리를 차지하려 했다. 따라서 이 당시 번역운동은 형성기로서, 아직 어떤 종교적 견해도 정통이라고 부를 수 있을 만큼 구체화되지 않은 상태였다. 오히려 바그다드 사회의 정치·경제 엘리트 전체가 번역운동을 지지했다는 사실로 판단해보건대, 번역운동은 다수파의 이데올로기에 최대한 근접했으며—종교적인 견해는 아니라 해도—그 이후 부와이 왕조 100년간(945~1055)에는 확실히 그렇게 되었다.

둘째로, 이 시기 전체에 걸쳐 서구 학자들이 "이성"과 "신앙"이라고 부르는 것 사이의 대결은 없었다. 신앙을 어떻게 규정할 것인가 하는 문제는 물론 이 시기 신학 발전에서 핵심 역할을 했지만, 신앙이 이성과 대립되는 것은 아니었다. 오히려 이성은 이 모든 논의에서 도구로 사용되었다. 나아가 그리스 학문을 좋아하는 학자들이 이성을 몽매한 이슬람교도의 신앙과 대립시키며 배타적으로 옹호하지도 않았다(이런 이분법은 서구 고유의 신학적 개념으로, 이슬람 현실과는 아무런 관계가 없다). 여러 이슬람 사회의 철학적·과학적인 전통에 관한 토론에서는 알-킨디의 다음과 같은 계몽된 발언이 자주 눈에 띈다.

> 설사 진리가 우리와 먼 종족이나 우리와 다른 민족에게서 온다 해도, 우리는 그 진리를 평가하고 또 얻는 것을 부끄러워해서는 안 된다. 진리를 구하는 사람에게는 진리에 앞서는 것이 없어, 진리를 헐뜯지도 않으며, 진리를 말하는 사람이나 그것을 전달하는 사람을 얕잡아보지도 않는다. 진리는 어떤 사람[의 지위도] 낮추지 않는다. 오히려 모두를 고귀하게 만든다.[9]

그러나 알-킨디와 같은 시대 사람이며, 번역된 학문에는 전혀 관심이 없었던 전통적 학자인 이븐-쿠타이바의 매우 비슷한 견해는 전혀 언급되지 않는다. 그는 문학적 편찬물인 『정선된 이야기들Choice Narratives』에서 다음과 같이 말한다.

> 이 책은 쿠란과 순나[예언자의 전승], 종교적 율법이나 무엇이 율법에 맞고 무엇이 금지된 것인가와 관련된 지식을 주제로 다루는 것은 아니지만, 숭고한 것들을 가리키며, 고상한 인격으로 가는 바른 길을 보여준다. 이 책은 저열한 것들을 삼가고, 평판이 나쁜 것으로부터 벗어나며, 올바른 개인 행동, [다른 사람들의] 공정한 관리, 온화한 [정부] 행정과 더불어 땅을 비옥하게 하는 법을 가르친다. 알라신에게 이르는 길은 하나가 아니며, 좋은 것이 모두 밤의 기도, 계속되는 금식, 율법에 맞는 것과 금지된 것에 대한 지식만 좋은 것이 아니다. 오히려 알라신에게 이르는 길은 많고, 선에 이르는 문은 넓다…….

지식은 신자의 길 잃은 낙타다. 어디에서 이 낙타를 타든 도움을 얻는다. 다신교도의 입에서 나온다 해도 그것이 진리라면, 증오를 품은 사람에게서 나온다 해도 그것이 충고라면, 비방하지 말아야 한다. 아름다운 여자는 초라한 옷을 입어도 아름답고, 진주는 조개껍질에 싸여 있어도 진주이며, 순금은 흙에서 나왔어도 금이다. 어디에서 왔느냐 하는 문제 때문에 선을 취하는 것을 무시하는 사람은 기회를 놓치는 것이며, 기회는 구름처럼 금세 사라진다. (…) 이븐-압바스[예언자의 숙부]는 이렇게 말했다. "누가 말하든 지혜를 취하라. 지혜롭지 않은 사람도 지혜로운 말을 할 수 있고, 명사수가 아니라도 과녁을 맞힐 수 있기 때문이다."[10]

이런 인용문들을 통해 우리는 9세기 바그다드에 매우 다양한 사상과 태도가 유통되는, 결이 풍부한 사회가 존재했다는 것을 알 수 있다. 당시에는 지적이고 이데올로기적인 입장을 둘러싸고 명확하게 규정된 선이 그어지지 않았으며, 어떤 운동이나 신앙도 분명하게 지배적인 자리를 차지하지 못했다. 어떤 주어진 주제에 관하여 매우 다양한 의견을 찾아볼 수 있었으며, 따라서 어떤 집단, 당파, 계급의 입장을 분리하여 정통이라거나, 신앙 또는 이성을 대변한다고 말하는 것은 방법론적으로 불건전하다. 9세기 이슬람 사회들에 대한 접근도 사회 자체만큼이나 결이 풍부해야만 한다. 이 주제의 훌륭한 예는 바로 이 시기에, 이 장소에서 쓴 시들에 번역운동에 관한 태도가 반영된 방식이라고 할 수 있다. 번역된 학문, 특히 철학에 대한 우호적인 견해와 비판적인 견해는 번역운동 말기에 살았던 니사부르 출신의 두 문인의 시에 드러나 있으며, 두 시 모두 역시 니사부르 출신인 위대한 비평가 앗-타알리비(429/1038년 사망)의 저작에 인용되어 있다. 우선 아부 사이드 이븐-두스트(431/1040; *GAS* VIII, 237)는 이렇게 말한다.

종교를 구하는 당신, 오류의 길들을 피하라.
그래야 당신의 종교가 당신을 불시에 낚아채지 않을 것이다.
시아파는 파괴이고, 무타질라파는 혁신이다.
다신교는 불신앙이며, 철학은 거짓이다.

아부-알-파트흐 알-부스티(400/1009년 이후에 사망; *GAS* II, 640)는 이와 반대되는 견해를 표명한다.

신을 두려워하라. 신의 종교의 안내를 구하라.
그리고 이 두 가지 뒤에 팔사파(철학)를 구하라.
그래야 거짓 "팔사파"의 종교를
지지하는 사람들에게 속지 않을 것이다.
그것을 비판하는 사람들을 무시하라.
사람의 팔사파는 무지를 무디게 하기 때문이다.[11]

이런 단서들을 염두에 둔다면, 9세기 압바스 왕조 사회의 사회적 역학을 분석해볼 때, 번역된 학문이나 이것이 결국 대표하게 되는 모든 것, 그리고 쿠란과 관련된 전통 학문, 이 둘 사이의 양극화를 결국 초래하는 단초가 된 가장 중요한 단일 요인은 알-마문의 미흐나 정책이었다는 것을 알 수 있다. 역사적인 맥락에서 보면 미흐나는 의도된 것과는 정반대의 결과를 낳았다. 미흐나는 쿠란이 창조된 것이라는 신학적 입장을 중심점으로 삼았기 때문에, 전통적으로 전해지는 종교 지식(쿠란과 하디스를 말 그대로 이해하는 것)의 지지자들의 반감을 사 그들이 하나의 명확한 집단으로 뭉쳐 쿠란의 영원성이라는 신앙주의적 신학을 계발하는 것을 도왔다.[12] 특히 미흐나는 아흐마드 이븐-한발*(241/855년 사망)을 순교자로 만들었으며, 이 인물은 그 뒤 전통주의자들에게 초점과 결집점을 제공했다.

앞에서 강조한 것처럼 이것이 번역운동에 직접적으로, 또 즉시 영향을 주지는 않았다. 번역운동은 9세기 나머지 기간과 10세기 전체에 걸쳐 계속 번창했기 때문이다. 기본적으로 번역운동은 미흐나와 아무런 관련이 없었으며, 그 시대 사람들도 관련이 있다고 보지 않았다. 그러나 역시 알-마문의 정책들 때문에 그런 연상이 가능하게 되었다. 그가 종교적 권위를 칼리프와 그의 지적 엘리트의 손에 집중시킬 목적으로 내세운 합리주의적 신학인 무타질라파 신학의 기초로 번역운동이 이용되었기 때문이다. 전통주의자들에게 가장 민감하게 받아들여진 것이 바로 이 부분이었다. 그렇게 되면 그들이 종교 지식과 종교적 권위를 자기들 것이라고 주장할 수 없었기 때문이다. 따라서 그들이 미흐나를 반대한 것은 기본적으로 그것을 강요한 신학, 즉 무타질라파 신학을 거부한 것이었다. 즉 그 내용인 철학적 신학과 더불어 그 방법인 변증법적 논박에 반대한 것이지, 번역된 또는 "외국" 학문에 반대한 것이 아니었다.

미흐나가 끝나고 나서 약 40년 뒤에 벌어진 한 사건은 이 점을 적절하게 보여준다. 역사학자 앗-타바리는 279년(892년 4월 3일~893년 3월 22일)에 대하여 다음과 같이 보고한다.

> 일어난 사건들 가운데 당국이 바그다드에서 대중 설교자, 점성술사, 점쟁이가 거리나 금요일의 이슬람 사원에 앉는 것(그래서 자기 일을 하는 것)을 금지한 일이 있었다. 더욱이 서적상들은 신학(kalām), 변증법적 논박(ğadal), 철학(falsafa)에 관한 책을 거래하지 않겠다고 맹세해야 했다.[13]

이 사건은 무타미드 치세의 말기, 아마 알-무타디드의 즉위 전에 일어났을 것이다.[14] 이 시기는 커다란 정치적·사회적 격변기였다. 장주와의 전쟁이 막 끝났지만(270/883), 카르마트파*의 위협이 막 드러났으며(278/892), 바그다드에서는 군대 내의 다양한 분파가 싸움을 벌이고 있었다. 따라서 필즈가 그의 번역 서문에서 주목하듯이, "설교자들과 서적상에 대한 검열은 바그다드에서 도발적인 신학적 논쟁과 동요를 막기 위해 시행되었을 것이다"[p. xv]. 구체적으로 이 조치는 사람들이 공공장소에 모이는 것—아마도 칼리프가 고려하고 있는 인기 없는 조치와 관련하여—을 막으려는 목적으로 시행되었을 것이다. 그러한 관련은 5년 뒤인 284/897년, 알-무타디드가 우마이야 왕조의 첫 칼리프인 무아위야를 설교단에서 저주하게 하고, 대중 시위를 미리 막으려는 목적으로 공표한 비슷한 유형의 금지령에 분명하게 드러나 있다.[15] 이것은 판매가 금지된 책에서 다루어진 주제들이 실제로 그런 집회의 원인이 되었음을 암시한다. 따라서 이런 검열(아주 짧은 기간만 시행되었던 듯하다)의 목적은 공적 질서를 유지하는 것이었지, 교리적 내용이 담겨 있었던 것은 아니다. 구체적으로 보자면 외국 학문이나 그 연구에 대한 어떤 고유의 "이슬람적인" 반대는 보여주지 않았다. 이것은 이런 주제들이 논쟁적이었으며, 정치적 평온에 관심 있는 당국은 그런 주제를 피했음을 보여준다. 미흐나의 피해자인 전통주의자들은 279/892년의 조치에 언급된 주제인 철학적 신학과 변증법적 논박에 반대했다. 따라서 그 조치에서 이런 특정 주제를 선정한 것은 미흐나와 연결시켜야만 설명할 수 있다. 미흐나는 분명히 이런 주제들을 논쟁적으로 만들어, 출발부터 내가 언급했던 대립을 만들어냈다. 그러나 이후 수백 년 동안 여러 이슬람 사회에서 이런 대립은 고정적이거나 본질적으로 주어진 것이 아니었으며, 따라서 이것이 간혹 나타날 경우 그 역학을 구체적으로 자세하게 분석할 필요가 있다.

무타질라파와 이런 주제에 대한 전통주의자들의 반대는 훗날의 교육 정책에도 영향을 주었다. 이슬람 사회에서 궁극적으로 공식 법률 교육 교과과정을 만들어낸 사람들은 전통주의자이기 때문이다. 그들은 이 교과과정에 예상대로 그런 주제들을 포함시키지 않았으며, 다른 번역 학문도 포함시키지 않았다. 이것은 부분적으로는 번역된 학문이 그들의 관심을 대변하지 않았고, 결국 교과 과목과도 관련이 없었다는 것으로 설명된다. 또 한편으로는 알-마문의 이데올로기적 선전 때문에 사람들이 마음속에서 변증법적 신학과 번역된 학문을 연결시켜 생각하게 되었다는 것으로도 설명이 된다. 번역 문헌이 일으킨 학문 연구는 처음에는 이렇게 사적 영역에 머물러 있었던 것이다.[16]

이렇게 관심 영역과 적용 가능성의 영역을 구분한 것은 전통주의자들만이 아니라 번역 학문을 연구하는 학자들도 적절하게 여겼다. 번역운동 시기가 끝날 무렵 중요한 철학자이자, 알-파라비와 야흐야 이븐-아디에게서 직접 배운 제자인 아부-술라이만 앗-시지스타니는 유명한 글에서 "순수의 형제들(이흐완 앗-사파)"이 그리스 철학과 이슬람 율법을 합치려는 쓸데없는 시도를 한다고 비판했다.

> 그들은 그리스 철학과 아랍[이슬람] 율법[aš-šarī'a]을 질서 정연하게 통합하면 완벽함을 얻을 수 있다고 주장한다…….
> 그들은 이슬람 율법에 (…) 철학을 삽입하고 철학에 이슬람 율법을 갖다 붙일 수 있다고 생각했다. 그러나 이런 갈망에는 넘을 수 없는 장벽들[marāmun dūnahu ḥadadun]이 놓여 있다……. 이슬람 율법은 신과 인간들 사이의 사절을 통하여, 계시에 의하여, 신으로부터 나온 것이다.[17]

4/10세기에 번역운동이 끝난 뒤 율법이 이슬람 사회 내 생활 안에 확고하게 자리잡자, 모든 면에서 수많은 타협이 이루어지면서 전통주의자들이 반대하던 과목과 그와 관련된 번역 학문들이 점차 교과과정 속에서 재통합되었다. 조지 마크디시*가 연구했듯이, 신학(kalām)의 경우는 법학파들과 제휴하고, 자신의 과거 역사를 새로 등장한 법학파들(maḏāhib) 사이의 논쟁의 역사로 재구성함으로써만 정통성을 얻을 수 있었다.[18] 논리학과 변증법은 혼자만의 노력은 아니지만 주로 알-가잘리*(505/1111년 사망)의 노력으로 법과 칼람에 완전히 통합되었으며, 아비센나가 발전시킨 아리스토텔레스 철학은 독립성을 유지하

면서도 여러 방식으로 다양한 이슬람 사회에서 계속 신학의 토론과 이해를 형성해왔는데, 그 방식은 더 자세히 연구되어야 한다.

그러나 대부분의 경우 번역운동 시기 그리스 학문의 유입에 대한 반발은 이슬람 이전과 이슬람교도 아랍인의 성취가 그리스인의 성취와 같거나 그보다 낫다고 강조하는 형태를 띠었다. 번역운동 옹호자들이 그리스 학문을 장려하는 데 보여준 과도한 열정에 대한 이런 이해할 만한 반발을 그리스 학문에 대한 반대로 잘못 해석하면 안 된다. 그 목표는 받아들일 만한 정전에서 그리스 저작들을 배제하는 것이 아니라, 단지 대안이나 더 포괄적이고 정확한 전통을 제공하자는 것이었다. 이런 종류의 반발을 한 최초의 인물로 자료에 남아 있는 사람은 이번에도 이븐-쿠타이바다. 아리스토텔레스 연구 교과과정에 들어간 천문학과 기상학이 아닌, 전통 아랍 천문학과 기상학에 관한 그의 책(Kitāb al-anwā')의 머리말에서 그는 자신이 이런 저작을 쓰게 된 이유에 관하여 다음과 같이 말한다.

> [여기에서] 내가 전하는 모든 것에서 나의 목적은 이런 일에 관해 아랍인이 알고 활용한 것을 벗어나지 않는 것이며, 철학과 관계를 맺고 있는 비아랍인들이나 수학자/천문학자들[aṣḥab al-ḥisāb]의 주장을 배제하는 것이다. 그 이유는 아랍인의 지식이 쉽게 파악할 수 있고, 검증하면 옳다고 드러나고, 육지와 바다에서 여행하는 사람들에게 쓸모 있는 지식이라고 생각하기 때문이다. 신은 말씀하신다. "땅과 바다의 어둠/ 속에서 너를 인도할/ 별을 너에게 정해준 것은 신이다."[19]

다음 세기에 신학자 아브드-알-카히르 알-바그다디(429/1037년 사망)는 동물학에 관해 이야기하면서 이븐-쿠타이바보다 한 걸음 더 나아가 유난과 카흐탄(각각 신화에 나오는 그리스인과 아랍인의 조상)은 형제이며, 철학이 고대 아랍 지식을 표절한 것이라고 주장했다.

> [그리스] 철학자들이 이 주제[즉 동물의 본성]에 관하여 언급한 것은 모두 이 철학자들보다 앞선 아랍 현자들, 즉 카흐탄, 쟈르함, 타스미야 등 힘야르 부족들에게서 훔친 것이다. 그 시절에는 바티니*도 없었고 바티니라고 주장하는 사람도 없었음에도 이 아랍인들은 시와 격언에서 동물의 자연적 특징을 모두 언급했다.[20]

3~4/9~10세기에도 비슷한 정서가 널리 퍼져 있었으며, 이것이 이그너츠 골드지헤르*가 논의한 반아랍 정서(Šu'ubiyya)에 대한 언어적 반발과 깁이 설명한(페르시아적 배경만 언급하지만) 사회적 반발 양쪽의 일부를 이루고 있었다.[21] 번역운동은 그 자체로는 주로 사산 왕조의 번역 문화에 기초를 두고 있었지만, 아랍의 중심성을 의식하는 입장을 만들어내는 데 나름 영향을 주고 있었다.

후대에 남긴 유산: 아랍 철학과 과학, 그리고 그리스 과학에 대한 '이슬람의 반대'라는 신화

번역운동 자체는 1000년 무렵에 끝나게 되는데, 이때가 되면 과학적·철학적인 연구는 바그다드와 다른 곳의 수요 대부분을 채우며 자립하는 수준에 이른다. 아라비아어로 이루어진 이런 과학적이고 철학적인 작업은 점차 그것이 마땅히 받아야 하는 학문적 관심을 받게 되었지만, 그후 1000년 동안 그 역사를 추적하는 일은 분명히 이 연구의 범위를 넘어서는 것이다. 그럼에도 이전의 학문 작업이 "낡은 이슬람 정통"은 번역된 그리스 학문, 즉 이런 과학적·철학적인 전통에 반대했다는 그릇된 관념을 만들어냈기 때문에, 미래 연구의 지원 차원에서 이 주제에 관해 짧게 논평할 필요가 있다.

이런 그릇된 관념을 만들어낸 가장 영향력 있는 연구를 하나만 뽑으라면 골드지헤르의 에세이 「고대 학문에 대한 낡은 이슬람 정통의 태도The Attitude of the Old Islamic Orthodoxy toward the Ancient Sciences」를 들 수 있다. 1916년에 독일어로 처음 발표된 이 에세이는 늘 이 주제에 관한 전문가 의견으로 참조되어왔으며, 1981년에는 "고대 학문에 대한 정통 이슬람의 태도"라는 잘못된(그리고 오해를 불러일으키는) 제목으로 영역되었다.[22] 다른 면에서는 매우 박식한 이 작업은 두 가지 주요한 면에서 비판할 수 있으며, 그 출발점은 제목이다. 즉, 정확히 무엇이 이슬람 '정통'이고, 그 안에서 무엇이 '낡은' 정통이냐 하는 것이다. 그러나 제목이 드러내는 두 가정은 본문에서는 전혀 다루어지지 않는다. 따라서 명백하게 구체화되어 있지 않은 상황에서 그 답은 에세이

의 내용과 취지에서 끌어낼 수밖에 없다.[23]

이 연구의 두 번째, 궁극적으로 덜 중요한 문제, 즉 낡은 정통이 무엇인가 하는 문제에서 시작해보자. 낡은 정통은 분명히 어떤 "새" 정통과 대비되는 것인데, 이것은 골드지헤르 시대의 이슬람으로 드러난다. 이 점을 그는 맨 마지막 문장에서 언급한다. "근대적인 발전 수준에 이른 현재의 이슬람 정통은 고대 학문에 전혀 반대하지 않으며, 자신과 그런 학문 사이에 대립이 있다고 보지도 않는다."[24] 이 말은 골드지헤르의 합리주의적이고 심지어 정치적인 편견의 근원을 보여준다. 그의 의도는 고대 학문에 반대하는 이슬람교도, 즉 그가 낡은 정통이라고 부르는 것의 대표자들을 반합리주의자로 제시하려는 것이 분명한 듯하다. 그가 언급하는 반합리주의자 대부분이 한발파*, 더 적절하게 표현하자면 비하나피파(이 절 후반에 이야기할 것이다)이기 때문에, 이들은 결과적으로 부정적으로 조명되는 반면, 암묵적으로 하나피파*, 즉 "근대적인 발전 수준에 이른 현재의 이슬람 정통"의 대표자들은 고대 학문의 정신과 일치하는 합리주의자들로 제시되고 있다. 그의 뒤에 글을 쓴 수많은 학자를 오도한 골드지헤르의 반한발파적 편견은 잘 알려져 있고, 특히 마크디시 등이 집중적으로 논의해왔다.[25] 마크디시가 보여주었듯이,[26] 골드지헤르 시대의 정치적 현실에서 사우디아라비아의 왓하브파는 (신)한발파였으며, 그들의 적인 오스만 튀르크는 하나피파였다. 이런 편향성을 고려할 때, 그의 연구는 고대 학문에 대한 이른바 낡은 이슬람 정통의 태도보다는 골드지헤르의 이데올로기와 그의 시대에 유럽을 둘러싼 정치적 분위기를 드러낸다.[27]

이런 편향성의 지속과 관련된 현대의 예를 보태자면, M.L. 슈워츠는 번역에서 에세이 제목의 "낡은"("alte")을 뺌으로써, 이슬람 역사의 다양한 시대 사이의 최소한의 구별도 없애버렸다. 골드지헤르는 틀림없이 방금 말한 이유로 낡은이라는 말을 덧붙였겠지만, 슈워츠는 골드지헤르의 반한발파적 편견을 의식했어야 한다. 그는 같은 책에서 그런 편견을 드러내는 마크디시의 글도 번역했기 때문이다. 영어의 맥락에서 낡은이라는 말을 빼면 모든 "정통 이슬람"이 고대 학문 연구에 반대하는 것처럼 보이게 된다.

골드지헤르의 연구에 나타난 다른 더 심각한 문제는 그가 제목에 나온 정통을 밝히지 못했다는 것이다. 그 결과 독자는 정통이 그 글에서 상세하게 인용되는, 고대 학문에 반대하는 의견을 가진 학파들의 대표자라는 인상을 받게 된다. 그러나 여기에는 두 가지 어려움이 있다. 첫째는 이슬람 사회에서 정통이라는 개념 자체의 문제다. 이것은 결코 주어져 있는 것이 아니다. 둘째는 단지 고대 학문에 반대하는 발언을 했다는 이유로 다수의 개인을 정통과 동일시하는 것이다.

우선 골드지헤르 자신도 틀림없이 알고 있었겠지만, 정통은 수니파 이슬람에게는 중앙집권적인 종교적 권위에 의해 법제화되어(그리스 정교와 가톨릭의 경우처럼) 존재했던 것이 아니다. 그런 권위 자체가 없었다. 기껏해야 특정한 시간과 특정한 지역에서 어떤 종교적 접근 방식이 지배하고 있었다고 주장할 수 있을 뿐이다.[28] 그러나 이런 접근 방식이 사회의 다양한 계층 가운데 누구에게 속한 것이라는 말로 한정할 필요가 있다. "지배"가 "다수의 견해"를 의미한다고 가정하는 것이 반드시 옳지는 않기 때문이다. 예를 들어 10세기에는 파티마 왕조*가 이집트를 지배했다. 파티마 왕조는 시아파의 한 분파인 열렬한 이스마일파였으며, 이집트 안에서만이 아니라 이슬람 세계 전체에서 열심히 전도운동을 전개했다. 그러나 이스마일파 파티마 왕조 지배 계급은 소수였다. 이집트의 이슬람 주민 다수는 수니파였고 계속 이 종파에 속해 있었다(때로는 박해를 받으면서도). 게다가 토착 주민 가운데 상당 부분은(아마 10세기 초에는 다 합치면 반 이상이었을 것이다) 기독교도나 유대교도였다. 이런 맥락에서 "정통파"는 누구였을까? 추가로 정의하거나 문맥을 규정하지 않고 파티마 왕조에 대해 그 용어를 사용하는 것이 의미 있는 일일까? 골드지헤르의 주제로 돌아가 이야기하자면, 파티마 왕조는 그리스 과학과 철학의 위대한 보호자들이었고, 실제로 이 왕조 시대에 과학과 철학이 말 그대로 번창했기 때문이다. 골드지헤르가 언급하는 고대인의 학문에 대한 이른바 적대적 태도와 관련된 여러 군데 흩어진 보고는 구체적으로 이야기하고 문맥을 잡아주지 않으면 좋게 봐서 의미가 없고, 나쁘게 보면 심각한 오해를 유도한다.

예를 들어 골드지헤르는 17~18/193~194쪽에서 위대한 언어학자 이븐-파리스(395/1005; *GAS* VIII, 209년 사망)를 그리스 과학, 특히 기하학에 반대한 "전통 종교 집단들 다수의 감정"의 대표자로 들며, 그가 유명한 부와이 왕조의 재상 사히브 이븐-앗바드에게 헌정한 책들 가운데 한 권의 머리말에서 자신의 그런 태도를 밝혔다고 말한다. 그러면서 이 재상 또한 "고대 학문의 적"("Feind der awā'il-Wissenschaften")이었다고 덧붙인다. 그러나 그렇게 말하는 것은 동시에 이 모든 것이 부와이 왕조 시대(945~1055), 일반적으로 인정하듯이 압도적 다수의 지식인이 고대 학문을 연구하고 계발하며, 그것이 문화생활 영역 대부분을 지배하던 시기에 레이(현대의 테헤란 외곽)와 바그다드에서 벌어지고 있었던 일이라는 것을 언급하지 않으면, 아니, 강조하지 않으면, 무의식적으로 오해를 사게 된다. 당연히 반대 의견이 있었다. 모든 사회에서 모든 주제에 관하여 반대 의견이 있는 것과 마찬가지로. 그리고 이븐 파리스의 의견이 바로 그런 반대 의견이었다. 그러나 이것은 부와이 왕조 시기에는 분명한 소수에 속했다.[29]

더욱이 자료에 나오는 그리스 학문에 대한 적대의 모든 예의 원인이 종교적인 것이거나 "정통적" 입장의 방어는 아니다. 이븐-파리스가 자신의 글을 헌정한 사히브 이븐-압바드가 적절한 사례다. 그리스 학문에 대한 그의 적대(골드지헤르 p. 26/199에 언급되어 있다)는 지나친 신앙에서 나온 것이 아니라, 사실 신앙과는 아무런 관계가 없다. 앗-타우히디가 말하듯이, 그에게 신앙이 거의 없었다는 것은 그의 시대 사람들에게 비밀이 아니었기 때문이다. 다름 아닌 골드지헤르가 인용한 언어학자인 이븐-파리스가 그를 "신앙의 적"이라고 부르고 있다. 마지막으로 사히브의 그런 태도에 대한 앗-타우히디의 비난은 그것이 비난받을 만한 일이라고 생각하는 독자들(사실 부와이 왕조 지식인들이 그런 경우였다)에게 이야기할 때에만 의미 있을 것이다.[30]

둘째로, 골드지헤르는 어떤 학자들을 암묵적으로 "정통파"라고 부르면서 고대 학문에 반대하는 발언들을 인용하지만, 그 발언을 둘러싼 역사적·사회적인 상황의 분석은 완전히 결여되어 있다. 그가 인용하는 전거에서 다수를 이루는 동시에 가장 심각한 발언을 한 사람들은 7/13세기와 8/14세기의 바그다드와 다마스쿠스의 위대한 한발파와 샤피이파* 학자들이며, 이들은 아주 구체적이고도 특별한 두 가지 역사적 조건과 연결되어 있다. 바그다드에서 활동하던 사람들은 한발파의 아브드-알-카디르 알-질라니*(p. 13/191, 561/1166년 사망), 이븐-알-자와지(p. 14/191, 597/1200년 사망)과 압바스 왕조 칼리프인 나시르 리-딘-알라흐(재위 575-622/1180 1225)의 선전자인 샤피이파인 우마르 앗-수흐라와르디(632/1234년 사망) 등이다. 전임자들(예를 들어 골드지헤르가 p. 15/192에서 언급한 알-무스탄지드)의 정책을 절정을 이루는 이 칼리프의 정책은 이데올로기적인 공격을 포함한 모든 종류의 공격에 맞서서 무너져가는 칼리프의 권한을 단단히 다지려는 노력과 관련되어 있었다. 결국 이런 노력은 보람이 없어, 바그다드는 그가 죽고 나서 33년 뒤 몽골에 의해 함락된다.[31]

골드지헤르가 인용한 두 번째 권위자 집단은 샤피이 이븐-앗-살라흐(pp. 35-99/204-206, 643/1245년 사망), 앗-다하비(p. 11/189, 748/1348년 사망), 타주-앗-딘 앗-수브키(pp. 11, 40/189, 207, 771/1370년 사망)와 유명한 한발파 학자인 이븐-타이미야* 등 모두 아이유브 왕조* 말기와 맘루크 왕조 초기의 다마스쿠스 학자들이다. 이 시기에 시리아, 아니, 더 일반적으로 맘루크 왕조 국가는 그 존재 자체를 위협하는 두 가지 주요한 위기에 직면하고 있었다. 하나는 기독교 십자군이고 또 하나는 몽골의 습격이었다. 이 두 세력은 한때 실제로 동맹을 맺기까지 했다(669/1271). 기독교도의 야만성, 호전성, "종교"라는 이름으로 외국인의 땅을 훔치겠다는 이해할 수 없는 고집 때문에 그 반작용으로 팔레스타인과 시리아 사람들의 이슬람도 관용성이 낮아지는 방향으로 나아갈 수밖에 없었다. 십자군을 물리치고 몽골을 저지한 맘루크 왕조의 위대한 통치자 바이바르스 1세(재위 1260-1277)는 아랍 역사에서는 진정한 영웅으로 제시되며, 이는 예루살렘을 해방했음에도 십자군에게

융통성 있는 태도를 보였던 살라딘에 대한 역사가들의 양가적인 태도와 대비된다. 1258년 이후, 특히 699/1300년의 다마스쿠스 포위 공격 이후 몽골의 시리아 침입은 그렇지 않아도 나쁜 상황을 악화시켜, 더 호전적인 이데올로기적 태도를 불러들였다. 그래서 몽골-시리아 협상에서 적극적인 역할을 한 이븐-타이미야가 등장했다. 또 한발파, 그리고 알-가잘리 이후 샤피이파 학자들이 재건하고 개혁한 아슈아리주의가 옹호하는 "보수적" 전통주의로의 회귀가 일어났다.

그렇다면 역사적 기록을 전체적으로 살펴보면 진상은 다르다는 것이 드러남에도 불구하고, 왜 이런 학자들이 "낡은" 정통파의 구성원들로 간주되고, 극단적인 압력을 받는 사회에서 생겨난 그런 견해들이 "이슬람" 정통을 대변하는 것으로 여겨지게 되었는가? 심지어 한발파와 샤피이파의 낡은 정통의 중심지라고 할 수 있는 맘루크 영토 내에서도 골드지헤르의 연구가 암시하는 바와는 달리 고대 학문이 번창했다. 그 예는 많이 있으며, 지금은 골드지헤르의 시대보다 훨씬 잘 알려져 있다(또는 인정받고 있다). 샤피이파의 의사 이븐-안-나피스는 다마스쿠스에서 의학을 공부했고 나중에 그곳과 카이로에서 가르쳤으며, 카이로에서는 최고 의사의 지위에 올라갔다. 그는 아비센나의 『의학범전Canon』만이 아니라 히포크라테스의 저작에 대해서도 많은 주석을 썼다. 또 아비센나의 『의학범전』을 요약한 책은 인기 있는 교과서가 되었다. 그의 위대한 업적은 갈레노스와 아비센나의 권위에 맞서, 피의 허파를 통과하는 소순환을 묘사했다는 것이다. 다마스쿠스의 우마이야 이슬람 사원에서 공식 시계 담당자(muwaqqit)로 고용된 천문학자 이븐-앗-샤티르(777/1375년 사망)는 프톨레마이오스의 논의를 수정하려고 시도한 많은 천문학자 가운데 한 사람이었다. 그는 균일한 원운동에 기반을 둔 동시에 실제 천문학적 관찰과 일치하는 행성 궤도 모델을 만들어냈다. 그의 모델은 200년 뒤에 코페르니쿠스의 저작에 다시 나타나—그 경로는 최근에야 분명하게 밝혀졌다—근대 천문학의 출발점에 우뚝 서게 되었다.[32]

또 몽골의 근동 침략 시기에는 아제르바이잔의 마라가에 천문대가 건설되었는데, 이것은 아랍 천문학만이 아니라 그리스어로 거꾸로 번역되어 비잔틴의 천문학 발전에도 아주 큰 영향을 주었다는 것이 증명되었다. 몽골의 훌라구의 후원을 받은 이 천문대 건립자들은 다수의 유명한 학자와 과학자였다. 이들 가운데는 12이맘파*의 나시르-앗-딘 앗-투시(672/1274년 사망, *GAL* I, 508), 순나파이자 샤피이파인 나짐-앗-딘 알-카티비(675/1276년 사망, *EI* IV, 762), 아랍 철학 가운데 가장 영향력 있는 교과서 두 권, 즉 논리학에 관한 한 권(ar-Risāla aš-Šamsiyya)과 물리학과 형이상학에 관한 책 한 권(Ḥikmat al-ʿayn)을 쓴 저자 등이 포함되어 있었다.[33] 이슬람 "정통파"가 고대 학문에 가장 적대감을 가졌다고 하는 시기의 절정기 동안 아주 중요한 고대 학문이 이슬람에서 탐구되었을 뿐 아니라, 천문대의 건립으로 제도화되기까지 했던 것이다.

같은 시기 철학에서도 똑같은 사실이 관찰된다. 11세기 초 아비센나의 저작은 이후 300년 동안 이슬람 영토 중심부에서 순나파와 시아파 사이에 엄청난 양의 철학적 논의, 주장, 반박을 낳았고, 그에 따른 문헌도 쏟아졌다.[34] 거의 연구되지 않은 이 시기는 언젠가 아랍 철학의 황금시대로 인정받을 것이다.

바로 같은 시기에 이라크와 이란에서는 12이맘파의 지도하에 아비센나가 정리한 그리스 철학, 무타질라파 신학, 수피즘*으로부터 새로운 지적 체계가 활발하게 구축되고 있었다.[35] 몽골이 이라크를 초토화하던 바로 그 시점에 나시르-앗-딘 앗-투시와 함께 시작되는 주류 12이맘파 사상에 아비센나의 아리스토텔레스주의가 공식 통합되는 과정은 수백 년에 걸쳐 계속되며, 16세기와 17세기 사파비 왕조 치세 이란에서 특별한 절정을 맞이하게 된다.[36]

이 또한 예외가 아니었다. 하나피파 이슬람 또한 오스만 문명 절정기 수백 년을 포함하여, 어느 때나 그리스 철학과 학문을 수용했다.[37] 16세기에서 18세기에 이르기까지 오스만 학자들 가운데는 아비센나의 철학과 이후의 발전 양상을 열심히 탐구하는 사람들이 있었다. 위대한 역사학자이자 서지학자인 카티브 첼레비(핫지 할리파, 1017~1067/1609-1657)는 이슬람 철학의 역사와 발전에 관한 글에서 다음과 같이 말한다.

> 이슬람 정복 후 오스만 국가 중기까지 철학에 속하는 여러 학문(al-falsafa wa-l-ḥikma)도 소아시아에서 활황을 맛보았다. 이 시기에는 지적인 학문과 전통적인 학문 양쪽을 어느 정도 습득했느냐에 따라 그 사람의 고귀함이 평가되었다. 이 시기에는 철학과 이슬람법을 결합한 위대한 스승이 많이 살았다. 매우 학식이 높은 샴스-앗-딘 알-파나리(834/1431, *EI* II, 879a), 탁월한 카디-자다 앗-루미(840/1435년경 사망),[38] 매우 학식이 높은 흐와자-자다(893/1488년 사망, *GAL* II, 230), 매우 학식이 높은 알리 알-쿠슈지(879/1474년 사망, *EI* I, 393), 탁월한 이

븐-알-무아이야드(922/1516년 사망, *GAL* II, 227), 미람 첼레비(931/1524년 사망, *GAL* II,447), 매우 학식이 높은 이븐-카말(940/1533년 사망, *EI* IV, 879-881), 이들 가운데 마지막인 탁월한 이븐-알-힌나이(=키날리자데 알리 첼레비, 979/1572년 사망, *GAL* II, 433) 등이 있다[ḤḪ I, 680].

15세기부터 18세기에 이르는 오스만 제국의 번역활동은 그 역사에서 주요한 장을 이루지만, 아직 충분히 연구되지 않았다. 아라비아어로 번역된 언어는 많았지만, 주로 그리스어와 라틴어였다. 예를 들어 내가 방금 언급한 역사가 카티브 첼레비만이 아니라 그와 같은 시대에 살았지만 나이가 어렸던 후사인 헤자르펜(1089/1678~1679년경 사망)은 역사적 작업을 위하여 그리스어와 라틴어 자료를 번역하게 했다.[39] 그러나 가장 중요한 것으로는 '정복자' 술탄 메흐메드 2세 파티흐가 "문화적 관용"과 그리스 문헌에 대한 관심으로 유명하다는 사실을 들 수 있다. 그는 알렉산드로스 대왕을 모범으로 삼았다고 알려져 있다. 그러나 그가 자신을 제2의 알-마문으로 보았을 수도 있다는 사실은 아직 연구되지 않았다. 알-마문 이후의 전통—알-마문 자신도 이 전통을 만들어내는 데 협력했다—에서 알-마문은 번역운동과 고대 학문의 위대한 보호자로 인식되었기 때문이다. 현재 메흐메드 2세의 궁정에서 복사한 수많은 그리스어 필사본—그 가운데 일부는 알-마문 개인이 사용하려는 것이었다—이 확인되었다. 거기에는 아리아노스의 『알렉산드로스 원정기Anabasis of Alexander the Great』도 있고, 흥미롭게도 데메트리오스 키도네스(1397/1398년 사망)가 토마스 아퀴나스의 『대이교도 대전Summa contra gentiles』(Vat. gr. 613)을 그리스어로 번역한 것도 있다. 메흐메드 2세는 그리스어 저작의 아라비아어 번역도 요청했는데, 여기에는 프톨레마이오스의 『지리학Geography』(아미루트체스 역)과 비잔틴의 마지막 이교도인 게오르기오스 게미스토스 플레톤*(1452년 사망)의 『칼데아의 신탁Chaldean Oracles』도 있다.[40] 마지막으로 그는 그리스어-아라비아어 번역운동으로 시작된 전통에서 곧바로 파생된 아랍 철학 저작을 의뢰했다. 아베로에스의 알-가잘리에 대한 『반박서Tahāfut at-tahāfut』에 대한 최고의 재반박을 뽑는 대회를 열기도 했는데, 여기에서는 위에 인용한 구절에서 핫지 할리파가 언급한 흐와자-자다의 『자기모순Tahāfut』이 일등을 차지했다.[41] 그는 또 유명한 시인이자 학자인 알-자미(898/1492년 사망)에게 신학, 신비주의, 철학 각각의 장점을 평가하는 논문을 써달라고 요청했다.[42]

마지막으로 이 기록을 앞에서 언급한 만큼 흥미롭지만 전혀 연구되지 않았다고 말할 수 있는 또 다른 몇몇 번역활동으로 마무리해보자. 18세기 1사분기의 튤립 시대* 동안 대재상 다마드 이브라힘 파샤의 후원하에 오스만 학자 아사아드 알-야니와위(1134/1722년 사망, *GAL* II, 447, *GALS* II, 665)는 압바스 왕조 초기의 아리스토텔레스 저작 번역에 불만을 품고, 행정부의 몇몇 그리스인 관리에게 그리스어를 배워 『자연학』을 비롯한 아리스토텔레스의 논문 몇 편을 새로 번역하고, 『오르가논』에 관한 논리적인 주석을 썼다. 스코피에 출신인 그의 제자 아흐마드는 이 필사본을 베꼈는데(현재 이스탄불, 하미디예 812에 있다), 여기에는 알-파라비의 『오르가논』 요약서 전체가 포함되어 있다.[43] 콘스탄티노플의 총주교가 관장하는 아카데미아의 교장인 프루사(부르사)의 니콜라오스 크리티아스(1767년 사망)는 저명한 아리스토텔레스 연구자 테오필로스 코리달레우스의 논리학 저작을 아라비아어로, 또는 어쩌면 터키어로 번역했을 것이다.[44] 18세기가 되어서까지 활발하게 이루어지던 오스만 제국의 이런 그리스어-아라비아어(또는 어쩌면 그리스어-터키어) 번역활동은 당대에 번창하던 그리스 학자들의 아리스토텔레스 철학 연구와 밀접하게 관련이 있었지만, 최근에야 빛을 보기 시작했다.[45]

해외 유산: 번역운동과 9세기에 등장한 최초의 비잔틴 인문주의

번역에는 번역할 원본이 필요하다. 번역활동을 낳을 만한 모든 요인이 우호적이라 해도 원형적인 텍스트를 이용할 수 없으면 그런 운동은 생겨날 수 없다. 이렇게 생각하면 곧바로 8세기에 번역자들이 다가갈 수 있었던 지역, 즉 이슬람 세계와 비잔틴에서 그리스어 필사본의 상태에 관한 의문이 떠오른다.

이유는 다양하지만, 비잔틴 연구자들은 이 문제에 상당한 관심을 기울여왔다. 그들에게 8세기는 그리스어 소문자가 처음으로 유행하면서 표준으로 사용된 시기이며, 우상 파괴적 논쟁이 일어나던 엄청난 격변의 시기이며, 비잔틴의 "암흑시대"였다. 이 핵심적 세기를 연구하기 위한 정보가 전체적으로 부족한 상황에서 필사본은 믿을 만한 소수의 자료 가운데 하나며, 그에 따라 상대적으로 집중 연구되어왔다. 비잔틴 연구자들마다 강조점이 다르고 의미 차이는 있지만, 그래도 일반적으로 합의가 이루어진 것은 첫째, 우리가 이 시기에 관해 거의 알지 못한다는 것, 둘째, 우리가 아는 얼마 안 되는 것에 비추어보자면 이 시기 그리스의 세속적 필사본—이 필사본들이 아라비아어로 바쁘게 번역되던 시기다—의 상태를 정리해보면 약간 황량한 그림이 나온다는 것이다. 비잔틴 연구자들이 아라비아어를 모른다는 점을 고려하면 이해할 만한 일이지만, 그리스어-아라비아어 번역운동은 그런 논의에 등장하지 않았다.

우선 8세기 중반부터 말까지, 즉 그리스어-아라비아어 번역운동이 시작되기 전까지 세속적 저작을 포함한 기존의 모든 그리스어 필사본은 언셜* 글자체, 즉 그리스어 대문자로 기록되었다. 소문자는 이 무렵에 사용되기 시작했으며, 비잔틴의 그리스어 담당 서기들이 필사본을 소문자로 옮겨 쓰기까지는 상당한 시간이 걸렸다. 언셜 문자체 필사본과 소문자 필사본의 구별은 그 수와 이용 가능성을 판단하는 데 중요하다. 오래된 대문자는 단정하지만 부담스러우며, 흘려쓰는 작은 소문자보다 공간도 많이 차지한다. 이것은 사본을 옮겨쓰는 데 소문자보다 언셜 글자체가 더 오래 걸리며, 따라서 대문자 필사본이 소문자 필사본보다 비싸진다는 뜻이다. 글은 불가피하게 동물 가죽, 즉 양피지에 쓸 수밖에 없었다. 파피루스도 사용되었지만, 주로 이집트에서만 사용되었다. 이집트 밖에서는 습도가 높아 쉽게 상했기 때문에 쓸모가 제한되었다.

이런 상황이었기 때문에 이 시기에(그리고 9세기에도 내내) 비잔티움에서는 이렇다 할 서적 거래가 없었던 것처럼 보이는 것도 이해할 만한 일이다. 책 제작은 고되고 비용이 많이 드는 일이었기 때문에 책 수십 권을 갖춘 아주 수수한 서재를 갖는 일도 대부분의 부유한 지식인의

재산으로는 감당할 수 없는 일이었다.[46]

둘째로 우리는 비잔틴 세계의 도서관에 관해서는 상대적으로 아는 것이 거의 없다. 이 주제와 관련된 정보가 빈약하기 때문이다. 특히 이 책에서 우리의 목적과 관련 있는 9세기 이전 시기에 관해서는 거의 아무것도 알지 못한다. 그러나 9세기 이후의 상황을 근거로 조심스럽게 추정해 보면, 주요한 장서는 수도원, 비잔틴 정부의 고위 공직자들의 서재(황실 서재를 포함하여), 개인 서재에서 찾아볼 수 있었을 것이다.[47]

이런 그림은 비잔티움 역사의 이른바 암흑시대인 8세기의 전반적 기조나 그것이 고전 문화의 생존에 미친 참담한 영향과 일치한다. 특히 7세기 중반부터 이미 시작된 이 시기는 세속 문헌에 대한 관심이나 그 생산이 완전히 사라진 때였다.[48] 그 결과 세속적 내용이 담긴 필사본의 복사는 이루어지지 않았다. 그런 수요가 없었으며, 그것을 요구하는 학자나 과학자도 없었다. 우상 파괴적 논쟁의 시기에는 묘하게도 과학이나 철학에서 탁월한 인물이 나타나지 않았다. 그러다가 9세기에 접어들면서 점차 학문활동이 다시 등장하고, 이런 활동이 활발해지면서 폴 르메를이 "최초의 비잔틴 인문주의"라고 부른 상황이 전개된다. 르메를은 같은 제목의 고전적 저서에서 이런 "르네상스"의 원인은 비잔티움 내부의 발달에서 구해야 한다면서, 아랍의 영향을 제시한 이론들을 분명하게 거부했다.[49] 외부의 영향은 영향을 수용할 수 있는 내부의 내재적 요인들이 있을 때에만 어떤 사회에 영향을 줄 수 있다는 일반적 의미에서는 물론 르메를의 말이 옳다. 본서에서도 그런 점이 입증했기를 바란다. 그러나 르메를이 9세기 비잔틴 르네상스의 순수성을 입증하기 위해 그 경계 너머와 연결되지도 않고 또 외부에서 벌어지는 사건을 알지도 못하는 밀폐되고 봉인된 사회를 가정한 것은 잘못이다. 비잔틴 사람들은 바그다드의 학문활동과 번역운동을 잘 알고 있었으며, 그것이 그들의 9세기 르네상스에 의미심장한 방식으로 영향을 준 것은 분명하다.

이런 영향의 증거는 빈약하며, 대개 사료에 나오는 일화다. 아라비아 쪽에서 보자면 칼리프나 학자들이 그리스어 필사본을 찾아오라고 비잔티움으로 보낸 사절단에 대한 언급이 몇 번 나온다. 또 도시를 약탈한 뒤 얻은 그리스어 책에 관한 보고도 있는데, 가장 유명한 곳은 알-무타심이 약탈한 아모리움Amorium(223/838)이다. 사료에 나오는 이런 보고는 사실일 수도 있고 아닐 수도 있지만, 우리의 목적에 부합할 만큼 구체적이지 않기 때문에 어차피 가치가 없다. 물론 아라비아어로 번역된 모든 그리스어 글의 번역자들은 그리스어 원본으로 작업을 했을 것이고, 어딘가에서 원본을 얻었을 것이다. 하지만 원래의 그리스어 필사본의 정확한 출처와 날짜를 알지 못하는 한, 특정한 칼리프가 필사본을 얻으러 학자를 "비잔티움"에 보냈다는 정보로 우리 지식수준이 나아지지는 않는다.

그런 보고를 유용하게 해석한다는 것은 아라비아어 번역자들이 사용한 그리스어 필사본의 출처를 확인한다는 뜻이다. 물론 정보와 자료가 매우 부족하다는 점은 인정하지만, 이 면에서 아랍 학자들은 비잔틴 학자들만큼 부지런하지 못했다. 번역된 시기에 나온 아라비아어 필사본들은 현재 남아 있지 않으며, 아라비아어로 번역하는 데 사용되었는지 확인하기 위해 9세기와 10세기의 그리스어 필사본이 연구된 적도 없다.[50] 마지막으로 아라비아어 서지 문헌도 도움이 되지 않는다. 이 경우에도 유일하고 부분적인 예외는 후나인의 『리살라』인데, 여기에서 그는 가끔 그리스어 필사본을 발견한 도시를 언급한다. 예를 들어 후나인은 갈레노스의 『증명에 관하여De demonstratione』를 두고 이렇게 말한다.

> 지브릴[이븐-부흐티슈]이 엄청난 노력을 기울였고, 나 자신도 아주 열심히 찾아보았지만 지금[즉 863년경]까지 우리 시대 사람 가운데 누구도 [갈레노스의] 『증명에 관하여』의 완전한 그리스어 필사본을 본 적이 없다. 나는 그것을 찾아 메소포타미아 북부, 시리아 전역, 팔레스타인, 이집트를 돌아다니다 알렉산드리아에 이르렀다. 결국 나는 다마스쿠스에서 순서도 엉망이고 불완전한 반쪽짜리를 찾았을 뿐이다.[51]

후나인이 그리스어 필사본과 관련하여 언급하는 다른 도시는 알레포와 하란이다.[52] 비잔틴 관할권에 있는 도시, 특히 콘스탄티노플을 한 번도 언급하지 않은 것은 흥미로운 일이다. 후나인이 자신을 지칠 줄 모르는 문헌학자이자 다른 번역자들에 대한 엄격한 비평가로 제시하는 『리살라』의 기조로 볼 때, 만일 콘스탄티노플에서 그리스어 필사본이 발견되었다면 그것을 언급하지 않았을 리 없다. 사실 이 정보는 위에서 언급한 대로 7세기에서 9세기에 걸쳐 그리스어 필사본이 소장된 도서관에 관하여 우리가 알고 있는 얼마 안 되는 내용과도 일치한다. 물론 우리는 후나인이 수도원과 교회와 개인 서재에 있는 그 필사본들을 찾아다녔을 것이라고 추측할 뿐이다.[53]

비잔틴 쪽에서도 철학자 레오를 다룬 『테오파네스 콘티누아투스 Theophanes continuatus』에 비슷한 일화가 실려 있다. 알-마문에게 생포된 그의 제자 가운데 한 사람이 레오에게서 얻은 기하학 지식으로 칼리프를 놀라게 했고, 레오의 수학 지식에 눈이 휘둥그레진 알-마문이 그를 데려다 쓰려고 찾았다는 것이다. 이 이야기에 따르면, 비잔틴 황제가 레오에게 역제안을 하여, 레오는 결국 보수를 받는 공적인 교사 자리에 앉게 된다. 믿기 어려운 일이지만, 비잔틴 학자들은 이 동화 같은 이야기에 신빙성이 있다고 본다.[54] 물론 알-마문은 에게 해의 섬 안드로스(!)에서 수학을 독학했다고 전해지는 레오를 데려다 쓸 일이 없었을 것이다. 알-마문은 다른 많은 뛰어난 학자와 더불어, 고전 대수학의 창건자인 무함마드 알-화리즈미를 자신의 궁정에 두고 있었기 때문이다.[55] 이 이야기의 가치는 콘스탄티노플의 비잔틴 사람들이 바그다드에서, 나아가 알-마문의 궁정에서 학문활동이 이루어지고 있다는 사실을 알았다는 바로 그 점에 있다. 그 외에는 쓸모없다.

이 문제와 관련하여 유일하게 믿을 만한 증거는 두 출처에서 나온다. 하나는 점성학자의 보고이고, 또 하나는 그리스어 필사본들의 분석이다. 점성학자는 처음 수십 년 동안 바그다드에서 활동했으며, 알-마흐디의 점성학자인 테오필루스[*GAS* VII, 49]의 동료였던 것으로 보이는 철학자 스테파누스[*GAS*, VII, 48]이다. 그는 790년대에 콘스탄티노플에서 쓴 점성학을 위한 변명에서 이 도시에 천문학적이고 점성학적인 학문이 없다고 하면서, 점성학은 정치와 제국에 도움을 주기 때문에(당시 바그다드에서 유행하던 정치적 점성학을 옹호하는 주장을 되풀이한 것이다) "이 유용한 학문이 앞으로는 다시 사라지지 않도록 로마인들에게서 새롭게 시작되고, 기독교인에게 이식될" 필요가 있다고 주장했다. 스테파누스는 바그다드의 학문 발전 소식만이 아니라 구체적인 수학과 점성학 정보도 콘스탄티노플로 가져왔다. 그 결과 792년 콘스탄티누스 6세의 점성학자 판크라티우스는 테오필루스의 한 저작에 묘사된 점성학 기법을 이용하여 점성용 천궁도를 만들기도 한다.[56]

필사본 증거는 150년이 넘는 것으로 보이는 휴지기 뒤인 800년경 세속 그리스어 필사본이 다시 복사되기 시작했다는 사실이다.[57] 몇 세대의 비잔틴 학자들이 전문적인 솜씨로 꼼꼼하게 작업한 결과 9세기의 첫 75년간 나온 필사본 가운데 현존하는 것들은 모두 확인되었다. 이 필사본들은 9세기 르네상스의 주요한 직접적 증거일 뿐 아니라, 옛 언셜 글자체 필사본—대부분의 고전 문헌이 이 글자체로 기록되어 보존되어 왔다—을 베끼는 것을 목표로 한 운동 과정에서 대부분 새로운 소문자 서체로 기록되었기 때문에 계속 비잔틴 학자들의 주목을 받았다.[58] 그 목록을 잠깐만 훑어봐도 대다수, 아니, 거의 전부가 과학적이고 철학적인 저작이었다는 것은 금세 분명해진다. 본서의 주제와 관련하여 당연히 제기되는 문제는 이런 필사본이 복사되던 바로 그 순간에 바그다드에서 진행되던 번역운동과는 어떤 관계를 맺고 있었느냐 하는 것이다. 표1은 이 시기에 나온 것으로 알려진 모든 필사본에 담긴 저작과 더불어 아라비아어 번역의 상태와 날짜를 나란히 배치하여 그 전체를 개략적으로 보여주고 있다. 두 번째 단은 그리스 필사본이 U[언셜문자체]로 기록되었는지, 아니면 M[소문자체]으로 기록되었는지 보여준다.[59]

이 표는 아라비아어로 번역된 저작들과 9세기의 첫 50년 동안 복사

표1 그리스어 필사본과 아라비아어 번역으로의 전환

시기	U/M	저자	저작	그리스어 필사본	확인된 최초의 아라비아어 번역60
800–830	M	테온	프톨레마이오스의 『알마게스트』 주해	Laurentianus 28, 18	"오래된 번역" F 268.29; *GAS* VI, 86
800–830	M	파푸스	프톨레마이오스의 『알마게스트』 주해	Laurentianus 28, 18	* *GAS* V, 175
800–830	U	프톨레마이오스	『알마게스트』	Parisinus gr. 2389	805년 이전 번역; *GAS* VI, 88
800–830	U	디오스쿠리데스	『약물지』	Parisinus gr. 2179	스테파노스 이븐 바실 역; *GAS* 111,58
800–830	M	아에기나의 파울로스		Paris, suppl. gr. 1156	814년 이전; *GAS* III, 168
800–830	M	아에기나의 파울로스		Coislin. 8, 123	814년 이전; *GAS* III, 168
800–830	U	아리스토텔레스	『궤변논박론』	Paris, suppl. gr. 1362	785년 이전; *DPA* I, 527
813/20	U	프톨레마이오스	『알마게스트』	Vaticanus gr. 1291	805년 이전 번역; *GAS* VI, 88
813/20	U	프톨레마이오스	『알마게스트』	Leidensis B.P.G. 78	805년 이전 번역; *GAS* VI, 88
813/20	U	테온	프톨레마이오스의 『알마게스트』 주해	Leidensis B.P.G. 78	제1항목 참조
830–850	M	프톨레마이오스	『알마게스트』 기타	Vaticanus gr. 1594	805년 이전 번역; *GAS* VI, 88
830–850	M	유클리드	『원론』	Vaticanus gr. 190	800년 이전; [206~207쪽*]

830–850	M	유클리드	『여건』	Vaticanus gr. 190	850년경; *GAS* V, 116
830–850	M	테온	프톨레마이오스의 『음율학』 주해	Vaticanus gr. 190	야쿠비 이전; *GAS* V, 174, 185
830–850	M	테오도시우스	『구면학』 등	Vaticanus gr. 204	*GAS* V, 154–156
830–850	M	아우톨리코스	『구면학』 등	Vaticanus gr. 204	*GAS* V, 82
830–850	M	유클리드		Vaticanus gr. 204	800년 이전; [206~207쪽*]
830–850	M	아리스트라코스		Vaticanus gr. 204	*GAS* VI, 75
830–850	M	힙시클레스	『별의 상승』	Vaticanus gr. 204	*GAS* V, 144–145
830–850	M	에우토키오스		Vaticanus gr. 204	*GAS* V, 188
830–850	M	마리노스	유클리드의 『여건』 주해	Vaticanus gr. 204	유클리드 참조?
830–850[61]	M	아리스토텔레스	『동물부분론』 『동물진행론』 『동물발생론』 『장수와 단명에 관하여』 『호흡에 관하여』	Oxon. Corp. Chr. 108	800년경; *DPA* I, 475
850 경	M	아리스토텔레스	『자연학』 ff. 1r–55v	Vind. phil. gr. 100[62]	800년까지 [105~107쪽*]
850 경	M	아리스토텔레스	『천체론』 ff. 56r–86r	Vind. phil. gr. 100	850년까지 [204쪽*]
850 경	M	아리스토텔레스	『생장소멸론』ff. 86v–102r	Vind. phil. gr. 100	『자연학』 참조?
850 경	M	아리스토텔레스	『천체론』f. 102v–133v	Vind. phil. gr. 100	850년까지 [204쪽*]
850 경	M	아리스토텔레스	『형이상학』 ff. 138–201	Vind. phil. gr. 100	842년까지; *DPA* I, 529

850 경	M	테오프라스토스	『형이상학』 ff. 134r–137	Vind. phil. gr. 100	900년 이전[63]
850 경	M	아리스토텔레스	『동물지』 VI, 12–17: ff. 13–14	Paris, suppl. gr. 1156[64]	800년경; *DPA* I, 475
850–880	M	프톨레마이오스	[『알마게스트』?]	Vat. Urbinas gr. 82	805년 이전 번역; *GAS* VI, 88
850–880	M	플라톤	『사부작집』 VIII, IX	Paris. gr. 1807	완역된 적 없음(?)
850–880	M	틸로스의 막시무스		Paris. gr. 1962	?
850–880	M	알비노스		Paris. gr. 1962	번역된 적 없음(?)
850–880	M	프로클로스	『티마이오스』 주해	Paris. suppl. gr. 921	*
850–880	M	올림피오도로스	플라톤 주해	Marcianus gr. 196	번역된 적 없음(?)
850–880	M	심플리키우스	『자연학』 V–VIII 주해	Marcianus gr. 226	*
850–880	M	필로포누스	『프로클로스 논박』	Marcianus gr. 236	*GAP* III, 32, note 52
850–880	M	다마스키우스	『파르메니데스』= 『기원론』 주해	Marcianus gr. 246	번역된 적 없음(?)
850–880	M	아프로디시아스의 알렉산드로스	『문제집』 『영혼론』 『운명론』	Marcianus gr. 258	*DPA* I, 132–3
850–880	M	프로클로스	『국가』 주해	Laurentianus80,9	*
850–880	M	프로클로스	『국가』 주해	Vaticanus gr.2197	*
850–880	M	다양한 저자	지리학, 학설집	Palat. Heidelb. gr.398	다양한 번역
9세기		아리스토텔레스	『명제론』 17a35–18a16	Damascus[65]	9세기 경; *DPA* I, 514

된 최초의 세속 그리스어 필사본 사이의 명백한 상관관계를 거의 완벽하게 보여준다. 이 증거는 다음과 같은 요인들을 고려하여 해석될 수 있다. 우선 9세기 상반기부터 보도록 하자. (a) 『궤변논박론』의 언셜 글자체 단편 하나를 제외하면 복사된 모든 저작은 과학적 성격을 지닌 것이며, 그 가운데서도 수학과 천문학이 지배적이다. 의학은 디오스쿠리데스 하나뿐이며, 그 외에 의학/생물학으로는 파울로스의 백과사전(Paris. suppl. gr. 1156)과 아리스토텔레스의 『동물지Historia animalium』가 있다.[66] (b) 9세기가 막 시작되었을 때 비잔틴 학자 가운데 이런 저작들에 관심을 가진 사람, 또는 이것을 연구할 수 있을 만한 훈련을 받았거나 수학 지식을 가진 사람이 있었다는 정보는 전혀 없다. 이런 필사본들이 복사되기 직전인 790년대에 콘스탄티노플에 갔던 철학자 스테파누스는 바로 이런 과학이 전혀 없다는 사실을 목격했던 것이다. (c) 앞에서도 이야기했듯이 스테파누스는 몇 가지 점성학 지식을 바그다드에서 콘스탄티노플에 전한 것이 분명하다. (d) 이 텍스트 전체(이 주제와 관련된 아라비아학 연구자들의 작업이 이제 막 시작되기는 했지만, 파푸스*의 『알마게스트』 주해와 마리노스의 유클리드의 『여건』 주해는 예외일 수도 있다)가 아라비아어로 번역되어, 9세기 중반까지 집중 연구되었다. 앞에서 보았듯이, 천문학과 수학은 아라비아어로 독자적으로 계발되고 급속하게 발전한 최초의 과학으로 꼽힌다.

이 상관관계는 원인과 결과로 연결되어 있는 것이 분명해 보인다. 기본적으로 두 가지의 선택이 가능하다. 하나는 그리스어 필사본들이 이 저작들의 아라비아어 번역을 모방하여 또는 그것에 대한 반응으로 복사되었다는 것이다(그러나 "모방"이나 "반응"은 비잔틴 사회에서 유기적으로 뻗어나온 것으로 이해되어야 하는데, 이것은 비잔틴 학자들이 해명해야 할 문제다). 또 하나는 이것이 복사된 것은 아랍인의 구체적 요구가 있었고 이런 작업에 대한 청탁이 있었기 때문이라는 것이다. 이 두 가지가 동시에 작동할 수도 있는 것이라면, 굳이 둘 가운데 하나를 선택하는 문제로 볼 필요는 없다.

하지만 전체적인 흐름에서 상대적으로 분명해 보이는 것은 다음과 같다. 800년, 즉 하룬-앗-라시드의 치세가 끝나기 전까지 바그다드에서 번역운동이 활발하게 진행되었으며, 이 운동은 점성학, 천문학, 수학에 집중되었다. 사절 같은 다양한 경로를 통하여, 그러나 무엇보다도 여행하는 학자들을 통하여 콘스탄티노플의 지식인들은 바그다드에서 전개되는 상황을 알게 되었다. 그들은 아라비아어로 이루어진 과학 발전에 관해 들었으며(천문학의 경우에는 판크라티우스의 예처럼 일부를 배우기도 했다), 세속 그리스어 저작의 필사본에 대한 수요도 알고 있었다. 이런 맥락에서 필사본은 다양한 이유로 복사되었을 것이다. 경제적으로 보자면 아랍인의 수요를 충족시키는 그리스어 필사본 복사는 수지가 맞는 기획이었을 것이다. 우리는 그 보수가 높았다는 사실을 알고 있다. 쿠스타 이븐-루카 같은 교육받은 젊은이가 자본의 일부로 필사본을 들고 고향을 떠나 바그다드로 갔다면, 이슬람 제국의 경계 안팎에 있는 그리스어 담당 서기들이 이 상황을 이용해 경제적인 이익을 구하려 하지 않았을 리 없다. 수요가 있다는 소식은 분명히 빨리 퍼졌을 것이다. 후나인은 필사본을 찾아 비옥한 초승달 지대 전역과 이집트를 찾아다녔다고 전한다. 그는 찾아가는 도시마다 그런 필사본이 있을 만한 곳을 돌아다녔을 것이다. 앞서 언급했듯이 시리아어와 그리스어를 하는 기독교 공동체, 수도원, 개인 서재를 가진 기독교인 저명인사의 집 등이 그런 곳이었다. 이런 공동체로부터 수요가 있다는 소식—그리고 충분히 예상할 수 있는 일이지만, 후나인의 계속되는 주문 소식—이 금세 소아시아와 콘스탄티노플로 퍼졌을 것이다. 세속 필사본 복사에 대한 비잔틴 사람들의 관심 부활을 사회학적으로 설명하게 되면, 철학자 레오와 알-마문에 관한 신화도 비잔틴 지식인이 아랍 학자의 학문적 우월성을 의식하고 그것을 모방하고 싶어했던 소망의 표현된 것으로 해석할 수 있을 것이다.[67] 이런 소망은 실재했다고 보아도 무방한 것이, 13세기에 이르기까지 다음 수백 년 동안 아랍과 페르시아의 수많은 과학 저작이 아라비아어로부터 비잔틴 그리스어로 번역되었기 때문이다. 번역된 주제들 가운데 가장 두드러진 것은 점성학, 천문학, 의학, 연금술, 꿈 해석이었다.

표1 가운데 9세기 후반에 복사된 그리스어 필사본에서는 그전과 현저하게 다른 모습이 나타난다. 다루는 주제는 거의 전적으로 철학적이며, 같은 저작의 아라비아어 번역과의 상관관계는 부분적일 뿐이다. 아리스토텔레스의 저작과 주해는 물론 아라비아어로 번역되었지만, 플라톤의 주해는 번역되지 않았을 가능성이 높다. 9세기 후반 아라비아의 철학적 연구, 그리고 비잔틴에서 포티우스나 아레타스와 더불어 새로 생겨난 고전 연구에 대한 관심, 이 둘 사이의 차이는 아랍과 비잔틴 양쪽에 의미심장하다. 아라비아 쪽에서 플라톤주의적 자료를 무시한 것은 거의 틀림없이 아부-비슈르 맛타와 그의 제자 알-파라비가 대표하는 아리스토텔레스주의의 융성과 관계가 있었을 것이다. 비잔티움의 상황은 비잔틴 지식인들의 그리스어-아라비아어 번역

운동에 대한 반응의 맥락에서 해석되어야 할 것이다. 9세기 전반기에 복사된 그리스어 필사본들의 상황과는 완전히 반대로, 포티우스의 『도서 총람Bibliotheca』에 나오는 세속 저작의 목록과 아라비아어로 번역된 저작들 사이에 겹치는 것이 거의 없다는 사실(갈레노스, 디오스쿠리데스, 아나톨리오스의 저작 일부 외에는)에 주목하여 이것이 우연일 뿐이냐고 물어볼 수도 있을 것이다. 미래의 연구는 9세기 바그다드의 아랍어 학문과 콘스탄티노플의 르네상스 사이의 변증법 문제를 진지하게 다루어야 할 것이다. 그러나 그전이라 해도, 그리스어-아라비아어 번역운동이 최초의 비잔틴 인문주의와 직접적인 인과관계가 있으며, 또 번역운동을 육성한 이슬람 세계의 아랍 학문 전통을 통하여, 암흑시대의 공포 이후 비잔티움의 고대 학문 부활과도 직접적인 인과관계를 맺고 있다고 결론내릴 근거는 충분하다.

エピローグ># エ피로그
에필로그

 번역은 늘 문화적으로 창조적인 활동이며, 이 점에서는 "원작"을 쓰는 것과 마찬가지다. 번역과 관계 있는 모든 일은 주는 쪽의 문화와는 다른 받아들이는 문화와 관련을 맺고 그 문화에 의미를 가진다. 뭔가를 언제 번역하겠다고 결정하는 일, 무엇을 어떻게 번역하겠다고 결정하는 일, 번역된 것을 수용하는 일은 받아들이는 문화에 의해 결정되며, 따라서 그 문화에 의미를 가진다. 극단적이지만, 바로 그런 극단적인 면 때문에 훌륭한 예증이 되는 것으로 앙투안 갈랑*이 『천일야화 Thousand and One Nights』를 번역한 것이나 에드워드 피츠제럴드*가 우마르 알-하이얌의 『루바이야트Rubā'iyyāt』를 번역한 것을 들 수 있다. 이 번역들은 아라비아와 페르시아가 아니라 프랑스와 영국 문학에서 창조적인 순간을 차지한다.

 이런 측면에서 그리스어-아라비아어 번역운동은 예를 들어 하디스 연구나 쿠란 주석, 심지어 그 시기의 "최신" 시詩 못지않게 의미심장한 표현이고, 그 못지않게 독창적인 창조였다.[1] 이것이 고전 전통의 그리스어 텍스트에 기초를 둔 것은 분명하지만, 지난 200년간 서구의 연구가 열심히 증명해온 것처럼, 하디스, 쿠란 연구를 비롯한 다른 모든 이슬람 학문의 특징들이 아랍 이교 신앙, 유대교, 기독교, 그노시스주의, 힌두교 등 간단히 말해서 이 지역과 그 너머에 존재하는 이전의 전통, 종교, 문화의 요소들을 갖고 있는 것 또한 분명하다. 따라서 20세기 말이면 내가 본서의 제사로 가져온 "한편으로는 제국 때문에 모든 문화는 서로 관련되어 있으며, 어떤 것도 순수하게 단독인 것은 없다"는 에드워드 사이드의 말을 받아들일 만큼 역사적 이해가 바로 잡히기를 기대해본다. 문제는 제국을 통하여 서로 다른 구성 요소들이 우리가 연구하고 있는 독창적인 문화적 구성으로 융합되어가는 특정한 역사적 과정을 설명하는 것이다. 핵심은 디테일에 있다. 특정한 시간과 장소에서 융합이 일어난 이유를 확인하기 위해서도 그렇고, 거꾸로 겉으로 보기에는 똑같은 요소들이 존재함에도 불구하고 다른 곳에서는 왜 그런 융합이 없었는지 설명하기 위해서도 그렇다.[2] 비잔틴 사회는 그리스어를 사용할 뿐 아니라 그리스 문화의 직접적 상속자임에도 불구하고 왜 초기 압바스 왕조의 과학적 발전 수준에 결코 이르지 못하고 나중에 결국은 고전 그리스 시대까지 거슬러올라가는 사상들을 아라비아어에서 번역해왔는가 하는 오랜 수수께끼가 좋은 예일 것이다.[3] 이런 분석에서는 개인들의 기여도 큰 시야에서 보아야 한다. 나는 서두에서 레슈아이나의 세르기우스와 보이티우스가 6세기 초 그리스 문화 보급의 두 대척점에서 아리스토텔레스의 철학에 표현된 철학과 과학들—따라서 그들의 시대에 알렉산드리아 학문에서 이해되던 모든 지식—을 번역하고 거기에 주석을 다는 기획을 구상했다는 말을 했다.[4] 그런 기획을 떠올린 것은 이들 개인의 명예지만,

그들이 실패한 것은 그들이 처한 환경의 비우호적 조건을 보여준다.

따라서 그리스어-아라비아어 번역운동은 그것이 한 구성 요소가 되는 초기 압바스 왕조 제국의 사회적·정치적·이데올로기적 역사와 떼어놓고 이해할 수 없다. 최종적으로 배경을 이루는 모든 필수 조건들을 고려할 때, 칼리프와 지배 엘리트의 모든 정책 결정, 자세히 논의한 모든 사회적 요인과 학문적 요구가 전례 없는 번역운동을 낳고, 인류사 전체에서 또 특수하게 아랍 역사에서도 가장 생산적·진보적이라고 꼽히는 시기에 박차를 가하는 쪽으로 실제로 기능하게 만든 근본적인 차별 요인들은 무엇일까?

문제의 핵심은 압바스 혁명 뒤 알-만수르가 새 도시를 창조한다는 천재적인 관념을 통하여 바그다드에 새로운 사회적 구성을 창조한 것에 놓여 있는 듯하다. 이것은 본질적으로 이전 체제로부터 전해져온 속박에서 벗어나 모든 것을 새롭게 시작하는 권한을 자신에게 부여한다는 의미였다. 물론 그렇기 때문에 혁명을 혁명이라고 부르는 것이지만, 알-만수르는 이런 핵심 특징을 파악하고 그것을 더 밀고 나간 것으로 보인다. 그는 왕조 혁명과 사회 혁명의 이득을 공고히 다지면서, 그 자신의 방식대로 새 체제를 만들 수 있는 새로운 지리적 장소를 창조함으로써 미래의 반대 세력을 미리 제압해버렸다.[5] 체제에서 자유롭다는 것은 어떤 집단과 분파가 이슬람 사회에서 행사하는 정치권력을 파괴한다는 의미일 뿐 아니라, 모든 정치 집단이 자신의 지적 토대로 제시한 이데올로기적 구성물, 또 알-만수르가 본 대로, 시간이 흐르면서 정착되어 다른 이데올로기적 구성물에 대립하고 진보를 방해할 수도 있는 이데올로기적 구성물을 제거한다는 의미이기도 했다.

구체적으로 보자. 우마이야 왕조의 기초는 이슬람 이전 아랍 부족주의인데, 이것은 아랍의 확대가 초기에 성공을 거둘 때는 쓸모가 있었지만, 부족적 파벌주의에 의존했기 때문에 왕조가 몰락하기도 전부터 역효과를 낳게 되었다. 우마이야 왕조의 마지막 칼리프 마르완 2세(재위 744~750)가 실질적 수도를 다마스쿠스로부터 하란으로 옮긴 것을 보라. 그의 천도 목적은 시리아 남부와 팔레스타인의 칼브 아랍인을 중심으로 하는 정적에 맞서 카이스 아랍인의 지지를 얻으려는 것이었다. 압바스 혁명과 바그다드 천도는 그 모든 것을 바꾸어놓았다. 물론 카이스족과 칼브족 사이의 경쟁을 제거한다거나, 아랍 부족주의 자체를 제거하는 방법이 아니라, 그것을 중심 무대에서 밀어내버림으로써 정치적·사회적 과정의 주요 모순으로서의 지위를 박탈하는 방법을 사용했다. 우마이야 왕조의 정치적·사회적 구성의 파괴와 더불어, 결과적으로 이 왕조가 지탱했던 모든 이데올로기적 구조도 제거되었다. 그렇다고 우마이야 왕조 이데올로기들—그것을 구체적으로 어떻게 정리하든—이 반드시 번역운동이나 그 문화적 결과와 대립했을 것이라는 뜻은 아니다(물론 나는 다마스쿠스에서 비잔틴 형태의 지적 생활이 살아남았다면 억제 요인이 되었을 것이라고 주장하기는 했지만). 우마이야 왕조의 이데올로기적 구조들을 제거하는 것이 곧 번역운동 같은 새로운 발전에 반대할 가능성이 있는 이데올로기적 입장에 기득권을 가진 권력 집단(예를 들어 우마이야 왕조의 비잔틴 관료), 분파, 계급을 제거하는 것이라는 뜻이다. 이로써 초기 압바스 왕조—실질적으로 알-만수르—는 자유롭게 권력을 확립하고 자신의 이데올로기를 만들 수 있었다. 이와 더불어 다양한 집단과 정치적 협력을 이루고 집단 간의 권력 균형을 유지하는 정책이 펼쳐졌다. 지리학자 이븐 알-파키흐 알-하마다니도 이 점을 인식하여, 290/90년경 다음과 같이 분명하게 이야기했다.

> 바그다드의 좋은 점은 쿠파의 알리파나 시아파의 경우와는 달리, 어떤 (종교적) 파벌의 우두머리가 우위를 점할지 모른다는 위협을 느끼지 않을 수 있다는 것이다. 바그다드에서는 시아파의 적들이 시아파와 함께 살고, 무타질라파의 적들이 무타질라파와 함께 살고, 하리주파의 적들이 하리주파와 함께 산다. 각 집단이 다른 집단을 견제하여, 지도자로 부상하는 것을 막는다.[6]

따라서 바그다드에서 유일한 지배 집단은 압바스 가문이었으며, 이것은 우연이라고 할 수 없다. 알-만수르는 바그다드를 세우고 거기에 이데올로기가 서로 중화하는 분자들이 살게 함으로써, 정치적 중심에서 우마이야 왕조의 가장 큰 특징이라고 할 수 있는 아랍 부족주의를 제거했으며, 자신의 정치적·문화적인 정책을 만들어낼 자유를 얻었고, 앞으로 사회적인 지배 집단이 그런 정책에 맞설 가능성을 미리 없앴다. 그에게 이런 모든 혜택을 부여한 대가의 솜씨가 우연이라고 상상하기는 어렵다. 사실 우마이야 왕조의 몰락과 더불어 정치적이고 이데올로기적인 중심이었던 아랍인 문화 또한 사라졌다. 이 문화는 그 성격상 아랍인으로 태어나지 않은 사람들은 배제하므로, 인종적 배경이 다른 정치적 동반자들과 연합하고 그들의 비위를 맞추어야 한다는, 압바스 왕조가 인식한 필요조건과 양립할 수 없었기 때문이다. 이것을 대신한 것이 언어에 기초한 아랍 문화로, 여기에는 모두 참여할 수 있었다.

이런 식으로 무대가 마련되자, 1부와 2부에서 논의한 모든 요인이 작용하면서 실제로 의미를 띠게 되었다. 또 이런 맥락에서 알-만수르의 사산 왕조 제국 이데올로기 채택이 가능해지고 의미를 지니게 되었다. 이에 수반된 번역운동의 확립도 마찬가지였다. 이 과정은 일단 가동되자 앞에서 논의한 매우 구체적이고 역사적인 이유들 때문에 자력으로 200년 이상 진행되었다.

* * *

이슬람이라는 종교에 관한 한—여기서 내가 말하는 이슬람은 압바스 혁명 시기에 자신이 이슬람교도라고 생각한 모든 사람들이 전하고 이해한 쿠란의 내용과 예언자 무함마드의 관행이다—그들 모두가 알고 있던 이슬람에는 압바스 왕조 엘리트가 장려한 아랍 문화의 더 큰 세계관과 양립하지 못할 것이 전혀 없었다는 사실을 이해하는 것이 중요하다. 올바른 신앙이나 공동체의 정당한 지도자의 기준에 관해서는 그들 사이에 아주 큰 견해차가 있었음에도, 그 점에는 문제가 없었던 것이다. 번역운동이 진행되는 동안 목격된 반응들은 모두 동기가 사회적·정치적·지성적인 것이었다. 거기에는 교조적인 내용이 전혀 없었다. 굳이 말하자면 비율로 보아 지식인들 사이의 규범은 친그리스적 태도이거나 번역된 학문에 대한 무관심 둘 가운데 하나였다. 이후 수백 년 동안 일부 개별 학자, 그리고 더 드문 경우지만 다양한 이슬람 국가의 기성 종교 체제에 속한 특정인이 어느 시점에 아주 구체적인 이유—각 사례마다 분석을 해보아야 한다—로 번역된 학문의 일부 또는 대부분에 반대하기도 했다. 그러나 이 특정인들은 교조적 근거에 기초한 반격이라는 전체 계획 밑에 단결하지 않았으며, 그들의 반대가 전체는 물론이고 그들의 사회 내에서조차 이슬람 정통을 규정하지도 못했다.

* * *

이슬람 사회에서 번역운동의 유산은 깊고 다양하지만, 존재 기간 내내 운동을 양육했던 아랍 과학이나 철학 전통과 따로 이야기하는 것은 역사적으로 부정확하다. 따라서 수용 단계에서 이루어진 번역이, 이후 이 전통의 창조 단계에서 아라비아어로 이루어지는 철학과 과학적 사고의 발전을 자극한다는 그릇된 인상을 받지 말아야 한다. 한편 본서는 아랍 과학과 철학에 관한 책이 아니다. 이런 단서를 염두에 두면, 번역운동 자체의 고유한 특징을 확인하는 것이 가능하다.

그리스어-아라비아어 번역운동의 특수한 언어적 성취는 과학적 개념들을 표현하는 데 적당한 전문 어휘들을 사용한 아랍 과학 문헌 만이 아니라, 과거 이슬람 사회 학문의 지적 성취와 오늘날 아랍 세계의 공동의 유산을 전달하는 데 적당한 높은 수준의 표준어를 만들어냈다는 것이다. 이것이 그리스어에 가지는 의미도 이에 못지않게 엄청나다. 번역운동은 사라진 그리스어 텍스트와 현존하는 텍스트의 더 믿을 만한 필사본 전승 양쪽을 아라비아어 번역의 형태로 보존하여 후손에게 남겼다. 나아가서 세속 그리스어 저작에 대한 수요를 만들어

내, 그것을 빨리 복사하기 위해 언셜 글자체를 소문자체로 바꾸는 과정에서 그 저작들이 그리스어로 보존이 되는 데도 기여했다.

더 넓고 근본적인 수준에서 그 의미는 사상 최초로 과학적이고 철학적인 사고가 국제적인 것이며,[7] 특정 언어나 문화에 얽매이지 않는다는 것을 보여주었다는 데 있다. 초기 압바스 왕조 사회가 만든 아랍 문화가 그리스 과학과 철학 사고의 보편성을 역사적으로 확립하자, 이것은 훗날 이 개념을 그리스어권 비잔티움과 라틴어 세계에 적할 때 모델이 되었고, 그 과정을 촉진하기도 했다. 해당 사례로 비잔티움에서는 9세기 르메를이 말하는 최초의 비잔틴 인문주의와 훗날 팔라이오로고스 왕조의 르네상스, 서구에서는 하스킨스가 12세기 르네상스라고 부른 것과 본래의 르네상스가 있다.

주

개관

1) C. G. Kühn, *Claudii Galeni opera omnia*, 20 vols, Leipzig. 1821~1833; Commentaria in Aristotelem graeca, edita consilio et auctoritate academiae litterarum regiae Borussicae, Berlin, G. Reimer, 1882~1909; K. Praechter의 서평 in *Byzantinische Zeitschrift*, 1909, vol. 18, pp. 516-538; 서평의 영어 번역 in R. Sorabji, Aristotle Transformed, London, Duckworth, 1990, pp. 31-54. 이 시리즈로 출간된 그리스어 주석이 모두 아라비아어로 번역된 것은 아니다. 반면 아랍의 서지학자들은 현재 그리스어로는 존재하지 않는 다른 번역된 주해를 언급한다. 양이라는 측면에서 보자면 번역된 다른 주해가 번역되지 않은 부분을 충분히 메우고도 남을 것이다.

2) 예를 들어 분명히 기독교적 관점에서 나온 Bénédicte Landron의 발언을 보라. 그는 기독교도 번역자들이 사회적 책임과 소명을 느꼈다고 본다. "기독교도[즉 번역자들]는 고대 철학의 유산을 전파하는 데 어떤 책임감, 거의 소명을 느꼈다." in "Les chrétiens arabes er les disciplines philosophiques", *Proche Orient Chrétien*, 1986, vol. 36, p. 24. J. M. Fiey는 심지어 오늘날의 동방 기독교도가 조상들의 기여에 자부심을 느끼기를 바란다 (*Chrétiens syriaques sous les Abbassides, surtout à Bagdad (749-1258)*, Louvain, Secrétariat du Corpus SCO, 1980, p. 31). 최근에도 Joel L. Kraemer의 *Humanism in the Renaissance of Islam*, 2판, Leiden. E.J. Brill. 1992. pp. 76-77에서 초점은 다르지만 똑같은 주장을 찾아볼 수 있다.

3) 예를 들어, S. Ṭaha, "At-Ta'rīb wa-kibār al-mu'arribīn fī I-Islām", *Sumer*, 1976, vol. 32. pp. 345a와 346b는 번역운동을 낳은 요인이 알-만수르가 압바스 정부를 세우고 바그다드 건설을 완료한 뒤 학자들을 후원한 것, 그리고 앗-라시드와 그의 장관을 비롯한 과학 애호가들이 번역을 장려한 것이라고 말한다. Fiey, *Chrétiens syriaques sous les*

Abbassides, p. 31는 알-마흐디 치세의 번역운동 발전이 그의 "호기심" 탓이라고 말한다. 비슷한 발언은 얼마든지 찾아낼 수 있을 것이다. 중세 아라비아어 자료를 보는 이런 관점에서는 알-마문의 아리스토텔레스 꿈에 관한 단순한 이야기도 겉핥기식으로 독해할 수밖에 없는데, 이에 관해서는 나중에 이야기할 것이다.

4) 전체 번역운동의 문화적 측면 또는 문제는 거론되기는 했지만 제대로 다루어진 적은 없다. A. I. Sabra, "The Appropriation and Subsequent Naturalization of Greek Science in Medieval Islam: A Preliminary Statement", *History of Science*, 1987. vol. 25, p. 228에서 제기된 일군의 질문 참조. H. Hugonnard-Roche, "Les traductions du grec au syriaque et du syriaque à l'arabe", *Renontre de cultures dans la philosophie médivale. Traductions et traducteurs de l'antiquité tardive au XIVe siècle*, Lauvain-la-Neuve / Cassino, 1990, p. 132, note 4. F. Rosenthal은 감질나는 암시는 하지만 다음과 같은 말 외에는 더 설명을 하지 않는다. "압바스 왕조 칼리프들은…… 정치적 동기만이 아니라 개인적 동기에서도 번역자들을 후원하고 관대하게 지원했으며, 그들의 활동을 매우 장려했다." *Classical Heritage*, p. 27. George Saliba는 구체적으로 쟁점을 제기하고 일반적인 주장도 하지만, 이 문제를 "우마이아 왕조 후반과 압바스 왕조 초반의 사회적·경제적·정치적 조건"에 대한 추가 연구에 떠넘긴다. "The Development of Astronomy in Medieval Islamic Society", *Arab Studies Quarterly*, 1982, vol. 4, pp. 212-213, 그의 *A History of Arabic Astronomy*, New York and London, New York University Press, 1994, pp. 52-53.

5) C. H. Lohr, "The Medieval Interpretation of Aristotle", in N. Kretzmann, A. Kenny. J. Pinborg(편), *The Cambridge History of Later Medieval Philosophy*. Cambridge, Cambridge University Press. 1982. p. 84. J. Le Goff와 L.M. de Rijk를 참조하고 있다.

6) 계급 구분을 압바스 왕조의 지적 생활과 연결시키려는 학자들의 진지한 시도가 여러 번 이루어졌지만, 이론적 지향은 말할 것도 없고 무엇이 생산적인 접근 방법인가를 놓고도 합의는커녕 그 비슷한 것도 이루어지지 않고 있다. van Ess는 초기 칼람에 관한 많은 연구에서 가끔 신학자들의 사회적 배경을 묘사하기 위해 부르주아지라는 개념을 사용했다(예를 들어 그의 "Une lecture à rebours de l'histoire du mut'azilisme", Revue des Études Islamiques, 1978, vol. 46, pp. 223-224 참조). 그러나 그의 방법은 묘사가 기본을 이룬다. 그의 *Theologie und Gesellschaft im 2. und 3. jahrhundert Hidschra. Eine Grschichte des religiösen Denkens im führen Islam*, Berlin, W. de Gruyter, 1997, IV, pp. 731-737에 나오는 마지막 공식은 이론적으로 중립적이며, 신학자와 다른 지식인들의 다양한 출신 계급과 직업의 차이를 정확하게 기록하는 데 매우 유용하다. 더 이론적인 수준에서, 또 본 연구의 주제와 직접적인 관련이 있는 쟁점들을 다룬 S. D. Goitein은 번역운동 시기에 그리스 과학이 확산된 것이 "새로운 중간계급 덕분"이라고 보았다("Between Hellenism and Renaissance-Islam, the Intermediate Civilization", *Islamic Studies*, 1963, p. 227과 주석들). 이것은 사실이며 굳이 이야기할 필요도 없다. "중간 계급" 또는 부르주아지의 지적 활동은 글을 읽는 능력을 전제하고 이것은 부와 여가를 전제하며 다시 도시와 경제적 번영

을 전제하는데, 이것이야말로 첫 아랍 정복의 결과, 근동에서 벌어진 일이기도 하다. 문제는 그런 요인들(그리고 거기에 따라붙는 계급 개념)과 특정 번역운동의 상관관계를 인과적으로 설정하는 것, 그리고 똑같은 계급과 사회적 요인이 관찰되는 다른 사회적 상황에서는 번역운동 같은 활동이 없었던 이유를 설명하는 것이다. 사회의 모든 계층에 관한 그런 모든 연구에서 증거들이 쌓이면 적절한 이론적 접근 방법이 저절로 등장할 수도 있을 것이다. 에필로그의 논의를 참고할 것.

7) 울라마의 개념 및 이슬람 사회 연구에서 울라마라는 개념의 잠재력과 한계에 관한 유익한 논의는 R. Stephen Humphreys, *Islamic History A Framework for Inquiry*, Princeton, Princeton University Press, 1991, pp. 187-208에서 찾아볼 수 있다.

8) *Bulletin of the John Rylands Library*, 1955~1956, vol. 38, pp. 82-98에 수록.

9) 이런 수많은 설명적 가정의 본질주의적 성격은 A. I. Sabra, "Situating Arabic Science. Locality versus Essence", *Isis*, 1996, vol. 87, pp. 654-657, 특히 p. 656과 주석 2에 논평이 더 불필요할 정도로 논거와 함께 간결하게 논의되고 있다. 그런 가정들이 학문적 분석에 일으킬 수 있는 혼란의 구체적인 예로는 Journal of the American Oriental Society, 1997. vol. 117. pp. 172a~173a에 실린 M. Fakhry의 Ethical Theories in Islam, Leiden, E. J. Brill, 1994에 대한 필자의 서평을 참조할 것.

10) "Humanism in the Renaissance of Islam: A Preliminary Study", Journal of the American Oriental Society, 1984, vol. 104, pp. 135-164; 그의 *Humanism*의 맨 끝에 재수록. "이슬람"과 "헬레니즘"에 관한 이런 비역사적이고 본질주의적인 관점의 다수는 대중용으로 나온 많은 일반적 에세이에서 흔히 발견된다. 비교적 최근의 예로는 F. E. Peters, "Hellenism in Islam", in C.G. Thomas(편), *Paths from Ancient Greece*, Leiden, E. J. Brill, 1988, pp. 77-91를 들 수 있다.

제1부 번역과 제국

번역운동의 배경: 물적·인적·문화적 자원

1) 기본적인 문헌인 A. M. Watson, *Agricultural Innovation in the Early Islamic World*, Cambridge, Cambridge University Press, 1983을 보라. 농업혁명이 민중의 식단에 미친 영향은 다음 글들에 개략적으로 기술되어 있다. E. Ashtor, "The Diet of Salaried Classes in the Medieval Near East", *Joumal of Asian History*, 1970. vol. 4, pp. 1-24, reprinted in his *The Medieval Near East: Social and Economic History*, London. Variorum, 1978, no. III. 또 "An Essay on the Diet of the Various Classes in the Medieval Levant",

in R. Forster and O. Ranum (편), *Biology of Man in History. Selections from the Annaers*. Baitimore, Johns Hopkins University Press, 1975, pp. 125-162.

2) Huart and Grohmann의 글 "Kāg̲had" in EI IV, 419b를 보라. 이 인물들에 관해서는 아래 chapter 6.1 c를 보라.

3) 기본적인 연구서들인 S. Brock, "From Antagonism co Assimilation: Syriac Attitudes to Greek Learning", in N. Garsoian, T. Mathews, 또 R. Thompson (편), *East of Byzantium: Syria and Armenia in the Formative Period*, Washington, DC. Dumbarton Oaks. 1980, pp. 17-34; 또 "Syriac Culture in the Seventh Century", Aram, 1989, vol. 1, pp. 268-280를 보라.

4) G. Bergsrräisser, Hunain ibn *Isḥāq* über die syrischen und arabischen Galen-Übersetzungen [Abhandlungen für die Kunde des Morgenlandes XVⅡ, 2]. Leipzig, 1925, pp. 18.19-19.1. G. Bergsrräisser, Neue Materialien zu Ḥunain ibn *Isḥāq's* Galen-Bibliographie[Abhandlungen für die Kunde des Morgenlandes XIX, 2], Leipzig, 1932, p. 17에서 이루어진 텍스트의 교정에 기초한 것임.

5) A. Baumstark, *Geschichte der syrischen Literatur*, Bonn, Marcus und Webers, 1922, pp. 248-256에서 그렇게 부른다. 세베루스에 관해서는 pp. 246-247를 보라. Brock, "From Antagonism to Assimilation", pp. 234, 그리고 *GAS* VI, 111-112, 114-115 참조.

6) D. Pingree, "The Greek Influence on Early Islamic Mathematical Astronomy", *Journal of the American Oriental Society*, 1973. vol. 93. p. 35와 "Classical and Byzantine Astrology in Sassanian Persia", Dumbarton Oaks Papers, 1989, vol. 43, pp. 236-239를 보라. *GAS* VⅡ. 48-50 참조.

7) D. Pingree, "The Fragments of the Works of al-Fazārī", *Journal of Near Eastern Srudies*, 1970. vol. 29, p. 104를 보라. *GAS* VII, 100-101, 102-108 참조.

8) 간결하고 체계적인 글인 A. Cameron, "New Themes and Styles in Greek Literature: Seventh-Eighth Centuries", in A. Cameron and L. I. Conrad (편), *The Byzantine and Early Islamic Near East*[Studies in Late Antiquity and Early Islam 1]. Princeton, Darwin Press, 1992, pp. 81-105, 그리고 p. 87과 주석 17의 이 주제에 관한 최근 작업 참고문헌을 보라. 또 이 책의 머리말 p. 11과 주 13의 Cameron과 Conrad의 참고문헌도 보라.

9) *Fihrist* 242.25-30; 특히 Ṣ.A. al-'Alī, "Muwaẓẓafù bilād aš-Šām fī l-'ahd al-Umawī", *al-Abḥāṯ*, 1966, vol. 19, pp. 60-61; EⅠ IV, 755a, VII, 268a를 보라. 『피흐리스트』는 또한 아브드-알-말리크가 Sarğun에게 디완dīwān을 아라비아어로 번역해달라고 요청했다고 기록하고 있다. 그러나 Sarğun은 꾸물거렸으며, 아브드-알-말리크는 화가 나 Sulaymān ibn-Sa'd에게 그 일을 넘겼다.

10) 5세기 비잔틴의 동맹자 Salīḥ 가문은 정통 기독교도로, 이들은 나중에 우마이야 왕조에 의해 고용되었다. 이들 가운데는 우마이야 왕조의 칼리프를 여럿 섬긴 Usāma ibn-Zayd가 가장 주목할 만하다. I. Shahid, *Byzantium and the Arabs in the Fifth Century*,

Washington, D.C., Dumbarton Oaks, 1989. pp. 304-306, 411, and al-Álī, "Muwaẓẓafù bilād aš-Šām fī l-áhd al-Umawī", p. 63를 보라. 갓산 가문의 서기들에 관해서는 al-Álī, pp. 52-53, 60, 62의 명단을 보라. 이 모든 관리들에 관한 인물 연구는 바람직하고 얻는 것도 많은 일이라고 본다.

11) Cameron, "New Themes and Styles in Greek Literature", p. 86.

12) Cameron, "New Themes and Styles in Greek Literature", pp. 88, 93.

13) Cameron, "New Themes and Styles in Greek Literature", pp. 94-105.

14) Endress, *GAP* II, 407-416, 418-420의 광범한 참고문헌을 상세하게 다룬 논의를 보라.

15) 레슈아이나의 세르기우스에 관해서는 이제 기본적인 자료가 된 Henri Hugonnard-Roche의 연구서들, 그 가운데서 특히 "Aux origines de l'exegese orientale de la logique d'Aristote: Sergius de Rēš'aynā(†536), medicine et philosophe", *Journal Asiatique*, 1989, vol. 277, pp. 1-17(p. 12에서 보이티우스와 비교하고 있다)과 "Note sur Sergius de Rēš'aynā traducteur grec en syriaque et commentateur d'Aristote", in G. Endress and R. Kruk(eds), *The ancient tradition in Christians and Islamic Hellenism*, Leiden, Research School CNWS, 1997, pp. 121-143를 보라. 그는 세르기우스가 이 작품을 보낸 사람이 누구인지 p. 124, 주석 13에서 정확하게 밝히고 있다(처음 그 점을 밝히는, 후나인의 『리살라』에 대한 참조는 아라비아어 텍스트의 p. 81가 아니라 p. 80로 고쳐야 한다). 세르기우스 작품의 문화적 맥락과 의미에 관해서는 Brock, "From Antagonism to Assimilation"도 보라.

16) 예를 들어 M. Meyerhof와 R. Walzer의 이전의 연구에 기초한 P. Kunitzsch, "Zur Problematik und Interpretation der arabischen übersetzungen antiker Texte", *Oriens*, 1976, vol. 25-26, pp. 119, 122를 보라. 이런 오해는 당연히 비전문가의 글에서도 스며들었다. 예를 들어, Paul Lemerle, *Le premier humanisme humanisme byzantin Notes et remarques sur enseignement et culture à Byzance des origines au Xe siècle*, Paris, Presses Universitaires de France, 1971. 1986년 H. Lindsay와 A. Moffatt의 번역 개정판, *Byzantine Humanism. The First Phase*[Byzantina Australensia 3], Canberra, Australian Association for Byzantine Studies, 1986을 보라. 1986년에 나온 개정판에서조차 Lemerle은 "이슬람은 기본적으로 헬레니즘 가운데 시리아인[짐작컨대 시리아의 거주자만이 아니라 근동 전역에 퍼져 있던 시리아어를 사용하는 기독교인을 뜻하는 것으로 보인다]이 알고 보존했던 부분만을 알았고 보존했다"고 주장한다(영어 번역판, p. 27, 주석 17). 이런 역사 오독은 그가 중요하게 다루던 주제 분석에 심각한 영향을 주었다.

17) "From Antagonism to Assimilation", p. 25의 Brock의 진술은 이와 관련하여 큰 그림을 보여준다. "세속 그리스 문헌은 시리아어보다는 예를 들어 아르메니아어로 더 많이 번역되었다." 번역본에 대한 자세한 내용은 R. Duval, *La litterature syriaque*, Paris, J. Gabalda, 1907을 보되, 논리학 입문 문헌에 관해서는 pp. 246-258, 대중 철학에 관해서는 pp. 258-267, 과학 문헌에 관해서는 pp. 269-284를 보라. Baumstark, *Geschichte der*

*syrischen Literatur*의 해당 항목 참조. 추가로 S. Brock, *Syriac Perspectives on Late Antiquity*, London, Variorum, 1984의 논문들, H. Hugonnard-Roche, "Note sur Sergius de ēšaynā"에서 언급한 그 자신의 논문들, A. O. Whipple, "Role of the Nestorians as the Connecting Link Between Greek and Arabic Medicine", *Annals of Medical History*, 1936, vol. 58, pp. 346-386, G. Klinge, "Die Bedeutung der Syrischen Theologen als Vermittler der griechischen Philosophie an den Islam", *Zeitschrift fiir Kirchengeschichte*, 1939, vol. 58, pp. 346-386, G. Troupeau, "Le rôle des syriaques dans la transmission et l'exploitation du patrimonine philosophique et scientique grec", *Arabica*, 1991, vol. 38, pp. 1-10도 보라.

18) Grignaschi, "Le roman épistolaire classique conservé dans la version arave de Sālim Abū-l-Alā", Le Muséon, 1967, vol. 80, p. 223, *Fihrist*, 117.30을 보라.

19) F. Rosenthal, *A History of Muslim Historiography*, Leiden, E. J. Brill, 2판, 1968. p. 74, 주석 1에서 인용.

20) M. Ullmann, "Ḫālid ibn Yazīd und die Alchemie: Eine Legende", *Der Islam*, 1978, vol. 55, pp. 181-218를 보라.

21) *GAS* Ⅲ, 187-202; V, 191-202; VI, 116-121; VII, 89-97: Ullmann, *Medizin*, pp. 103-107의 논의와 참고문헌을 보라.

22) D. Pingree, "Astronomy and Astrology in India and Iran", *Isis*, 1963, vol. 54. pp. 229-246와 특히 242-243를 볼 것; "The Greek Influence on Early Islamic Mathematical Astronomy", p. 37를 보라.

23) Endress, *GAP* II, 415: "Die Muslime mit ihrem Vordringen nach Osten Kontakte mit einer Wissenschaftstradition fanden, die weit stärker als die Schulen der sassanidischen Hauputsädte vom Austausch mit Indien geprägt war." 참조.

24) P. Kunitzsch는 "Über das Frühstadium der arabischen Aneignung antiken Gutes", Saeculum, 1975, vol. 26, pp. 273-282에서 이런 번역과 팔라비어에서 아라비아어로 들어온 어휘를 간략하게 개관했다. 그는 또한 그 의미도 강조했다.

25) Agathias, *Historiae* B 28, 1, R. Keydell (편), Berlin, W. de Gruyter, 1967, p. 77. J.-F. Duneau, "Quelques aspects de la pénétration de l'hellénisme dans l'empire perse sassanide (IVe-VIIe siècles)", in P: Gallais and Y.-J. Riou (편), *Mélanges offerts à René Crozet*, Poitiers. Société d'Études Médiévales, 1966, vol. 1, pp. 13-22.

26) C. A. Nallino의 선구적인 논문, "Tracce di opere Greche giunte agli Arabi per trafila pehlevica", in T.W. Arnold and R. A. Nicholson (편), *A Volume of Orientul Studies Presented to EG. Browne*, Cambridge, Cambridge University Press. 1922, pp. 345-363(그의 Raccolta di Scritti, Rome, 1948, vol. 6. pp. 285-303에 재수록)을 보라. 다른 분야의 팔라비어 자료에 관해서는 천문학은 *GAS* VI, 115, 수학은 *GAS* V. 203-214, 의학은 *GAS* IV, 172-186를 보라.

27) D. Gutas, "Paul the Persian on the Classification of the Parts of Aristotle's Philosophy: A Milestone between Alexandria and Baġdād", *Der Islam*, 1983, vol. 60. pp. 238-239.

28) Duneau, "pénétration de l'hellénisme dans l'empire perse sassanide", p. 20를 보라.

29) 이븐-안-나딤[*F* 242, 12 이하]은 그리스어 번역과 마찬가지로 팔라비어 번역에 관해서도 알려준다. 이 주제는 M. Sprengling, "From Persian to Arabic", *The American journal of Semitic Languages and Literatures*, 1939, vol. 56. pp. 175-224, 325-336와 1940, vol. 57, pp. 302-305에 자세히 연구되어 있다.

30) 포괄적이라고는 할 수 없지만 이 주제에 관한 검토로는 C. E. Bosworth, "The Persian Impact on Arabic Literature", in A. F. L. Beeston 등 (eds). *Arabic Literature to the End of the Umayyad Period*, Cambridge, Cambridge University Press. 1983, pp. 483-496를 보라. 팔라비어 번역이 얼마나 깊세 얼마나 널리 보급되었는지, 또 아라비아어 문헌에서 그 흔적이 얼마나 말끔히 사라졌는지 제대로 확인해 보려면, 이런 번역의 주요한 대표작에 관한 M. Zakeri의 연구, "'Alī ibn'Ubaida ar-Raiḥānī. A Forgotten Belletrist (*adīb*) and Pahlavi Translator", *Oriens*, 1994. vol. 34, pp. 76-102, 특히 p. 89 이하를 보라.

31) Al-Mas'ūdī, *at-Tabīh wa-l-išrāf*, M.J. de Goeje (편), Leiden, E.J. Brill, 1894, p. 106.

알-만수르: 압바스 왕조 초기의 제국 이데올로기와 번역운동

1) 압바스 혁명 후의 이런 상황 전개를 이해하려면 Hugh Kennedy, *Thc Early 'Abbsid Caliphate*, London, Croom Helm, 1981 특히 p. 73 이하를 보라.

2) 알-아흐바리에 관해서는 Rosenthal, *Historiography*, pp. 58-59를 보라. al-Mas'udi, *Murūǧ aḏ-ḏahab*, C. Pellar (편), Beirur, Université Libanaise, 1965~1979, §3458에 따르면 그는 333/945에 살아 있었다고 한다. 서문은 §3444에 수록되어 있다.

3) *GAS* VI, 122-124. 현존하는 단편들은 Pingree, "The Fragments of the Works of al-Faziri"에 영어로 번역, 수록되어 있다.

4) *GAS* VI, 143-144. 또 F. Rosenthal, "Al-Asṭurlābī and as-Samaw'al on Scienrific Progress", *Osiris*, 1950, vol. 9, p. 563도 보라.

5) 각각 이븐-알-무카파(139/757 사망)와 알-파자리가 번역.

6) 이것은 아마 하비브 이븐-비흐리츠가 타히르 이븐-알-후사인(207/822 사망)을 위해 시리아어에서 번역한 옛날 책일 것이다. *GAS* V, 164-166 참조.

7) al-Mas'udi, *Murūǧ aḏ-ḏahab*, §3446 Pellar.

8) Ṣa'id al-Andalusī, *Tabaqat al-umam*, L. Cheikho (편). Beirut. Imprimerie Catholique, 1912, pp. 47-48.

9) *F* 244.3 = IAU 1,205.9. D. M. Dunlop, "The Translations of al-Biṭrīq and

Yahya(Yuḥannā) b. al-Biṭrīq", *Journal of the Royal Asiatic Society*, 1959, p. 140 참조.
10) Ibn Khaldûn. *The Muqaddimah*. F. Rosenthal 역, Princeton, Bollingen, 2판, 1967, vol. 3. pp. 115, 130.
11) M. A. Shaban, *Islamic History* 2, Cambridge, Cambridge University Press. 1976, p. 8; H. Kennedy, *EI* V I, 428b. 이것은 그의 이전 연구서 *The Early Abbasid Caliphate*에 기초한 것이다. 이 두 역사학자 모두 번역운동의 개시에서 알-만수르가 했던 역할을 언급하지 않는다. 우리가 가지고 있는 알-만수르에 관한 가장 완전한 초상은 여전히 Theodor Nöldeke, "Der Chalif Mansur"이다. 이 글은 1892년에 독일어로 처음 발표되었다(*Orientalische Skizzen*, Berlin, pp. 111-151). 저자가 수정한 J. S. Blake의 영어 번역도 1892년에 나왔으며("Caliph Mansur", in T. Nöldeke, Sketches from Eastern History, London, pp. 107~145), Khayats(Beirut, 1963년)에 재수록되었다. Nöldeke는 "그의[알-만수르의] 정부의 모든 체제는 (···) 최대한 개인적인 성격을 띠었다"고 말하며, 한 문장이기는 하지만 "그가 (···) 처음으로 그리스의 과학 문헌을 아라비아어로 번역하게 했다"(영어판 pp. 131, 135)고 말한다. 최근에는 Sezgin이 비록 점성학을 논의하는 맥락이기는 하지만 번역운동의 출발에서 알-만수르의 중요한 역할을 분명하게 인정했다. "Mit der Regierungszeit al-Manṣūr's (136/754~158/775) begann die eigentliche Übersetzungswelle", *GAS* V II, 10 참조.
12) 이런 이야기에 관한 자료를 참조한 문헌으로는 Pingree, "The Fragments of the Works of al-Fāzrī", p. 104와 D. Pingree. "Abū Sahl b. Nawbakt", *Elr*. I, 369를 보라. 이브라힘의 반역에 관해서는 L. Veccia Vaglieri, "Ibrāhīm b. 'Abd Allāh", *El* III, 983-985와 Kennedy, *The Early Abbasid Caliphate*, pp. 66-70를 보라.
13) 사산 왕조에서 점성학의 의미에 관해서는 Ullmann, *Geheimwissenschaften*, pp. 272-277, 특히 pp. 296-297와 참고문헌의 초기 아랍 점성학에 관한 논의도 참조. *GAS* V II, 7-14 참고.
14) M. Shaki의 번역에서 인용. "The Denkard Account of the History of the Zoroastrian Scriprures", *Archiv Orientalni*, 1981, vol. 49, pp. 114-125, R.C. Zaehner, *The Dawn and Twilight of Zoroastrianism*, New York, G. B. Putnam's Sons, 1961, pp. 175-177(이것은 Zurvan. *A Zoroastrian Dilemma*, Oxford. Clarendon, 1955, pp. 7-9의 번역을 약간 고친 것이다)과 M. Boyce와 H.S. Nyberg의 권말 정정에 기초. 필자는 일관성을 유지하고 혼동을 방지하기 위해 페르시아 황제의 이름 철자만 아라비아어 자료에 나오는 것으로 바꾸었을 뿐이다. 설명을 위해 추가한 부분은 괄호 안에 넣었다. 여기에 인용한 대목은 호스로 1세 아누시리완의 시대에 나온 것이지만, 현재 우리에게 전해지는 『덴카르드』 자체는 9세기에 나온 것이다(§8). 『덴카르드』에 나오는 이야기의 어떤 세부 대목은 나중에 삽입된 것일 수 있지만, 전문가들의 견해에 따르면 이 책 자체는 기본적으로 정확하다. 조로아스터교 종교적 전통의 전파에 관한 기록이 발전한 양상에 관한 상세한 분석으로는 H. W. Bailey, *Zoroastrian Problems in the Ninth-Century Books*, Oxford,

Clarendon, 1943, chapter V ("Patvand"), pp. 149-176, 특히 p. 155 이하를 보라. 그러나 아누시르완이 그리스로부터 문화적 요소를 빌려온 것은 다른 텍스트들도 증언한다. 예를 들어 Miskawayh의 *Tagarib al-umam*, facsimile ed. by L. Caetani[Gibb Memorial Series VII], Leiden, Brill, and London, Luzac, 1909~1917, I, 187-207에 아라비아어로 보존된 그의 *Kārnāmag* 참조.

15) M. Boyce in *Elr.* II, 541b과 거기에 실린 "Arsacids"에 대한 글 참조.

16) 조로아스터가 썼다고 하는 이 텍스트에는 여러 제목이 달려 있다. 그 내용과 현존하는 필사본들에 대한 묘사는 *GAS* VII, 85-86을 보라. 이 텍스트는 시돈의 도로테우스의 점성학 작업에 크게 의존하고 있다. Pingree, "Māshā'allah: Some Sasanian and Syriac Sources", in G. F. Hourani (편), *Essays on Islamic Philosophy and Science*. Albany, State University of New York Press, 1975. p. 7를 보라. 이하에 인용한 텍스트는 English translation, of part of the introduction from the Istanbul manuscript Nuruosmaniye 2800, by S. M. Afnan, *Philosophical Terminology in Arabic and Persian*. Leiden, E. J. Brill, pp. 77-78에서 가져왔다. Afnan의 번역은 전혀 만족스럽지 않고 모순된 곳도 보이지만, 필자는 필사본을 보지 못했으므로 번역을 통제할 수 없다. 문단은 필자가 나눈 것이다.

17) Afnan의 구문으로는 『마한카르드』를 가리키는 것인지 사이드를 가리키는 것인지 분명치 않지만, 문맥상 전자임이 확실하다. 이 개인들에 관해서는 *GAS* VII, 83, 100의 Sezgin의 논의 참조.

18) *Dīn-dabīre*, 즉 아베스타를 위해 사용하던 "종교 문자." Bailey, Zoroartrian Problems, p. 153 and note 3, 그리고 A. Tafażżoli, "Dabire", Elr. VI, 540a-b를 보라. 다음에 나오는 다리darī라는 용어에 대한 논의는 *Elr.* VII, 34에 실린 G. Lazard의 글을 보라.

19) 아부-사흘의 이름, 생애, 저작에 관해서는 D. Pingree, "Abū-Sahl b. Nawbak̲t", *Elr.* I, 369를 보라. 밑의 인용은 이븐-안-나딤(*F* 238.9-239.23)에 따른 것이다. §§6-8 문단은 Nallino, "Tracce di opere Greche", p. 363에 이탈리아어로도 번역되어 있다. D. Pingree, *The Thousands of Abü Ma'shar*, London, The Warburg Institute, 1968, pp. 9-10에는 전체의 요약문이 실려 있다. 그는 사산 왕조의 점성학의 역사라는 맥락에서 이것을 논의하고 있다. 아부-사흘의 글에 나오는 이상한 단어는 많은 학자들의 노력에도 불구하고 아직 확인이 되지 않았다. p. 362. 주석 1의 Nallino의 언급을 보라.

20) 나는 이 맥락에서는 이것이 앗-타바리의 의미라고 생각한다. 아부-마사르의 비슷한 제목을 가진 책, *GAS* VII, 149. no. 28 참고.

21) Ullmann, *Geheimwissenschaften*, p. 156는 그가 플라톤의 대화에 나오는 파이드로스라고 하며, 그의 이름으로 나온 아랍어 연금술 논문도 존재한다. 그러나 Qaydarūs와 함께 나오는 다른 사람들은 모두 점성학자다. Sezgin(*GAS* VII, 31)은 점성학자인 아테네의 Antiochus라고 주장하지만, 그 이름의 골격(q/fydrws)은 Antiochus라고 읽기 힘들다.

22) *H̱wdadāy-nāmag*의 저술과 그 번역에 관해서는 Arthur Christensen, *L'Iran sous les sassanides*, Copenhagen, Ejnar Munksgaard, 2판, 1944, pp. 59-62, 71와 Mary Boyce,

"Middle Persian Literature", in *Iranistik II, Literatur I* [Handbuch der Orientalistik I, iv, 2.1], Leiden, E. J. Brill, 1968, pp. 57-59를 보라.

23) Ḥamza al-Iṣfahāni, *Ta'riḫ sinī mulūk al-arḍ wa-l-anbiya*, Beirut, Dār Maktabat al-Ḥayāt, 1961, p. 24.

24) 그가 이슬람이라는 종교에 얼마나 헌신했느냐를 추측하는 것은 의미 없다. 어쨌든 그가 압바스 왕조의 대의에 헌신한 것만은 분명하다. 그러나 그가 조로아스터교도로 태어나, 옛 종교와 그 언어에 대한 내부자의 지식을 갖고 있었다는 사실에는 변함이 없다. D. Pingree가 쓴 그의 전기, *EIr*, 앞의 곳, 주석 19를 보라.

25) "마즈다교도는 모든 유익한 지식은 '선한 종교'에서 파생된다고 보았으며…… 따라서 그런 지식을 받아들이는 것은 마즈다 신앙의 지혜에 기여하는 것으로 간주되었다"(Shaki, "*Dēnkard*", p. 125.).

26) 이란에서 인도와 로마로부터 책들을 "재"수집했다는 전설은 위대한 마샤앗라흐의 점성학 저작에도 나온다. 이 저작은 라틴어로만 보존되어오다 최근에 그의 저작으로 밝혀졌다. D. Pingree and C. Burnert, The Liber Aristotilis *of Hugo of Santalla*, London, The Warburg Institute, 1997, pp. 6-7를 보라.

27) K. Samir and P. Nwyia, *Une correspondance islamo-chrétienne entre Ibn al-Munağğim, Ḥunayn ibn Ishaq et Qusta ibn Lùqa*[Patrologia Orientalis, vol. 40, fascicle 4, no. 185], Turnhout, Brepols. 1981, p. 610 (본문). p. 611 (프랑스어 번역). Samir와 Nwyia가 말하듯이, Qusta에게 정보를 제공한 사람들이 누구인지는 아직 확인이 되지 않았다.

28) F. Nau, "Le trairé sur les 'Constellations' écrit en 661 par Sévère Sebokht, évêque de Qennesrin", *Revue de l'Orient Chrétien*, 1929~1930, vol. 27, p. 332, S. Brock "From Antagonism to Assimilation", pp. 23-24에 인용.

29) Ibn Khaldûn, *The Muqaddimah*, F, Rosenthal 역, vol. 3. pp. 113-114.

30) 이 대목은 Bailey, *Zoroastrian Problems*, pp. 81-87에서 자세하게 이야기되고 있다.

31) Bailey, *Zoroastrian Problems*, p. 228, 부록 33은 그렇게 주장한다.

32) Bailey, *Zoroastrian Problems*, p. 86.

33) Bailey, *Zoroastrian Problems*, p. 85. 주석 3과 p. 86, 주석 1 그리고 p. 157의 어원에 대한 논의 참조.

34) 정치적 점성학에 관해서는 D. Pingree, "Kirān", *EI* V, 130-131를 보라. 따라서 점성학적 역사 해석은 명백한 정치적 이유 때문에 아라비아어 이슬람사 편찬에 진입하며, 그 최초의 단계에 영향을 미치고 있다. al-Ya'qūbī의 칼리프들 항목 앞에는 마샤앗라흐의 *Nativities*에서 끌어온 천궁도가 나온다. Rosenthal, *Historiography*, pp. 110-113 그리고 p. 134, 주석 3을 보라. 점성학은 단지 역사가들이 다루는 한 가지 주제였을 뿐 아니라, 아부-사흘 이븐 나우바흐트와 함자 알-이스파하니의 경우에 분명히 나타나듯이 이런 종류의 역사 서술의 배후 동기이기도 했다.

35) 이 운동 전반에 관해서는 G. H. Sadighi, *Les mouvements religieux iraniens au IIe et au IIIe siècle de l'hégire*, Paris. Les Presses Modernes, 1938, pp. 111 이하를 보라. 이 운동의 사회적、경제적、종교적 구성은 B. Scarcia Amoretri, "Sects and Heresies", in R. N. Frye (편), *The Cambridge History of Iran*, vol. 4, Cambridge, Cambridge University Press. 1975, pp. 481-519에 자세히 묘사되어 있다. W. Madelung, "Mazdakism and the Khurramiyya" 같은 저자의 *Religious Trends in Early Islamic Iran*, Albany, Bibliotheca Persica, 1988, pp. 1-12는 종교적 측면에 더 집중한다. W. Madelung, "Khurramiyya", *EI* V, 63-65의 더 간략한 이야기도 보라.

36) 순바드와 우스타즈시스의 반란과 후자의 지주 귀족적 기반에 관해서는 Kennedy, *Early 'Abbāsid Caliphate*, pp. 44, 63-65, 90-92, 183-184와 거기에서 언급한 참고문헌들을 보라. 또 가장 간략한 것으로는 A. K. S. Lambton, "Iran". *EI* IV, 16을 보고, 참고문헌이 더 필요하면 R. Frye(편), *Cambridge History of Iran*, vol. 4의 해당 항목을 보라. 이슬람 초기의 아랍인 통치하의 지주 귀족에 관해서는 M. A. Shaban, *The 'Abbāsid Revolution*, Cambridge, Cambridge University Press, 1970. pp. 95-99, 또 A. Tafazzoli, "Dehqan", *Elr*. VII. 223-225를 보라.

37) Pingree, "Māshā'allah", p. 7를 보라.

38) 압바스 혁명에서 메르브가 중심적인 위치를 차지한다는 사실은 Shaban, 'Abbasid Revolution, pp. 149-163에서 자세히 논의되고 있다. 또 Shaban의 작업을 참조하는 C. E. Bosworth. "Marw ai-Shāhidjān", *EI*, Ⅵ, 620b도 보라.

39) 예를 들어 Tayfur, *Kitāb Baġdād*, Keller (편), Leipzig. Harrassowitz. 1908. p. 87에 나오는 신학자 al-'Attabi (220/835경 사망)의 경우. 나아가 van Ess, *Theologie und Gesellschaft*, Ⅲ, 100-102 참조.

40) 알-마스우디는 *at-Tanbīh wa-l-išraf*, p. 341.13 de Goeje에서 알-만수르의 존칭 채택을 언급한다. Shaban, *History* 2, p. 8은 알-마스우디를 언급하지 않으며, 존칭 채택 시기를 137/755년 아부-무슬림의 처형 직후로 본다. 압바스 왕조가 채택한 존칭에 관해서는 C. E. Bosworth, "The Heritage of Rulership in Early Islamic Iran and the Search for Dynastic Connections with the Past", *Iran*, 1973, vol. II, p. 51 이하와 참고문헌을 보라. 또 Shaban, *'Abbāsid Revolution*, pp. 166-167도 보라.

41) 알-만수르가 이 자리를 선택한 다른 모든 이유—정치적·경제적·행정적—에 관한 간결한 설명으로는 Kennedy, *Early 'Abbāsid Caliphate*, pp. 86-87를 보라. 여기에는 그런 요인이 무려 아홉 가지나 나온다.

42) 바그다드의 기초와 압바스 왕조 가장 초기의 정책은 J. Lassner가 우선 *The Topography of Baghdad in the Early Middle Ages*, Detroit, Wayne State University Press, 1970에서, 그리고 *The Shaping of 'Abbāsid Rule*, Princeton, Princeton University Press, 1980에서 길게 논의했다. 그는 두 번째 책에서 이 주제와 관련된 광범한 참고문헌을 제시한다. Lassner는 Topography, pp. 128-137에서 바그다드의 위치와 형태가 가지는 이

데올로기적인 의미를 다루는데, 그는 알-만수르가 "자신을 소멸한 사산 제국의 후계자로 내세우려" 했으며, "그러한 존재로서 아부 무슬림의 추종자들에도 불구하고, 이전 사산 제국 영토에 사는 신민의 충성을 요구할 수 있었다"고 주장했다(p. 131). 그러나 뒤에 나온 *'Abbāsid Rule*에서는 바그다드의 위치와 형태에서 우주론적 의미를 보는 경향이 있는 다른 사람들과 더불어 자신의 이전 견해를 반박했다. Oleg Grabar은 *The Formation of Islamic Art*, New Haven, Yale University Press, 2, 1987, pp. 43-71에서 미술사가의 관점에서 이 문제에 접근하여 Lassner의 최초의 입장에 동의하는 경향을 보여주었다. "바그다드는 동시대의 보편적 통치의 상징일 뿐 아니라 이슬람 세계를 근동의 풍부한 과거와 연결시키려는 또 한 번의 시도로 보였을 것이 틀림없다"(p. 67). 미술사가의 화려한 해석을 어느 정도 고려한다 해도, 바그다드의 위치와 형태는 그 선택에 실용적인 고려가 있기는 했겠지만, 아무래도 알-만수르의 전체적인 이데올로기적 경향과 연결되는 면이 있었다는 사실은 달라지지 않을 것이다. 이런 점에서 Lassner의 자신의 이전 입장에 대한 인색한 반론은 설득력이 떨어진다. van Ess, *Theologie und Gesellschaft*, III, 4 참조.

43) 이 문제는 2차 문헌에서 길게 논의되어왔다. 역사적 기록으로는 Kennedy, *Early 'Abbāsid Caliphate*, 특히 알-마흐디와 알-하디에 관한 장을 보라. D. Sourdel, Le Vizirat Åbbaside de 749 à 936(132 à 324 de l'Hégire), Damascus, Institut Français de Damas, 1959, vol. 1, pp. 127-181는 바르마크 집안의 행정적 기능에 대한 표준적인 입장을 제시한다. 바르마크 집안에 대한 전체적 개관으로는 I. Abbas의 글 in *Elr*. III, 806-809를 보라. 나우바흐트 집안에 대한 표면적인 입장은 여전히 'A. Eqbāl, Ḫāndān-e Nawbaḫtī, Tehran, 2판, 1345 Š/1966이다. 이 책의 요약은 A. Labarta, *Mūsà ibn Nawbajt, al-Kitāb al-kāmil*, Madrid, Instituo Hispano-àrabe de Cultura, 1982, pp. 15-21에 실려 있다. 또 D. Pingree, "Abū Sahl b. Nawbaḵt"와 W. Madelung, "Abu Sahl Esma'il Nawbaḵtī" in *Elr*. 1369, 1372-1373도 보라.

44) Y. Eche, *Les bibliothèques arabes publiques et semipubliques en Mésopotamie, Syrie, Egypte au Moyen Age*. Damascus, Institut Français de Damas, 1967, pp. 9-57는 최대한의 해석을 한다는 입장을 보여준다. 즉 자료의 겨우 한 줄짜리 언급을 기초로 49쪽에 걸쳐 상상으로 재구성하고 있는 것이다. M.-G. Balty-Guesdon, "Le Bayt al-hikma de Baghdad", *Arabica*, 1992. vol. 39. pp. 131-150는 합리적이고 꼼꼼한 논의를 하고 있지만, 과도한 주장을 피하지는 못했다. 더욱이 밑에서 언급할 사산 왕조의 배경과 함의는 완전히 간과하고 있다. Eche와 Balty-Guesdon에는 이전 문헌이 참고문헌으로 완전하게 담겨 있다. 그러나 Balty-Guesdon의 연구는 전거의 부정확성 때문에, 특히 절대 『피흐리스트』의 표준 판본이라고 볼 수 없는 연도 미상의 베이루트 판본을 이용하고 있기 때문에 문제가 많다.

45) 함자의 책은 아직 출간되지 않았다. 필자는 Gregor Schoeler, Arabische Handschriften, Teil II, Stuttgart, F. Steiner, 1990, p. 308에 나오는 Berlin manuscript or. quart. 1215의 내용에 관한 요약 정보에서 인용을 했다. 이 자료는 van Ess, *Theologie*

und Gesellschaft, III. 200, 주석 5에 언급된다.

46) F. Rosenthal. "From Arabic Books and Manuscriprs, XVI: As-Sarakhsī(?) on the Appropriate Behavior for Kings", *Journal of the American Oriental Society*, 1995, vol. 115, p. 109a를 보라.

47) M. Rekaya는 그의 글 "al-Ma'mūn", in *EI* Ⅵ, 338a에서 심지어 이 사건의 연도까지 제시하지만 출처는 언급하지 않는다. "알-마문은 문화적인 일을 게을리 하지 않았다(217/832의 지혜의 집 건립)." 알-마문은 물론 이듬해인 833년에 죽었다. 따라서 이 "건립" 연도가 정확하다면, 그는 1년 안에 그곳에서 일한 것으로 알려진 모든 사람—대수학자 알-흐와리즈미, 천문학자 야흐야 이븐-아비-만수르, 바누 무사—을 고용하고 그들의 학문적 성과를 거두어들였다는 이야기가 된다!

48) Yāqūt, *Iršād al-arīb*, D.S. Margoliouth (편), London, Luzac, 1907~1926, V, 66.10-11. 지혜의 집의 건립을 두고 혼란이 일어난 것은 지혜의 집 뒤에 칼리프의 이름이나 후원자와 함께 사용하는 아라비아어 전치사 li-의 오해 때문일 수도 있다. 이 문맥에서 li-는 소유 자체가 아니라 관계를 나타낸다. 따라서 지혜의 집은 지혜의 집이 앗-라시드나 알-마문에게 속했다거나, 그들이 건립했다는 의미가 아니라, 언급된 사람들이 그 칼리프의 재위 "동안" 또 앗-라시드와 알-마문을 "위해서" 일을 했다는 의미다. 이것은 Allan이 앗-라시드, 알-마문, 바르마크 가문을 위해서 또는 그들이 살던 시기에 복사를 하는 사람으로 일했다고 하는 두 번째 인용에서 분명해진다. 도서관은 결국 이후의 저자들에 의해 다른 문법적 구성으로 "알-마문의 도서관"이라는 이름을 갖게 되었다. Fihrist 5.29와 19.15가 그런 예인데, 여기서는 *ḫizānat al-ḥikma li-l-Ma'mūn*("알-마문에게 속한 지혜의 창고")가 아니라 *ḫizānat al-Ma'mun*("알-마문의 [책] 창고)이라고 나온다. 이렇게 말한 것은 Eche, *Bibliothèques*, p. 37, p. 57에서 보여주듯이 그의 시대 이후에는 도서관이 기능을 하지 않았으며(공적으로 인식할 수 있는 방식으로?), 따라서 알-마문이 원래 형태의 도서관과 연결시킬 수 있는 최후의 칼리프였기 때문인지도 모른다. B. Dodge, *The Fihrist of al-Nadim*, New York, Columbia University Press, 1970, p. 230, 651는 각각 『피흐리스트』를 잘못 인용하고 있다.

49) 우리에게 남아 있는 알-만수르가 후원한 일들에 관한 보고에 사산 왕조의 시적인 이야기에서 다룬 것과 똑같은 주제에 관한 작업을 요구했다고 나와 있는 것은 우연은 아닐 것이다. 그는 무함마드 이븐-이샤크(150/767 사망)에게는 세상과 아랍 역사에 관한 책(*GAS* I, 287-288)을, Ábd-al-Ǧabbar ibn-'Adī에게는 전쟁에 관한 책(*F* 314.27)을 맡겼다.

50) *Chronique de Séert*, A. Scher and R. Griveau (편)[Patrologia Orientalis XIII, 4], Paris, Firmin-Didot, 1919, p. 601, Balty-Guesdon, "*Le Bayt al-ḥikma*", p. 144에 인용.

51) Balty-Guesdon, "*Le Bayt al-ḥikma*", p. 132, 주석 12의 참고문헌을 보라.

52) 'Abd al-'Aziz al-Kinānī's Kitāb al-Ḥayda에 보고되고 있는, 지혜의 집에서 열렸다고 주장되는 이론적 토론은 진지하게 받아들일 필요가 없다(Balty-Guesdon. "*Le Bayt al-ḥikma*", p. 138를 보라). 이것은 알-마문의 미흐나 정책에 반대하여 쓴, 출처가 의심스러

운 변명서다. van Ess, *Theologie und Gesellschaft*, III, 504-508를 보라.

알-마흐디와 그의 아들들: 사회·종교 담론과 번역운동

1)첫 아라비아어 번역의 증거는 티모테오스 1세 자신의 펜에서 나온다. Fiey, *Chrétiens syriaques sous les Abbassides*, p. 38과 H. Putman, *L'église et l'Islam sous Tïmothée I(780~823)*, Beirut, Dar el-Machreq, 1975, p. 106의 본문과 관련 전기를 보라. Timothy는 칼리프의 이름을 언급하지는 않지만, 그 칼리프가 알-마흐디라는 충분한 근거가 있으며, 그 근거에는 지금 이 절의 논의도 포함된다. 방금 언급한 Fiey와 Putman을 보라. 또 van Ess, *Theologie und Gesellschaft*, III, 23을 참조하라. P. Kraus, "Zu Ibn al-Muqaffa", Rivista degli Studi Orientali, 1934, vol. 14. p. 12와 주석 3은 비록 이 문제에 초점을 맞추고 있는 것은 아니지만, 지나가는 길에 그 칼리프는 "아마도 wahrscheinlich" 하룬일 것이라고 언급한다. Kraus의 에세이는 'A. Badawi가 아라비아어로 번역했는데(*at-Turāṯ al-yūnānī fī l-ḥaḍāra al-islāmiyya*, Cairo, 1946. pp. 101-120), 역자도 "la állahu(아마도)"라는 말로 Kraus의 의심을 정확하게 옮겨놓고 있다. 그러나 A.F. El-Ahwāni는 아라비아어로 번역된 Kraus를 읽은 뒤, 아비센나의 aš-Šifa의 『토피카』 부분의 판본에 대한 그의 머리말(*al-Manṭiq, al-Ğadal*, Cairo, 1965, 아라비아어 머리말의 p. 11)에 잠정적인 추측을 마치 확실한 사실인 것처럼 소개했다. Elamrani-Jamal은 『토피카』의 아라비아어 번역에 관한 관련 자료를 요약하고 참고문헌을 추가한 *DPA* 525-526에서 El-Ahwānī의 실수를 그대로 옮겨왔다.

2) 시리아어로 된 『토피카』의 상태에 관해서는 S. Brock, "The Syriac Commentary Tradition", in C. Burnett (편), *Glosses and Commentaries on Aristotelian Logical Texts*, London, The Warburg Institute. 1993, pp. 3-15를 보라.

3) H. Baltussen, *Theophrastus on Theories of Perception*, Utrecht, University of Urrecht, 1993, pp. 10-51는 테오프라스토스가 전수받은 아리스토텔레스와 그 이후 소요학파 학설을 훌륭하게 요약하고 있다. pp. 278-284에는 아리스토텔레스의 변증법에 관한 2차 저작을 다루는 매우 유용한 전문적 참고문헌도 나온다.

4) 압바스 혁명 과정과 이데올로기는 shaban의 바로 그런 제목을 가진 책에서 상세하게 분석되고 있다. 우마이야 왕조의 우마르 2세의 정책의 의미에 관해서는 pp. 89-92를 보라. Kennedy, *Early 'Abbāsid Caliphate*, pp. 35-45에도 혁명에 대한 간략한 평가가 나온다.

5) Al-Mas'udi, *Murūğ aḏ-ḏahab*, §3446 Pellat.

6) 우마이야 왕조 치세 이란에서 개종 정책이 없었던 사회적·정치적 배경은 Scarcia Amoretti, "Sects and Heresies", pp. 481-487에 논의되어 있다. 이란에서 이슬람 개종 비율은 R. W. Bulliet, *Conversion to Islam in the Medieval Period*, Cambridge, Mass., Harvard University Press, 1979, pp. 16-32에 분석되어 있다. 특히 p. 23의 그래프 2와 그

래프 3을 보라. 호라산의 압바스 왕조 운동의 발달 단계에 관해서는 M. Sharon, "Ḳaḥṭaba b. Shabīb", *EI* , IV, 446a를 보라. 압바스 왕조 초기의 개종의 증거로 삼을 만한 일화는 칼리프 또는 무타질리파의 창건자 가운데 한 사람으로 3000명을 개종시켰다고 전해지는 Abū-l-Huḏayl al-'Allāf(840년 이후 사망) 같은 유명한 인물의 "손에 의한('alā yad)" 수많은 개종 보고서에 나와 있다. Ibn-al-Murtaḍā, *Ṭabaqat al-Mu'tazila*, S. Siwald-Wilzer (편), Beirur, F. Steiner, 1961, p. 44를 보라. 이 글은 S. Pines, "An Early Meaning of the Term Mutakallim", *Israel Oriental Studies*, 1971, vol. 1, p. 229, 그의 *Studies in the History of Arabic Philosophy*[Collected Works III], S. Stroumsa (편), Jerusalem, The Magna Press, 1996, p. 67에 재수록되어 있다.

7) Pellat 판본의 lammā를 lima로 읽었다.

8) Al-Mas'udi, *Murūǧ aḏ-ḏahab*, §3447 Pellat. 이 보고서에서 언급한 마니교 인물들에 관해서는 G. Vajda, "Les zindiqs en pays d'Islam au debut de la période Abbaside", *Rivista degli Studi Orientali*, 1938, vol. 17, pp. 193-196, 204-206, 210-213, 214를 보라.

9) S. H. Griffith, "Eutychius of Alexandria on the Emperor Theophilus and Iconoclasm in Byzantium: A Tenth Century Moment in Christian Apologetics in Arabic", Byzantion, 1982, vol. 52, p. 161.

10) *Islamochristiana*, 1975, vol. I , pp. 143-169에 수록.

11) 6세기부터 8세기까지 근동 역사에 관한 최근 연구는 이 지역 모든 공동체의 사회적·문화적인 생활과 그 공동체들 사이의 상호관계의 많은 부분을 드러내주었다. 특히 그리스 문학 장르들과 이 문단에서 인용된 부분에 관해서는 그런 학자들 가운데 한 사람인 Averil Cameron의 "New Themes and Styles in Greek Literature", pp. 97-100와 거기에 언급된 문헌을 보라. Heidelberg papyrus Schott-Reinhart 438에는 익명의 기독교 아라비아어 옹호 논문 가운데 한 조각이 보존되어 있다. R. Caspar 등, "Bibliographie", p. 152, no. 12.2를 보라.

12) Putman, *L'église et l'Islam*, pp. 7-8, §§2-5에 나오는 아라비아어 텍스트. 이 논쟁의 사회적·종교적인 맥락에 관해서는 van Ess, Theologie und Gesellschaft, III. 22-28을 보라.

13) Qur'an 6.101, A.J. Arberry의 번역, *The Koran Interpreted*, London, George Allen & Unwin, 1955에 인용.

14) 편집자가 제공한 문단 구분과 소제목 덕분에 논쟁의 논리적 구조가 분명하게 드러난다. Putman, *L'église et l'Islam*, pp. xvi를 보라.

15) 토론에 관해서는 참고문헌이 충실한 van Ess, *Theologie und Gesellschaft*, IV, 725-730을 보라. 마드라스의 건립에서 변증법과 법학의 중요성에 관한 설명으로는 G. Makdisi의 작업, 특히 그의 *The Rise of Colleges: Institutions of Learning in Islam and the West*, Edinburgh, Edinburgh University Press, 1981, p. 71 이하를 보라. "The Juridical Theology of Shafi'i: Origins and Significance of uṣūl al-fiqh", *Studia Islamica*, 1984, vol. 59, p. 21에도 그의 짧은 설명이 담겨 있다.

16) Van Ess, *Theologie und Gesellschaft*, I, 48 이하 참조.
17) Van Ess, *Theologie und Gesellschaft*, I, 423-427.
18) Van Ess, *Theologie und Gesellschaft*, I, 423-424; 436-443.
19) A. Dhanani, *The Physical Theory of Kalām. Atoms, Space, and Void in Basrian Mu'tazili Cosmology*, Leiden, E. J. Brill, 1994, pp. 182-186.
20) Pingree, "Māshā'allāh", p. 10. 여기에서 Pingree는 마샤앗라흐가 제시한 물리적·우주론적 이론을 "점성학을 위해 주문 제작된 소요학파 철학"이라고 부른다.
21) Pines, "An Early Meaning of the Term Mutakkallim", p. 224 이하를 보라. 그러나 van Ess, *Theologie und Gesellschaft*, I, 49-50도 참조.
22) H. A. R. Gibb, "The Social Significance of the Shuubiya", in his *Studies on the Civilization of Islam*, S. J. Shaw and W. R. Polk (편), Boston, Beacon Press, 1962, pp. 70-71; reprinted from Studia Orientalia Ioanni Pedersen dicata, Copenhagen, 1953, pp. 105-114. Gibb은 계속해서 알-마문이 "이 번역물에서 이슬람으로부터 이원론적 잔다카의 유산을 없앨 좋은 수단"을 발견했다고 주장한다(p. 71). 본서에서 필자가 분석한 것에 따르면 그 말이 아주 정확하다고 할 수는 없지만, 번역운동의 사회적 원인들을 찾으려 한다는 점에서는 올바른 궤도에 올라가 있는 셈이다.
23) H. Bowen, "'Alī b. 'Īsā," *EI* I, 387과 Sourdel, *Vizirat*, pp. 523-524를 보라. 'Īsā와 그의 아버지는 다이르 쿤나 출신으로 영향력 있는 Ibn-al-Ğarrah 행정가 가문 소속이었다.
24) F. E. Peters, Aristoteles Arabus, Leiden, E. J. Brill, 1968, pp. 30-34가 제시하는 1차 자료와 2차 자료 양쪽의 이 주제에 관한 정보를 보라. 『자연학』은 번역운동 시기가 지난 뒤에도 철학적 토론을 계속 지배했다. P. Lettinck, *Aristotle's Physics and Its Reception in the Arabic World*, Leiden, E. J. Brill, 1994가 모아놓은 자료를 보라.
25) Hišām에 관해서는 van Ess, *Theologie und Gesellschaft*, I, 349 이하의 포괄적인 논의를 보라. 그의 초기 경력은 같은 책, p. 350 이하에서 다루고, 있고, 그의 신 개념은 pp. 358-359에서 다루고 있다. 아리스토텔레스를 논박한 그의 글 *K. ar-Radd'alā Arisṭālīs fī t-tawḥīd*는 van Ess, V, 70, no. 8에 나오는 작품 목록에 실려 있다. 안-낫잠에 관해서는 *EI* VII, 1057-1058에 실린 van Ess의 글을 보는 것이 가장 편리하다. 또 그의 "Dirar b. Amr und die 'Cahmiya'. Biographie einer vergessenen Schule", *Der Islam*, 1967, vol. 43, p. 256 그리고 Theologie und Gesellschaft, III, 296 이하의 해당 구절을 보라.
26) D. Möller, *Studien zur mittelalterlichen arabischen Falknereiliteratur*, Berlin, W. de Gruyter, 1965의 이 주제에 관한 포괄적인 연구를 보라.

알-마문: 국내외 정책과 번역운동

1) T, El-Hibri, *The Reign of the Abbasid Caliph al-Ma'mun (811-833): The Quest for*

Power and the Crisis of Legitimacy, 미발표 박사 논문, Columbia University, 1992, p. 306.

2) Al-Mas'ūdī, *Murūğ aḏ-ḏahab*, §3453 Pellat.

3) 색을 바꾼 의미에 관해서는 El-Hibri, *al-Ma'mūn*, p. 207를 보라.

4) 알-마문이 이런 칭호를 채택한 사건의 의미에 관해서는 El-Hibri, *al-Ma'mun*, pp. 114-123의 논의를 보라. 여기에서 El-Hibri는 Crone이나 Hinds와는 달리 이전 칼리프들이 사용하던 그 칭호와 알-마문의 칭호를 구분했다. P. Crone and M. Hinds, *God's Caliph: Religious Authority in the First Centuries of Islam*, Cambridge, Cambridge University Press, 1986 참조.

5) 알-마문의 군사적·행정적인 중앙집권화 정책에 관해서는 Kennedy, Early Abbasid Caliphate, pp. 164-174를 보라. El-Hibri의 *al-Mam'ūn*은 이 쟁점에 관한 많은 자료와 주장을 제공한다.

6) T. El-Hibri, "Coinage Reform under the 'Abbāsid Caliph al-Mam'ūn", *Journal of the Economic and Social History of the Orient*, 1993, vol. 36, pp. 72-77.

7) 내가 사용한 텍스트는 I. 'Abbās의 판본, *'Ahd Ardašīr*, Beirut, Dar Sader, 1967, pp. 53-54, 56-57이 아니라, al-Ābī의 *Naṯr ad-durr*, Munīr M. al-Madanī (편), Cairo, 1990, vol. 7, pp. 87, 89이다. 또 M. Grignaschi의 판본, "Quelques spécimens de la littérature sassanide conservés dans les bibliothèques d'Istanbul", *Journal Asiatique*, 1966, vol. 254, pp. 46-47와 그 뒤의 프랑스어 번역도 있다. 관련 구절은 pp. 70-72를 보라. 팔라비어로 쓴 유언 문헌에 관해서는 S. Shaked, "Andarz", *EIr*. II, 11-16을 보라.

8) F. Steppat, "From *'Ahd Ardašīr* to al-Mam'ūn: A Persian Element in the Policy of the miḥna", in W. al-Qaḍi (편), *Studia Arabica & Islamica*[Festschrift for Iḥsān 'Abbās], Beirut, American University of Beirut, 1981, pp. 451-454.

9) El-Hibri, *al-Ma'mun*, chapter 8, pp. 253-289에 나오는 알-마문의 비잔틴 원정에 대한 자세한 분석을 보라.

10) T. El-Hibri, "Harun al-Rashid and the Mecca Protocol of 802: A Plan for Division or Succession?", *International Journal of Middle East Studies*, 1992, vol. 24, p. 463.

11) 알-쟈히즈는 200/817~818년에 이맘, 즉 이슬람교도 공동체의 지도자 문제에 관한 글을 통하여 알-마문의 관심을 끌었다. 칼리프는 그의 글이 무척 마음에 들었다. 알-쟈히즈는 바그다드로 이주하여, 그곳에서 대부분의 기간을 살았다. 가장 쉽게 찾아볼 수 있는 C. Pellat, *The Life and Works of Jahiz*의 머리말, Berkeley and Los Angeles, University of California Press, 1969, pp. 5-9와 그가 참조한 책들을 보라.

12) 알-쟈히즈의 *Kitāb al-Aḫbār*, Rosenthal (역), Classical Heritage, pp. 44-45. 또 약간 의역된 Pellat의 번역, Jahiz, p. 38, C. Pellat, "Al-Gahiz. Les nations civilisées et les croyances religieuses", *Journal Asiatique*, 1967, vol. 255, p. 86. 그의 *Études sur l'histoire socio-culturelle de l'Islam*(VIIe-XVe s.), London, Variorum, 1976, no. V.

13) Pellat, "Nations civilisées", p. 71에서 이 점을 주목하고 있다.
14) Al-Ǧaḥiẓ, *ar-Radd'ala n-Naṣārā*, in Rasā'il al-Ǧāḥiẓ, 'A. M. Hārūn (편), Cairo. al-Hangi, 1979. vol. 3, pp. 314-315. 기독교인과 유대인에 관한 첫 문단의 번역은 Pellat, Jaḥiẓ, p. 87. 나아가 Pellat, "Nations civilisées", p. 71 참조.
15) 알-킨디는 그의 계보학적 재구성 시도에서 부정적 의미를 끌어냈던, 같은 시대의 젊은 신학자 an-Naši' al-Akbar가 쓴 시에서 비판을 받았다. 그는 알-킨디에게 "그대는 무함마드의 종교를 이단과 연결시키려는가?" 하고 물었다. *al-Mas'udi*, *Murūǧ*, §666 Pellat의 텍스트와 J. van Ess, Frühe Mu'tazilitische Häresiographie, Beirut/Wiesbaden, F, Steiner, 1971, p. 4를 보라.
16) Al-Mas'udi, *Murūǧ*, §666 Pellat.
17) Al-Mas'udi, *Murūǧ*, §741 Pellat. 이 수백 년 동안 비잔틴인에 대한 이슬람교도의 관점에 관한 자세한 논의는 A. Miquel, *La géographie humaine du monde musulman jusqu'au milieu du 11e siècle*, Paris/La Haye, Mouton, 1975, vol. 2, pp. 368-370과 8장, 특히 pp. 466-470를 보라.
18) *F* 241.16-242.6; Rosenthal의 영어 번역. *Classical Heritage*, pp. 45-47.
19) M. Meyerhof, "Von Alexandrien nach Bagdad. Ein Beitrag zur Geschichte des philosophischen und medizinischen Unterrichts bei den Arabern", *Sitzungsberichte der Berliner Akademie der Wissenschaften*, Philologisch-Historische Klasse, 1930, pp. 389-429. 알-파라비의 텍스트의 영역판은 Rosenthal, Classical Heritage, pp. 50-51에 있다. Meyerhof가 제시한 증거는 G. Strohmaier, "'Von Alexandrien nach Bagdad' - eine fiktive Schultradition", in J. Wiesner (편), Arisoteles. *Werk und Wirkung*, *Paul Moraux gewidmet*, vol. 2, Berlin. W. de Gruyter, 1987. pp. 380-389에서 비판적으로 분석되고 있다. G. Endress는 "허구적"이라는 말에 이의를 제기하며, 이 말을 "일면적"으로 대체하고자 했다. "The Defense of Reason: The Plea for Philosophy in the Religious Community", *Zeitschrift für Geschichte der Arabisch-Islamischen Wissenschafen*, 1990. vol. 6, pp. 16-17.
20) H. Fähiidrich (편*), Ibn jumay': Treatise to Ṣalāḥ ad-Dīn on the Revival of the Art of Medecine*[Abhandlungen für die Kunde des Morgenlandes XLVI, 3], Wiesbaden, F. Steiner, 1983, pp. 18-19. Ibn Gumay의 작업 전체에 관해서는 M. Meyerhof, "Sultan Saladin's Physician on the Transmission of Greek Medicine to the Arabs", Bulletin of the History of Medicine, 1945, vol. 18. pp. 169-178, 또 특히 177을 보라.
21) Ar-Ruhāwī, *The Conduct of the Physician*[하나뿐인 Edirne ms. Selimiye 1658의 복사본], F. Sezgin이 편집한 Publications of the Institute for the History of Arabic-Islamic Science, Series C. vol. 18, Frankfurt am Main, 1985. pp. 193-194. M. Levey의 영역본 *Medical Ethics of Medieval Islam*, *Transactions of the American Philosophical Society*, 1967, vol. 57. part 3. p. 84a는 주의해서 보아야 한다. 스콜레에서 제공하던 교육

에 관해서는 [본문 32쪽*]에서 언급한 후나인의 말을 보라.

22) Ibn Riḍwān, *Al-Kitāb an-nāfi fi kayfyyat ta 'līm ṣinā' at aṭ-ṭibb*, K. as-Sāmarrā'i (편), Baghdad, Maṭba'at Ğami'at Baġdād, 1986. pp. 107-108. p. 108 맨 위에 있는 텍스트는 아마 다음과 같이 수정되어야 할 것이다. *nusiyat <ka-ma nusiyat> al-yawma fi l-buldān* 책 전체는 A. Z. Iskandar, "An Attempted Reconstruction of the Late Alexandrian Medical Curriculum", Medical History, 1976. vol. 20, pp. 235-258. 또 Ullmann, Medizin, p. 159도 참조.

23) Ṣ'aid al-Andalusī, *Ṭabaqāt al-umam*, pp. 48-49.

24) al-Mas'udi, *Murūğ*, §2371 Pellat. 이 꿈을 전하는 Nöldeke는 이 꿈을 Herodotus vi.131에 나오는 페리클레스의 어머니의 꿈과 비교한다. *Sketches from Eastern History*, 1892, reprinted 1963, p. 116.

25) Ibn-Nubāta, *Sarḥ al-'uyūn fi šarḥ risālat Ibn Zaydun*, M. Abū-l-Faḍl Ibrāhīm (편), Cairo, Dar al-Fikr al-'Arabi, 1964, p. 213에 보존되어 있다.

26) 텍스트의 *al-ḥkā'*를 *al-ḥukamā'*로 읽는다.

27) *F* 243.3-8(Q 29.8-15에 복사되어 있다). Rosenthal 번역, *Classical Heritage*, pp. 48-49에 수정, 수록되어 있다. IAU의 유사한 판본은 아래 주석 33을 보라.

28) (12)는 Lippert 판의 Q에는 빠져 있다. 아마 전승된 사본이 옮겨지는 과정에서 비슷해 보이기 때문에 실수로 뺀 것 같다.

29) Lippert 판의 Q 판본에서는 *F*의 *man naṣaḥaka*를 *man yaṣḥabka*로 읽고 있다.

30) C. E. Bosworth, "The Tahirids and Arabic Culture", *Journal of Semitic Studies*, 1969, vol. 14, pp. 45-79.

31) Al-Bayhaqī, *Al-Maḥāsin wa-l-masāwi'*, F. Schwally (편), Giessen. 1902, pp. 343-344. T. Fahd의 꿈 번역 "The Dream in Medieval Islamic Society", in G. E. von Grunebaum and R. Caillois (편), *The Dream and Humnn Societies*, Berkeley, University of California Press, 1966. pp. 354-355를 보라.

32) Ṭayfūr, *Kitāb Baġdād*, H. Keller (편), f. 23b에 인용. 이 상황을 설명하는 머리말은 없지만 똑같은 보고를 알-바이하키의 *al-Maḥāsin wa-l-masāw'i'*, p. 413에서도 찾아볼 수 있다. 의리에 관한 마지막 문장은 알-바이하키에서만 찾아볼 수 있다.

33) IAU 1,186.28 이하, Ibn-Faḍlallāh al-'Urnarī, *Masālik al-abṣār fīmamālik al-amṣār*, MS Aya Sofya 3422, f.100v에 축약된 형태로 필사되어 있다. *Routes toward Insight into the Capital Empires*, F. Sezgin. generd ed, Publications of the Institute for the History of Arabic-Islamic Science, Series C. vol. 46.9. Frankfurt am Main, 1988, p. 220에는 팩시밀리로 인쇄되어 있다. IAU에 있는 판은 *F*에 있는 판과 표현이 약간 다르지만, 핵심적인 부분, 즉 알-마문과 아리스토텔레스 사이의 문답은 거의 자구까지 똑같다.

34) 이븐-아비-하팀 앗-라지의 방법의 자세한 분석은 E. N. Dickinson, *The Development of Early Muslim Ḥadīth Criticism: The Taqdirna of Ibn Abī Ḥātim al-Rāzī*

(327/938 사망), 미출간 박사논문, Yale University, 1992를 보라.

35) 이런 주제를 다룬 문헌으로는 Endress의 "The Defense of Reason", K. Samir and P.Nwyia, Une correspondance islamo-chrétiene와 S. Pines, "A Tenth Century Philosophical Correspondence", Proceedings of the American for Jewish Research, 1955, vol. 24, pp. 103-136를 참고할 것.

제2부 번역과 사회

응용 지식과 이론 지식에 도움이 되는 번역

1) Endress, *GAP* II, 434를 보라. 그는 이 점을 뒷받침하기 위해 알-쟈히즈의 저작으로 잘못 알려진 *Kitāb at-Tağ*, A. Zakī (편), Cairo, al-Maṭba'a al-Amīriyya, 1914, p. 25의 아라비아어 번역에 보존된 사산 왕조의 자료를 언급하고 있다. 이 저작에서는 의사, 국가의 서기, 점성학자가 국가 위계 가운데 똑같은 고위 등급에 속해 있다. 이 직업들은 이 장의 다른 절에서 다시 논의할 것이다.

2) 알-마흐디의 궁정 점성학사였던 에뎃사의 테오필루스(785년 사망)는 점성학을 πάσης' επιστήμης δὲσποιυα라고 불렀다. Ullmann, Geheimwissenschaften, p. 277, 주석 5에 인용되어 있다.

3) 자세한 내용은 *GAS* VII, 50-54; Ullmann, *Geheimwissenschaften*, p. 290를 보라.

4)이 저작들의 자세한 전달 과정은 Ullmann, *Geheimwissenschafien*, pp. 279-280를 보라.

5) Ullmann, *Geheimwissenschaften*, pp. 282-283.

6) Ullmann, *Geheimwissenschaften*, p. 278.

7) Ullmann, *Geheimwissenschaften*, p. 286 이하.

8) Ibn-Qutayba, *Adab al-kātib*, M. Grünert (편), Leiden, E. J. Brill, 1900, pp. 10-11. 강조는 필자. G. Lecomte의 프랑스어 번역, "L'introduction du *Kitāb adab al-kātib* d'Ibn Qutayba", in *Mélanges Louis Massignon*, Damascus, Institut Français de Damas, 1957, vol. 3, p. 60 참조.

9) Al-Ḫwārizmī, *Mafatīḥ al-'ulūm*, G. van Vloten (편), Leiden, E. J. Brill, 1895, p. 202.9.

10) F. Rosen, *Algebra of Mohammed ben Musa*, London, Oriental Translation Fund, 1831; reprinted Hildesheim, Olms, 1986, p. 2 (text), p. 3 (이 번역은 약간 번안된 것이다).

11) D. Pingree, "The Greek Influence on Early Islamic Mathematical Astronomy",

p.37; *GAS* VI, 115, 120 그리고 V, 218 참조.

12) D. Pingree, "Sindhind", *EI* IX, 641b. 사절에 관해서는 D. Pingree, "The Fragments of the Works of Ya'qub ibn Ṭariq", *Journal of Near Eastern Studies*, 1968, vol. 27, pp. 97-98의 전거와 논의를 보라. 사절단에 관해 현존하는 가장 상세한 묘사를 하고 있는 Ṣā'id al-Andalusī에 나오는 구절은 Pingree가 그의 "Fazari", p. 105, fragment Z 1에 번역해놓았다. al-Ya'qūbī, *Ta'rīḫ*, M. Houtsma (편), Leiden, E. J. Brill, 1883, vol. 2, pp. 433-434에는 대표단이 둘 나오는데, 하나는 인도에서 왔고 또 하나는 754년에 북아프리카에서 와서 알-만수르의 전임자인 압바스 왕조 초대 칼리프 앗-사파를 죽기 사흘 전에 만났다. 이 보고는 이것이 이야기된 맥락을 고려할 때, 알리 이븐-아비-탈리브의 예언 능력과 관련이 있는 성인전적 전설로 보인다.

13) E. Sachau (transl), *Alberuni's India*, London, 1888, reprinted Bombay, 1964, vol. 2, p. 15.

14) Ullmann, Geheimwissenschaften, pp. 434-435; *GAS* IV, 317-318.

15) Ullmann, Geheimwissenschaften, pp. 430-431; *GAS* IV, 315는 이것이 아나톨리오스가 아니라 Apollonius라는 가명을 쓰던 Balinas의 저작이라고 말한다. Endress의 이 논의dp 관한 요약은 *GAP* II, 149, 주석 77을 보라.

16) 아라비아어 번역은 나중에 인용된 것만 있을 뿐, 별도로 남아 있지는 않다. Ullmann, *Geheimwissenschaften*, pp. 431-433 참조.

17) 콘스탄티노플의 우마라의 사절에 관한 G. Strohmaier의 두 이야기를 보라. "'Umāra ibn Ḥamza, Constantine V, and the invention of the Elixir", *Graeco-Arabica* (Athens), 1991, vol. 4, pp. 21-24; "Al-Manṣūr und die frühe Rezeption der griechischen Alchemie", *Zeitschrift für Geschichte der Arabisch-Islamischen Wissenschaften*, 1989, vol. 5, pp. 167-177. 이븐-알-파키흐에 관해서는 A. B. Khalidov, "Ebn al-Faqih", *EIr.* Ⅷ, 23-25를 보라.

18) M. Ullmann, *Geheimwissenschaften*, pp. 148-152의 이야기를 보라. 그러나 일부 연금술 저작은 팔라비어를 통해서도 전달되었던 것으로 보인다. 『피흐리스트』에 보존된 『나흐무탄의 책』에서 아부-사흘 이븐-나우바흐트가 언급한 전거 가운데는 파이드로스도 있는데, 그는 플라톤의 그 이름을 딴 대화의 등장인물로 보이며, 현존하는 점성학 논문의 저자로 이야기되고 있다. 이 책의 p. 39, passage C, §7과 주석 21을 보라. 그리고 Pingree, *Thousands*, p. 10 (Cedros로서 인용되고 있다)과 Ullmann, *Geheimwissenschaften*, pp. 156-157 참조. 이전 세대 그리스와 아랍 연금술 전문가였던 Julius Ruska는 아랍 연금술이 사산 왕조와 관련이 있다고 늘 주장했지만, Ullmann, Geheimwissenschaften, p. 148에 따르면, "그러나 이 문제에 관해 전혀 알지 못한다aber bewiesen ist dies nicht."

19) Fiey, *Chrétiens syriaques sous les Abbassides*, p. 16에 보고된 족장 Isḥāq of Ḥarrān에 관한 이야기를 보라.

20) R. Rashed, "al-Riyāḍiyyāt", *EI* VIII, 550b를 보라.

21) R. Rashed, "Problems of the Transmission of Greek Scientific Thought into Arabic: Examples from Mathematics and Optics", *History of Science*, 1989, vol. 27, pp. 199-209.
22) 해부에 관한 증거의 개관으로는 E. Savage-Smith, "Attitudes toward Dissection in Medieval Islam", *Journal of the History of Medicine and Allied Sciences*, 1995, vol. 50, pp. 67-100를 보라. 여기서 논의한 사건에 관해서는 pp. 83-86를 보라.
23) *Kitāb fī tašriḥ al-'urūq wa-l-awrād*(Περί φλεβῷυ καί ἀρτηριῷυ ἀυατοῆς, Kühn II, 779-830), 그리고 Kitāb fi tašriḥ al-'aṣab(Περί υεύρωυ ἀυατομῆς, Kühn II, 831-856).
24) 이 인용문이 나온 R. Rashed의 글 "Al-Kindī's Commentary on Archimedes' 'The Measurement of the Circle'", *Arabic Sciences and Philosophy*, 1993, vol.3, pp. 7-12의 근본적인 논의를 보라.
25) K. Samir and P. Nwyia, *Une correspondance islamo-chrétienne*, pp. 593, 597, 쿠스타의 텍스트 속 문단 3과 13을 보라. 여기에서 그는 무함마드의 예언을 입증하기 위해 "기하학적 증명"을 이용했다는 이븐-알-무나짐의 주장을 전한다.

보호자, 번역자, 번역

1) A.H.M. Jones, J.R. Martindale, and J. Morris 편, 3 vols, Cambridge, Cambridge University Press, 1971-1992. 여기에는 심지어 비잔틴 자료에서 언급되는 'Umar ibn-al-Ḫaṭṭab 같은 초기 이슬람교도도 포함되어 있다. 이 작업이 다루고 있는 시기를 볼 때, 초기 이슬람 인물 연구는 이 작업의 자연스러운 연장이 될 것이다.
2) Van Ess의 *Theologie und Gesellschaft*는 결과적으로 8세기와 9세기의 신학자들에 대한 그런 주석이 달린 인물 연구를 제시하고 있다. 번역운동과 관련된 모든 사람에 대해서도 그의 예를 따라 똑같은 작업을 할 수 있다면 바람직할 것이다.
3) 그리스어 번역의 후원자들 명단은 IAU I, 205.25 이하를 보라.
4) Endress, *GAP* II, 428과 주석 86의 참고문헌을 보라.
5) 알-무타심은 마법적인 *aḏ-Ḏaḫira al-Iskandariyya*의 서문에서 점성학자 무함마드 이븐-할리드에게 그것을 번역해달라는 요청을 했다고 전해진다. 이 저작의 원고는 알-무타심이 아모리움을 정복한 뒤 그곳에서 발견되었다고 한다. Dunlop, "Al-Bitriq", p. 148를 보라. 하지만 이 저작의 성격을 보나, 민간전승에서 알-무타심과 아모리움의 관련을 보나, 이 보고는 믿을 만하다고 생각할 수 없다.
6) Ibn Ǧulǧul, *Ṭabaqāt al-atibbā'*, Fu'ād Sayyid (편), Cairo, Institut Français d' Archéologie Orientale, 1955, p. 65, 강조는 필자.
7) *GAS* VII, 267 #2의 참고문헌을 보라. 또 그와 철학자들의 토론을 다룬 사라진 원고에 관해서는 A. Sidarus, "Un recueil de traités philosophiques et médicaux à Lisbonne",

Zeitschrift für Geschichte der Arabisch-lslamischen Wissenschaften, 1990, vol. 6, p. 188를 보라.

8) 이것은 번역자 가문의 후손이자 그 내부를 아는 사람인 히랄 앗-사비가 쓴 압바스 왕조 궁정의 의전과 예절에 관한 이야기에서 찾아볼 수 있다. E.A. Salem, *Hilāl aṣ-Ṣābi'*, *Rusūm Dār al-Khilāfa*, Beirut, American University of Beirut, 1977, p. 71를 보라.

9) *Tadbīr al-abdān an-naḥīfa allatī qad ġalabat 'alayhā ṣ-ṣafrā'*, *F* 298.5-6; IAU I, 203, 10-11; *GAS* III, 263; Ahdat al-gaww, F 279.17.

10) J. McCarthy, *At-Taṣānif al-mansūba ilā faylasūf al-'Arab, Baghdad, Maṭba'at al-'Ani*, 1382/1962, p. 119의 색인에 있는 아흐마드 이븐-알-무타심에 관한 참고문헌을 보라.

11) 이 저작과 그 원고에 관해서는 각각 *GAS* V.154(앗-투시가 알-무스타인의 후원을 증언하고 있다), *GAS* VI.73, no.1, *GAS* V.153, no.4를 보라. 쿠스타 이븐-루카에 관해서는 G. Gabrieli의 선구적인 글, "Nota biobibliographica su Qusta ibn Luqa", Rendiconti della Reale Accademia dei Lincei, Classe di Scienze Morali, Storiche e Filologiche, Ser. V, 1912, vol. 21, pp. 341-382, 특히 pp. 353-354가 여전히 근본적인 자리를 차지하고 있다. Judith Wilcox의 미출간 박사논문 The Transmission and Influence of Qusta ibn Luqa's "On the Difference between Spirit and Soul", The City University of New York, 1985은 최근에 나온 것으로 더 포괄적이지만, 아직 읽어보지 못했다.

12) 이런 혼란은 심지어 아라비아어 사료에도 존재하며, 이 때문에 G. Gabrieli, "Qusta ibn Luqa", p. 362는 알-무스타인이 쿠스타의 보호자라고 밝히기도 했다. 그러나 이 혼란은 F. Rosenthal, "Al-Kindī als Literat", Orientalia, 1942, vol. 11, p. 265, note 1 (Rosenthal은 Houtsma 편 al-Ya'qūbī의 *Ta'rīḫ*에 아흐마드 이븐-알-무타심이 나타난다고 지적하고 있는데, 이것은 p. 514가 아니라 pp. 584, 591이 되어야 한다)으로 정리가 되었다. 그럼에도 2차 문헌에서는 여전히 이런 혼란이 계속되고 있다. *GAP* II, 429, note 96의 참고문헌을 보라. 여기에 Judith Wilcox, "Our Continuing Discovery of the Greek Science of the Arabs: The Example of Qusta ibn Luqa", Annals of Scholarship, 1987, vol. 4.3, p. 58도 추가해야 할 것이다. 이 모든 저작에서 알-무스타인에 대한 언급은 아흐마드 이븐-알-무타심에 대한 것으로 바꿔야 한다. 오직 Wilbur R. Knorr만이 테오도시우스의 『구면학』 논의와 관련하여 보호자를 알-무스타인으로 밝힌 것에, 이유는 틀렸지만, 어쨌든 올바르게 의문을 제기했다("The Medieval Tradition of a Greek Mathematical Lemma", *Zeitschrift für Geschichte der Arabisch-lslamischen Wissenschaften*, 1986, vol. 3, p. 233, note 7). 그러나 그는 필사본에서 언급되는 "Amir al-Mu'minīn의 아들 Aḥmad"를 알-킨디의 제자이자 동료로 인식하지는 못했다.

13) Ğa'far Ibn-al-Muktafī-billāh는 377/987년에 사망했다. Flügel, *Fihrist* II, 131, note 9부터 p. 275까지 보라. 그는 하란의 알-바타니의 경력에 관해 보고하고 있는데, 그 보고 상대는 이븐 안-나딤인 것으로 보인다.

14) aṯ-Ṯa'ālibī, *Laṭā' if al-ma'ārif*, C.E. Bosworth 역, Edinburgh, Edinburgh University

Press, 1968, p. 63에 보고되어 있다.

15) 이 주제에 관해서는 A. Chejne, "The Boon-Companion in Early 'Abbasid Times", Journal of the American Oriental Society, 1965, vol. 85, pp. 327-335와 G. Makdisi, *The Rise of Humanism in Classical Islam and the Christian West*, Edinburgh, Edinburgh University Press, 1990, pp. 284-287를 보라. 특히 좋은 친구들이 전문가로 활동하던 다양한 분야를 보라.

16) 앗-사라흐시에 관해서는 F. Rosenthal의 짧은 글과 연구 모음인 *Aḥmad b. aṭ-Ṭayyib as-Saraḫsī*, New Haven, American Oriental Society, 1943을 보라. 앗-사라흐시의 죽음에 관한 이야기는 p. 26 이하에 자세하게 분석되어 있다. Ibn-Ṭawāba와 주고받은 편지는 야쿠트가 인용한 대로 pp. 86-94에 번역되어 있는데, 전체 보고에 대한 야쿠트의 판단은 pp. 93-94에 나와 있다. 이 이야기는 야쿠트가 앗-타우히디의 *Maṯālib al-wazīrayn*(현재는 I. al-Kaylānī의 판본, Damascus, 1961의 pp. 157-163에 실려 있다).

17) *GAP* II, 427 note 80과 O. Pinto의 글 in *EI* II, 837-838를 보라.

18) 참고문헌이 추가되어 있는 M. Fleischhammer, "Munadjdjim, Banu 'l-", *EI* VII, 558-561를 보라. 또 D. Pingree, "Banu Monajjem", *Elr*. 111, 716 참조.

19) Barmakids 전체에 관해서는 *EIr*. III, 806과 *EI* I, 1033이하의 글을 보라.

20) D. Sourdel, "al-Faḍl b. Sahl", *EI* II, 731b.

21) 타히르 가문이 지지하고 장려한 아랍 문화에 대해서는 Bosworth, "The Ṭāhirids and Arabic Culture", pp. 45-79를 보라. 이들이 이런 정책을 채택한 이유는 Bulliett, *Conversion*, 46-48에 논의되어 있다.

22) Endress, *GAP* II, 424 note 60의 참고문헌을 보라.

23) Bosworth, "The Ṭāhirids and Arabic Culture", p. 67.

24) Bergsträsser, *Galen-Übersetzungen*, p. 35.22. by R. Degen의 후나인의 저작에 대한 설명인 "The Kitāb al-Aghdhiya of Ḥunayn ibn Isḥāq", *Proceedings of the First International Symposium for the History of Arabic Science*, A.Y. al-Ḥassan 등 (편), Aleppo, Institute for the History of Arabic Science, 1978, vol. 2, pp. 291-299를 보라. 타히르 가문에 관해서는 p. 296를 보라.

25) *F* 117.9-14. Bosworth, "The Ṭāhirids and Arabic Culture", p. 68 참조.

26) Bosworth "The Tahirids and Arabic Culture", p. 71. F 117.

27) Aṭ-Ṭabarī, *Ta'rīḫ*, M.J. de Goeje 등 편, Leiden 1879-1901, vol. III, p. 1183. C.E Bosworth의 영어 번역, *Storm and Stress along the Northern Frontiers of the 'Abbdsid Caliphate*[The History of al-Ṭabarī, vol. 33], Albany, State University of New York Press, 1991, p. 31.

28) 그의 행정 경력에 관해서는 Sourdel, *Vizirat*, pp. 254-270와 그의 논문 "Ibn al-Zayyāt" in EI III, 974b를 보라. al-Marzubānī, *Mu'ǧam aš-šu'arā'*, Cairo, 1960, p. 365는 그가 페르시아 출신이라고 분명히 말하지만, *Fihrist* (338.16-77)에는 그가 마니교

도(zindīq)일 것이라고 추측하는 보고가 담겨 있다. Ǧamīl Sa'īd, "Muḥammad b. 'Abd-al-Malik az-Zayyāt, al-Wazīr, al-Kātib aš-Ša'ir", *Maǧallat al-Maǧma 'al-'Ilmī al-'Irāqī* 1986, vol. 37.3, pp. 189-190는 그가 페르시아계가 아니라 아라비아인이라고 주장한다. 그의 성격에 관한 흥미로운 관찰은 알-자히즈가 그에게 보낸 에세이 *R. fī l-ǧidd wa-l-hazl*, "On Jest and Earnest"(C. Pellat, Jdhiz, pp. 207-216에 요약 및 부분 번역)에서 찾아볼 수 있다.

29) Bergsträsser, *Galen-Übersetzungen*, p. 24.17 이하. *F* 290.11.

30) Sourdel, *Vizirat*, pp. 312ff.; F 122.

31) 1577년에 기록된 에스코리알 도서관의 도서목록에는 1671년에 화재로 소실된 원고가 포함되어 있는데, 여기에는 후나인이 "재상 알-카심 이븐-우바이닷라흐"를 위해 번역한 『자연학』도 들어 있다. 소실된 원고의 "후나인 이븐-이샤크"는 이샤크 이븐-후나인의 명백한 오류이다. 무엇보다도 알-카심이 "재상"으로 언급되어 있기 때문인데, 알-카심은 후나인이 죽고 나서 오랜 뒤에 재상이 되었다. J. Brugman and H. Drossaart Lulofs, *Aristotle. Generation of Animals*, Leiden, E.J. Brill, 1971, p. 67를 보라.

32) F. Rosenthal, "Isḥāq b. Ḥunayn's Ta'rīḫ al-Aṭibbā'", *Oriens*, 1954, vol. 7, pp. 72-73를 보라.

33) Sourdel, *Vizirat*, pp. 338, 737.

34) P. Shinar, "Ibn Wahb" in *EI*, Supplement, fascicles 5-6, p. 402a를 보라.

35) "Dayr Ḳunnā" by D. Sourdel, *EI* II, 197b의 참고문헌을 보라. Sourdel, *Vizirat*, p. 304 참조.

36) Sourdel, *Vizirat*, pp. 313-315 and index, s.n.

37) *Risāla fī aḥwāl al-bāh wa-asbābihī*; IAU I, 244.27.

38) *Fī tadbīr al-badan fī s-safar*; *GAS* III, 270 #10, G. Bos(편), Qusta ibn Luqas Medical Regime for the Pilgrims to Mecca, Leiden, E.J. Brill, 1992.

39) 논문이 나온 압바스 왕조의 몇 안 되는 인물 가운데 한 명이다. H. Bowen, *The Life and Times of 'Alī ibn 'Īsa, the Good Vizir*, Cambridge, Cambridge University Press, 1928. Sourdel, Vizirat, pp. 520 이하와 the article "'Ali b. 'Īsā" in *EIr*. 1, 850-851 참조.

40) 이사 이븐-알리의 업적에 관한 자세한 논의와 참고자료는 J.L. Kraemer, *Humanism*, pp. 134-136를 보라.

41) Ullmann, *Medizin*, pp. 108-115와 *GAS* III, index, s.nn.을 보라. J.C. Sournia and G. Troupeau, "Médecine Arabe: biographies critiques de Jean Mésué (VIII° siècle) et du Prétendu 'Mésué le Jeune' (X° siècle)", *Clio Medica*, 1968, vol. 3, pp. 109-117. 이슬람 땅의 의학 전체의 맥락에서 이 바그다드 가문과 개인들의 역할을 제대로 평가하려면 Endress, *GAP* II pp. 440-448를 보라.

42) D. R. Hill, article "Mūsā, Bānū", in *EI* VII, 640-641과 D. Pingree, article "Banu Musa", *EIr*. III, 716-717의 보완적인 이야기를 보라. 또 Rashed, "Transmission of Greek

Scientific Thought"도 참조.

43) 그에 관한 간략한 소개와 추가의 문헌에 관해서는 Endress, *GAP* II, 428을 보라.

44) Bergsträsser, *Galen-Übersetzungen*, index, s.nn을 보라.

45) 그리스 문헌 몇 권이 콥트어로 번역되었고, 산스크리트에 그리스 천문학의 흔적이 있지만, 현재 과학 자료를 콥트어에서 아라비아어로 번역했다는 증거는 현재 없으며, 산스크리트에서 번역된 아랍 천문학과 의학 자료는 그리스어 원본과 아주 먼 관계만 있을 뿐이다. 여러 언어를 아라비아어로 번역한 사람들의 명단은 Ibn-an-Nadīm, *F* 244.1-245.10과 IAU I, 203-205에 나와 있다.

46) Al-Ǧaḥiẓ, *Kitāb al-Ḥayawān*, cited by Endress, *GAP* III, 4를 보라. 번역자가 정확한 아라비아어 사용자와 함께 일하는 경우도 있었던 것으로 보인다. *F* 244.16 참조.

47) G. Strohmaier, "Homer in Bagdad", *Byzantinoslavica*, 1980, vol. 41, pp. 196-200의 참고문헌과 논의를 보라.

48) Bergsträsser, *Galen-Übersetzungen*, p. 40.9-13.

49) Bergsträsser, *Galen-Übersetzungen*, pp. 28.18; 34.6; 44.17; 47.1; *F* 290.10-11.

50) K. Samir and P. Nwyia, *Une correspondance islamo-chrétienne*, pp. 78-79, §12; 또 *GAS* V, 243-244; VI, 138-139도 보라.

51) Rosenthal, *Classical Heritage*, p. 19. 후나인은 다른 곳에서 갈레노스가 호메로스를 암시하는 대목을 설명한다. Strohmaier, "Homer in Bagdad"에 나오는 예들을 보라.

52) Bergsträsser, *Galen-Übersetzungen*, p. 2.23 이하.

53) M. Ullmann, "Nicht nur······ sondern auch······", *Der Islam*, 1983, vol. 60, pp. 34-36과 *WKAS* II, ii, pp. ix-xi에서 그가 한 말 참조. 모든 단계의 번역 언어와 과학적인 아라비아어의 발전에 관한 연구는 Endress, *GAP* III, 3-23에 정리되어 있다. 논리학, 철학, 천문학, 의학 분야에서 번역 문헌에 기초한 아라비아어 전문 용어의 발달에 관한 구체적인 연구는 D. Jacquart, *La formation du vocabulaire scientifique et intellectuel dans le monde arabe*[Études sur le Vocabulaire Intellectuel du Moyen Age VII], Turnhout, Brepols, 1994에 모여 있다. 그리스어-아라비아어 번역에 관한 역사적 어휘는 번역된 그리스어 저작의 수많은 판본에 첨부되어 있다. *GALex*, 특히 Fasc. 1, Introduction and List of Sources를 보라.

54) 주로 동물에 관한 책(*Kitāb al-Ḥayawān*)에서. 영역으로 그의 견해의 예는 Pellat, Jahiz, p. 133을 보라.

55) 전문은 Rosenthal, *Classical Heritage*, p. 17에 번역되어 있으며, 여기에는 다른 학자들의 관련 논평도 실려 있다. Hugonnard-Roche, "Les traductions du grec", p. 141, note 28은 Maimonides의 비슷한 정서를 언급하고 있다.

56) 똑같은 그리스어 텍스트를 놓고 알-킨디 집단에서 나온 번역과 이샤크 이븐-후나인 집단에서 나온 번역을 자세하게 비교한 J.N. Mattock, "The Early Translations from Greek into Arabic: An Experiment in Comparative Assessment", in G. Endress (편),

Symposium Graeco-arabicum II, Amsterdam, 1989, pp. 73-102를 보라. Hugonnard-Roche, "Les traductions du grec", pp. 143-144에 더 많은 예가 나오며, 이것은 앞서 나온 F. Zimmermann과 G.L. Lewis의 비슷한 견해를 참조하고 있다.

57) 이런 견해는 F.E. Peters, *Aristotle and the Arabs*, New York, 1968, pp. 59-61에서 가장 분명하게 드러난다. Peters 또한 위에서 언급한 라틴 용어를 괄호 안에서 사용하고 있다.

58) 번역 분석과 관련된 문제의 자세한 설명은 Endress, *GAP* III, 5-6을 보라.

59) G. Bergsträsser, *Ḥunain ibn Isḥāḳ und seine Schule*, Leiden, E.J. Brill, 1913.

60) H.H. Biesterfeldt, *Galens Traktat 'Dass die Kräfte der Seele den Mischungen des Körpers folgen' in arabischer Übersetzung*, Wiesbaden, F. Steiner, 1973, pp. 15-28.

61) H.-J. Ruland, *Die arabische Übersetzung der Schrift des Alexander von Aphrodisias über die Sinneswahrnehmung*[Nachrichten der Akad. der Wiss. in Göttingen, Philol.-Hist. Klasse, 1978, Nr. 5], Göttingen, 1978, pp. 164, 196-202[6, 38-44]는 또 같은 저자의 학위 논문 *Die arabischen Fassungen von zwei Schriften des Alexander von Aphrodisias Über die Vorsehung und Über das liberum arbitrium*, 미출간 박사논문, University of Saarbrücken, 1976, pp. 107-132, 148-149에 나오는 치밀한 분석에 기초하고 있다.

62) M. Ullmann, "War Ḥunain der Übersetzer von Artemidors Traumbuch?", *Die Welt des Islams*, 1971, vol. 13, pp. 204-211.

63) G. Endress, "The Circle of al-Kindī", in G. Endress and R. Kruk (편), *The Ancient Tradition in Christian and Islamic Hellenism*, pp. 52-58. 그의 다른 출간물도 언급하고 있다.

64) 그런 표현의 예나 이것과 그 바탕에 깔린 그리스어 원본과의 관계에 관해서는 *GALex*, Fasc. 2, pp. 176-178, *iḏā* 8.1.

65) 프로클로스의 『신학 요강』의 아라비아어 번역에서 그런 점들의 자세한 목록을 보려면 G. Endress, *Proclus Arabus*, Beirut, F. Steiner, 1973, pp. 194-241를 보라.

66) S. Fazzo and H. Wiesner, "Alexander of Aphrodisias in the Kindī-Circle and in al-Kindī's Cosmology", *Arabic Sciences and Philosophy*, 1993, vol. 3, pp. 119-153.

67) H. Hugonnard-Roche, "Remarques sur la tradition arabe de l'*Organon* d'après le manuscrit Paris, Bibliothèque Nationale, ar. 2346", in C. Burnett (편), *Glosses and Commentaries on Aristotelian Logical Texts*, pp. 19-28의 논의와 사례를 보라. 이것은 R. Walzer, "New Light on the Arabic Translations of Aristotle", Oriens, 1953, vol. 6, pp. 91-142, reprinted in his *Greek* into Arabic, Oxford, Bruno Cassirer, pp. 60-113의 문헌학적으로 환원론적인 견해를 교정하고 있다.

68) H. Hugonnard-Roche의 수많은 글은 이 면에서 근본적인 자리를 차지하고 있다. 전체적으로 그의 "*La formation du vocabulaire de la logique en arabe*", in D. Jacquart (편), La formation du vocabulaire scientifique et intellectuel dans le monde arabe, pp.

22-38과 다른 작업들에 대한 그의 참조를 보라.
69) S. Brentjes의 많은 글, 특히 "Textzeugen und Hypothesen zum arabischen Eulklid", *Archive for History of Exact Sciences*, 1994, vol. 47, pp. 53-92의 텍스트 연구를 보라.
70) R. Rashed, *Oeuvres philosophiques et scientifiques d'al-Kindī. Volume I. L'Optique et la Catoptrique*, Leiden, E.J. Brill, 1997, pp. 6-45(별도로 "Le commentaire par al-Kindī de l'Optique d'Euclide: un traité jusqu'ici inconnu", *Arabic Sciences and Philosophy*, 1997, vol. 7, pp. 9-56에 재수록)을 보라.
71) 이 번역에 관해서는 P. Kunitzsch, Der Almagest. *Die Syntaxis Mathematica des Claudius Ptolemäus in arabisch-lateinischer Überlieferung*, Wiesbaden, F. Steiner, 1974, pp. 6-71를 참고하라.
72) "수용" 단계와 "창조" 단계는 F. Sezgin이 사용한 것으로, 원래 아랍 과학 전체에 적용한 것이지, 특정하게 번역운동에 적용한 것은 아니다. Sezgin은 이 개념을 W. Hartner, "Quand et comment s'est arrêté l'essor de la culture scientifique dans l'Islam?" in *Classicisme et Déclin culturel dans l'histoire de l'Islam*, Paris, Besson-Chantermerle, 1957; reprinted Maisonneuve et Larose, 1977, p. 322에서 가져왔다. 그러나 그는 이것을 번역의 위대한 보호자인 바누-무사에게 적용하는데, 겉으로 보기에는 그들과 더불어 "창조" 시기가 시작된다는 것이다(*GAS* V, 246). G. Strohmaier는 또 "공급하는" 문화와 대립되는 "수용하는" 문화 이야기를 하며, 8세기에는 아랍인이 여전히 수용자이고 비잔틴인들이 공급자라고 본다. "Byzantinisch-arabische Wissenschaftsbeziehungen in der Zeit des Ikonoklasmus", in H. Köpstein und F. Winkelmann (편), *Studien zum 8. und 9. Jahrhundert in Byzanz* [Berliner Byzantinistische Arbeiten 51), Berlin, Akademie Verlag, 1983, pp. 179-183. 이 주제의 더 색다른 정식화로, 두 단계를 설명하기 위해 식물의 관개라는 비유를 사용하는 경우도 있다. "3/9세기 말에는 그리스의 철학적…… 저술의…… 많은 부분을 훌륭한 아라비아어 번역으로 읽을 수 있었다. 이것은 땅을 적시는 비와 같았다. 수백 명의 이슬람 학자들은 그리스 학문을 열심히 공부하고 받아들이기 시작했다……" J. Schacht and M. Meyerhof, *The Medico-Philosophical Controversy between Ibn Butlan of Baghdad and Ibn Ridwan of Cairo*[The Egyptian University, Faculty of Arts Publication no. 13], Cairo, 1937, p. 7. 이 주제는 문헌 전체에 걸쳐 변주된다.

번역과 역사: 번역운동의 결과

1) M. Bouyges, *Averroès. Tafsir ma ba'd at-tabi'at*. Notice, Beyrouth, Dar el-Machreq, 1952, reprinted 1972, pp. cxxii, lvi. 추가로 *GAP* 11, 443 note 103의 참고문헌과 Kraemer, Humanism, pp. 132-134의 논의를 보라.
2) Ullmann, *Geheimwissenschaften*, pp. 73-74의 참고문헌을 보라.

3) 필자의 *Avicenna and the Aristotelian Tradition*, Leiden, E.J. Brill, 1988, pp. 125-127 참조.

4) A.I. Sabra, "The Andalusian Revolt against Ptolemaic Astronomy", in E. Mendelsohn (편), *Transformation and Tradition in the Sciences*, Cambridge, Cambridge University Press, 1984, pp. 133-153를 보라.

5) H. Kennedy, *The Prophet and the Age of the Caliphates*, London and New York, Longman, 1986, p. 200 이하에 나오는 표현. Kraemer, *Humanism*, p. 53 and note 61 참조.

6) Ullmann, *Medizin*, p. 260.

7) 그 가장 좋은 예는 아마 이븐-앗-타이이브의 『범주론』 주석일 것이다. 이것은 5세기 전 알렉산드리아에서 기록된 것의 정확한 복제본으로, 전통을 모방하여 재생산된 듯하다. 필자의 Avicenna, p. 227, note 12 참조.

8) as-Suyūṭi, *Ṣawn al-manṭiq wa-l-kalām 'an fann al-manṭiq wa-l-kalām*, 'Alī Sāmī an-Naššar (편), Cairo, 1947, pp. 6-8에 인용.

9) 알-킨디의 *Fī l-falsafa al-ūlā*, in *Rasā'il al-Kindī al-falsafīya*, M.'A. Abū-Rlda (편), Cairo, 1950, vol. 1, p. 103, A.L. lvry, *Al-Kindi's Metaphysics*, Albany, State University of New York Press, 1974, p. 58.

10) Ibn-Qutayba, *'Uyūn al-aḫbār*, Cairo, 1923-1930 (repr. 1973), vol. 1, pp. 10.11-15 and 15.11-17.

11) E.K. Rowson의 번역, "The Philosopher as Littérateur: al-Tawḥīdī and His Predecessors", *Zeitschrift fiir Geschichte der Arabisch-Islamischen Wissenschafien*, 1990, vol. 6, p. 86 and note 128에 인용. 이 시구들은 aṯ-Ṯa'alibī의 Ḫāṣṣ *al-ḫāṣṣ*, Beirut, 1966, pp. 72f.와 같은 저자의 Yatimat ad-dahr, Cairo, 1956, IV.314에서 가져온 것이다. 마지막 반행半行에는 알-부스티의 유명한 말장난(다음 절 주석 22에서 논의하는 Goldziher, p. 35, note 3/p. 215 note 138에서도 언급하고 있다)인 "철학은 무지를 무디게 하는 것al-falsafatu fallu s-safahi"이 담겨 있다.

12) W. Madelung, "The Origins of the Controversy Concerning the Creation of the Koran", in *Orientalia Hispanica*[Festschrift F.M. Pareja], J.M. Barral (편), Leiden, E.J. Brill, 1974, pp. 504-525의 자세한 설명을 보라.

13) Aṭ-Ṭabari, *Ta'riḫ*, III, 2131 de Goeje; P.M. Fields (역), The Àbbāsid Recovery[The History of al-Ṭabarī, vol. 37], Albany, State University of New York Press, 1987, p. 176. 나는 괄호 안에 아라비아어 용어를 넣고, "논쟁"이라는 Fields의 ğadal에 대한 번역을 "변증법적 논박"으로 바꾸었다.

14) Ibn-Kaṯīr, *al-Bidāya wa-n-nihāya*, Cairo, 1932, XI.64-65, 그리고 이 사건을 전하는 또 한 문건인 aḏ-Ḏahabī, *Duwal al-Islām*, Hyderabad, 1364/1945, I, 123은 이 당시의 칼리프가 알-무타디드라고 말한다. 그러나 앗-타바리는 알-무타디드가 칼리프로 있을 때라고 말한다. 앗-타바리는 이 사건을 직접 목격한 것이 틀림없으니 그의 권위를 배격하기는

힘들 것이다. 이와 관련하여 이후 저자들의 개인적 편견에도 주목할 필요가 있다. 이븐-카티르와 앗-다하비 둘 다 당대 시리아의 전통주의자이자 역사학자였지만, 이븐-카티르는 문제의 세 주제를 앗-타바리와 똑같은 말을 사용하여 언급하는 반면, 앗-다하비는 *kalām*(이슬람 신학)을 생략하고 *ǧadal*(변증법적 논박)을 *manṭiq*(논리)라는 일반 용어로 바꾼다.

15) Aṭ-Ṭabarī, *Ta'rīḫ*, III, 2165 de Goeje; F. Rosenthal 역, *The Return of the Caliphate to Baghdad*[The History of al-Ṭabarī, vol. 38], Albany, State University of New York, 1985, p. 47; van Ess, *Theologie und Gesellschaft*, IV.728-729 참조.

16) George Makdisi의 저작들, 특히 *The Rise of Humanism*, pp. 67-70의 이 주제에 관한 논의를 보라.

17) At-Tawḥīdī, *al-Imtā 'wa-l-mu'ānasa*, Aḥmad az-Zayn and Aḥmad Amīn (편), Cairo, 1951(reprinted Beirut, 날짜 불명), vol. 2, pp. 5-6.

18) Makdisi, "The Juridical Theology of Shāfi ī", pp. 21-22.

19) Ibn-Qutayba, *Kitāb al-anwā'*, C. Pellat and M. Hamidullah (편), Hyderabad, 1375/1956, §2, pp. 1-2. C. Pellat의 프랑스어 번역, "Le traité d'astronomie pratique et de météorologie populaire d'Ibn Qutayba", *Arabica*, 1954, vol. 1, p. 87. 쿠란의 6.97에 나오는 인용문은 Arberry의 번역이다.

20) Al-Baġdādī, *Al-Farq bayna l-firaq*, Beirut, 1977, p. 295.

21) I. Goldziher, *Muslim Studies*, C.R. Barber and S.M. Stern (번역자들), London, Allen & Unwin, 1967[독일어 원본 1889], vol. 1, pp. 137-198; Gibb, "Social Significance of the Shuubiya." *Šu'ubiyya*에 대한 가장 최근의 문헌과 다양한 해석에 대한 논의는 *EI* IX.513-516에 실린 S. Enderwitz의 글을 보라.

22) I. Goldziher, "Stellung der alten islamischen Orthodoxie zu den antiken Wissenschaften", *Abhandlungen der Königlich Preussischen Akademie der Wissenschaften*, Jahrgang 1915, Philosophisch-historische Klasse, no. 8, Berlin, Verlag der Akademie, 1916. M.L. Swartzind의 번역은 그의 *Studies on Islam*, Oxford, Oxford University Press, 1981, pp. 185-215에 수록되어 있다. 이 책을 참조할 경우 원본 다음에 번역본을 표시했다.

23) Goldziher의 에세이에 대한 더 폭넓지만 덜 가혹한 비판은 Sabra, "Greek Science in Medieval Islam", pp. 230-232를 보라.

24) "Die neuzeitliche islamische Orthodoxie setzt den antiken Wissenschaften in ihrer modernen Fortbildung keinen Widerstand entgegen und fühlt sich nicht im Gegensatz zu ihnen"; p. 42. 나는 Swartz의 번역에 약간 손을 댔다. 그는 "현재의 이슬람 정통"을 "정통 이슬람"이라고 읽고, "고대 학문" 뒤에 "의 연구"를 보태고 있다(p. 209). 앞부분의 "현재의neuzeitliche"라는 말은 Goldziher가 현재의 근대화된 정통을 "낡은" 정통과 구별한다는 점에서 중요하다.

25) 예를 들어 Goldziher의 편견의 영향에 대한 간략한 개괄은 그의 “The Hanbali School and Sufism”, *Boletin de la Asociacion Española de Orientalistas*, Madrid, 1979, vol. 15, pp. 115-126, reprinted in his *Religion, Law and Learning in Classical Islam*, Hampshire, Variorum, 1991. no. V을 보라.
26) 19세기 서양 오리엔탈리즘의 반한발주의에 관한 그의 자세한 연구 “L'Islam Hanbalisant”, *Revue des Études Islamiques*, 1974, vol. 42, pp. 213 이하, 역시 Swartz의 번역, Studies, pp. 219 이하.
27) 물론 Goldziher의 에세이는 고대 학문이라는 주제에 관한 다양한 이슬람 학자들의 말을 많이 인용했기 때문에 가치를 유지하고 있다.
28) 이슬람 사회에서 “정통”이라는 개념의 문제성에 관해서는 이제 van Ess, *Theologie und Gesellschaft*, IV, 683 이하의 광범한 논의를 볼 수 있다.
29) 부와이 왕조 당시 바그다드에서 고전 학문의 확산과 그 깊이에 관한 파노라마식 견해는 Kraemer, *Humanism*과 그 짝을 이루는 *Philosophy in the Renaissance of Islam*, Leiden, E.J. Brill, 1986을 보라.
30) 사히브의 신앙에 대한 앗-타우히디의 이야기는 그의 *Maṯālib al-wazīrayn*, pp. 82와 212를 보라. 뒤의 참조처에서 이븐-파리스는 사히브가 “신앙이 거의 없기”(li-qillati dīnihi) 때문에 신의 적이라고 판단할 수 있다고 말한다. 앗-타우히디와 사히브 이븐-압바드의 자세한 인물 소개는 각각 M. Bergs와 C. Pellat의 글로 the Cambridge History of Arabic Literature, *Abbasid Belles-Lettres*, J. Ashtiany 등 (편), Cambridge, Cambridge University Press, 1990, pp. 96-124에 실려 있다.
31) 압바스 왕조 말기 바그다드의 정치와 문화는 A. Hartmann의 *An-Nasir li-Din Allah (1180~1225)*. Politik, Religion, Kultur in der späten' Abbdsidenzeit, Berlin, W. de Gruyter, 1975에 자세히 나와 있다. 이 책의 내용은 그녀의 “Al-Nasir li-Din Allah” in EI VII, 996-1003에 요약되어 있다. Hartmann은 현재 그리스 학문에 반대한 우마르 앗-수흐라와르디의 저작을 연구 및 편집하고 있다.
32) 이븐-안-나피스에 관해서는 *EI*와 *DSB*의 항목과 거기에 언급된 참고문헌을 보라. Ibn-as-Satir와 아랍 천문학과 코페르니쿠스에 관해서는 G. Saliba, *A History of Arabic Astronomy*, pp. 233-306를 보라.
33) 마라가 천문대에 관해서는 A. Sayili의 고전적인 연구, *The Observatory in Islam*, Ankara, Turk Tarih Kurumu, 1960, reprinted 1988, chapter 6을 보라. 최근의 학문적 성과는 Saliba, *A History of Arabic Astronomy*, pp. 245-290에 논의되어 있다.
34) 14세기 이집트 학자 Ibn-al-Akfānī는 여러 학문에 대한 개괄 안내서(Iršād al-qāṣid)에서 이런 철학적 결과물의 최소한의 목록을 제공한다. 필자의 “Aspects of Literary Form and Genre in Arabic Logical Works”, in C. Burnett (편), *Glosses and Commentaries on Aristotelian Logical Texts*, pp. 60-62의 번역을 보라.
35) 12이맘파 학자의 작업의 배경을 묘사하면서 Madelung이 간략하게 정리한 “Ibn Abī

Ǧumhūr al-Aḥsā'ī's Synthesis of *kalām*, Philosophy and Sufism", in *Actes du 8ème Congrès de l'Union Européenne des Arabisants et Islamisants*(Aix-en-Provence, 1976), Aix-en-Provence, 1978, pp. 147-148, reprinted in his *Religious Schools and Sects in Medieval Islam*, London, Variorum, 1985, no. XIII을 보라.

36) 금세기에 이 전통 전체가 서구인의 관심을 끌게 된 것은 H. Corbin의 공로다. 특히 그의 *En Islam Iranien*, 7 parts in 4 vols, Paris, Gallimard, 1971-1972를 보라.

37) 매우 존경받은 하나피파의 법과 종교 학자 Ṣadr-aš-Šari'a of Buḫārā(747/1347 사망)가 아주 좋은 예인데, 수준 높은 천문학 논문을 쓴 이 학자에 관해서는 A. Dallal의 연구 최신판인 *An Islamic Response to Greek Astronomy*, Leiden, E.J. Brill, 1995를 보라.

38) *GAL* 11, 212은 사망한 해를 815/1412로 잘못 표기하고 있다. 정확한 연도와 다른 참고문헌은 N. Heer, The Precious Pearl. *Al-Jāmī's al-Durrah al-Fākhirah*, Albany, State University of New York Press, 1979, p. 24, note 6을 보라.

39) Ménage의 Hezarfenn에 관한 글 in *EI* III, 623과 O. Şaik Gökyay의 글 "Kâtip Çelebi" in *Islam Ansiklopedisi* and "Kātib Čelebi" in El IV, 760-762를 보라. Kātib Čelebi가 사용한 판본에 대한 자세한 내용은 V.L. Ménage, "Three Ottoman Treatises on Europe", in C.E. Bosworth (편), *Iran and Islam. A Volume in Memory of Vladimir Minorsky*, Edinburgh, Edinburgh University Press, 1971, pp. 421-433에 나와 있다.

40) J. Raby의 귀중한 글, "Mehmed the Conqueror's Greek Scriptorium", *Dumbarton Oaks Papers*, 1983, vol. 37, pp. 15-34 (도판 41개 포함), 특히 pp. 22-25를 보라. Ptolemy's *Geography*(Aya Sofya 2610)의 아라비아어 번역 필사본 가운데 하나가 영인본으로 출간되었다(F. Sezgin, Frankfurt am Main, Institut fiir Geschichte der Arabisch-Islamischen Wissenschaften, 1987). Plethon의 *Chaldean Oracles*의 아라비아어 번역본은 현재 그리스어 텍스트와 함께 출간된 상태다(B. Tambrun-Krasker, *Oracles Chaldaiaues. Recension de Georges Gémiste Pléthon*[Corpus Philosophorum Medii Aevi 7], Athens, The Academy of Athens, 1995). 아라비아어 텍스트는 M. Tardieu가 편집했다.

41) 이 세 *Tahāfut*는 M. Türker, *Üç tehâfüt bakimindan felsefe ve din münasebeti*, Istanbul, Türk Tarih Kurumu, 1956가 연구하고 있다.

42) N. Heer, *The Precious Pearl*의 표본 번역과 연구를 보라.

43) M. Türker, "Fārābī'nin 'Ṣerā'it ul-yaḳin'i", Arastirma, 1963, vol 1, pp. 151-152, 173-174의 참고문헌을 보라. Gutas, "Aspects of Literary Form and Genre in Arabic Logical Works", p. 62 note 158 참조.

44) Λίνος Γ. Μπενάκης(Linos G. Benakis), ""Ενα ἀνέκδοτο Ἑλληνοαραβικὸ λεξιλόγιο Ἀριστοτελικῆς λογικῆς ὁρολογίας τοῦ Βησσαρίωνος Μακρῆ(1670)" (Vissarion Makris의 아리스토텔레스주의 논리학 용어에 대한 미출간 그리스어-아라비아어 용어집), Νεοελληνικὴ Φιλοσοφία, 1600-1950, [Πρακτικὰ τῆς Γ φιλοσοφικῆς Ἡμερίδας,

Ἰωαννίνων, Μάρτιος, 1988(the 3rd Philosophical Congress of Ioannina, 1988년 3월 회보)], Thessaloniki, 1994, p. 108.

45) 앞의 주석에서 인용한 Benakis 자신의 참고문헌, pp. 97f., note 1을 보라.

46) N.G. Wilson, "Books and Readers in Byzantium", *Byzantine Books and Bookmen* [Dumbarton Oaks Colloquium, 1971], Washington, DC, Dumbarton Oaks, 1975, p. 4를 보라. 이것은 같은 시기 이슬람 세계, 특히 바그다드의 상황과 분명한 대조를 이룬다. 바그다드에서는 책 거래가 번창했을 뿐 아니라(『피흐리스트』에 수록한 수천 권 대부분을 다룬 것으로 보이는 이븐-안-나딤은 서적상이었다), 수천 권을 보관한 개인 서재들에 관한 이야기도 전해진다.

47) N.G. Wilson의 논의, "The Libraries of the Byzantine World", *Greek, Roman and Byzantine Studies*, 1967, vol. 8, p. 53, reprinted in D. Harlfinger (편), *Griechische Kodikologie und Textüberlieferung*, Damstadt, Wissenschaftliche Buchgesellschaft, 1980, p. 276를 보라.

48) J.F. Haldon의 작업("The Works of Anastasius of Sinai: A Key Source for the History of Seventh-Century East Mediterranean Society and Belief", in A. Cameron and LI. Conrad (편), *The Byzantine and Early Islamic Near East*, pp. 126-128)는 이 점을 매우 간결하면서도 힘차게 제시한다.

> 620년대 말과 603년대 초 이후로 8세기 후반 또는 9세기 초까지 [비잔틴] 제국 안에서 세속 문학 형식들은 대체로 완전하게 사라졌다…… 또 이 시기에는 지리학, 철학, 문헌학 문헌도 나오지 않았다…… 기독교 이전은 말할 것도 없고 콘스탄티누스 이전의 과거 문화에 대한 관심도 백여 년 동안 드문 일이 되었다.

비잔틴 제국에서 이런 상황이 전개된 사회적·문화적인 이유는 그의 *Byzantium in the Seventh Century: The Transformation of a Culture*, Cambridge, Cambridge University Press, 1990, pp. 425-435에서 논의되고 있다.

49) Lemerle, *Le premier humanisme byzantin*. 필자는 H. Lindsay and A. Moffatt의 영역본, *Byzantine Humanism*을 참조했다. "시리아와 아랍인을 통한 연계 가설"에 반대하는 Lemerle의 주장은 pp. 17-41를 보라.

50) 유일한 예외는 디오스쿠리데스의 『약물지』처럼 해당 아라비아어 필사본에 삽화를 복제하기 위해 화가들이 사용한, 삽화가 있는 그리스어 필사본이다. 하지만 이 아라비아어 삽화들은 나중에 9세기와 10세기에 이루어진 아라비아어 번역 복사와 관련이 있기 때문에 그것이 실제로 번역된 시기의 그리스어 필사본 출처에 관한 직접적인 정보는 얻을 수 없다.

51) Bergsträsser, *Galen-Übersetzungen*, p. 47, 12 (원문), pp. 38-39 (번역).

52) Bergsträsser, *Galen-Übersetzungen*, p. 33, 16 (원문), p. 27 (번역). Bergsträsser, Neue Materialien, p. 11.

53) 따라서 비잔틴 학자들이 "지방" 도서관이라고 부르는 것의 중요성을 강조하게 된다. 그러나 필사본이 지방에서 발견되는 것은 지극히 당연한 일이다. 콘스탄티노플보다도 소아시아 남동부, 시리아, 팔레스타인, 이집트의 아랍인 정복 지역이 헬레니즘의 중심 역할을 이어갔을 것이기 때문이다. 따라서 시나이 산이나 예루살렘 근처 성 사바 수도원 같은 동부의 중요한 중심지에 틀림없이 귀중한 자료가 있었을 테지만, 8세기와 관련된 구체적인 정보는 없다. Wilson, "Libraries", pp. 291, 300 참조.

54) J. Irigoin, "Survie et renouveau de la littérature antique à Constantinople (IXe siècle)", *Cahiers de Civilisation Médiévale, X'e-XII'e Siècles*, 1962, vol. 5, pp. 290ff., reprinted in D. Harlfinger (편), *Griechische Kodikologie*, pp. 179ff., Bréhier를 언급하고 있다 (note 36); Lemerle, *Byzantine Humanism*, pp. 174-177 (또 자료 참조를 위해서), p. 197; N. G. Wilson, *Scholars of Byzantium*, London, Duckworth, 1983, pp. 79-80를 보라. Wilson은 심지어 이 이야기의 진실성을 뒷받침하기 위하여 "이 에피소드가 아랍인이 후나인 이븐 이샤크의 번역을 통하여 그리스 수학에 관한 탁월한 지식을 얻기 직전에 일어났다"(p. 80)고까지 말함으로써 한 문장으로 아라비아어를 사용한 위대한 대수학자 알-흐와리즈미와 Ibn-Turk[*GAS* V, 229-242]를 둘 다 제거해 버리고 있다. 이 두 사람은 기본적으로 후나인의 시대 이전에 작업을 했으며, 또 후나인이 번역한 수학 저작은 있다 해도 극소수다.

55) Leo의 수학적 능력과 알-마문에 관해서는 D. Pingree, "Classical and Byzantine Astrology in Sassanian Persia", p. 237b의 논평을 보라.

56) 테오필루스와 스테파누스, 그리고 위에 인용한 부분의 번역에 관해서는 Pingree, "Classical and Byzantine Astrology in Sassanian Persia", pp. 238-239를 보라. Pingree는 일찍이 1962년부터 점성학이 8세기에 아랍인을 통해 비잔틴으로 전해졌다고 이야기했다. "압바스 왕조 초기의 점성학자들—그 가운데 다수는 이란 사람이었다—은 역사를 점성학적으로 해석할 가능성에 관한 사산 왕조의 이론을 아랍인에게 소개했으며, 이것은 거의 즉시 비잔틴인들에게 전해졌다." in Pingree, "Historical Horoscopes", *Journal of the American Oriental Society*, 1962, vol. 82, p. 488a.

57) Irigoin, "Survie et renouveau", pp. 89ff.(reprinted pp. 177ff.)의 이런 관점에 대한 비판, 즉 이 시기에 이교도 문헌이 읽혔다는 주장은 다름 아닌 그 자신이 제시한 증거에 의해 대체로 배격된다. 사실 몇 가지 수사학적 연습문제, 문법과 운율학에 관한 짧은 글, 우화, 호메로스의 일부, 아리스토텔레스의 범주 몇 가지가 복사된 전부인 것으로 보이며, 이것으로는 고전 교과과정을 구성할 수 없다. 게다가 이 시기의 필사본이 전혀 없다는 것은 학생과 교사들이 자신들의 용도에 맞게 일부를 복사했을지는 모르지만, 그런 저작들의 완전한 복사를 위임한 적은 없다는 것을 보여준다. 위에 인용한 J.F. Haldon의 말, note 48 참조.

58) Wilson, *Scholars of Byzantium*, pp. 85-88의 간결하고 유용한 요약을 보라.

59) 이 단에서 별표(*)는 한 저자의 이 특정한 책이 아라비아어 서지 목록에서 언급되지 않았고 별도의 필사본으로 살아남지 못했지만, 같은 저자의 똑같은 또는 관련된 주제에 관한 다른 책들은 아라비아어로 번역되었다는 뜻이다.

60) 하지만 대부분의 학자들은 이 필사본의 시기를 상당히 뒤로 잡고 있다. *DPA* I, 479를 보라.

61) Irigoin "U Aristote de Vienne", 8 top.

62) 현존하는 필사본은 이샤크 이븐-후나인(298/910 사망)의 번역으로 되어 있다. I. Alon, "The Arabic Version of Theophrastus' Metaphysica", Jerusalem Studies in Arabic and Islam, 1985, vol. 6, p. 164.

63) Irigoin "U Aristote de Vienne", 9 top.

64) 다마스쿠스의 우마이야 왕조 이슬람 사원에서 발견된 거듭쓴 양피지. Harlfinger, *Griechische Kodikologie*, p. 452를 보라.

65) 이 표는 1차적으로 Irigoin, "Survie et renouveau"이 제공한 정보와 날짜에 기초하여 작성된 것이다. 참고한 다른 자료는 다음과 같다. T.W. Allen, "A Group of Ninth Century Greek Manuscripts", *Journal of Philology*, 1893, vol. 21, pp. 48-55; A. Dain, "La transmission des textes littéraires classiques de Photius à Constantin Porphyrogénète", *Dumbarton Oaks Papers*, 1954, vol. 8, pp. 33-47, reprinted in D. Harlfinger (편), *Griechische Kodikologie*, pp. 206-224; J. Irigoin, "L'Aristote de Vienne", *Jahrbuch der Österreichischen Byzantinischen Gesellschaft*, 1957, vol. 6, pp. 5-10; Wilson, *Scholars of Byzantium*, pp. 85-88. Some fragments in palimpsest from the ninth century, Lemerle, *Byzantine Humanism*, p. 83 (R. Devreesse를 인용)이 언급한 9세기의 거듭쓴 양피지에 나오는 몇 가지 단편에 흥미로운 실마리가 있을 수도 있지만, 근거는 매우 박약하며 전문가의 분석이 필요하기 때문에 여기에서는 고려하지 않았다.

66) Irigoin, "Survie et renouveau", pp. 288-289(reprinted p. 176): "dans cette période (9세기의 첫 3분기), seuls les textes scientifiques ou techniques de l'antiquité grecque sont connus et diffuses." 참조.

67) Pingree, "Greek Influence on Early Islamic Mathematical Astronomy", p. 33 참조. 헤라클리우스 황제 이후 콘스탄티노플에서 천문학 연구는 중단되었다가 "9세기에야 비잔티움에서 부활했는데, 이런 부활은 아랍인의 성취를 모방하려는 욕구가 자극이 되었기 때문인 듯하다."

에필로그

1) Sabra, "Greek Science in Medieval Islam", p. 226 참조. 그는 여기에서 "엄청나게 창조적인 활동"이라는 표현을 사용한다. 따라서 나는 그리스어에서 아라비아어로 옮기는 과정을 그처럼 "전유"—은근히 노예적인 표현이다—라고 부르기가 망설여지며, 그것을 진짜 있는 그대로 부르는 쪽을 택하겠다. 즉 초기 압바스 왕조 사회, 그리고 아랍 과학과 철학 전통의 창조라고 부르고 싶은 것이다. 학자들은 일반적으로 이 과정을 전유라고 부른다.

Kunitzsch, "Über das Frühstadium der arabischen Aneignung antiken Gutes"의 제목과 p. 269의 "Aneignung"이라는 표현 참조. 그러나 여기에는 이런 표현을 선택한 것과 관련된 분명한 논의는 없다.

2) 과학사 연구에 관한 Sabra의 꼼꼼한 사유인 "Situating Arabic Science", pp. 654-661 참조. 그는 여기에서 특정 지역과 장소를 겨냥한 제국 연구를 옹호한다. 이것은 그 이전의 견해인 S.D. Goitein, "Islam, the Intermediate Civilization"를 다듬은 것이다. 여기에서 Goitein은 "우리는 모든 역사적 시기를 그 자체로 고려해야 한다"(p. 228)고 주장하지만, 그러한 시기를 셋으로만 구별할 뿐이다. 목표 설정은 옳지만, 시기 구분은 매우 도식적이고, 또 전과 다름없이 물신적이다.

3) 역사적 과정을 설명하는 데 인종이나 정신 같은 본질주의적 개념에 의존하는 정적인 역사적 이해의 경우에는 비잔틴 역사가 아가티아스가 처한 당혹스러운 상황에 처하게 될 수밖에 없다. 오직 역사만이 만들어낼 수 있는 아이러니의 웅장한 예에서 아가티아스는 사산 왕조의 왕 호스로 1세 아누시르완이 그리스 철학을 이해하지 못했다면서, 그것이 그리스 문화의 단순화할 수 없는 가치 때문이라고 이야기했다. 그의 주장에 따르면 그리스 문화의 가치는 "원시적이고 가장 미개한 언어로"는 번역될 수도 없고 보존될 수도 없다('αγρία τινί γλώττη καί ἀμουσοτάτη, in his *Historiae* B 28.3, p. 77 Keydell; Duneau, "La pénétration de l'hellénisme dans I'Empire perse sassanide", p. 18 참조). 이 연구에 모아 놓은 증거가 보여주듯이 그리스어-아라비아어 번역운동에 이르는 고통스러운 역사적인 길에서 불가결한 이정표를 이룬 것이 바로 이 왕의 정책과 궁정 내 번역 문화 장려였다. 이것은 아가티아스가 틀렸음을 보여준다. 나아가서 이 왕이 9세기에 아가티아스의 비잔틴 후손들의 그리스 세속 문화에 대한 관심 부활에도 기여했다는 것은 아이러니다.

4) 필자의 "Paul the Persian", section III에서 이 점에 관한 논의를 보라.

5) 그가 경험에서 이런 깨달음을 얻었다는 것은 압바스 왕조가 바그다드로 결정을 하기 전에 적어도 4번 새로운 수도를 찾으려고 시도했다가 무산이 되었다는 사실에서도 분명히 알 수 있다. J. Lassner의 글 "al-Hāshimiyya", *EI* 111, 265-266을 보라. 또 Kennedy, *Early 'Abbāsid Caliphate*, pp. 86-88 참조. Van Ess는 이슬람의 지성사에서 바그다드 건설이 전환점이었다고 힘주어 말한다(*Theologie und Gesellschaft*, III, 3-4와 참고문헌).

6) Ibn-al-Faqīh al-Hamaḏāni, (*Aḫbār*) al-Buldān, facsimile reproduction of MS Mešhed 5229, F. Sezgin (편), Frankfurt, Institut für Geschichte der Arabisch-Islamischen Wissenschaften, Frankfurt am Main, 1987, p. 105; van Ess, Theologie und Gesellschaft, III, 9에 인용.

7) W. Jaeger는 번역운동 시기를 "세계가 경험한 최초의 국제적 학문 시대die erste internationale Wissenschaftsepoche, die die Welt gesehen hat"라고 표현하여 이 점을 강조했다("Die Antike und das Problem der Internationalitat der Geisteswissenschaften", Inter Nationes, Berlin, 1931, vol. I, p. 93b). 이 출간물은 입수할 수 없기 때문에 필자는 Endress, *GAP* II, 423과 주석 48을 인용했는데, 그는 Jörg Kraemer를 인용하고 있다.

아라비아어로 번역된 그리스어 저작 주제별 문헌 안내

이 책의 독자는 아라비아어로 번역된 특정 그리스어 저작에 관한 정보를 더 얻는 데 관심이 생길 수도 있다. 이 주제가 상대적으로 수수께끼 같은 면이 있고 1차 자료와 2차 자료가 모두 복잡하기 때문에 이후 연구를 촉진하기 위해 다음과 같은 안내를 제시했다.

그리스어와 시리아어의 아라비아어 번역과 아랍 학문의 유산과 관련해서 가장 근본을 이루는 것은 엔드레스의 책 두께의 논문인 "Die wissenschaftliche Literatur", in *GAP*, vol. II, pp. 400-506와 vol. III (Supplement), pp. 3-152다. 여기에는 매우 철저한 참고문헌이 있다. 이 글은 아래 나열하는 모든 주제에서 참조해야 한다. 두 글 말미에 있는 이름과 전문용어 색인은 특히 유용하다. 번역된 저작과 그것에 영감을 받은 문헌의 폭과 깊이는 영어로 나온 로젠탈의 『이슬람의 고전 유산』에서 확인할 수 있다.

아래 주제별 그리스어 저작들은 아라비아어로 번역되었다. 완전한 참고문헌을 갖춘 번역된 저작 목록은 이 자료들에서 찾아볼 수 있다.

(a) 광물학: Ullmann, *Geheimwissenschaften*, pp. 95-102.

(b) 광학: M. Blay and G. Troupeau, "Sur quelques publications récentes consacrées à l'histoire de l'optique antique et arabe", *Arabic Sciences and Philosophy*, 1995, vol. 5, pp. 121-136.

(c) 군사 교본: C. Cahen, article "Harb" in *EI* III, 181; V. Christides, "Naval Warfare in the Eastern Mediterranean (6th-14th Centuries): An Arabic Translation of Leo VI's Naumachica", *Graeco-Arabica* (Athens), 1984, vol. 3, pp. 137-148.

(d) 기상학, 천체기상학: *GAS* VII, 212-232, 308-321.

(e) 기하학: 수학을 보라.

(f) 농업: *GAS* IV, 301-329; Ullmann, Geheimwissenschaften, pp. 427-439.

(g) 대수학: 수학을 보라.

(h) 동물학

[i] 일반: Ullmann, *Geheimwissenschaften*, pp. 8-18; H. Eisenstein, Einführung in die arabische Zoographie, Berlin, D. Reimer Verlag, 1991, pp. 117-121와 여러 곳.

[ii] 사냥 문헌: Ullmann, *Geheimwissenschaften*, pp. 43-45.

(i) 마법: Ullmann, *Geheimwissenschaften*, pp. 364-382.

(j) 문법: F. Rundgren, "Über den griechischen Einfluss auf die arabische Nationalgrammatik", *Acta Universitatis Upsaliensis*, 1976, Nova Series, vol. 2, 5, pp. 119-144; review by C. Versteegh, Bibliotheca Orientalis, 1979, vol. 36, pp. 235-236; C. Versteegh, *Greek Elements in Arabic Linguistic Thinking*, Leiden, E. J. Brill, 1977; C. Versteegh, "Hellenistic Education and the Origin of Arabic Grammar", *Studies in the History of Linguistics* 20, Amsterdam, 1980, pp. 333-344.

(k) 문학과 문학이론: 높은 수준의 그리스 문학은 아라비아어로 번역되지 않았다. 에뎃사의 테오필루스가 호메로스를 시리아어로 번역했고 후나인이 호메로스를 그리스어로 외웠다는 이야기가 있지만, 시리아어나 아라비아어 번역으로 남아 있는 것은 없다. 남아 있는 것 가운데 아라비아어로 길게 호메로스를 인용한 것은 모두 호메로스를 인용한 저작에 나오는 구절의 번역으로, 주로 아리스토텔레스와 가짜 플루타르코스의 Placita philosophorum이다. 그리스 문학 가운데 번역된 것은 "대중" 문학이나 "조언" 문학이라고 부를 수 있는 것이었다. 문학 이론으로는 물론 아리스토텔레스의 『시학』이 있었다. 다음 장르들은 확인이 가능하다.

[i] 금언과 조언 문학: D. Gutas, *Greek Wisdom Literature in Arabic Translation*, New Haven, American Oriental Society, 1975; F. Rosenthal, *Classical Heritage*, ch. 12; F. Rundgren, "Arabische Literatur und orientalische Antike", *Orientalia Suecana*, 1970-1971, vol. 19-20, pp. 81-124.

[ii] 우화와 이솝 이야기: F. Rosenthal, "A Small Collection of Aesopic Fables in Arabic Translation", *Studia semitica necnon iranica Rudolpho Macuch…… dedicata*, M. Macuch 등 (편), Wiesbaden, Otto Harrassowitz, 1989, pp. 233-256.

[iii] 소설, *1001 Nights*: T. Hagg, "The Oriental Reception of Greek Novels: A Survey with Some Preliminary Considerations", Symbolae Osloenses, 1986, vol. 61, pp. 99-131; G.E. von Grunebaum, Creative Borrowing: Greece in the *Arabian Nights* in his *Medieval Islam*, Chicago, Chicago University Press, 1946, second edition 1953, pp. 294-319.

[iv] 알렉산드로스 대왕 이야기: "Iskandar Nama" in *EI* IV.127-129; G. Endress, review of M. Brocker, *Aristoteles als Alexanders Lehrer in der Legende*, Bonn, 1966, in *Oriens*, 1968-1969, vol. 21-22, pp. 411-416; M. Grignaschi, "La figure d'Alexandre chez les Arabes et sa genèse", *Arabic Sciences and Philosophy*, 1993,

vol. 3, pp. 205-234; S. Brock, "The Laments of the Philosophers over Alexander in Syriac", *Journal of Semitic Studies*, 1970, vol. 15, pp. 205-218를 보라.

[v] 시: I. 'Abbās, Malāmiḥ yūnāniyya fī l-adab al-ʿarabī, second edition, Beirut, 1993.

[vi] 문학이론: W. Heinrichs, *Arabische Dichtung und griechische Poetik*, Beirut, F. Steiner, 1969; G. Schoeler, *Einige Grundprobleme der autochthonen und der aristotelischen arabischen Literaturtheorie*, Wiesbaden, F. Steiner, 1975; D.L. Black, Logic and Aristotle's Rhetoric and Poetics in *Medieval Arabic Philosophy*, Leiden, E.J. Brill, 1990.

(l) 수의학: 의학을 보라.

(m) 수학과 기하학: *GAS* V, 70-190; review by DA. King, Journal of the American Oriental Society, 1979, vol. 99, pp. 450-459.

(n) 식물학: Ullmann, *Geheimwissenschaften*, pp. 70-74.

(o) 약리학: 의학을 보라.

(p) 연금술: *GAS* IV, 31-119; Ullmann, *Gebeimwissenschaften*, pp. 145-191; 또 "al-Kīmiyā' by Ullmann" in EI V, 110-115.

(q) 음악: R. d'Erlanger, *La musique arabe*, Paris, 1935, vol. 2, pp. 257-306; H.G. Farmer, *The Sources of Arabian Music*, Leiden, E.J. Brill, 1965, pp. xi-xii, 13-21; A. Shiloah, *The Theory of Music in Arabic Writings*, München, G. Henle Verlag, 1979.

(r) 의학, 약리학, 수의학: *GAS* III, 20-171, 349-355; Ullmann, *Medizin*, pp. 25-100와 여러 곳. Institut für Geschichte der Medizin (Goethestr. 6, 72076 Tübingen)의 게르하르트 피히트너가 편찬한 Corpus Hippocraticum과 *Corpus Galenicum*(최신 개정판: 1995)은 히포크라테스와 갈레노스의 서지목록으로, 매우 유용하며 아라비아어 전거를 충실하게 고려하고 있다.

(s) 점성술: *GAS* VII, 30-97; Ullmann, *Geheimwissenscbaften*, pp. 277-302.

(t) 지리학: *GAS* X and ff., 근간.

(u) 천문학: *GAS* VI, 68-103.

(v) 철학: 아직 그리스 철학자들 전체의 아라비아어 번역을 현대적인 서지학적 방법으로 개괄한 연구는 없다. Stein-schneider의 *Die Arabischen Übersetzungen aus dem Griechischen*이 여전히 유일한 작업이다. 전체적으로는 G. Endress in *GAP* III, 24-61과 그의 "Die Arabisch-Islamische Philosophic Ein Forschungsbericht", *Zeitschrift für Geschichte der Arabisch-Islamischen Wissenschaften*, 1989, vol. 5, pp. 1-47; also in *Contemporary Philosophy: A New Survey*, vol. vi, 2, Amsterdam, 1990, pp. 651-702를 보라. 플라톤주의와 아리스토텔레스주의 이외의 철학파에 관해서는 D. Gutas, "Pre-Plotinian Philosophy in Arabic (Other than Platonism and Aristotelianism): A Review of the Sources", in *Aufstieg und Niedergang der Römischen Welt*, Berlin, W. de

Gruyter, 1993, Part II, vol. 36.7, pp. 4939-4973를 보라. 아리스토텔레스에 관해서는 Peters, *Aristoteles Arbus*, H. Daiber in Gnomon, 1970, vol. 42, pp. 538-547의 그 서평, 그리고 DPA, vol. 1의 항목을 보라. 플라톤에 관해서는 F. Rosenthal, "On the Knowledge of Plato's Philosophy in the Islamic World", *Islamic Culture*, 1940, vol. 14, pp. 387-422, 그리고 1941, vol. 15, pp. 396-398; reprinted in his *Greek Philosophy in the Arab World*, Aldershot, Hampshire, Variorum, 1990, no. II; 또 F. Klein-Franke, "Zur Überlieferung der platonischen Schriften im Islam", *Israel Oriental Studies*, 1973, vol. 3, pp. 120-139를 보라. 추가로 참고할 서지목록과 논의는 in *GAP* II, 478-481, III, 24.

(w) 아라비아어로 번역된 기독교 그리스어 저작에 관해서는 G. Graf, *Geschichte der Christlichen Arabischen Literatur*, Vatican, Biblioteca Apostolica, 1944, vol. 1; and P. Peeters, Le tréfonds oriental de l'hagiographie byzantine, Brussels, 1950, pp. 165-218를 보라.

본 연구에 인용된 모든 문헌 안내

'Abbās, I., *'Ahd Ardašīr*, Beirut, Dar Sader, 1967.

'Abbāsid Belles-Lettres, J. Ashtiany *et al.* (eds), Cambridge, Cambridge University Press, 1990.

al-Ābī, Manṣūr ibn-al-Ḥusayn, *Naṯr ad-durr*, Munīr M. al-Madanī (ed.), vol. 7, Cairo, al-Hay'a al-Miṣriyya al-Āmma li-l-Kitāb, 1990.

Afnan, S.M., *Philosophical Terminology in Arabic and Persian*, Leiden, E.J. Brill, 1964.

Agathias, *Historiarum libri quinque* [Corpus Fontium Historiae Byzantinae II], R. Keydell (ed.), W. de Gruyter, Berlin, 1967.

al-'Alī, Ṣ.A., "Muwaẓẓfū bilād aš-Šām fī l-'ahd al-Umawī", *al-Abḥāṯ*, 1966, vol. 19, pp. 44-79.

Allen, T.W., "A Group of Ninth Century Greek Manuscripts", *Journal of Philology*, 1893, vol. 21, pp. 48-55.

Alon, I., "The Arabic Version of Theophrastus' Metaphysica", *Jerusalem Studies in Arabic and Islam*, 1985, vol. 6, pp. 163-217.

Arabic Literature to the end of the Umayyad Period, A.F.L. Beeston *et al.* (eds), Cambridge, Cambridge University Press, 1983.

Arnaldez, R., "Sciences et Philosophie dans la civilisation de Baġdād sous les premiers 'Abbāsides," *Arabica*, 1962, vol. 9, pp. 357-373.

________, "L'Histoire de la pensée grecque vue par les arabes", *Bulletin de la société Française de Philosophie*, 1978, vol. 72.3, pp. 117-168.

Ashtor, E., "The Diet of Salaried Classes in the Medieval Near East", *Journal of Asian History*, 1970, vol. 4, pp. 1-24, reprinted in his *The Medieval Near East: Social and Economic History*, London, Variorum, 1978, no.III.

________, "An Essay on the Diet of the Various Classes in the Medieval Levant", in R. Forster and O. Ranum (eds), Biology of Man in *History. Selections from the Annales*, Baltimore, Johns Hopkins University Press, 1975, pp. 125-162.

Avicenna, see Ibn-Sīnā

Badawī, 'A., *At-Turāṯ al-yūnānī fī l-ḥaḍāra al-islāmiyya*, Cairo, Maktaba an-Nahḍa al-Miṣriyya, 1946.

________, *La transmission de la philosophie grecque au monde arabe*, Paris, Vrin, 1968.

al-Baghdādī, 'Abd-al-Qāhir inb-Ṭāhir, *al-Farq bayna l-firaq*, M. Badr (ed.), Cairo, 1910; reprinted Beirut, Dār al-Āfāq al-Ǧadīda, 1977.

Bailey, H.W., *Zoroastrian Problems in the Ninth-Century Books*, Oxford, Clarendon, 1943.

Baltussen, H., *Theophrastus on Theories of Perception*, Utrecht, University of Utrecht, 1993.

Balty-Guesdon, M.-G., "Le *Bayt al-ḥikma de Baghdad*", Arabica, 1992, vol. 39, pp. 131-150.

Baumstark, A., *Geschichte der syrischen Literatur*, Bonn, Marcus und Webers, 1922.

al-Bayhaqī, Ibrāhīm ibn-Muḥammad, *al-Maḥāsin wa-l-masāwi'*, F. Schwally (ed.), Giessen, 1902.

(Benakis, L.G.)Λίνος Γ. Μπενάκης, "Ένα ἀνέκδοτο Ἑλληνοαραβικὸ λεξιλόγιο ' Αριστοτελικῆς λογικῆς ὁρολογίας τοῦ Βησσαρίωνος Μακρῆ(1670)", Νεοελληνικὴ Φιλοσοφία, 1600-1950, Πρακτικὰ τῆς Γ φιλοσοφικῆς Ἡμερίδας, Ἰωαννίνων, Μάρτιος, 1988, Thessaloniki, Vanias, 1994, pp. 97-108.

Bergé, M., "Abū Ḥayyān al-Tawḥīdī", in *'Abbāsid Belles-Lettres*, pp. 112-124.

Bergsträsser, G., *Ḥunain ibn Isḥāḳ und seine Schule*, Leiden, E.J. Brill, 1913.

________, *Ḥunain ibn Isḥāq über die syrischen und arabischen Galen-Übersetzungen* [Abhandlungen für die Kunde des Morgenlandes XVII,2], Leipzig, Deutsche Morgenländische Gesellschaft, 1925.

________, *Neue Materialien zu Ḥunain ibn Isḥāq's Galen-Bibliographie* [Abhandlungen für die Kunde des Morgenlandes XIX, 2], Leipzig, 1932.

Bidawid, R.J., *Les lettres du Patriarche Nestorien Timothée I* [Studi e Testi 187], Vatican, Biblioteca Apostolica Vaticana, 1956.

Biesterfeldt, H.H., *Galens Traktat 'Dass die Kräfte der Seele den Mischungen des*

Körpers folgen' in arabischer Übersetzung, Wiesbaden, F. Steiner, 1973.
al-Bīrūnī, see Sachau, E.
Bos, G., *Qusṭā ibn Lūqā's Medical Regime for the Pilgrims to Mecca*, Leiden, E.J. Brill, 1992.
Bosworth, C.E., "The Ṭāhirids and Arabic Culture", *Journal of Semitic Studies*, 1969, vol. 14, pp. 45-79.
________, "The Heritage of Rulership in Early Islamic Iran and the Search for Dynastic Connections with the Past", *Iran*, 1973, vol. 11, pp. 51-62.
________, "The Persian Impact on Arabic Literature", in *Arabic Literature to the end of the Umayyad Period*, pp. 483-496.
________, *Storm and Stress along the Northern Frontiers of the 'Abbāsid Caliphate* [The History of al-Ṭabarī, vol. 33], Albany, State University of New York Press, 1991.
Bowen, H., *The Life and Times of 'Alī ibn 'Īsā, the Good Vizir*, Cambridge, Cambridge University Press, 1928.
Bouyges, M., *Averroès. Tafsir ma ba'd at-tabi'at. Notice*, Beirut, Dar et-Machreq, 1952; reprinted 1972.
Boyce, M., "Middle Persian Literatue", in *Ianistik II, Literatur I* [Handbuch der Orientalistik I,iv,2.1], Leiden, E.J. Brill, 1968, pp. 31-66.
Brentjes, S., "Textzeugen und Hypothesen zum arabischen Euklid", *Archive for History of Exact Sciences*, 1994, vol. 47, pp. 53-92.
Brock, S., "From Antagonism to Assimilation: Syriac Attitudes to Greek Learning", in N. Garsoian, T. Mathews, and R. Thompson (eds), *East of Byzantium: Syria and Armania in the Formative Period*, Washington, DC, Dumbarton Oaks, 1980, pp. 17-34.
________, *Syriac Perspectives on Late Antiquity*, London, Variorum, 1984.
________, "Syriac Culture in the Seventh Centur", *Aram*, 1989, vol. 1, pp. 268-280.
________, "The Syriac Commentary Tradition", in C. Burnett (ed.), *Glosses and Commentaries on Aristotelian Logical Texts*, pp. 3-15.
Brockelmann, C., *Geschichte der Arabischen Literatur*, 2 vols., second edition, Leiden, E.J. Brill, 1943-1949; Supplement, 3 vols., Leiden, E.J. Brill, 1937-1942.
Brugman, J. and H.J. Drossaart Lulofs, *Aristotle*. Generation of Animals, Leiden, E.J. Brill, 1971.
Bulliet, R.W., *Conversion to Islam in the Medieval Period*, Cambridge, Mass., Harvard University Press, 1979.
Burnett, C. (ed.), *Glosses and Commentaies on Aristotelian Logical Texts*, London, The Warbug Institute, 1993.
________, see also Pingee, D., and C. Burnett

Cameon, A., "New Themes and Styles in Greek Liteatue: Seventh-Eighth Centuries", in A. Cameon and L.I. Conad (eds), *The Byzantine and Early Islamic Near East*, pp. 81-105.

________, and L.I. Conad (eds), *The Byzantine and Early Islamic Near East* [Studies in Late Antiquity and Early Islam 1], Princeton, Darwin Press, 1992.

Caspa, R., "Bibliogaphie du dialogue islamo-chrétien", *Islamochistiana*, 1975, vol. 1, pp. 125-181.

Chejne, A., "The Boon-Companion in Early 'Abbāsid Times", *Jounal of the Ameican Oriental Society*, 1965, vol. 85, pp. 327-355.

Christensen, A., *L'ian sous les sassanides*, Copenhagen, Ejna Munksgaard, second edition, 1944.

Classicisme et déclin culturel dans l'histoire de l'Islam, R. Brunschvig and G.E. von Gunebaum (eds), Paris, Besson-Chantermele, 1957; reprinted Pais, Maisonneuve et Larose, 1977.

Commentaria in Aristotelem Gaeca, edita consilio et auctoitate academiae litteaum regiae Borussicae, Berlin, G. Reimer, 1882-1909; reviewed by K. Praechter, Byzantinische Zeitschift, 1909, vol. 18, pp. 516-538; English translation by V. Carton in Aristotle Transformed, R. Sorabji (ed.), pp. 31-54.

Conrad, L.I., see Cameon, A. and L.I. Conrad

Corbin, H., *En Islam Iranien*, 7 parts in 4 vols, Paris, Gallimard, 1971-1972.

Crone, P. and M. Hinds, *God's Caliph: Religious Authority in the First Centuries of Islam*, Cambridge, Cambridge University Press, 1986.

aḏ-Ḏahabī, Muḥammad ibn-Aḥmad, *Duwal al-Islām*, Hydeabad, Dā'irat al-Ma'ārif, 1364/1945.

Dain, A., "La transmission des textes littéraires classiques de photius à Constantin Porphyrogénète", *Dumbarton Oaks Papers*, 1954, vol. 8, pp. 33-47, reprinted in D. Harlfinger (ed.), Griechische Kodikologie, pp. 206-224.

Dallal, A., *An Islamic Response to Greek Astronomy*, Leiden, E.J. Brill, 1995.

Degen, R., "The Kitāb al-Aghdhiya of Ḥunayn ibn Isḥāq", *Proceedings of the First International Symposium fo the History of Arabic Science*, A.Y. al-Ḥassan *et al.* (eds), Aleppo, Institute for the History of Arabic Science, 1978, vol.2, pp. 291-299.

Dhannani, A., *The Physical Theory of Kalām*. Atoms, Space, and Void in Basrian Mu'tazilīCosmology, Leiden, E.J. Brill, 1994.

Dickinson, E.N., *The Development of Early Muslim Ḥadīth Criticism*: The Taqdima of *Ibn Abī Ḥātim al-Rāzī* (d. 327/938), unpublished Ph.D. dissertation, Yale University, 1992.

Dictionay of Scientific Biography, C.C. Gillispie (ed.), 17 vols, New York, Scibner's, 1970-1990.
Dictionnaire des philosophes antiques, publié sous la direction de Richard Goulet, 2 vols to date, Paris, Centre National de la Recherche Scientifique, 1989-
Dodge, B., *The Fihrist of al-Nadim*, New York, Columbia University Press, 1970
Drossaart Lulofs, H.J., see Brugman, J. and H.J. Drossaart Lulofs
Duneau, J.-F., "Quelques aspects de la Pénétation de l'hellénisme dans l'Empie pese sassanide (Ⅳe-Ⅷe siécles)", in P. Gallais and Y.-J. Riou (eds), *Mélanges offerts à René Crozet*, Poitiers, Sociétè d'Études Médiévales, 1966, vol. 1, pp. 13-22.
Dunlop, D.M., "The Translations of al-Biṭrīq and Yaḥyā (Yuḥannā) b. al-Biṭrīq", *Journal of the Royal Asiatic Society*, 1959, pp. 140-150.
Duval, R., *La littérature syriaque*, Paris, J. Gabalda, 1907.
Eche, Y., *Les bibliothéques aabes publiques et semi-publiques en Mésopotamie*, Syie, Egypte au Moyen Age, Damas, Institut Français de Damas, 1967.
El-Hibri, T., "Harun al-Rashid and the Mecca Protocol of 802: A Plan for Division or Succession?" *International Journal of Middle East Studies*, 1992, vol. 24, pp. 461-480.
________, *The Reign of the Abbasid Caliph al-Ma'mūn* (811~833): *The Quest fo Power and the Crisis of Legitimacy*, unpublished ph.D. dissertation, Columbia University, 1992.
________, "Coinage Reform under the 'Abbāsid Caliph al-Ma'mūn", *Journal of the Economics and Social History of the Orient*, 1993, vol. 36, pp. 58-83.
Encyclopaedia Iranica, E. Yarshater (ed.), 8 vols to date, London, Routledge and Kegan Paul, and Costa Mesa(CA), Manza, 1985-
Encyclopaedia of Islam, second edition, 9 vols to date, Leiden, E.J. Brill, 1960-
Endress, G., *Die arabischen Übersetzungen von Aristoteles'Schrift De Caelo*, unpublished Ph. D. dissertation, Frankfut (am Main) University, 1966.
________, *Poclus Arabus. Zwanzig Abschnitte aus der Institutio theologica in arabischer Übersetzung*[Beirute Texte und Studien 10], Beiut, F. Steiner, 1973.
________, "Wissen und Gesellschaft in der islamischen philosophie des Mittelaltes", in H. Stachowiak and C. Baldus (eds), Pragmatik Ⅰ: *Pragmatisches Denken von den Ursprüngen bis zum 18.* Jahhundet, Hamburg, Felix Meine, 1986, pp. 219-245.
________, "Grammatik und Logik. Arabische Philologie und giechische Philosophie im Widerstreit", in B. Mojsisch (ed.), *Sprachphilosophie in Antike und Mittelalte* [Bochume Studien zur Philosophie 3], Amsterdam, B.R. Grüner, 1986, pp. 163-299.
________, (ed.), *Symposium Gaeco-arabicum Ⅱ*, Amsterdam, B.R. Grüner, 1989.
________, "The Defense of Reason: The Plea for Philosophy in the Religious

Community", *Zeitschrift für Geschichte der Arabisch-Islamischen Wissenschaften*, 1990, vol. 6, pp. 1-49.

________, "'De erste Leher.' Der arabische Aristoteles und das Konzept de Philosophie im Islam", in U. Twouschka (ed.), Gottes ist der Orient, *Gottes ist de Okzident* [Festschrift für Abdoldjavad Falaturi], Köln, Bühlau, 1991, pp. 151-181.

________, "Die wissenschaftliche Literatur", in *Gundriss der Arabischen Philologie*, vol. 2, pp. 400-506, and vol. 3(Supplement), pp. 3-152.

________, "The Circle of al-Kindī", in G. Endress and R. Kuk (eds), *The Ancient Tradition in Chistian and Islamic Hellenism*, pp. 43-76.

________, and D. Gutas, *A Greek and Arabic Lexicon*(GALex). *Materials for a Dictionay of the Mediaeval Translations from Greek into Arabic*[Handbuch de Orientalistik, I. xi], Leiden, E.J. Brill, 1992-.

________, and R. Kruk (eds), *The Ancient Tradition in Christian and Islamic Hellenism*, Leiden, Research School CNWS, 1997.

Eqbāl, 'A., *Ḫāndān-e Nawbaḫtī*, Tehran, second edition, 1345 Š/1966.

van Ess, J., "Ḍirā b. 'Amr und die 'Cahmīya'. Biographie einer vergessenen Schule", *Der Islam*, 1967, vol. 43, pp. 241-279.

________, *Frühe Mu'tazilitische Häresiographie*, Beirut/Wiesbaden, F. Steiner, 1971.

________, "Une lecture à rebours de l'histoire du mu'tazilisme", *Revue des Études Islamiques*, 1978, vol. 46, pp. 163-240; 1979, vol. 47, pp. 19-70.

________, *Theologie und Gesellschaft im 2. und 3. Jahrhundert Hidschra*. Eine Geschichte des religiösen Denkens im frühen Islam, 6 vols, Berlin, W. de Gruyter, 1991-1997.

Fähndrich, H. (ed.), *Ibn Jumay' : Treatise to Ṣalāḥ ad-Dīn on the Revival of the Art of Medicine* [Abhandlungen für die Kunde des Mogenlandes XLVI, 3], Wiesbaden, F. Steine, 1983

Fahd T., "The Dream in Medieval Islamic Society", in G.E. von Grunebaum and R. Caillois (eds), *The Dream and Human Societies*, Berkeley, University of California Press, 1966, pp. 351-363.

Fazzo, S. and H. Wiesner, "Alexander of Aphrodisias in the Kindī-Circle and in al-Kindī's Cosmology", *Arabic Sciences and Philosophy*, 1993, vol 3, pp. 119-153.

Fields, P.M., *The 'Abbāsid Recovery* [The History of al-Ṭabarī, vol. 37], Albany, State University of New York Press, 1987.

Fiey, J.M., *Chrétiens syriaques sous les Abbssides*, surtout à Bagdad (749-1258), Louvain, Secrétariat du Corpus SCO, 1980.

Flügel, G., "Dissetatio de arabicis scriptorum graecorum interpretibus", in *Memoriam*

anniversariam . . . Scholae Regiae Afranae . . . celebrandam indicit . . . Baumgarten-Crusius . . . Rector et Professor I., Misenae (Meissen), M.C. Klinkicht, 1841, pp. 3-38.
Frye, R.N. (ed.), *The Cambridge History of Iran*, vol. 4, Cambridge, Cambridge University Press, 1975.
Gabrieli, F., "Recenti studi sulla tradizione greca nella civiltà musulmana", *La Parola del Passato*, 1959, vol. 14, pp. 147-160; Spanish translation: "Estudios recentres sobre la tradición griega en la civilización musulmana", *Al-Andalus*, 1959, vol. 24, pp. 297-318.
Gabrieli, G., "Nota biobibliogaphica su Qusṭā ibn Lūqā", *Rendiconti della Reale Accademia dei Lincei*, Classe di Scienze Morali, Storiche e Filologiche Ser, V, 1912, vol. 21, pp. 341-382.
al-Ǧaḥiẓ, 'Amr ibn-Baḥr, *Rasā'il al-Ǧaḥiẓ*, 'A. M. Hārūn (ed.), 4 vols, Cairo, al-Hānǧī, 1965-1979.
al-Ǧaḥiẓ, (ps.-), *Kitāb at-Tāǧ*, A. Zakī (ed.), Cairo, al-Maṭba'a al-Amīriyya, 1914.
Gibb, H.A.R., "The Influence of Islamic Culture on Medieval Europe", *Bulletin of the John Rylands Library*, 1955-1956, vol. 38, pp. 82-98.
________, "The Social Significance of the Shuubiya", in his *Studies on the Civilization of Islam*, S.J. Shaw and W.R. Polk (eds), Boston, Beacon Press, 1962, pp. 62-73; reprinted from *Studia Orientalia Ioanni Pedersen dicata*, Copenhagen, 1953, pp. 105-114.
Goitein, S.D., "Between Hellenism and Renaissance - Islam, the Intermediate Civilization", *Islamic Studies*, 1963, vol. 2, pp. 217-233.
Goldziher, I., *Muslim Studies*, C.R. Barber and S.M. Stern (translators), London, Allen & Unwin, 1967[original Geman edition 1889].
________, "Neuplatonische und gnostische Elemente im Hadith", *Zeitschrift für Assyiologie*, 1908, vol. 22, pp. 311-324.
________, "Stellung der alten islamischen Orthodoxie zu den antiken Wissenschaften", *Abhandlungen der Königlich Preussischen Akademie der Wissenschaften*, Jahrgang 1915, Philosophisch-historische Klasse, no. 8, Berlin, Velag der Akademie, 1916.
Grabar, O., *The Formation of Islamic Art*, New Haven, Yale University Press, second edition, 1987.
Giffith, S.H., "Eutychius of Alexandria on the Emperor Theophilus and Iconoclasm in Byzantium: A Tenth Century Moment in Christian Apologetics in Arabic", Byzantion, 1982, vol. 52, pp. 154-190; reprinted in his *Arabic Christianity in the Monasteies of Ninth-Century Palestine*, Aldershot, Hampshire, Variorum, 1992, no. IV.

Grignaschi, M., "Quelques spécimens de la littératue sassanide conservés dans les bibiothéques d'Istanbul", *Journal Asiatique*, 1966, vol. 254, pp. 46-90.

________, "Le roman épistolaire classique conservé dans la version arabe de Sālim Abū-l-'Alā'", *Le Muséon*, 1967, vol. 80, pp. 211-264.

Grundriss der Arabischen Philologie, Wiesbaden, L. eichert; vol. 1: *Sprach- wissenschaft*, Wolfdietrich Fischer (ed.), 1982; vol.2: *Literaturwissenschaft*, Helmut Gätje(ed.), 1987; vol. 3: Supplement, W. Fischer (ed.), 1992.

Gutas, D., "Paul the Persian on the Classification of the Parts of Aristotle's Philosophy: A Milestone between Alexandria and Baġdād", *Der Islam*, 1983, vol. 60, pp. 231-267.

________, *Avicenna and the Aristotelian Tradition*, Leiden, E.J. Brill, 1988.

________, "Aspects of Literary Form and Genre in Arabic Logical Works", in C. Burnett (ed.), *Glosses and Commentaries on Aristotelian Logical Texts*, pp. 29-76.

________, *review of M. Fakhry's Ethical Theories in Islam*(Leiden, E.J. Brill, 1994) in Journal of the American Oriental Society, 1997, vol. 117, pp. 171-175.

________, see also Endress, G. and D. gutas

Ḥāǧǧī Ḫalīfa, Muṣṭafā ibn-Ālī(Kâtib Çelebi), *Kašf aẓ-ẓunūn*, Ş. Yaltkaya and K.R. Bilge (eds), 2 vols, Istanbul, Maarif matbaası, 1941.

Haldon, J. F., *Byzantium in the seventh Century: The Transformation of a Culture*, Cambridge, Cambridge University Press, 1990.

________, "The Works of Anastasius of Sinai : A Key Source for the History of Seventh- Century East Mediterranean Society and Belief", in A. Cameron and L.I. Conrad (eds), *The Byzantine and Early Islamic Near East*, pp. 107-147.

Ḥamza al-Iṣfahānī, *Ta'rīḫ sinī mulūk al-arḍ wa-l-anbiyā'*, Beirut, Dār Maktabat al-Ḥayāt, 1961.

Harlfinger, D., (ed.), *Griechische Kodikologie une Textüberlieferung*, Damstadt, Wissenschaftliche Buchgesellschaft, 1980.

Hartmann, A., *An-Nāṣir li-Dīn Allāh*(1180-1225). Politik, Religion, Kultur in der späten Ȧbbāsidenzeit, Berlin, W. de Gruyter, 1975.

Hartner, W., "Quand et comment s'est arrêté l'essor de la culture scientifique dans l' Islam?" in Classicisme et déclin culturel dans l'histoire de l'Islam, Paris, Besson-Chantermerle, 1957; reprinted Maisonneuve et Larose, 1977, pp. 319-337.

Heer, N., *The Precious Pearl. Al-Jāmī's al-Durrah al-Fākhirah*, Albany, State University of New York Press, 1979.

Hinds, M., see Crone, P. and M. Hinds

Hugonnard-Roche, H., "Aux origines de l'exégèse orientale de la logique d'aristote:

Segius de Reš'aina (†536), médecin et philosophe", *Journal Asiatique*, 1989, vol. 227, pp. 1-17.
________, "Les traductions du grec au syriaque et du syriaque à l'arabe", in Rencontres de cultures dans la philosophie médiévale. Traductions et traducteurs de l' antiquité tardive au XIVe siècle, J. Hamesse et M. Fattori (eds), Louvain-la-Neuve/ Cassino, Université Catholoque/Università degli Studi, 1990, pp. 131-147.
________, "Remarques sur la tradition arabe de l'Organon d'après le manuscrit Paris, Bibliothèque Nationale, ar. 2346", in C. Burnett (ed.), Glosses and Commentaries on Aristotelian Logical Texts, pp. 19-28.
________, "La formation du vocabulaie de la logique en arabe", in D. Jacquart (ed.), *La formation du vocabulaire scientifique et intellectuel dans le monde arabe*, pp. 22-38.
________, "Note sur Sergius de Reš'aina, traducteur du grec en syriaque et commentateur d'Aristote", in G. Endress and R. Kruk (eds), *The Ancient Tadition in Christian and Islamic Hellenism*, pp. 121-143.
Humphreys, R. Stephen, *Islamic History. A Framework for Inquiry*, Princeton, Princeton University Press, 1991.
al-Ḫwārizmī al-Kātib, *Mafātīḥ al-'ūlūm*, G. van Vloten (ed.), Leiden, E.J. Brill, 1895.
al-Ḫwārizmī, Muḥammad ibn-Mūsā, *Algebra of Mohammed ben Musa*, F. Rosen(ed. and trans.), London, Oriental Translation Fund, 1831; reprinted Hildesheim, Olms, 1986.
Ibn-Abī-Uṣaybi'a, Aḥmad ibn-al-Qāsim, *'Uyūn al-anbā' fi ṭabaqāt al-aṭibbā'*, A. Müller (ed.), 2 vols, Cairo-Königsberg I. Pr., al-Maṭba'a al-Wahbīya, 1299-1301/1882-1884.
Ibn-Faḏlallāh al-'Umarī, Aḥmad ibn-Yaḥyā, *Masālik al-abṣār fi mamālik al-amṣār*, MS AyaSofya 3422; printed in facsimile as *Routes toward insight into the Capital Empire*, F. Sezgin (ed.), Publications of the Institute for the History of Arabic-Islamic Science, Series C, vol. 46.9, Frankfurt am Main, 1988.
Ibn-al-Faqīh al-Hamaḏānī, *al-Buldān*, facsimile reproduction of MS Mešhed 5229, in Mağmū*fi l-ğuġrāfiyya*[Series C-43], F. Sezgin (ed.), Frankfurt, Institut für Geschichte der Arabisch-Islamischen Wissenschaften, Frankfurt am Main, 1987.
Ibn-Ǧulǧul, Sulaymān ibn-Ḥassān, *Ṭabaqāt al-aṭibbā' wa-l-ḥukamā'*, Fu'ād Sayyid (ed.), Cairo, Institut Français d'Archéologie Orientale, 1955.
Ibn-Kaṯīr, Abū l-Fidā', *al-Bidāya wa-n-nihāya fi t-ta'rīḫ*, 14 vols, Cairo, Maṭba'at as-Sa'āda, 1932.
Ibn-Khaldûn, *The Muqaddimah*, translated by F. Rosenthal, Princeton, Bollingen,

second edition, 1967.
Ibn-al-Muttaḍā, Aḥmad ibn-Yaḥyā, *Ṭabaqāt al-Mu'tazila. Die Klassen der Mu'taziliten*, S. Diwald-Wilzer (ed.), Wiesbaden, F. Steiner, 1961.
Ibn-an-Nadīm, Muḥammad ibn-Isḥāq, *Kitāb al-Fihrist*, G. Flügel (ed.), 2 vols, Leipzig, 1871-1872.
Ibn-Nubāta, Ǧamāl-ad-Dīn, *Sarḥ al-'uyūn fi šarḥ risālat Ibn Zaydūn*, M. Abū-l-Faḍl Ibrāhīm (ed.), Cairo, Dār al-Fikr al-Árabī, 1964.
Ibn-al-Qifṭī, 'Alī ibn-Yūsuf, *Ta'rīḫ al-ḥukamā'*, J. Lippet (ed.), Leipzig, Dieterich'sche Velrlagsbuchhandlung, 1903.
Ibn-Qutayba, 'Abdallāh ibn-Muslim, *Adab al-kātib*, M. Grünerr (ed.), Leiden, E. J. Brill, 1900.
________, *Kitāb al-anwā'*, C. Pellat and M. Hamidullah (eds), Hyderabad, Dā'irat al-Ma'ārif al-'Uthmāniyya, 1956.
________, *'Uyūn al-aḫbār*, 4 vols, Cairo, 1923-1930; reprinted 1973.
Ibn-Riḍwān, Abū-l-Ḥasan *'Alī, Al-Kitāb an-nāfi' fi kayfıyyat ta'līm ṣinā' at aṭ-ṭibb*, Kamāl as-Sāmarrā'ī (ed.), Baghdad, Maṭba'at Ǧāmi'at Baghdād, 1986.
Ibn-Rušd, see Bouyges, M.
Ibn-Sīnā, Abū-'Alī al-Ḥusayn ibn-'Abdallāh, *aš-Šifā', Al-Manṭiq, al-Ǧadal*, A.F. El-Ahwānī (ed.), Cairo, 1965.
Irigoin, J., "L'Aristote de Vienne", *Jahrbuch der Österreichischen Byzantinischen Gesellschaft*, 1957, vol. 6, pp. 5-10.
________, "Survie et renouveau de la littéature antique à Constantinople (IXe Siécle)", *ahiers de civilisation médiévale, Xe-XIIe Siécles*, 1962, vol. 5, pp. 287-302, reprinted in D. Harlfinger (ed.), *Griechische Kodikologie*, pp. 173-205.
Iskandar, A. Z., "An Attempted Reconstruction of the Late Alexandrian Medical Curriculum", *Medical History*, 1976, vol. 20, pp. 235-258.
Ivry, A. L., *Al-Kindī's Metaphysics*, Albany, State University of New York Press, 1974.
Jacquart, D. (ed.), *La formation du vocabulaire scientifique et intellectuel dans le monde arabe*[Études sur le Vocabulaire scientifique Intellectuel du Moyen Age VII], Turnhout, Brepols, 1994.
Jaeger, W., "Die Antike und das Problem der Internationalität der Geisteswissenschaften", *Inter Nationes*, Berlin, 1931, vol. 1.
Jones, A.H.M., J.R. Martindale, and J. Morris, *The Prosopography of the Late Roman Empire(260~461)*, 3 vols, Cambridge, Cambridge University Press, 1971-1992.
Jourdain, C., *Recherches critiques sur l'âge et l'origine des traductions latines d'Aristote et sur les commentaires grecs ou arabes*, employés par les docteurs

scolastiques, Paris, 1843.
Jürss, F., "Bemerkungen zum naturwissenschaftlichen Denken in der Spätantike", *Klio*, 1965, vol. 43-45, pp. 381-394.
Kennedy, H., *The Early Abbasid Caliphate*, London, Croom Helm, 1981.
________, *The Prophet and the Age of the Caliphates*, London and New York, Longman, 1986.
al-Kindī, Ya'qūb ibn-Isḥāq, *Fī l-falsafa al-ūlā, in Rasā' il al-Kindī al-falsafīya*, M.'A. Abū-Rīda (ed.), 2 vols, Cairo, Dār al-Fikr al-Árabī, 1950.
Klinge, G., "Die Bedeutung der syrischen Theologen als Bermittler der griechischen Philosophie an den Islam", *Zeitschrift für Kirchengeschichte*, 1939, vol. 58, pp. 346-386.
Knorr, W.R., "The Medieval Tradition of a Greek Mathematical Lemma", *Zeitschrift für Geschichte der Arabisch-Islamischen Wissenschaften*, 1986, vol. 3, pp. 230-264.
Kraemer, Joel L., "Humanism in the Renaissance of Islam: A Preliminay Study", *Journal of the American Oriental Society*, 1984, vol. 104, pp. 135-164.
________, *Philosophy in the Renaissance of Islam*, Leiden, E.J. Brill, 1986.
________, *Humanism in the Renaissance of Islam*, Leiden, E.J. Brill, second edition, 1992.
Kraus, P., "Zu Ibn al-Muqaffa ", *Rivista degli Studi Orientali*, 1934, vol. 14, pp. 1-20.
Kruk, R., see Endress, G. and R. Kruk
Kühn, C.G., *Claudii Galeni opera omnia*, 20 vols, Leipzig, Car. Cnoblochius(K. Knoblauch), 1821-1833.
Kunitzsch, P., *Der Almagest. Die Syntaxis Mathematica des Claudius Ptolemäus in arabisch-lateinischer Überlieferung*, Wiesbaden, F. Steiner, 1974.
________, "Über das Frühstadium der arabischen Aneignung antiken Gutes", *Saeculum*, 1975, vol. 26, pp. 268-282.
________, "Zur Problematik und Interpretation der arabischen Übersetzungen antiker Texte", *Oriens*, 1976, vol. 25-26, pp. 116-132.
Labarta, A., *Mūsà ibn Nawbajt, al-Kitāb al-kāmil*, Madrid, Instituto Hispano-árabe de Cultura, 1982.
Landron, B., "Les chrétiens arabes et les disciplines philosophiques", *Proche Orient Chrétien*, 1986, vol. 36, pp. 23-45.
Lassner, J., *The Topography of Baghdad in the Early Middle Ages*, Detroit, Wayne State University, 1970.
________, *The Shaping of 'Abbāsid Rule*, Princeton, Princeton University Press, 1980.
Lecomte, G., "L'introduction du *Kitāb adab al-kātib* d'Ibn Qutayba", in *Mélanges*

Louis Massignon, Damascus, Institut Français de Damas, 1957, vol. 3, pp. 45-64.
Lemerle, P., *Le premier humanisme byzantin. Notes et remarques sur enseignement et culture à Byzance des origines au Xe siécle*, Paris, Presses Universitaires de France, 1971; revised translation by H. Lindsay and A. Moffatt, *Byzantine Humanism. The First Phase*[Byzantina Australensia 3], Canberra, Australian Association for Byzantine Studies, 1986.
Lettinck, P., *Aristotle's* Physics and *Its Reception in the Arabic World*, Leiden, E.J. Brill, 1994.
Levey, M., *Medical Ethics of Medieval Islam*, Transactions of the American Philosophical Society, 1967, vol. 57, part 3.
Lohr, C.H., "The Medieval Interpretation of Aristotle", in N. Kretzmann, A. Kenny, J. Pinborg (eds), *The Cambridge History of Later Medieval Philosophy*, Cambridge, Cambridge University Press, 1982, pp. 80-98.
McCarthy, J., *at-Taṣānīf al-mansūba ilā faylasūf al-'Arab*, Baghdad, Maṭba'aat al-Ānī, 1382/1962.
Madelung, W., "The Origins of the Contoversy Concerning the Creation of the Koran", in *Orientalia Hispanica*[Festschrift F.M. Pareja], J.M. Barral (ed.), Leiden, E.J. Brill, 1974, pp. 504-525.
________, "Ibn Abī Ǧumhūr al-Aḥsā'ī's Synthesis of *kalām*, Philosophy and Sufism", in *Actes du 8ème Congrès de l'Union Européenne des Arabisants et Islamisants*(Aix-en-Provence, 1976), Aix-en-Provence, 1978, pp. 147-156, reprinted in his *Religious Schools and Sects in Medieval Islam*, London, Variorum, 1985, no. XIII.
________, "Mazdakism and the Khurramiyya", in his *Religious Trends in Early Islamic Iran*, Albany, Bibliotheca Persica, 1988, pp. 1-12.
Makdisi, G., "L'Islam Hanbalisant", *Revue des Études Islamiques*, 1974, vol. 42, pp. 211-244; 1975, vol. 43, pp. 45-76; tanslated by M.L. Swartz, *Studies on Islam*, pp. 216-274.
________, "The Hanbali School and Sufism", *Boletin de la Asociacion Española de Orientalistas*, Madrid, 1979, vol. 15, pp. 115-126, reprinted in his *Religion, Law and Learning in Classical Islam*, Aldershot, Variorum, 1991, no.V.
________, *The Rise of Colleges: Institutions of Learning in Islam and the West*, Edinburgh, Edinburgh University Press, 1981.
________, "The Juridical Theology of Shāfi'ī: Origins and Significance of uṣūl al-fiqh", *Studia Islamica*, 1984, vol. 59, pp. 5-47.
________, *The Rise of Humanism in Classical Islam and the Christian West*, Edinburgh, Edinburgh University Press, 1990.

al-Marzubānī, Muḥammad ibn-'Imrān, *Mu'ğam aš-šu'arā'*, 'A.A. Farāğ (ed.), Cairo, 'Īs ā al-Bābī al-Ḥalabī, 1960.
al-Mas'ūdī, 'Alī ibn-al-Ḥusayn, *Murūğ ad-dahab*, C. Pellat (ed.), 7 vols, Beirut, Université Libanaise, 1965-1979.
________, *at-Tanbīh wa-l-išrāf*, M.J. de Goeje (ed.), Leiden, E.J. Brill, 1894.
Mattock, J.N., "The Early Translations from Greek into Arabic: An Experiment in Comparative Assessment", in G. Endress (ed.), *Symposium Graeco-arabicum* □, pp. 73-102.
Ménage, V.L., "Three Ottoman Treatises on Europe", in C.E. Bosworth (ed.), Iran and Islam. *A Volume in Memory of Vladimir Minorsky*, Edinburgh, Edinburgh University Press, 1971, pp. 421-433.
de Menasce, J.P., "Zoroastrian Pahlavi Writings", in R.N. Frye (ed.), *The Cambridge History of Iran*, vol. 4, pp. 1166-1195.
Meyerhof, M., "Von Alexandrien nach Baghdad. Ein Beitrag zur Geschichte des philosophischen und medizinischen Unterrichts bei den Arabern", *Sitzungsberichte der Berliner Akademie der Wissenschaften*, Philologisch-historische Klasse, 1930, pp. 389-429.
________, "Sultan Saladin's Physician on the Transmission of Greek Medicine to the Arabs", *Bulletin of the History of Medicine*, 1945, vol. 18, pp. 169-178.
________, see also Schacht, J. and M. Meyerhof
Miquel, A., *La géographie humaine du monde musulman kusqu'au milieu du* Ⅱ *siécle*, 4 vols, Paris/La Haye, Mouton, 1967-1975.
Miskawayh, Aḥmad ibn-Muḥammad, *Tağārib al-umam*, facsimile edition by L., Caetani [Gibb Memorial Series Ⅶ], Leiden, Brill, and London, Luzac, 1909-1917.
Möller, D., *Studien zur mittelalterlichen arabischen Falknereiliteratur*, Berlin, Walter de Gruyter, 1965; review by F. Viré, Arabica, 1966, vol. 13, pp. 209-212.
Nallino, C.A., "Tracce di opere Greche giunte agli Arabi per trafila pehlevica", in T.W. Arnold and R.A. Nicholson (eds), *A Volume of Oriental Studies Presented to E.G. Browne*, Cambridge, Cambridge University Press, 1922, pp. 345-363; reprinted in Maria Nallino (ed.), *Raccolta di scritti editi e inediti*, Rome, Istituto per l'Oriente, 1948, vol. 6, pp. 285-303.
Nau, F., "Le traité sur les 'Constellations' écrit en 661 par Sévère Sebokht, évêque de Qennesrin", *Revue de l'Orient Chrétien*, 1929-1930, vol. 27.
Nöldeke, T., "Der Chalif Mansur", in his *Orientalische Skizzen*, Berlin, 1892, pp. 111-151; English translation by J.S. Blake, with revisions by the author, "Caliph Mansúr", in his *Sketches from Eastern History*, London, 1892, pp. 107-145, reprinted in Beirut,

Khayats, 1963.
Paret, R. "Notes bibiliographiques sur quelques travaux récents consacrés aux premières traductions arabes d'œuvres grecques", *Byzantion*, 1959-1960, vol. 29-30, pp. 387-446.
Pellat, C., "Le traité d'astronomie pratique et de météorologie populaire d'Ibn Qutayba", *Arabica*, 1954, vol. 1, pp. 84-88.
________, "Al-Ǧāḥiẓ. Les nations civilisées et les croyances eligieuses", *Journal Asiatique*, 1967, vol. 255, pp. 65-90; reprinted in his *Études sur l'histoire socio-culturelle de l'Islam(VIIe-XVe s.)*, London, Variorum, 1976, no.V.
________, *The Life and Works of Jāḥiẓ*, Berkeley and Los Angeles, University of California Press, 1969.
________, "Al-Ṣāḥib ibn 'Abbād", *in 'Abbāsid Belles-Lettres*, pp. 96-111.
Peters, F.E., Aristoteles Arabus, Leiden, E.J. Brill, 1968.
________, *Aristotle and the Arabs*, New York, New York University Press, 1968.
________, "Hellenism in Islam", in C.G. Thomas (ed.), *Paths from Ancient Greece*, Leiden, E.J. Brill, 1988, pp. 77-91.
Pines, S., "A Tenth Century Philosophical Correspondence", *Proceedings of the American Academy for Jewish esearch*, 1955, vol. 24, pp. 103-136.
________, "An Early Meaning of the Term *Mutakallim*", *Israel Oriental Studies*, 1971, vol. 1, pp. 224-240, reprinted in his *Studies in the History of Arabic Philosophy*[Collected Works III], S. Stroumsa (ed.), Jerusalem, The Magna Press, 1996, pp. 62-78.
Pingree, D., "Historical Horoscopes", *Journal of the American Oriental Society*, 1962, vol. 82, pp. 487-502.
________, "Astronomy and Astrology in India and Iran", *Isis*, 1963, vol. 54, pp. 229-246.
________, *The Thousands of Abū Ma'shar*, London, The Warburg Institute, 1968.
________, "The Fragments of the Works of Ya'qūb ibn Ṭāriq", *Journal of Near Eastern Studies*, 1968, vol. 27, pp. 97-125.
________, "The Fragments of the Works of al-Fazārī", *Journal of Near Eastern Studies*, 1970, vol. 29, pp. 103-123.
________, "The Greek Influence on Early Islamic Mathematical Astronomy", *Journal of the American Oriental Society*, 1973, vol. 93, pp. 32-43.
________, "Māshā'allāh: Some Sasanian and Syriac Souces", in G.F. Hourani (ed.), *Essays on Islamic Philosophy and Science*, Albany, State University of New York Press, 1975, pp. 5-14.

________, "Classical and Byzantine Astrology in Sassanian Persia", *Dumbarton Oaks Papers*, 1989, vol. 43, pp. 227-239.

________, and C. Burnett, *The Liber Aristotilis of Hugo of Santalla*, London, The Warburg Institute, 1997.

Plethon, Georgios Gemistos, see Tambun-Krasker, B.

Ptolemy, *Geography*, Arabic translation: facsimile reproduction of MS Aya Sofya 2610, F. Sezgin (ed.), Frankfurt am Main, Institut für Geschichte de Arabisch-Islamischen Wissenschaften, 1987.

Putman, H., *L'église et l'Islam sous Timothée I (780~823)*, Beirut, Dal el-Machreq, 1975.

Raby, J., "Mehmed the Conqueror's Greek Scriptorium", *Dumbarton Oaks Papers*, 1983, vol. 37, pp. 15-34(with 41 figures).

Rashed, R., "Problems of the Transmission of Greek Scientific Thought into Arabic: Examples from Mathematics and Optics", *History of Science*, 1989, vol. 27, pp. 199-209.

________, "Al-Kindī's Commentary on Archimedes' 'The Measurement of the Circle'", *Arabic Sciences and Philosophy*, 1993, vol. 3, pp. 7-53.

________, *Oeuvres Philosophiques et scientifiques d'al-Kindī*. Volume I. L'Optique et la Catoptrique, Leiden, E.J. Brill, 1997.

________, "Le commentaire par al-Kindī de l'Optique d'Euclide: un traité jusqu'ici inconnu", *Arabic Sciences and Philosophy*, 1997, vol. 7, pp. 9-56.

Rosen, F., see al-Ḫwārizmī, Muḥammad ibn-Mūsā.

Rosenthal, F., "Al-Kindī als Literat," Orientalia, 1942, vol. 11, pp. 262-288.

________, *Aḥmad b. aṭ-Ṭayyib as-Saraḫsī*, New Heaven, American Oriental Society, 1943.

________, "Al-Asṭrurlâbî and as-Samaw'al on Scientific Progress", *Osiris*, 1950, vol. 9, pp. 555-564.

________, "Isḥāq b. Ḥunayn's Ta'rīḫ al-Aṭibbā'", *Oriens*, 1954, vol. 7, pp. 55-80.

________, *Classical Heritage = Das Fortleben der Antike im Islam*, Zürich, Artemis, 1965, translated as *The Classical Heritage in Islam*, London and Berkeley, Routledge & Kegan Paul and University of California Press, 1975.

________, *A History of Muslim Historiography*, Leiden, E.J. Brill, second edition, 1968.

________, *The Return of the Caliphate to Baghdad*[The History of al-Ṭabarī, vol. 38], Albany, State University of New York Press, 1985.

________, "From Arabic Books and Manuscripts, XVI: As-Sarakhsī(?) on the

Appropriate Behavior for Kings", *Journal of the American Oriental Society*, 1995, vol. 115, pp. 105-119.
Rowson, E.K., "The Philosopher as Littérateur: al-Tawḥīdī and His Predecessors", *Zeitschrift für Geschichte der Arabisch-Islamischen Wissenschaften*, 1990, vol. 6, pp. 50-92.
ar-Ruhāwī, Isḥāq, ibn-'Alī, *The Conduct of the Physician by Al-Ruhāwī*[Facsimile of the unique Edirne MS Selimiye 1658], Publications of the Institute for the History of Arabic-Islamic Science, edited by F. Sezgin, Series C, vol. 18, Frankfurt am Main, 1985.
Ruland, H.-J., *Die arabischen Fassungen von zwei Schriften des Alaxander von Aphrodisias Über die Vorsehung und Über das liberum arbitrium*, unpublished Ph.D. dissetation, University of Saarbrücken, 1976.
________, *Die arabische Übersetzung der Schrift des Alexander von Aphrodisias über die Sinneswahrnehmung*[Nachrichten der Akad. der Wiss. in Göttingen, Philol.-Hist. Klasse, 1978, Nr. 5], Gottingen, 1978.
Sabra, A.I., "The Andalusian Revolt against Ptolemaic Astronomy", in E. Mendelsohn (ed.), *Transformation and Tradition in the Science*, Cambridge, Cambridge University Press, 1984, pp. 133-153.
________, "The Appropriation and Subsequent Naturalization of Greek Science in Medieval Islam: A Preliminary Statement", *History of Science*, 1987, vol. 25, pp. 223-243.
________, "Situating Arabic Science. Locality vesus Essence", *Isis*, 1996, vol. 87, pp. 654-670.
Sachau, E., *Alberuni's India*, London, 1888; reprinted Bombay, 1964.
Ṣā'id al-Andalusī, al-Qādī Abū-l-Qāsim, *Ṭabaqāt al-umam*, L. Cheikho (ed.), Beirut, Imprimerie Cathololique, 1912.
Sadighi, G.H., *Les mouvements religieux iraniens au IIe et au IIIe siécle de l'hégire*, Paris, Les Presses Modernes, 1938.
Sa'īd, Ǧ., "Muḥammad ibn-'Abd-al-Malik az-Zayyāt, al-Wazīr, al-Kātib aš-Šā'ir", *Mağallat al-Mağma' al-'Ilmī al-'Irāqī*, 1986, vol. 37.3, pp. 174-221.
Salem, E.A., *Hilāl aṣ-Ṣābi'*. Rusūm Dār al-Khilāfa, Beirut, American Univesity of Beirut, 1977.
Saliba, G., "The Development of Astronomy in Medieval Islamic Society", *Arab Studies Quarterly*, 1982, vol. 4, pp. 211-225; reprinted in his A History of Arabic Astronomy, 1994, pp. 51-65.
________, *A History of Arabic Astronomy*, New York and London, New York

University Press, 1994.
Samir, K., and P. Nwyia, *Une correspondance islamo-chrétienne entre Ibn al-Munağğim, Ḥunayn ibn Isḥāq et Qusṭā ibn Lūqā*[Patrologia Orientalis, vol. 40, fascicle 4, no. 185], Turnhout, Brepols, 1981.
Sauter, C., "Die peripatetische Philosophie bei den Syrern und Arabern", *Archiv für Geschichte de Philosophie*, 1903, vol. 17, pp. 516-533.
Savage-Smith, E., "Attitudes toward Dissection in Medieval Islma", *Journal of the History of Medicine and Allied Sciences*, 1995, vol. 50, pp. 67-110.
Sayılı, A., *The Observatory in Islam*, Ankara, Türk Tarih Kurumu, 1960, reprinted 1988
Scarcia Amoretti, B., "Sects and Heresies," in R.N. Frye (ed.), The Cambridge History of Iran, vol. 4, pp. 481-519.
Schacht, J. and M. Meyerhof, *The Medico-Philosophical Controversy between Ibn Butlan of Baghdad and Ibn Ridwan of Cairo*, The Egyptian University, Faculty of Arts Publication no. 13, Cairo, 1937.
Schoeler, G., *Arabische Handschriften*, Teil II, Stuttgart, Franz Steiner, 1990.
Séert, Chronique de, A. Scher et R. Griveau (eds) [Patrologia Orientalis XIII,4], Paris, Firmin-Didot, 1919.
Sezgin, F., *Geschichte des Arabischen Schrifttums*, 9 vols to date, Leiden, E.J. Brill, 1967-.
Shaban, M.A., The *'Abbāsid Revolution*, Cambridge, Cambridge University Press, 1970.
________, *Islamic History 2*, Cambridge, Cambridge University Press, 1976.
Shahid, I., *Byzantium and the Arabs in the Fifth Century*, Washington, DC, Dumbarton Oaks, 1989.
Shaki, M., "The Dēnkard Account of the History of the Zoroastrian Scriptures", *Archiv Orientálí*, 1981, vol. 49, pp. 114-125.
Sidarus, A., "Un recueil de Traités philosophiques et médicaux à Lisbonne", *Zeitschrift für Geschichte der Arabisch-Islamischen Wissenschaften*, 1990, vol. 6, pp. 179-189.
Sorabji, R., *Aristotle Transformed*, London, Duckworth, 1990.
Sourdel, D., *Le Vizirat 'Abbāsid de 749 à 936 (132 à 324 de l'Hégire)*, Damas, Institut Français de Damas, 1959-1960, 2 vols.
Sournia, J.C., and G. Troupeau, "Médecine Arabe: biographies critiques de Jean Mésué(VIII° siècle) et du Prétendu 'Mésué le Jeune'(X° siècle)", *Clio Medica*, 1968, vol. 3, pp. 109-117.
Sprengling, M., "From Persian to Arabic", *The American Journal of Semitic Languages*

and Literatures, 1939, vol. 56, pp. 175-224, 325-336; 1940, vol. 57, pp. 302-305.
Stein, L., "Das erste Auftreten der griechischen Philosophie unter den Araben", *Archiv für Geschichte der Philosophie*, 1894, vol. 7, pp. 350-361.
Steinschneider, M., *Die Arabischen Übersetzungen aus dem Griechischen*, Graz, Akademische Druck- und Verlagsanstalt, 1960, reprinting articles that appeared in the following periodicals: *Beihefte zum Centralblatt für Bibloithekswesen*, 1889, vol. 5, pp. 51-82, and 1893, vol. 12, pp. 129-240; *Zeitschrift der Deutschen Morgenländischen Gesellschaft*, 1896, vol. 50, pp. 161-219, 337-417; and *Archiv für Pathologische Anatomie und Physiologie und für Klinische Medizin*, 1891, vol. 124, series 12, part 4, pp. 115-136, 268-296, 455-487.
________, *Die Hebräischen Übersetzungen des Mittelalters und die Juden als Dolmetscher*, Berlin, H. Itzkowski, 1893.
Steppat, F., "From *'Ahd Ardašīr* to al-Ma'mūn: A persian Element in the Policy of the *miḥna*", in W. AL-Qāḍī (ed.), Studia Arabica et Islamica[Festschrift for Iḥsān 'Abbās], Beirut, American University of Beirut, 1981, pp. 451-454.
Strohmaier, G., "Homer in Bagdad", *Byzantinoslavica*, 1980, vol. 41, pp. 196-200.
________, "Byzantinisch-arabische Wissenschaftsbeziehungen in de Zeit des Ikonoklasmus", in H. Köpstein und F. Winkelmann (eds), *Studien zum 8. und 9. Jahrhundert in Byzanz*[Berliner Byzantinistische Arbeiten 51], Berlin, Akademie Verlag, 1983, pp. 179-183.
________, "'Von Alexandrien nach Bagdad'-eine fiktive Schultradition", in J. Wiesne (ed.), *Aristoteles. Werk und Wirkung, Paul Moraux gewidmet*, vol. 2, Berlin, W. de Gruyter, 1987, pp. 380-389.
________, "Al-Manṣūr und die frühe Rezeption der griechischen Alchemie", *Zeitschrift für Geschichte der Arabisch-Islamischen Wissenschaften*, 1989, vol. 5, pp. 167-177.
________, "'Umāra ibn Ḥamza, ConstantineV, and the Invention of the Elixir", *Graeco-Arabica*(Athens), 1991, vol. 4, pp. 21-24.
as-Suyūṭī, Ğalāl-ad-Dīn, *Ṣawn al-manṭiq wa-l-kalām 'an fann al-manṭiq wa-l- kalām*, 'Alī Sāmī an-Naššār (ed.), Cairo, Maktabat al-Ḫānğī, 1947.
Swartz, M.L., *Studies on Islam*, Oxford, Oxford University Press, 1981.
at-Ṯa'ālibī, 'Abdalmalik ibn-Muḥammad, Ḫāṣṣ *al-ḫāṣṣ*, Beirut, 1966.
________, *Laṭā'if al-ma'ārif*, translated by C.E. Bosworth, *The Book of Curious and Entertaining Information*, Edinburgh, Edinbugh University Press, 1968.
________, *Yatīmat ad-dahr*, M.M. 'Abdalḥamīd (ed.), 4 vols, second printing, Cairo, 1956.

aṭ-Ṭabarī, Muḥammad ibn-Ǧarīr, *Ta'rīḫ ar-rusul wa-l-mulūk*, M.J. de Goeje et al. (eds), Leiden, E.J. Brill, 1879-1901.

________, *The History of al-Ṭabarī*, English translation, volumes cited individually under the name of the translator.

Ṭaha, S., "At-Ta'rīb wa-kibār al-mu'arribīn fī l-Islām", *Sumer*, 1976, vol. 32, pp. 339-389.

Tambrun-Krasker, B. with M. Tardieu, *Oracles Chaldaïques*. Recension de Georges Gémiste Pléthon[Corpus Philosophorum Medii Aevi 7], Athens, The Academy of Athens, 1995.

Tardieu, M., see Tambrun-Krasker, B.

at-Tawḥīdī, Abū-Ḥayyān, *al-Imtā' wa-l-mu'ānasa*, Aḥmad Amīn and Aḥmad az-Zayn (eds), second printing, Cairo, 1951; reprinted Beirut, n.d.

________, *Maṯālib al-wazīrayn*, I. al-Kaylānī (ed.), Damascus, Dār al-Fikr bi-Disašq, 1961.

Ṭayfūr, Aḥmad Ibn-Abī-Ṭāhir, *Kitāb Baġdād*, H. Keller (ed.), 2 vols, Leipzig, Harrassowitz, 1908.

Troupeau, G., "Le rôle des syriaques dans la transmission et l'exploitation du patrimoine philosophique et scientifique grec", *Arabica*, 1991, vol. 38, pp. 1-10.

________, see also Sournia, J.C. and G. Troupeau

Türke, M., *Üç tehâfüt bakımından felsefe ve din münasebeti Istanbul*, Türk Tarihistikurumu, 1956.

________, "Fārābī'nin 'Şerā'it ul-yaḳīn'i", *AraŞtirma*, 1963, vol 1, pp. 151-228.

________, *Wörterbuch der Klassischen Arabischen Sprache*, 4 vols to date(kāf-lām), Wiesbaden, Harrassowitz, 1970-

________, "War Ḥunain der Übersetzer von Artemidors Traumbuch?" *Die Welt des Islams*, 1971, vol. 13, pp. 204-211.

________, Geheimwissenschaften = M. Ullmann, *Die Natur- und Geheimwissenschaften im Islam* [Handbuch der Orientalistik, Ergänzungsband VI,2], Leiden, E.J. Brill, 1972.

________, "Ḫālid ibn Yazīd und die Alchemie: Eine Legende", *Der Islam*, 1978, vol. 55, pp. 181-218.

________, "Nicht nur . . . , sondern auch . . . ", *Der Islam*, 1983, vol. 60, pp. 3-36.

Vajda, G., "Les zindîqs en pays d'Islam au debut de la période Abbaside", *Rivista degli Studi Orientali*, 1938, vol. 17, pp. 173-229.

Walzar, R., "New Light on the Arabic Translations of Aristotle", Oriens, 1953, vol. 6, pp. 91-142, reprinted in his *Greek into Arabic*, pp. 60-113.

________, "Arabische Übesetzungen aus dem Griechischen", *Miscellanea Medievalia*, 1962, vol. 9, pp. 179-195.

________, *Greek into Arabic*, Oxford, B. Cassirer, 1962

Watson, A.M., *Agricultural Innovation in the Early Islamic World*, Cambridge, Cambridge University Press, 1983.

Wenrich, J.G., *De auctorum graecorum versionibus et commentariis syriacis anabicis armeniacis persicisque commentatio*, Lipsiae(Leipzig), F.C.W. Vogel, 1842.

Whipple, A.O., "Role of the Nestorians as the Connection Link between Greek and Arabic Medicine", *Annals of Medical History*, 1936, n.s., vol. 8, pp. 313-323.

Wiesner, H., see Fazzo, S. and H. Wiesner

Wilcox, J., *The Transmission and Influence of Qusta ibn Luqa's "On the Difference between Spirit and Soul"*, unpublished Ph.D. dissertation, The City University of New York, 1985.

________, "Our Continuing Discovery of the Greek Science of the Arabs: The Example of Qusṭā ibn Lūqā", *Annals of Scholarship*, 1987, vol. 4,3, pp. 57-74.

Wilson, N.G., "The Libraries of the Byzantine World", *Greek, Roman, and Byzantine Studies*, 1967, vol. 8, pp. 53-80, reprinted in D. Harlfinger (ed.), Griechische Kodikologie, pp. 276-309.

________, "Books and Readers in Byzantium", *Byzantine Books and Bookmen*[Dumbarton Oaks Colloquium, 1971], Washington, DC, Dumbarton Oaks, 1975.

________, *Scholars of Byzantium*, London, Duckworth, 1983.

al-Yaqūbī, Aḥmad ibn-Abī-Ya'qūb, *Ta'rīḫ*, M. Houtsma (ed.), 2 vols, Leiden, E.J. Brill, 1883.

Yāqūt ibn-'Abdallāh ar-Rūmī al-Ḥamawī, *Iršād al-arīb*, D.S. Margolouth (ed.), 7 vols, Leiden, Brill and London, Luzac, 1907-1926.

Zaehner, R.C., Zurvan. *A Zoroastrian Dilemma*, Oxford, Claendon, 1955.

________, *The Dawn and Twilight of Zoroastrianism*, New York, G.B. Putnam's Sons, 1961.

Zakeri, M., "'Alī ibn 'Ubaida ar-Raiḥānī. A Forgotten Belletrist (adīb) and Pahlavi Translator", Oriens, 1994, vol. 34, pp. 76-102.

Zimmermann, F.W., *Al-Farabi's Commentary and Short Treatise on Aristotle's* De Interpretatione[The British Academy. Classical and Medieval Logic Texts Ⅲ], Oxford, Oxford University Press, 1981.

이슬람 문명에서 번역운동의 의미에 관한 연구의 연대순 문헌

이 주제는 2차 문헌에서 많이 논의되었으며, 지식 사회학과 유럽 학문사에서 흥미로운 한 장을 이루고 있다. 다음은 가장 중요한 글로 꼽히는 것들로, 연대순으로 배열했다 (Ullmann, *Medizin*, pp. 1-2; Endress, *GAP* II, 482-483 참조).

Wenrich, J.G., *De auctorum graecorum versionibus et commentariis syriacis arabicis armeniacis persicisque commentatio*, Leipzig, F.C.W. Vogel, 1842, Pas prima, pp. 3-70.

Renan, E., *L'islamisme et la science*, Paris, Calmann, Lévy, 1883.

Goldziher, I., "Stellung der alten islamischen Orthodoxie zu den antiken Wissenschaften", *Abhandlungen der Königlich Preussischen Akademie der Wissenschaften*, Jahrgang 1915, Philosophisch-Histoische Klasse, no. 8, Berlin, Velag der Akademie, 1916.

Troeltsch, E., "Der Europäismus", in his *Der Historismus und seine probleme*[*Gesammelte Schriften* Ⅲ], Tübingen, J.C.B. Mohr, 1922, pp. 703-730.

Becker, C.H., "Der Islam im Rahmen einer allgemeinen Kulturgeschichte", in his *Islamstudien*, Leipzig, Quelle und Meyer, 1924, vol. 1, pp. 24-53.

Ruska, J., "Über das Fortleben de antiken Wissenschaften im Orient", *Archiv für Geschichte der Mathematik*, der Naturwissenschaften und der Technik, 1927, vol. 10, pp. 112-135.

Schaeder, H.H., "Der Orient und das griechische Erbe", *Die Antike*, 1928, vol. 4, pp. 226-265; reprinted in his *Der Mensch in Orient und Okzident*, München, 1960, pp. 107-161.

Jaeger, W., "Die Antike und das Problem des Internationalität der Geisteswissenschaften", *Inter Nationes*, Berlin, 1931, vol. 1.

Becker, C.H., *Das Erbe de Antike im Orient und Okzident*, Leipzig, 1931.

Plessnet, M., *Die Geschichte de Wissenschaften im Islam als Aufgabe der modernen Islamwissenschaft* [Philosophie und Geschichte 31], Tübingen, J.C.B. Mohr, 1931.

Schacht, J., "Über den Hellenismus in Baghdad und Cairo im 11. Jahrhundert", Zeitschrift der Deutschen Morgenländischen Gesellschaft, 1936, vol. 90, pp. 526-545.

Grunebaum, G.E. von, "Islam and Hellenism", *Scientia*(Riveista di Scienza), 1950, vol. 85, pp. 21-27.

Paret, R., *Der Islam und das griechische Bildungsgut*[Philosophie und Geschichte 70], Tübingen, J.C.B. Mohr, 1950.

Schacht, J., "Remaques su la transmission de la pensée grecque aux Arabes", *Histoire de la médecine. Numéro spécialement édité en l'honneur du XVe Congrés de la*

Fédération des Sociétés de Gynécologie et d'Obstérique de langue française à Alger, le 5 Mai 1952, Algiers, 1952, pp. 11-19.

Nyberg, H.S., "Das Studium des Orients und die europäische Kultur", *Zeitschrift de Deutschen Morgenländischen Gelleschaft*, 1953, vol. 103, pp. 9-21.

Spuler, B., "Hellenistisches Denken im Islam", *Saeculum*, 1954, vol. 5, pp. 179-193.

Thillet, P., "Sagesse grecque et philosophie musulmane", *Les Mardis de Dar el-Salam*, Paris, Vrin, 1955, pp. 55-93.

Walzer, R., "On the Legacy of the Classics in the Islamic World", *Festschrift Bruno Snell*, München, 1956, pp. 189-196; reprinted in his Greek Into Arabic, Oxford, Bruno Cassirer, 1962, pp. 29-37.

Classicisme et déclin culturel dans l'histoire de l'Islam, Paris, Besson-Chantermerle, 1957; reprinted Paris, Maisonneuve et Larose, 1977; review by D. Sourdel, Arabica, 1958, vol. 5, pp. 311-317.

Krames, J.H., "Science in Islamic Civilization", in his *Analecta Orientalia, Posthmous Writings and Selected Minor Works*, Leiden, E.J. Brill, 1956, vol. 2, pp. 75-148.

Kraemer, Jörg, *Das Problem de islamischen Kulturgeschichte*, Tübingen, 1959.

Gätje, H., "Gedanken zur Problematik de islamischen Kulturgeschichte", *Die Welt als Geschichte*, 1960, vol. 20, pp. 157-167.

Ritter, H., "Hat die religiöse Othodoxie einen Einfluss auf die Dekadenz des Islams ausgeübt?" in G.E. von Grunebaum and W. Hartner (eds), *Klassizismus und Kulturzefall*, Frankfurt am Main, 1960, pp. 120-143.

Dubler, C.E., "Islam"(Erbe des Ostens), *Asiatische Studien*, 1960, vol 13, pp. 32-54.

Benz, E., "The Islamic Culture as Mediator of the Greek Philosophy to Europe", *Islamic Culture*, 1961, vol. 35, pp. 147-165.

Dubler, C.E., "Das Weiterleben der Antike im Islam", in *Das Erbe de Antike*, Zürich/Stuttgart, 1963.

Goitein, S.D., "Between Hellenism and Renaissance - Islam, the Intermediate Civilization", *Islamic Studies*, 1963, vol. 2, pp. 217-233.

Dietrich, A., "Islam und Abendland", *Neue Sammlung, Göttinger Blätter für Kultur und Eziehung*, 1965, vol. 5, pp. 37-53.

Gottschalk, H.L., "Die Rezeption der antiken Wissenschaften durch den Islam, *Anzeiger des Philosophisch-Historischen Klasse der Österreichischen Akademie der Wissenschaften*, Philosophisch-Historische Klasse, 1965, vol. 102, 7, pp. 111-134.

Plessner, M., *Die Bedeutung der Wissenschaftsgeschichte für das Verständnis der geistigen Welt des Islams* [Philosophie und Geschichte 82], Tübingen, J.C.B. Mohr, 1966.

Goitein, S.D., *Studies in Islamic History and Institutions*, Leiden, E.J. Brill, 1966.

Rosenthal, F., "The Greek Heritage in Islam", Ventures, *Magazine of the Yale Graduate School*, 1967, vol. 7.1, pp. 55-61.
Gabrieli, F., "Griechentum und Islam - eine Kulturbegegnung", *Antaios*, 1968, vol. 9, pp. 513-532.
Bürgel, J.C. "Dogmatismus und Autonomie im wissenschaftlichen Denken des islamischen Mittelalters", *Saeculum*, 1972, vol. 23, pp. 30-46.
Kunitzsch, P., "Über das Frühstadium der arabischen Aneignung antiken Gutes", *Saeculum*, 1975, vol. 26, pp. 268-282.
Kunitzsch, P., "Zur Problematik und Interpretation der arabischen Übersetzungen antike Texts", *Oriens*, 1976, vol. 25-26, pp. 116-132.
Ṭaha, S., "At-Ta'rīb wa-kibār al-mu'arribīn fī l-Islām", *Sumer*, 1976, vol. 32, pp. 339-389.
Toll, C., "Arabische Wissenschaft und griechisches Erbe. Die Rezeption der griechischen Antike und die Blüte der Wissenschaften in de klassischen Periode des Islam", in A. Mercier, Islam und Abendland. Geschichte und Gegenwat, Bern and Frankfurt, 1976, pp. 31-57.
Daiber, H., "Anfänge und Entstehung der Wissenschaft im Islam", *Saeculum*, 1978, vol. 29, pp. 356-366.
Klein-Franke, F., *Die klassiche Antike in der Tradition des Islam*, Darmstadt, Wissenschaftliche Buchgesellschaft, 1980; reviewed by G. Strohmaier, *Sudhoffs Archiv*, 1981, vol. 65, pp. 272-288.
Strohmaier, G., "Das Fortleben griechischer sozialer Typenbegriffe im Arabischen", in E.C. Welskopf (ed.), *Soziale Typenbegriffe im alten Griechenland*, Berlin, Akadenie-Verlag, 1982, pp. 39-60.
Bausani, A., "L'eredità greca nel mondo musulmano", *Contributo*, 1983, vol. 7.2, pp. 3-14.
Goodman, L.E., "The Greek Impact on Arabic Literature", in A.F.L. Beeston *et al.* (eds), *Arabic Literature to the End of the Umayyad Period*[The Camridge History of Arabic Literature], Cambridge, Cambridge University Press 1983, pp. 460-482.
Kaemer, J.L., "Humanism in the Renaissance of Islam: A Preliminary Study", *Journal of the American Oriental Society*, 1984, vol. 104, pp. 135-164.
Baffioni, E., "Pensiero greco e pensiero islamico: fonti storiche e problemi metodologici", *Scrinium 5: L'Islam e la trasmissione della cultura classica*[Quadernied estratti de Schede Medievali, 1984, vol. 6-7: Testi del Ⅲ Colloquio Medievale Palermo, 19-20 Marzo 1984], Palermo, Officina di Studi Medievali, 1984, pp. 25-41.
Daiber, H., "Semitische Sprachen als Kulturvermittler zwischen Antike und

Mittelalter", *Zeitschrift der Deutschen Morgenländischen Gesellschaft*, 1986, vol. 136, pp. 292-313.
al-'Alī, Ṣ.A., "Al-'Ilm al-iġrīqī, muqawwimātuhu wa-naqluhu ilā l-'Arabiyya", *Mağallat al-Mağma' al-'Ilmī al-'Irāqī*, 1986, vol. 37.4, pp. 3-56.
Sabra, A.I., "The Appropriation and Subsequent Naturalization of Greek Science in Medieval Islam: A Peliminary Statement", *History of Science*, 1987, vol. 25, pp. 223-243.
Strohmaier, G., "Von Alexandien nach Bagdad' - eine fiktive Schultradition", in J. Wiesner (ed.), Aristoteles. Werk und Wirkung, Paul Moraux gewidmet, Berlin, W. de Gruyer, 1987, vol. 2, pp. 380-389.
Kunitzsch, P., "Ḥarakatā t-tarğama ilā l-'arabiyya wa-min al -'arabiyya wa-ahammiyatuhumā fī ta'rīḫ al-fikr", *Zeitschrift für Geschichte der Arabisch-Islamischen Wissenschaften*, 1987-1988, vol. 4, pp. 93-105.
Petes, F.E., "Hellenism in Islam", in C.G. Thomas(ed.), *Paths from Ancient Greece*, Leiden, E.J. Brill, 1988, pp. 77-91.
Rashed, R., "Problems of the Transmission of Greek Scientific Thought into Arabic: Examples from Mathematics and Optics", *History of Science*, 1989, vol. 27, pp. 199-209.
Wasserstein, D.J., "Greek Science in Islam: Islamic Scholars as Successors to the Greeks", *Hermathena*, 1989, vol. 147, pp. 57-72.
Goodman, L.E., "The Translation of Greek Materials into Arabic", in M.J.L. Young et al.(eds), *Religion*, Learning and Science in the Åbbasid Period[The Cambridge History of Arabic Literature], Cambridge, Cambridge University Press, 1990, pp. 477-497.
Kraemer, J.L., *Humanism in the Renaissance of Islam. The Cultural Revival during the Buyid Age*, Leiden, E.J. Brill, second edition, 1992.
Berggren, J.L., "Islamic Acquisition of the Foreign Sciences: A Cultural Perspective", *The American Journal of Islamic Social Studies*, 1992, vol. 9, pp. 310-324.
Sabra, A.I., "Situating Arabic Science: Locality vesus Essence", *Isis*, 1996, vol. 87, pp. 654-670.

약어

DPA = *Dictionnaire des philosophes antiques*
DSB = *Dictionary of Scientific Biography*
EI = *Encyclopaedia of Islam*, second edition

EIr. = *Encyclopaedia Iranica*

F= Ibn-an-Nadīm, *Kitāb al-Fihrist*

GAL = C. Brockelmann, *Geschichte der Arabischen Liteatur*

GALex = G. Endress, and D. Gutas, *A Greek and Arabic Lexicon*

GALS = C. Brockelmann, *Geschichte de Arabischen Literatur, Supplement-bände*

GAP = *Grundriss der Arabischen Philologie*

GAS = F. Sezgin, *Geschichte des Arabischen Schifttums*

ḤḪ=Ḥğğī Ḫlīfa (Kâtib Çelebi), *Kašf aẓẓnūn*

Ḥnayn ibn-Isḥq, Risāla = Bergsträsser, *Galen-Übersetzungen*

IAU = Ibn-Abī-Uṣaybi'a, *'Uyūn al-anbā' fi ṭabaqāt al-aṭibbā'*

Q=Ibn-al-Qifṭ.

Ullmann, *Medizin* = M. Ullmann, Die Medizin im Islam[Handbuch der Orientalistik, Ergänzungsband Ⅵ, 1], Leiden, E.J. Brill, 1970.

WKAS = M. Ullmann, *Wörterbuch der Klassischen Arabischen Sprache*

■네스토리우스파: 네스토리우스가 창시한 기독교의 한 파로 그는 마리아를 '하나님의 잉태자'라는 당시의 일반적 표현을 뒤엎고 '그리스도의 잉태자'로 표현해 논란을 일으켰다. 네스토리우스는 하나님의 잉태자라는 말이 자칫하면 기독론을 단성론적으로 몰고 갈 위험이 있다고 봤기 때문이다. 그리스도의 신성과 인성의 불일치를 주장하여 이단시되었으나, 이 교리는 페르시아를 거쳐 인도와 중국까지 퍼졌다.

■단성론파: 콘스탄티노플 대수도원장인 에우티케이스가 창시한 신학설을 지지하는 세력으로, 그리스도론을 둘러싼 논쟁에서 5세기 전반에 나타나 정치적으로 이용되어 비잔틴 제국의 동방(이집트, 시리아)의 이반을 촉진했다. 예수 그리스도의 두 가지 위격位格을 주장한 네스토리우스파에 반대하여, 예수 그리스도는 신성과 인성이 완전히 일체로서 복합된 단일성을 갖는다고 주장했다.

■말리크파: 말리크 이븐 아나스라는 이름에 의해서 명명된 수니파 이슬람의 법학파. 샤피이파가 특정 지역에 관계없는 법학파로서 성립된 후, 하나피파와 마찬가지로 메디나의 초기 법학파가 메카의 것을 흡수해서 발전적으로 해소해서 말리크파가 되었다.

■맘루크 왕조: 13세기부터 16세기까지 이집트와 시리아를 지배한 터키계 이슬람 왕조. 1250년에 아이유브 왕조의 군인 노예였던 아이바크가 아이유브 왕조를 타도하고 창건했다(참고로 이슬람 사회는 노예의 일에 명확한 제한을 두지 않고 그 장점을 살릴 수 있는 일을 하게 했다. 따라서 비록 노예라 할지라도 기회를 얻으면 높은 교양을 쌓을 수도 있었고 국가와 사회의 요직에도 등용되었다). 맘루크 왕조는 십자군과 몽고군을 격파하고 동서 무역으로 번영하였으나, 새 인도 항로가 발견된 뒤에 관세 수입이 크게 줄어 재정 파탄이 일어났으며, 페스트 등의 전염병으로 인한 사망자 급증, 왕실 사치, 과도한 세금 징수 등 복합적

인 쇠퇴 요인이 발생하면서 결국 1517년 오스만 제국에 병합되었다.

■멜키트파: 그리스도가 즉 신성과 인성을 가졌다고 하는 칼케돈 공의회의 결정을 받아들인 시리아와 이집트의 그리스도교인을 지칭한다. 칼케돈 공의회의 결정을 거부하고 그리스도의 한 본성만을 믿는 단성론자들이 동로마 제국 황제와 신학적 입장이 같은 그들을 조롱하여 왕당파 또는 황제의 신하들이라는 의미로 멜키트(시리아어로 왕을 뜻하는 'malka'에서 유래)라고 불렀다는 데서 유래했다고 한다.

■무타질라파: 8세기 중엽부터 10세기 중엽까지 번영한 이슬람 신학의 선구적 집단이자 칼람(말씀, 논의, 사변)을 방법론으로 한 이슬람 최초의 신학자 집단이었다. 신의 속성의 부정과 창조된 코란설이라는 특징적인 교의를 바탕으로, 이슬람의 근본적인 교의 타우히드를 합리적인 사유에 의해서 옹호했다.

■바바크의 반란: 서기 816년부터 837년까지 아제르바이잔의 호람교도 지도자 바바크가 일으킨 이 반란은, 동쪽으로는 호라산, 서쪽은 아르메니아, 남쪽은 쟈바르에 이르는 광대한 지역을 지배하고, 도시와 통상로를 위협했다. 837년 압바스 왕조 정부의 장군 아프신에 의해 본거지가 함락되었으며 바바크는 아르메니아로 도망갔다. 이후 신병이 아프신에게 인도되어서, 이듬해 사마라에서 처형되었다. 그러나 바바크를 숨은 메시아로 믿는 호람교도는 11세기 말까지 아제르바이잔의 산중에 존속했다.

■바티니: 쿠란의 내면적 의미를 중시하는 사람을 뜻한다.

■부와이 왕조: 932년에 이란계의 시아파가 처음 세운 이슬람 왕조. 945년에 바그다드로 들어가 압바스 왕조의 칼리프를 옹호하여 실권을 장악하고 이란과 이라크를 지배하였다. 전성기인 아두드 통치하에 이븐 시나 등의 문화인이 벌인 활약, 토목·사회 사업 등의 성장이 있었으나, 아두드 사후 경제력의 약화 및 내분이 벌어지면서 결국 1055년 터키계의 이슬람 왕조 셀주크 튀르크에 의해 멸망했다.

■비옥한 초승달 지대: 비옥한 초승달 지대는 미국의 역사가 제임스 헨리 브레스테드가 발굴한 서아시아의 고대 문명 발생지를 지칭하는 말이다. 메소포타미아로부터 시작하여 시리아-팔레스타인을 거쳐 이집트에 이르는 방대한 지역을 일컫는다. 지금의 터키, 이란, 이라크, 시리아, 레바논, 요르단, 이스라엘, 사우디아라비아, 이집트 등의 나라들이 이 지역에 속해 있으며, 이 일대의 모양이 꼭 초승달 같다고 해서 유래되었다.

■비학: 천문天文이나 음양陰陽, 역曆, 구름의 모양이나 빛, 움직임 따위를 보고 길흉을 점치는 점후占候 따위의 신비한 학문을 이르는 말이다.

■사산 왕조: 사산 왕조는 224년부터 651년까지 페르시아를 지배했다. 아르다시르 1세가 파르티아 왕조를 넘어뜨리고 세웠으며, 조로아스터교를 국교로, 신권에 의한 전제정치가 행해지고 독특한 문화가 번성하였다. 이 당시 다른 종교의 지지자들은 여러 차례에 걸쳐 공공연히 박해를 받아야만 하였다. 호스로 1세 때 동로마 제국과 싸워 판도를 넓히며 전성기를 이루다가 사라센 제국에 의해 멸망했다.

■샤피이파: 말리크의 제자 샤피가 만든 학파로, 이슬람교 수니파가 공인하는 4개 학파 가운데 하나이자 수니 이슬람교의 정통 법학파였다. 수나를 예언자 무함마드가 직접 행한 것, 예언자가 명한 것, 예언자가 말하지는 않았지만 잠정적으로 동의한 것으로 구분하였고 코란에 대해서는 코란과 일치하는 것, 코란을 설명하는 것, 코란과 직접 관련이 없는 것으로 나누었다. 수나의 권위가 격상되는 데 큰 기여를 한 학파이기도 하다.

■수니파: 이슬람교의 정통파로 이슬람교도의 약 90퍼센트를 차지한다. 수니파는 신의 말씀인 쿠란과 함께 예언자 무함마드의 언행과 관행을 의미하는 수나를 따르는 사람들을 말한다. 시아파가 시간이 경과함에 따라 신비주의적 경향을 띠고 비합리주의적인 신학을 발전시켜 갔다면, 수니파에는 일탈과 혁신을 격렬하게 비난하는 정통파 신학과 시대변화에 따른 합리적 변화를 수용할 것을 주장하는 신학이 나란히 발전했으며, 수많은 법학자, 신학자가 등장했다. 순나파라고도 부른다.

■수피즘: 이슬람교의 신비주의적 경향을 띤 한 종파로 아랍어로는 타사우프라고 한다. 금욕과 고행을 중시하고 청빈한 생활을 이상으로 하며 일종의 도취 상태에서 지상의 경지를 감득하는 데 주안점을 두었다. 8세기 무렵부터 나타나서 12세기부터 13세기 이후에 많은 교단이 조직되었다.

■시아파: '시아'는 사전적으로는 '분파'라는 뜻으로 수니파(정통파)의 상대적인 개념으로 사용된다. 무함마드의 사위인 알리가 무함마드의 정통 후계자가 되어 세운 시아파는, 역대의 칼리프를 정통 후계자로 인정하지 않았기 때문에 수니파와 대립하여 분리파 또는 이단파로 불렸다. 이후 시아파로부터 많은 극단파가 나왔고, 현재는 이란의 국교가 되었다.

■아람어: 셈 어족 서북셈 어파에 속한 언어로 기원전 8세기 이후 국제 통상 용어 및 외교 용어로 고대 페르시아에서 아프가니스탄까지 사용되었다. 오늘날에는 시리아, 아르메니아, 메소포타미아의 일부에서 쓰고 있다.

■아르사케스 왕조: 파르티아 왕조가 사용한 이란식 명칭이다. 가계 중에서 파르티아 지역의 권력을 처음으로 잡은 사람은 기원전 250~기원전 211년경에 재위한 아르사케스 1세였다. 아르사케스 1세 이후 모든 파르티아의 왕들은 아르사케스를 자신들의 왕명으로 사용

했다. 찬탈자나 왕위 경쟁자와 같은 드문 경우를 제외하고 모든 왕은 그들의 주화와 공식 문서에서 이 이름을 썼다.

■아이유브 왕조: 수니파의 살라딘이 시아파의 파티마 왕조 다음으로 1169년에 세운 이슬람 왕조. 군사 체제를 정비하여 십자군을 격퇴하였으며 이집트, 시리아, 메소포타미아, 아랍까지 차지하는 강대국을 건설하였으나 살라딘이 죽은 뒤 쇠퇴하다가 1250년 술탄 샤리프가 고용한 맘루크 군대에 의해 정복당했다.

■아케메네스 왕조: 이란을 중심으로 서아시아 전역을 통일하였던 고대 페르시아의 왕조. 기원전 6세기 중엽에 키루스 2세가 세운 왕조로, 다리우스 1세 때 최전성기를 맞이했다. 제국의 절정기에는 건축활동이 활발히 이루어졌으며, 제국의 수도였던 파사르가다에Pasargadae, 페르세폴리스Persepolis 등이 대표적 유적이다. 기원전 331년에 다리우스 3세가 알렉산드로스에게 패한 뒤 멸망했다.

■알마게스트: 150년에 고대 그리스 천문학자 프톨레마이오스가 천동설에 기초하여 저술한 천문학 저서『천문학 집대성』의 아라비아어판 책(827년)이다.『알마게스트』란 프톨레마이오스의 저서에 경의를 표하여 이슬람 천문학자에 의하여 붙여진 것으로, '최대의 서書'를 뜻한다. 1175년『알마게스트』는 라틴어로 발간되었고 발간 직후 이른바 유럽의 천문학 성서가 되었다. 코페르니쿠스의 지동설이 출현하기 전, 16세기까지 천문학계에 큰 영향을 끼쳤다.

■암흑시대: 고전 문화와 르네상스 문화와는 다른 이질적 문화라는 시각에서 중세를 비난, 경멸하면서 사용한 말이었다. 그러나 중세사 연구의 발전 결과로 많은 역사가가 한 시대를 창조시대의 반대 급부로 경멸·부정할 수 없다고 생각하고, 중세가 지니는 개성적 의의를 인정하게 되었다는 점을 간과하지 않고 있다. 오늘날 이 말은 잘 사용되지 않으나, 로마 붕괴 후 600년 동안 역사적 증거가 불충분하다는 맥락에서 쓰이기도 하다.

■압바스 왕조: 우마이야 왕조의 뒤를 이어 750~1258년에 동방 이슬람 세계를 지배했다. 이슬람 제국은 압바스 왕조하에서 종래 아랍의 특권적인 지위가 상실되고 인종과 민족을 초월한 국가로 발전했다. 농업 및 섬유산업의 발달, 이슬람과 아랍 문화에 기반을 두고 헬레니즘 문화를 흡수, 융합하는 등 경제적, 문화적 융성의 시기를 이끌어나갔다.

■언셜체: 과거 그리스 필경사들이 글씨를 빨리 쓰기 위해 고안한 밝고 둥근 서체로, 5~9세기 아일랜드의 켈트 필사본에도 널리 쓰였으며 라틴 문학 작품 대부분이 이 서체로 쓰였다고 한다. 책의 형태가 두루마리에서 코덱스로 바뀌어가고 이에 따라 필기용지로 양피지와 벨럼지가 많이 사용되기 시작한 시기(2세기)에 창안되었다는 중요한 의의가 있다.

■오구즈 투르크: 오구즈족은 시르다리아 강변에 정착해 주변 국가와 전쟁을 벌이며 세력을 확장해나갔다. 이후 서진을 계속하던 돌궐족과 함께 트란스옥시아나 지역을 새 영토로 삼고 여러 명의 왕, 부족장의 공동 운영 체제 아래 강한 영향력을 행사했다. 이슬람 세력을 받아들인 시점부터 오구즈족은 스스로를 튀르크멘Turkmen이라 부르기 시작하면서 많은 이슬람 문헌에서 계속적으로 이렇게 지칭되었다. 11세기 경, 당시 여러 부족 가운데 주요 세력이었던 셀주크 세력이 오구즈족을 이탈하면서 점점 와해되어갔다.

■오르가논: 그리스어로 도구 혹은 기관을 뜻하며, 논리학을 철학의 도구로 간주하는 아리스토텔레스학파의 입장에서 부르는 말이자, 아리스토텔레스의 논리학에 관한 모든 논문을 통틀어 이르는 말이다.

■용광로 문화: 이민자 사회 전체가 국가의 개입 없이 상호 혼합된 문화를 형성하는 것을 이론화한 'melting pot'을 지칭한 말이다.

■우마이야 왕조: 661년에 무아위야가 다마스쿠스를 수도로 하여 수립한 이슬람 왕조. 중앙아시아로부터 에스파냐까지 지배하고 서유럽에 이슬람 문화를 전하기도 하였으나 징세 문제 때문에 궁핍화한 피정복민의 울분과 호라산의 반란을 이용한 압바스가의 흥기로 750년에 멸망했다.

■카르마트파: 이슬람 이스마일파의 한 분파로 899년경, 이 파의 주류는 파티마 왕조 칼리프의 가계를 이맘(이슬람 교단의 지도자)으로 인정하였는데, 사와드와 같은 파의 책임자 함단 카르마트는 그것을 인정하지 않고 반항했다. 이때의 그의 행동을 지지한 사람들이 카르마트파라고 불렸다. 또한 바흐레인, 예멘, 레이 등 이 파의 조직도 파티마 왕조 칼리프의 가계를 이맘으로 인정하지 않고, 마찬가지로 카르마트파라고 불렸다.

■칼리프: 정치와 종교의 권력을 아울러 갖는 이슬람 교단의 지배자를 이르는 말로, 아라비아어로 상속자를 뜻한다.

■타히르 왕조: 7세기 중엽 아랍에 정복된 이래 이란에 수립된 최초의 이란계 왕조(821~873). 압바스 왕조를 섬긴 해방 노예 출신의 부장部將 타히르 빈 후사인이 바그다드를 공략한 공으로 이란 동북 지방의 태수로 임명되었는데, 곧 네이샤부르를 도읍으로 하여 이 왕조를 창설하였다. 5대에 걸쳐 주로 이란 동부 지역을 통치하였으나, 이후에 일어난 이란계 사파르 왕조에 의해 멸망했다.

■테트라비블로스: '네 권의 책'이라는 뜻을 지닌 이 책은 프톨레마이오스가 『지리학』의 지구에 대한 지식과 『알마게스트』의 천공에 대한 지식을 결합한 내용을 다뤘다. 아랍에서 큰

인기를 얻었으며, 점성술의 확산에 기여했다.

■튤립 시대: 1717년부터 1730년까지 재상 이브라힘 파샤의 개혁 정책으로 유럽화된 복장과 의식, 오락이 수입되면서 궁정 내 유럽화 현상이 일어났다. 아울러 서구화의 상징인 튤립이 당시 터키에 수입되면서 빈부에 상관없이 튤립 심기가 확산되었고 튤립 시대라는 명칭은 이에 유래한 것이다. 오늘날까지 튤립은 이스탄불의 상징으로 남아 있다. 무엇보다 중요한 발전은 인쇄술 분야에서였는데, 당시 서적들은 필경사에 의해 필사되었으나, 첼레비 메흐메트 에펜디에 의해 파리에서 새로운 인쇄술이 도입되었다. 이후 1727년, 헝가리 출신 무슬림인 이브라힘 무테페리카에 의해 최초의 튀르크 인쇄소가 문을 열었으며 학문의 획기적 번성의 틀이 마련되었다.

■티마이오스: 『크리티아스』『헤르모크라테스』를 포함하는 3부작의 첫 부분으로 계획된 책 가운데 유일하게 완성된 대화집으로 수세기 동안 서구의 우주관을 형성하는 데 영향을 끼쳤다. 물리학·생물학·천체학 등과 관련된 이 대화집을 통해 플라톤은 지성적 개념으로서의 수학적 질서에 근거하여 힘, 시간과 같은 물리학적 문제들과 인체 구조, 기관 등의 생물학적 문제들을 설명하며, 과학적 사실과 정신적 가치가 조화할 수 있는 가능성을 논한다.

■파티마 왕조: 909~1171년, 북아프리카에서 이집트, 시리아까지를 지배하던 이슬람 왕조. 시아파 이슬람의 한 분파인 이스마일파 성향의 독립 왕조로서, 당시 압바스 제국에서 독립한 군소 왕조 가운데 가장 강력한 국가였다. 지중해, 북아프리카의 무역을 독점하였고 오늘날 카이로 시로 알려진 요새 도시 알-카히라를 세웠다. 아울러 이슬람 신앙과 학문의 중심지 역할을 한 알-아즈하르 사원은 파티마 왕조를 상징하는 건축물이었다. 십자군 전쟁 기간에 세력이 점점 약화되면서 아이유브 왕조의 창시자 살라딘에 의해 결국 멸망했다.

■하나피파: 압 하니파의 이름에서 붙여진 수니파 이슬람의 법학파다. 수니파의 다른 법학파에 비해서 지역적 법관행이나 학자의 개인적 견해에 얼마간 관대한 것이 특징으로, 상업과 상인에게 이해를 보이는 학파로서 알려졌다. 터키인은 처음부터 하나피파에 속하였으며, 이 파는 셀주크 왕조, 오스만 왕조의 역대 군주의 보호를 받아, 오스만 제국 및 인도 무굴 제국에서 가장 권위 있는 법학파였다.

■하디스: 쿠란에 이은 제2의 이슬람 경전으로 예언자 무함마드의 순나를 직속 제자들이 전문傳聞한 언행록이다. 코란은 텍스트가 확정되어 있다. 그런데 하디스에 관해서는 순나파의 육정六正 전집, 시아파의 사서四書와 같이 일반적으로 중시되고 있는 권위 있는 하디스집이 존재하며 이것들이 권위 있는 편집이라고는 할 수 있지만, 그 수록된 개개의 하디스가 모두 사실이라고 인정되지는 않으며 경전으로서는 텍스트 자체가 확정되어 있지 않다.

따라서 오늘날에 이르기까지 개개의 하디스의 신빙성에 관한 판정은 연구가 계속되고 있다.

■한발파: 이슬람 4대 법학파 가운데 하나로, 이븐 한발이 시조이다. 그의 법학은 개인 견해를 뜻하는 '라이'와 이성에 의한 유추를 뜻하는 '끼야스'를 극단적으로 제한하고 가능한 순나를 철저히 지키는 전통적 경건주의를 지향했다.

■헤르메스 트리스메기스토스: 그리스어의 신명으로, '3배(즉, 많은) 위대한 헤르메스'라는 뜻이다. 헬레니즘 시대에 많이 있는 혼교적 종교형의 신으로, 그리스 신화의 헤르메스와 이집트 고대의 토토가 이집트의 헬레니즘적 환경 속에서 습합해서 생겨났다. 따라서 본래의 이름은 헤르메스 토토라고 하는데 통칭으로서 이렇게 불렀다.

■12이맘파: 16세기 초 사파비 왕조에 의해 이란의 국교가 된 이래 오늘날까지 이란의 지배적 종교임은 물론, 시아파 가운데 최대의 신자 수를 포용하고 있는 분파. 수니파의 정통 사법학자와 함께 제6대 이맘인 자파르 알사디크(699년경~765)의 명칭을 따서 자파르 법학파라고 부르기도 하였다.

■갈랑, 앙투안Galland, Antoine(1646~1715): 프랑스 동양학자·고고학자. '천일야화'의 첫 유럽 번역자로 잘 알려져 있다. 1704~1717년 사이에 나온 12권의 이 역서는 후대 유럽 문학과 이슬람 세계에 대한 태도에 큰 영향을 주었다.

■골드지헤르, 이그너츠Goldziher, Ignác(1850~1921): 헝가리 이슬람 학자. 유럽 내 근대 이슬람 연구의 창시자 가운데 한 사람이다. 그의 학자로서의 명성은 전-이슬람 시기와 이슬람법, 관습, 정교, 시에 관한 주의 깊은 조사를 많은 논문, 학술 비평·에세이를 통해 발표한 데서 연유되었다. 그의 연구 대부분은 오늘날에도 여전히 중요한 의의를 담고 있다. 골드지헤르가 다시 주목받게 된 것은 에드워드 사이드가 자신의 책 『오리엔탈리즘』을 둘러싼 평가에 대한 비평을 발표하면서였다. 사이드는 골드지헤르만큼 주의 깊게 자신의 작업을 진행하지 못했다고 말하면서, 다른 종교를 인정한 이슬람의 관용에 주목한 관점에 주목했다.

■길, 해밀턴Gibb, Sir Hamilton Alexander Rosskeen(1895~1971): 스코틀랜드 역사학자. 'H. A. R. 깁'이라고도 부른다. 어린 시절부터 프랑스·독일 고전을 비롯해 자연과학을 공부했고 에딘버러 대학교에서 셈어 학습 프로그램에 참여하기도 했던 그는, 제1차 세계대전 이후 런던 대학교 동양·아프리카 연구소에서 아라비아어를 공부했다. 이후 1949년 『마호메트교』를 출간했는데, 이 책은 이슬람 연구를 시작하는 서구 학생들의 기본 교재로 널리 쓰이고 있다. 1955년 하버드 대학교에서 학문 세계 안에 발휘해온 "특수성으로 관습적 경계를 깨고 지식의 선도자 역할을 충실히 했다"는 평가를 받는 사람이 선정될 수 있는 '제임스 리처드 주이트 교수직'에 올랐으며, 이후 하버드대 중동연구소장이 되어 연구소를 이끌었다. '지역 과학 연구소'를 세워 미국 대학교 내 각 세계 지역의 문화와 사회를 학제적으로 연구하는 운동을 벌인 지도자로도 유명하다.

■니코마코스Nikomachos(50~150?): 고대 그리스의 수학자. 신피타고라스 학파이며 현존하는 가장 오래된 산술서 『산술입문』을 썼다. 이 책에서 그는 수론의 기초, 특히 수의 성질과 분류를 논하고 있는데, 이 책은 그후 라틴어로 번역되어, 중세에는 산술서로서 유클리드기하학과 함께 매우 높이 평가되었다.

■디오판토스Diophantos(246?~330?): 고대 그리스 알렉산드리아의 수학자. 대수학의 시조로, 최고의 대수학서인 『산수론』을 펴냈다.

■로젠탈, 프란츠Rosenthal, Franz(1914~2003): 독일 동양학자. 1932년 베를린 대학교에서 고전, 동양 언어, 동양의 문명화 등을 공부한 그는 1938년 아람어 연구의 역사를 해부한 성과를 통해 리즈바르스키 메달과 독일동양협회로부터 상금을 받았다(그러나 그가 유대인 출신이라는 이유로 상금은 수여되지 못했다). 크리스탈나흐트 참사 이후 독일을 떠난 그는 결국 스웨덴과 영국을 거쳐 1943년 미국에서 시민권을 얻었다. 제2차 세계대전 당시 전략사무국에서 아랍어 번역을 잠시 맡았으며, 이후 헤브루유니온 칼리지, 펜실베이니아 대학교, 예일 대학교에서 학문 세계에 몸담았다. 로젠탈은 살아 있는 동안 많은 저작을 선보였으며 높은 학문적 성취를 이루어냈다. 특히 미국 학계 안에서 아랍 관련 자료를 비판적으로 연구하는 데 훌륭한 성과를 보여왔다.

■마니Mani(216~276?): 고대 페르시아 마니교의 창시자. 조로아스터교에 기독교의 구세론 따위를 합쳐 새 종교를 만들었으나, 조로아스터교도의 박해를 받아 처형되었다.

■마르키온Marcion(?~?): 초기 기독교회에서 이단시된 성서학자. 그노시스주의의 영향을 받아 구약 성경에 나오는 정의의 하나님과 신약 성경에 나오는 선한 하나님이 다르다고 보았는데, 전자를 부정하여 율법을 배격하고 복음에서의 신앙만을 강조하였다. 그리고 「누가복음」과 바울의 서신만을 정경正經으로 보아 하나님의 아들인 그리스도의 육체, 부활 신앙을 부정하여 144년 로마 교회에서 파문당한 뒤 자기 스스로 교회를 세웠다.

■마에케나스Maecenas(기원전 70~8): 아우구스투스의 충실한 조언자 역할을 했던 정치가이자 외교관. 기원전 42년 필리피 전투에서 옥타비아누스를 만나고, 안토니우스-옥타비아누스-레피두스의 제2차 삼두정치를 이룩했으며, 기원전 30년 로마의 내전을 끝내는 데 기여했다. 그후 복고를 표방하는 아우구스투스의 신체제 밑에서 베르길리우스와 호라티우스는 마에케나스의 지원을 받으며, 아우구스투스가 이룩한 팍스 로마나를 찬양하는 시를 썼다. 기업이 문화·예술활동에 자금이나 시설을 지원하는 활동을 일컫는 '메세나'라는 말은 마에케나스에서 연유한 것이다.

■마크디시, 조지Makdisi, George Abraham(1920~2002): 미국 아랍 학자. 이슬람 학자로 세계적 명성을 떨쳤다. 이슬람 고전 시대의 사유에 주목하면서 이슬람인의 사고와 교육에 관해 연구했다. 유럽 중심의 대학 체제 속에서 아랍-이슬람 문화의 중요성을 널리 알리는 데 큰 역할을 한 역사 연구를 수행했다.

■말리크 이븐-아나스Mālik ībn-Anas(709~795): 이슬람의 법학자. 메디나의 초기 법학파의 거두로서 큰 영향력을 지녔다. 초기 이슬람법 이론을 형성하는 데 중요한 역할을 했다. 압바스 왕조도 가끔 그에게 법에 관한 의견을 자문했다. 이슬람법에 관한 가장 오래된 요약서인 『알-무와타』를 썼다.

■맥멀런, 램지MacMullen, Ramsay(1928~): 미국 역사학자. 1967년부터 1993년 은퇴할 때까지 예일 대학교 역사교수로 재직했으며 현재는 동대학교 명예교수다. 로마의 사회사와 기독교에 의한 이교도 신앙 대체 현상이 학문적 관심사였다. 2001년 미국역사학회에서 평생공로상을 수상하면서 현존하는 가장 위대한 로마 제국 역사가라는 칭호를 받았다.

■바르데사네스Bardēsanēs(154~222): 시리아 그리스도교 신앙의 선구자. 아리스토텔레스 이후에 등장한 그리스 철학자들의 숙명론, 특히 별들이 인간 운명에 영향을 끼친다는 이론을 비판했다. 그리스도교의 영향과 영지주의적인 교훈을 뒤섞은 그는 지고한 신이 세상을 비롯해 사탄과 악을 창조했다는 견해를 부정하고, 지고한 신과 사탄이 신들의 위계질서에 속해 있다고 주장했다.

■베르그슈트라서, 고텔프Gotthelf, Bergstrasser(1886~1933): 독일 언어학자. 20세기 가장 위대한 셈어 연구자 가운데 한 사람이기도 하다. 학문적 일생 대부분을 아라비아어 연구에 바쳤으며, 특히 텍스트로서의 쿠란에 대한 역사 연구에 관심이 많았다. 나치 세력에 항거했으며, 유대계 출신 독일 학자들을 도운 것으로도 유명하다.

■베일리, 해럴드Bailey, Sir Harold Walter(1899~1996): 영국 동양학자. "20세기 가장 위대한 동양학자 가운데 한 사람" "세계의 가장 우수한 호탄어 전문가"라는 평가를 받았다. 호탄어, 산스크리트 연구를 비롯해 이란어에 관한 비교 연구 등 탁월한 성과를 선보였다.

■보이티우스Boethius(480?~524): 고대 로마의 철학자. 플라톤, 아리스토텔레스 등 그리스 학자들의 사상을 중세에 전하였고, 현세적 쾌락을 버리고 덕에 따른 마음의 평안을 얻을 것을 강조했다. 대표작으로 『철학의 위안』 등이 있으며, 그가 번역했다고 전해지는 아리스토텔레스의 저작 가운데 일부는 현재 위작으로 간주되고 있다.

■보즈워스, 클리퍼드Bosworth, Clifford Edmund(1928~): 영국 역사학자·동양학자. 아

랍·이란 연구의 전문가다. 100여 개의 학술 저널 기고와 공저서 작업 참여, 이슬람 백과사전에 200여 개의 어휘 정의, 이란 백과사전에 100여 개의 어휘 정의, 그 외에도 브리태니커 백과사전, 아메리카나 백과사전 어휘 작성 작업에 참여했다. 세계 문화교류 진흥에 기여한 공로로 1998년 유네스코 아비센나 실버 메달을 받았다.

■사이드 알-안달루시Ṣa'id al-Andalusi(1029~1070): 이슬람 법관·역사학자. 수학, 과학, 사상 그리고 특히 천문학에 관심이 많았던 철학자이기도 했다. 유능한 법관임과 동시에 우수한 악기 제조자, 천문학자, 과학자를 수련하는 젊은 집단을 조직하기도 했다.

■세즈긴, 푸아트Sezgin, Fuat(1924~): 터키 동양학자. 스승인 헬무트 리터의 지도 아래 1954년 이스탄불 대학교 박사학위를 받고, 1965년에 프랑크푸르트 대학교 교수가 되었다. 그는 이 시기에 이슬람 과학의 황금기를 집중적으로 연구했으며, 1982년에는 아랍-이슬람 과학사학회를 설립해 왕성한 학문활동을 벌였다. 1983년에 이슬람 과학의 황금기를 상징하는 과학 기기 및 도구, 지도 등 800여 종 이상의 전시물이 있는 박물관을 세우기도 했다. 주요 저작으로는 『아랍 작품의 역사(1967~2000)geschichte des arabischen schrifttums(1967~2000)』 등이 있으며 이 책은 현재 이슬람 세계의 과학사·기술사를 아는 데 중요한 참조점이 되고 있다. 2012년, 앙카라 시에서 그의 이름을 딴 광장을 세우기도 했다.

■슈테파트, 프리츠Steppat, Fritz(1923~2006): 독일 이슬람 학자. 1952년 베를린 자유대학교에서 본격적인 박사 공부를 시작해 1958~1963년에 자유대학교 종교연구소에서 조사 보조원으로 일했다. 이후 1969년부터 1988년까지 자유대학교에서 이슬람 연구에 매진했다. 독일 사회 안에서 동양 연구에 관한 간학제적 학문활동을 향한 관심을 당대 문제로 높이는 데 강한 목소리를 냈던 사람이기도 하다.

■아가티아스Agathias(536~582): 비잔틴 제국의 역사가·시인. 유스티니아누스 1세의 통치기 가운데 일부를 다룬 역사책을 썼다. 〈다프니아카〉라는 서사시적 운율에 맞춘 짧은 연애시를 많이 썼으며, 자신이 쓴 경구를 포함해 이전 시대 및 동시대의 시인들이 쓴 경구들을 편집한 선집을 만들었다.

■아라토스Aratos(기원전 315~ 기원전 240): 그리스의 시인. 스토아학파의 시조 제논의 영향을 받았으며, 별자리 신화를 주제로 쓴 서사시 〈파이노메나〉가 라틴어로 번역되어 라틴 문학에 큰 영향을 미쳤다.

■아르테미도루스Artemidorus(?~?): 그리스의 지리학자. 직접 지중해 연안을 돌아다니면서 수집한 자료들과 다른 사람들이 모은 자료를 근거로 한 저작들을 펴냈다. 유명한 그리

스의 지리학자·역사학자인 스트라보에 의해 그의 계통지리학이 많이 인용되었다.

■아베로에스Averroës(1126~1198): 아랍의 철학자·의학자. 아리스토텔레스의 주석가로 알려졌으며, 종교에 종속되었던 철학을 독립적 지위에 올려놓는 데 공헌하였다.

■아브드-알-말리크'Abd al-Malik(646~705): 우마이야 왕조의 5대 칼리프(재위 685~705). 정부의 행정 기관을 재조직하고 강화했으며 아라비아어를 전 제국의 행정어로 택했다. 이슬람에서 가장 신성한 건축물 가운데 하나인 성전 '바위의 돔'을 예루살렘에 세웠다.

■아타나시우스Athanasius(293?~373): 초대 기독교 교부. 아리우스설에 반대하고 삼위일체설에 입각하여 가톨릭의 전통 교의를 확립하였다.

■안테미우스Anthemius(?~472): 비잔틴의 건축가·수학자. 유스티니아누스 대제의 명으로 532년에 화재로 소실된 콘스탄티노플리스의 하기아 소피아 대성당(터키명 아야 소후야) 재건을 맡았다.

■알-가잘리Al-Ghazālī(1058~1111): 이슬람 사상가. 바그다드 니자미야 학원의 교수였으나 합리적인 철학, 신학에 회의를 품고 1095년 메카 순례 등 유랑생활에 나섰다. 1105년 다시 교편을 잡았다가 고향에 돌아가 은둔생활을 했다. 정통파 이슬람 교학에 신비주의를 도입하여 신앙의 내면적 충실을 추구했다.

■알-마문Al-Ma'mūn(786~833): 압바스 왕조 제7대 칼리프(재위 813~833). 통치기에 '지혜의 집'이 창설되고 동서 문헌의 아라비아어 번역이 조직적으로 일어나는 등 이슬람 학술 사상의 발전기를 이룩하는 데 힘썼다.

■알-마스우디Al-Mas'udi(896~956): 아랍의 역사가. 역사, 과학적 지리학의 결합을 시도한 최초의 사람이었으며 신라를 이슬람 세계에 전한 역사가이기도 하다.

■알-만수르Al-Manṣūr(709~775): 사실상의 압바스 왕조 창시자. 제1대 칼리프 아불 압바스의 형이며, 이후 35대에 걸친 압바스 왕조의 칼리프는 모두 그의 자손이다. 칼리프 취임 뒤 내란으로 혼란에 빠진 이슬람 세계를 재통일하였다. 광대한 제국을 통치하기 위해 우마이야 왕조의 관료 제도를 계승·정비하여 행정·재정상의 개혁을 단행하였다. 아울러 강력한 상비군과 정비된 관료 제도로 제국을 통치하는 압바스 왕조 정치구조의 골격을 구축하였다. 성지순례 도중에 메카 근처에서 병으로 죽었다.

■알-자히즈Al-Ğaḥiẓ(775~868): 이라크의 산문작가. 철학이나 과학을 문학 속에 융화시키는 동시에 문학의 주체를 대중에게 확대시킴으로써 대중문학이 발전할 수 있는 기반을 마련하였다. 자히즈의 작품은 수사학의 본보기로서 특히 문체는 오늘날까지도 가장 아름다운 아랍 문체의 표본으로 간주된다.

■알-질라니Al-Jīlānī(1077/1078~1166): 이슬람교의 수피(신비주의)교단 카디리야의 창건자. 바그다드에서 이슬람법을 공부했으며 그 뒤 수피즘에 입문하여 1127년 처음 설교자가 되었다. 설교자이자 교사로서 대단한 명성을 얻어 이슬람 세계 전역에서 학생들이 찾아왔다. 많은 유대인과 그리스도교도들을 이슬람교로 개종시킨 것으로 전해진다. 사상가로서 그는 수피주의를 이기주의와 세속주의를 극복하고 신의 의지에 복종하기 위해 자기 자신의 의지와 성전을 벌이는 것으로 생각했다.

■알-파라비Al-Fārābi(870~950): 터키계의 아랍 철학자. 백과사전적 지식을 지닌 사상가이자 철학자로서 플라톤과 아리스토텔레스의 종합을 시도하는 한편 독실한 명상가로 수피즘에 관한 책 『예지의 보옥』을 저술했는데, 이 책은 종교 학교의 교과서로 사용될 정도로 큰 영향을 미쳤다.

■알-흐와리즈미Al-hwārizmī(780~850): 페르시아계 수학자·천문학자. 알-마문 치세에 가장 위대한 업적을 쌓은 과학자로 평가받는다. 참고로 아랍식 기수법記數法을 뜻하는 알고리즘은 이 이름에서 전용되었다. 그는 그리스와 인도의 지식을 종합하였으며 아랍인과 유럽인에게 인도의 기수법을 소개했다. 아울러 그의 천문표와 삼각법의 표에는 사인 함수나 탄젠트 함수도 포함되어 있었으며, 지구의 경·위도 측정에도 참여하는 등 활발한 수학·과학 관련 활동을 벌였다.

■앗-타바리Ar-Tabari(838~923): 아랍의 역사가·법학자. 생애 내내 신학, 역사, 쿠란 해설에 대해 많이 발표했다. 스스로 새로운 문체를 서술하고 과감하게 다른 학자의 발표를 인용 및 주석을 닮으로서 알려졌다. 일반적으로 종교적인 갈등 상황에서 조화와 해결 방안을 모색하려 했던 가운데 종교법에서만큼은 개혁을 인정하지 않은 사람이었다.

■에스, 요제프Ess, Josef Van(1934~): 독일 이슬람 학자. 1959년 본 대학교에서 이슬람 신비주의에 관한 연구로 박사학위를 받은 뒤, 1968년부터 1999년 은퇴할 때까지 줄곧 튀빙겐 대학교에서 연구해왔다. 주요 저작인 『2~3세기 헤지라 시기의 신학과 사회』를 통해 그는 초기 이슬람 시대 신학자들의 삶과 사상을 재구성했다. 2010년 '중동 연구를 위한 세계회의'는 중동 연구에 뛰어난 업적을 거둔 사람으로 요제프 에스를 선정했다.

■엔드레스, 게하르트Endress, Gerhard(1939~): 독일 동양학자. 1975년부터 은퇴까지 보

쿰 대학교에서 아랍·이슬람 연구에 매진했다. 현재 보쿰 대학교 명예교수이다. 관심사는 중세의 아랍-이슬람 문화 내 과학사·철학사이며, 특히 고전 아랍 문헌 연구에 초점을 맞췄다. 이 책의 저자인 디미트리 구타스와 함께 그리스어가 아라비아어로 번역되는 과정에 쓰인 어휘록을 직접 편집했다.

■ 우마르 2세Umar Ⅱ(682/683~720): 우마이야 왕조의 칼리프(재위 717~720). 종교적 측면과 이슬람의 근본 원리로의 복귀를 강조함으로 우마이야 왕조를 완전무결하게 유지하려고 했던 칼리프다. 우마이야 가문의 일원으로서는 유일하게 뒤이어 세워진 압바스 왕조의 존경을 받았으며 마호메트의 사위 알리를 추종하는 종파인 시아파 내에서도 높은 평가를 받았다.

■ 울만, 만프레트Ullmann, Manfred(1931~): 독일 아랍 연구자. 튀빙겐 대학교에서 아랍 및 고전 문헌학을 공부했으며 1970년에 아랍 및 이슬람 연구 부교수가 되었다. 1986년에 뛰어난 금석학 연구를 수행한 학자에게 주는 리즈바르스키 메달을 받았다. 울만의 주요 관심사는 구문론과 어휘를 포함한 아라비아어 문법, 아랍 문헌의 발전 및 그리스 문헌의 수용·전파 등이다. 9세기에 일어난 그리스어-아라비아어 번역에 관한 사전을 출간하기도 했다.

■ 유스티니아누스 1세Justinianus I(483~565): 비잔틴 제국의 황제(재위 527~565). 뛰어난 통솔력으로 측근들을 기용하여 옛 로마 서방의 영토 재정복의 꿈을 실현시키고, '유스티니아누스 법전', 고대 로마 법학자들의 '학설집', '법학 입문' 및 법전 편찬 이후에 유스티니아누스가 반포한 '신법'으로 이루어진 『로마법 대전』을 완성하였다.

■ 유스티니아누스 2세Justinianus Ⅱ(669~711): 비잔틴 제국의 황제(재위 685~695, 705~711). 685년부터 695년까지 황위에 있다가 반란으로 쫓겨났다가 705년 다시 황제가 되어 711년 다시 반란으로 쫓겨날 때까지 비잔틴 제국의 황제로 있었다. 그의 별명인 리노트메투스Ρινότμητος는 '코가 잘린'이라는 뜻으로 첫 번째 퇴위 당시 코가 잘렸기 때문에 붙여졌다.

■ 율리아누스Julianus(331?~363): 고대 로마의 황제(재위 361~363). 콘스탄티누스 대제의 조카였으며, 유명한 학자이자 군사 지휘관으로 자기 부대에 의하여 황제가 되었다. 신플라톤파 철학을 배우고 고전 문화에 심취하였으며, 즉위한 뒤에는 이교로 개종하고 기독교를 공격하여 '배교자'로 불리었다.

■ 이븐-마사와이히Ibn-Māsawaihi(777~857): 압바스 왕조 당시 사라센의 의학자. 사람의 몸 대신에 원숭이를 사용하여 해부학에 새로운 경지를 터놓았다. 많은 그리스 문헌을 아라

비아어로 번역하였으며 자신이 쓴 책도 많다.

■이븐-안-나딤Ibn-an-Nadīm(?~998?): 아랍의 서지학자. 988년까지의 모든 학문 분야 가운데 아라비아어로 쓰인 저술과 편찬자들의 정보를 기록한 서지 목록인 『피흐리스트(목록)』의 저술로 유명하다. 그는 『피흐리스트』를 두 교정본으로 나누었는데, 총 열 장으로 구성하였다. 그는 처음 여섯 장에서 이슬람 문헌을 코란, 문법, 역사, 시, 교리, 법률로 나누어놓았고, 나머지 네 장에서는 비이슬람 문헌을 철학 또는 고대 학문, 경문학, 종교사, 화학으로 나누어놓았다.

■이븐-알-무카파Ibn-al-Muqaffa'(724~759): 페르시아의 산문작가. 750년 기존 통치자들의 폭정과 만행을 우회적으로 풍자하는 내용을 담고 있는 『칼릴라와 딤나』를 번역하면서, 원문에 얽매이지 않고 이슬람적 사상과 더불어 자신의 철학과 정치사상, 사회 개혁 의지를 투영시켰다.

■이븐-쿠타이바Ibn-Qutaiba(828~889): 아랍의 문학자. 페르시아인의 혈통을 이어받았지만 아라비아어로 많은 명작을 남겼고, 그의 작품은 언어, 문학평론, 역사, 에세이 등의 영역에까지 이르렀다. 이슬람 사법에서 하디스가 유일한 권위의 원천이라고 하는 정통 교리의 기초를 놓았다. 권위, 귀족, 용기, 웅변 등을 경험과 역사로 설명했다.

■이븐-타이미야Ibn-Taymīyah(1263~1328): 이슬람의 신학자. 이븐 한발이 창시한 경건학파의 일원으로 이슬람교가 근본인 코란과 순나로 돌아갈 것을 주장했다. 18세기 중엽 이슬람 전통주의 운동인 와하비야의 사상적 기반이 되기도 했다. 상당량의 저서를 남겼고 이 책들은 시리아, 이집트, 아라비아, 인도에서 여러 차례 재출판되었다. 그의 종교적·정치적 활동의 의미를 확대시켜 설명하면서 정당화시킨 저서들은 풍부한 고증과 과장되지 않은 문체 및 재기에 넘친 신학적 논쟁이 특징적이다.

■이븐-한발Ibn-Hanbal(780~855): 이슬람의 법학자. 이슬람법학 제4의 신학파를 창시해서 모든 개인적·논리적 견해를 배척하고 코란과 하디스에 돌아갈 것을 주장했다. 당시의 사조에 반대하는 사람들의 선봉이었기 때문에 박해를 받아 투옥되었다가 846년에 풀려났다.

■이븐-할둔Ibn-Khaldūn(1332~1406): 이슬람의 역사가. 맘루크 왕조의 신하로, 티무르와의 화평 교섭에 진력하였고 최초로 비종교적인 역사 철학을 발전시켰다.

■존스, 아널드Jones, Arnold Hugh Martin(1904~1970): 영국 역사학자. 20세기 가장 뛰어난 고대 고전에 관한 역사가이자 로마 제국 후기 연구의 권위자로 불리고 있다. 그의 대

표작인 『후기 로마 제국 284~602The Later Roman Empire, 284~602』는 후기 로마 시대와 비잔틴 초기 시대를 다룬 완벽한 역사서로 평가받고 있다.

■테오도루스Theodorus(350?~428): 시리아의 신학자. 당시 가장 위대한 성서 해석자이며 안티오크 학파의 영적 지도자로 평가받고 있다. 주의 만찬, 니케아 신조, 성례전, 성서 대부분의 책들에 대해 주석서뿐 아니라 성령, 성육신, 제사장직, 주석 방법, 신학논쟁, 수도원주의 등 신학적·실천적 문제에 대한 글도 썼다. 안티오크 학파를 추종하던 네스토리우스 교회는 테오도루스를 가리켜 '해석자'라고 했으며, 그를 모든 신앙 문제에서 가장 큰 권위자로 여겼다.

■테오도시우스Theodosius(기원전 160~기원전 100): 고대 그리스의 천문학자·수학자. 『구면학』을 통해 천구에 대한 수학식을 제시했으며, 『한낮과 밤에 관하여』에서는 태양의 운동에 대해서 설명하였다.

■파푸스Pappus(?~?): 알렉산드리아의 수학자. 유클리드의 『원론』 『자료론』 및 프톨레마이오스의 『알마게스트』 『평면천체도』 등에 대한 주석을 썼으며 이후 주석가들의 저작에 깊은 영향을 주었다. 특히 『수학집성』은 당시까지 알려져 있던 기하학의 연구에 대한 주석 및 안내서로서 많은 독창적인 명제, 개정, 확장, 역사적 내용 등이 실려 있다.

■포르피리오스Porphyrios(234?~305?): 고대 그리스의 철학자·역사가. 플로티노스에게 신플라톤파 철학을 배웠으며, 플로티노스의 지성적인 철학 이론에 관한 주석 저술에 힘을 쏟았다. 종교에 대한 관심이 많아 그리스도교에 대항하여 고대 그리스의 전통 종교를 옹호했고 종교의 신학화에도 관심을 기울였다. 아리스토텔레스의 『범주론』을 연구하여 중세 스콜라 철학에 영향을 끼친 인물이다.

■프로클로스Proclos(410?~485): 고대 그리스의 철학자. 신플라톤주의의 마지막을 대표하는 사람이었다. 기독교에 반대하여 『신학 원론』 『플라톤 신학』 등을 통해 그리스 사상을 옹호하였으며 유클리드의 『기하학 원론』을 주해하였다.

■프리스키아누스Priscianus(?~?): 로마의 문법학자. 5세기경에 활동한 라틴어 문법학자 가운데 가장 널리 알려진 사람이다. 그가 쓴 『문법의 기초Institutiones grammaticae』는 7~9세기에 널리 인용되었으며 중세 학교에서 문법을 가르칠 때 기준으로 삼은 권위 있는 책이 되었다. 이 책은 13, 14세기에 추론문법(언어논리학)이 등장하는 데 큰 영향을 끼쳤다.

■플레톤Plethon(1355?~1452?): 비잔틴 제국의 철학자·인문주의자. 르네상스 시대의 플라톤 연구의 중심인물로, 플라톤 아카데미를 세우고 플라톤 철학을 부흥시켜 아리스토텔레

스 철학의 권위에 도전하였다.

■플뤼겔, 구스타프Flügel, Gustav Leberecht(1802~1870): 독일 동양학자. 라이프치히 대학교에서 신학과 문헌학을 공부했고 이후 빈 대학교와 파리 대학교에서 동양어 공부에 심취하게 된다. 1832년에 성 아프라 쿠르작스 왕립학교 교수가 되었으나 건강상의 이유로 1850년에 자리에서 물러났다. 이후 1851년 빈으로 가서 의회 도서관 내 아랍, 터키, 페르시아 문서의 목록학 작업에 참여했다. 아랍 문헌 및 언어 연구의 권위자이자, 동양인의 전기 및 서지학적 정보를 정리한 하지 칼파의 백과사전을 라틴어판으로 번역하는 일을 포함해 아랍 고전 문헌 출간에 힘썼다.

■피네스, 슈로모Pinés, Shlomo(1908~1990): 프랑스 철학자. 1926년부터 1934년 사이 하이델베르크·제네바·베를린 대학교에서 각각 철학, 셈어, 언어학 등을 공부했다. 1952년부터 1990년 죽을 때까지 헤브루 대학교 철학부 교수로 재직했다. 유대·이슬람 철학에 능통했으며 마이모니데스의 『의혹자를 위한 지도서A Guide of the Perplexed』 영어판 역자로 잘 알려져 있다. 1968년 이스라엘의 위상을 드높인 이에게 주는 이스라엘상(인문학 부문)을 받았다.

■피츠제럴드, 에드워드Fitzgerald, Edward(1809~1883): 영국 시인·번역가. 성경 다음으로 많이 번역된 것으로 알려진 오마르 하이얌의 『루바이야트』의 번역을 통해 인생의 비관적 운명론과 감각성을 강조해 19세기 말 시인들의 공감을 얻는 데 일조했다.

■핀그리, 데이비드Pingree, David Edwin(1993~2005): 미국 역사학자. 고대 정밀과학을 다루는 최상급 역사가 가운데 한 사람이라는 평가를 받고 있다. 1960년 하버드 대학교에서 인도에 전파된 그리스 점성술에 관한 논문으로 박사학위를 받은 뒤, 1971년부터 죽을 때까지 브라운 대학교에서 수학사 학부 교수로 재직했다. 그는 수학, 수학적 천문학, 점성술 연구에 헌신했으며 특히 문화적·언어적 경계를 넘어 정밀과학이라는 학문이 어떻게 다른 나라로 전파되었는지 주목했다. 핀그리의 고대 언어에 대한 전문적 감각은 타의 추종을 불허했으며, 그에게 수업을 들은 학생들은 그의 인문학, 수학, 과학적 소양에 깊은 매력을 느꼈다고 전해진다.

■하룬 앗-라시드Hārūn ar-Rashīd(763~809): 압바스 왕조 제5대 칼리프(재위 786~809). 압바스 왕조의 전성기를 대표하는 칼리프로, 사치와 쾌락을 일삼은 전형적인 군주로 알려져 있으나, 실제로는 칼리프의 위신을 유지하기 위해 애썼다. 궁정에 많은 학자, 문인을 모으고 학술을 보호, 장려하여 이슬람 문화를 꽃피웠다. 『천일야화』의 등장인물로 유명하다.

■호스로 1세Khusraw Ⅰ(?~579): 사산 왕조의 21대 왕(재위 531~579). 로마 제국과 영구 평화협정을 체결하였고 조로아스터교의 경전 『아베스타』를 편찬하였다. 토지대장의 완성과 세제의 확립, 수도 크테시폰의 조영造營 완성 등의 업적을 남겼다.

■후나인 이븐-이샤크Ḥunayn-ibn-'Isḥāq(809~873): 의사 · 언어학자. 번역의 일인자로 불렸다. 플라톤, 아리스토텔레스의 작품을 비롯해 히포크라테스, 갈레노스의 의학논문도 번역했다. 그리스어 · 시리아어판에서 자신이 번역한 고대 그리스 의사 갈레노스의 업적이 담긴 129가지 문헌의 목록을 만들기도 했다. 11세기 말경, 아랍 의사들이 후나인 이븐-이샤크의 번역서와 주해서 복사판들을 다시 라틴어로 번역하여 유럽학자들이 고대 그리스 문화를 깨우치게 되었다.

부록

동서 교류에서 동서 융합을 준비하는 문명사 연구를 위하여

안재원(서울대학교 인문학연구원 HK연구교수)

『그리스 사상과 아랍 문명』은 8세기에서 10세기에 걸쳐 바그다드에서 일어난 번역운동에 대한 연구서다. 그리스 문헌이 어떤 목적으로, 누구에 의해서, 얼마나 엄밀하게 학술적으로 번역되었는지에 관한 추적이 책의 요지라 할 수 있다. 한편으로 이 책은 번역을 통해서 아랍 문명의 바탕에 착생한 그리스 사상이 어떤 역할과 기능을 수행했는지 알려주는 소중한 글이자, 번역 작업이 학문과 문화의 발전에 얼마나 중요한 학술적 토대가 되는 활동인지 증명하는 사료이기도 하다. 이 분야의 세계적 권위자인 예일 대학교의 디미트리 구타스 교수는 그리스 서적들이 동쪽으로 가게 된 사연을 설득력 있고 흥미진진한 내용으로 담아냈다. 본문에는 여러 책이 소개되어 있지만, 특히 아리스토텔레스의 책들이 주인공이라는 점은 흥미롭다. 사실 어느 책이든 나름의 사연이 있지만, 적어도 서양 문헌의 역사에서 그 기구함을 따져

본다면, 아리스토텔레스의 책만큼 파란만장한 운명을 겪은 책도 없을 것이다. 다음은 아리스토텔레스의 책들이 동쪽으로 가게 된 사연을 쓴 지리학자 스트라본(기원전 60~24)의 보고다.

> 아탈루스 왕이 페르가몬에 도서관을 세우고자 책을 모은다는 소식을 접하게 된다. 그러자 그들은(아마도 네레우스의 후계자들) 땅을 파서 참호를 만들고 여기에 책들을 숨겼다. 한참 뒤 책들이 습기와 벌레들로 인해 손상당하자, 후손들은 아리스토텔레스와 테오프라스토스의책들을 테오스 출신 아펠리콘(기원전 100)에게 큰돈을 받고 팔았다. 아펠리콘은 철학자라기보다는 애서가였다. 그는 벌레가 먹은 부분을 복구하는 과정에서 새 복사본을 만들었다. 그러나 정확하게 복원된 것은 아니었으며, 오류와 오식誤植으로 가득찬 것이었다. (…) 여기에는 로마도 한몫 거들었다. 왜냐하면 당시 아테네를 장악하고 있었던 술라(기원전 138~78)는 아펠리콘이 죽자 곧바로 도서관을 전리품으로 가져왔고, 이곳(아마도 로마)으로 옮겨진 도서관을 아리스토텔레스 추종자였던 튀라니온이 관리했기 때문이다. 이 도서관에서도 필사자들이 책들을 교정했다. 몇몇 상인도 필경사를 고용하였는데, 그들은 수준이 낮았기 때문에 필사본들을 전혀 비교해보지 않았다. 이는 책을 팔기 위해 문헌을 필사할 때 일어난다. 이곳뿐만이 아니라 알렉산드리아에서도 있는 일이다.[1]

여기까지가 아리스토텔레스의 책들이 겪은 운명에 대해 알려진 이야기다. 이후의 내용은 알려진 게 없다. 일부 남은 책들도 있었겠지만,

적어도 서유럽에서는 종적을 감추고 만다. 도대체 책들은 어디로 갔을까? 갑자기 아리스토텔레스의 책들이 서유럽에 모습을 다시 드러낸 시기는 중세부터다. 흥미롭게도 이 책들은 그리스 원전이 아니고, 알-킨디, 알-팔라비, 아비센나와 같은 학자들이 작업한 아라비아어 번역본들이었다. 철학사의 관점에서 보면, 유럽의 중세는 "아리스토텔레스의 전성시대"라고 해도 그리 틀린 말은 아닌데, 실은 이 번역본들 덕분이었다. 그리스 원전이 서부 유럽으로 들어온 시기는 15세기 초엽이었기 때문이다. 예컨대, 아리스토텔레스의 『시학』과 『수사학』 원전을 계승하는 파리 사본(cod. Paris. 1741)이 이탈리아로 건너온 해가 1427년이었다. 도대체 아리스토텔레스의 책들이—가령 그토록 재미없는 논리학 저술이, 그리고 지금도 읽기 어려운—예컨대 아리스토텔레스의 『분석론』이 동쪽으로 가게 된 사연은 무엇일까? 사연인즉 이렇다. 로마에 중세의 어두움이 혹은 가톨릭교회의 빛이 서유럽에 본격적으로 퍼지기 시작하는 즈음 지중해의 동쪽 지역에는 신앙과 이념의 전쟁이 치열하게 벌어졌다. 아리우스파를 이단으로 몰았던 니케아 공의회는 대표적인 전장이었다. 그런데 이 전투의 주요 무기는 칼이나 방패가 아닌 말이었다. 따라서 이 전투에서 아리스토텔레스의 논리학과 변증술이 큰 사랑을 받게 된 것은 결코 우연이 아니었다. 사실 이런 종류의 말싸움에서 예나 지금이나 아리스토텔레스의 논리학과 변증술은 아주 위력적이고 유용한 무기다. 아마도 이것이 아리스토텔레스의 책들이 동쪽으로 향하게 된 첫 번째 이유였을 것이다.

허나 이른바 이단 전쟁이 대략 끝나자, 아리스토텔레스의 논리학 저작들이 토사구팽의 운명에 처했다. 즉 말과 논리의 전쟁터에 불려나갈 일이 점점 줄어든 것이다. 그런데 여기서 반전이 일어난다. 아리스토텔레스의 『오르가논』이 전쟁의 무기에서 이제는 새로운 세계를 여는 도구로 활용되었던 것이다. 물론 이 과정에서 중용된 책은 『분석론』이 아니라 『범주론』이었다. 추상 세계를 실제 세계로 세우고 입증하는 작업도 결국 말logos로밖에 할 수 없는 법. 신의 존재를 증명하기 위해서 아리스토텔레스의 본질, 즉 우시아ousia와 같은 개념에 대한 이해가 필수적으로 요청되는 가운데 술어述語 이론이 중용될 수밖에 없었다. 이것이 바로 『범주론』이 사랑받았던 이유이자, 아리스토텔레스의 책들이 더 동쪽으로 가게 된 또 다른 이유였을 것이다.

이쯤에서 그 동쪽이 어디인지를 밝히자면 로마에서 그리 먼 곳은 아닌 시리아다. 당시 시리아는 동로마 제국에 속했는데, 이단 전쟁이 가장 치열하게 벌어진 곳이 실은 시리아 지역이었다는 점은 아리스토텔레스의 책들이 살아남은 중요한 요인이었다.—참고로 이 지역의 공용어가 코이네 그리스어라는 점 또한 아리스토텔레스의 책들이 살아남게 된 중요한 이유였다—이런저런 이유에서 아리스토텔레스의 책들은 시리아의 여러 수도원에서 그리스 원전으로 읽혔고, 학생들의 교육용 교재로도 쓰였다. 이는 6세기까지 지속된 것으로 추정된다. 그렇다면 적어도 이 시기까지 서유럽에서 사라진 아리스토텔레스의 책들이 지중해 동부 지역에서는 나름 융숭한 대접을 받았음이 분명하다. 결정적인 증거는 바로 6세기 이후부터 쏟아져나온 『오르가논』에 대한 시리아어 해설서와 번역서들이었다.[2]

안타깝지만 그리스 원전이 동쪽으로 가게 된 이유를 더 이상 추적하기란 불가능하다. 시리아어로 번역본이 나오기 시작하면서 원전을 더 이상 볼 필요가 없는 상황이 일어났기 때문이다. 그러나 그리스 원전의 시리아어 번역본들은 9세기부터 아비센나와 같은 아랍 문헌학자들에 의해 다시 아라비아어로 번역되었다. 이 번역은 아랍 철학과 종교, 다른 한편으로는 중세 유럽에서 아리스토텔레스 철학의 부활을 예비한 사건이 되었다. 물론 여기까지의 내용이 다는 아니다. 본격적인 추적이 요청되지만, 8세기 당나라 황제의 공인을 받은 경교景教 일파도 아리스토텔레스의 논리학을 애용했던 무리였음을 지적하고자 한다. 그러니까 전교와 번역 과정에서 시리아어 번역이나 아라비아어 번역이 혹은 그리스 원전이 어떤 종류의 모습을 띠고 한자로 변신했을지는 모를 일이다. 고로 아리스토텔레스의 개념들이 경교와 함께 동양에도 흘러들어왔을 가능성이 높다. 이에 대한 전거는 칭기즈칸이 유라시아를 제패한 이후의 시기에 활약했던 바르 헤브라이우스(1226~1286)가 시리아어로 남긴 저술들—여기에는 『오르가논』 『니코마코스 윤리학』 『정치학』 『시학』 『수사학』 『기상학』 등이 소개되어 있다—이다. 이것들은 또한 시리아 정교는 물론 경교에도 매우 중요한 문헌들이었다. 그렇다면 책들이 동쪽으로 간 까닭은 아직까지 그 전모가 밝혀진 것은 아닌 셈이다.

한편 동쪽에서 서쪽으로 간 책들과 관련한 이야기도 있다. 황당하지만 나름 재미있는 이야기를 하나 소개하겠다.

∬11. 식인食人을 하는 스키티아인이 사는 곳 너머, 이마부스(오늘날 히말라야 산맥) 산의 어느 계곡에는 아바리몬이라 불리는 종족이 산다. 이 종족은 숲에서 생활하는데, 그들의 발은 다리 뒤로 향해 있

다. 하지만 믿을 수 없는 속도로 빨리 달리며, 야수들과 함께 이곳 저곳을 뛰어다닌다. 알렉산드로스 대왕의 원정을 돕기 위해 길을 미리 수색하는 임무를 수행한 바이톤은 이들에 대해서 이렇게 전한다. "이들은 다른 하늘의 공기(다른 기후 풍토)를 숨 쉬지 못한다. 그래서 그들은 인근의 왕들은 물론 알렉산드로스 대왕에게 데려올 수 없었다."

∬12. 니케아 출신인 이소고누스에 따르면, 이런 종족도 있다고 한다. 이들은 북쪽 지역에 사는데, 이곳은 앞에서 언급한 식인종족들이 사는 곳의 바로 앞에 위치한 지역이다. 보리스테네스(오늘날 드니페르 강)에서 도보로 10일 정도 걸리는 거리에 위치한 곳이다. 이들은 사람의 해골을 잔으로, 사람의 머리 가죽을 머리털로 묶어서 가슴에 매달아 수건처럼 사용한다. 마찬가지로 이소고누스에 따르면, 이런 사람도 있다고 한다. 알바니아(이곳이 오늘날 알바니아 지역에 해당하는지는 확실치 않다) 지역에는 회색 눈을 가진 사람들이 있는데, 이들은 소년의 나이에 이미 노인이 되어버리지만, 그들의 눈은 낮보다는 밤에 더 잘 본다. 다시 이소고누스의 보고다. 보리스테네스(드니페르 강)에서 13일을 걸어가면 사우로마타이족이 살고 있는데, 3일에 한 번 식사하는 습관을 가지고 있다.

∬13. 페르가몬 출신의 크라테스의 보고에 따르면, 헬레스폰투스의 파리움 인근에는 한 종족이 산다. 크라테스는 이들을 오피오게네스 Ophiogenes(뱀족)라 불렀다. 이들은 뱀에 물리면, 손을 물린 곳에 넣어 독을 치료한다. 침으로 뱀의 물린 곳을 치료하는 종족이 있다고 바로Varro도 전한다. (…)

∬23. 메게스테네스에 따르면, 눌루스라는 이름의 산에는 발이 뒤로 향한 사람들이 산다. 그들의 발은 여덟 개의 발가락을 가지고 있다. 또 한 개의 머리에 짐승 가죽을 두르고 사는 사람들이 있는데, 여러 산에 흩어져 산다. 개가 짓는 소리를 내며 짐승과 새의 사냥으로 산다. 사냥에 사용하는 무기는 손톱이다. 이들의 수는 대략 12만 명을 넘는다고 메게스테네스가 자신의 책에서 밝힌다. 크테시아스에 따르면, 인디아의 어느 지역에는 일생에 애를 단 한 번밖에 낳지 못하는 여인이 있다고 한다. 이렇게 태어난 아이들은 태어나자마자 늙어버린다고 한다. 또 크테시아스의 보고에 따르면, 모노콜루스 Monocoli(외다리족) 종족이 있다. 그들의 다리는 하나인데, 점프를 하면서 달리는 속도는 경이로울 정도로 빠르다. 이들은 스키아포다스 Sciapodas(발우산족)이라고 불린다. 그들이 땅에 누울 때에 발을 이용해 더운 날씨를 피하기 때문이라고 한다. 멀지 않은 곳에 동굴에 사는 종족이 있다. 동굴 종족이 사는 곳에서 서쪽으로 가면 목이 없고 눈이 어깨에 달린 종족이 살고 있다.

∬24. 그런데 인도의 동쪽, 그러니까 카타르클르도루스 지역에는 사튀루스satyrus(반인반수)가 살고 있다. 아주 재빠른 동물인데, 네발이고, 그들이 달릴 때에는 사람처럼 곧추서서 달린다. 너무 빨리 달리기 때문에, 좀처럼 잡기 어렵다. 늙거나 병든 것 정도만을 잡을 수 있다. 타우론이 코로만다루스Choromandarus라 부른 종족도 있다. 이 종족은 숲에서 산다. 말 대신에 소름끼치는 소리를 내지르고, 몸은 털로 덮여 있으며, 회색의 예리한 눈빛을 쏘며, 개의 이빨을 가지고 있다. 에우독소스에 따르면, 인디아의 남쪽에는 남자의 경우, 1완척

腕尺(약 44센티미터)의 발을, 여자의 경우 아주 작아서 참새다리 Struthopodes 종족이라 불리는 이들이 산다.

ʃʃ25. 메게스테네스에 따르면, 인디아인 중에는 유목민도 있는데, 이들은 코가 없으며 대신에 뱀처럼 구멍만 2개 있다. 다리가 가죽처럼 꼬인 혹은 휜 종족Loripedes이다. 해서 스키리타이Sciritae라고 불린다. 인디아의 경계, 즉 강기슭(아마도 갠지스 강)에서 발원하는 입이 없는 아스토무스 종족이 산다. 이들의 몸은 털로 뒤덮여 있다. 솜옷을 입으며 공기만 마시고 산다. 오로지 코로 통해 들어오는 향기로 연명한다. 어떤 음식도 먹지 않고 어떤 음료도 마시지 않는다. 뿌리와 꽃과 숲에서 자라는 사과의 향기만을 섭취할 뿐이다. 먼 길을 떠날 때에는 사과를 지니고 가는데, 향이 떨어지지 않도록 하기 위함이다. 향이 너무 강하면, 오히려 그것이 그들의 생명을 위협할 수도 있다고 한다.

ʃʃ26. 이들이 사는 곳의 너머에 있는 산들에는 트리스피타무스 Trisphithamus(세 뼘) 종족이 산다. 피그무스Pygmus족이라 한다. 키가 세 뼘 크기를 결코 넘지 않은 이 종족은 살기에 아주 좋은 풍토에서 산다. 북쪽으로 뻗어 있는 산들이 차가운 북풍을 막아주기 때문에 계절은 언제나 봄이다. 호메로스가 두루미의 공격을 받는 종족이라 언급한 적이 있는 그 종족이다. 이런 소문이 전해온다. 봄이 되면 전 종족이 활과 화살로 무장하며 흰 양과 암염소를 타고 대오를 갖추어 바다로 내려와서, 새의 알과 어린 새끼들을 먹어 치워버린다. 이 원정은 3개월에 걸쳐서 진행된다. 그렇게 하지 않으면, 장차 있게 될 두루미떼의 공격을 막아낼 수가 없기 때문이라고 한다. 그

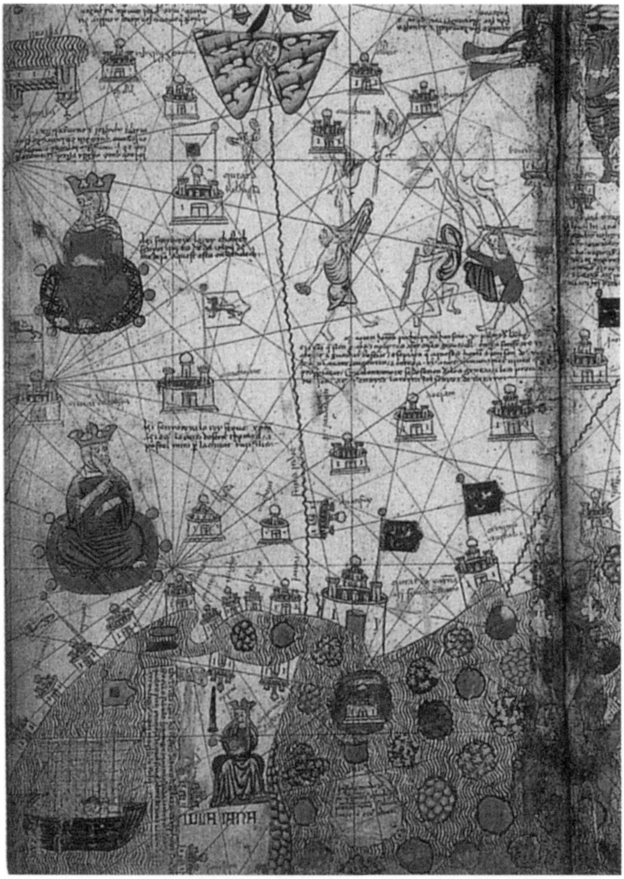

그림1 카타란 지도

들은 진흙과 깃털과 알의 껍질을 버무려 지은 집에서 산다고 한다.

인용은 로마의 자연학자 플리니우스의 『자연학』 제8권에서 끌어온 것이다. 흥미로운 점은 진기한 사람들에 대한 이 이야기들이 사라지지 않고 서양 사람들의 입에서 입으로 회자되었으며, 이는 곧 문헌에서 문헌으로 전승된다는 것이다. 관련된 대표적인 증거가 1375년에 제작된 카타란 지도Carta Catalana(현재 프랑스 국립도서관의 마자랭 전시관에 소장됨: Morel-Fortio's Sp. MSS. No. 119)다.

그림1의 오른쪽 상단을 보면, 플리니우스가 전하는 진기한 인종들이 그림으로 소개되어 있다. 물론 이 그림들의 원천은 플리니우스가 아닐 수도 있다. 왜냐하면 마르코 폴로 이전에 몬테코르비노의 요한이나 이븐-바투타의 여행기에서 동양의 진기한 인종에 관한 이야기들을 배웠을 가능성도 있기 때문이다. 보다 엄밀한 문헌 조사가 요구되는 가운데, 암튼 중앙아시아의 북부에서 취한 것으로 추정되는 이야기들은 끊임없이 서양인들의 호기심을 자극했음이 틀림없다. 이에 대한 전거는 대표적으로 존 맨드빌이 1459년에 지은 『여행기』다.

돈둔Dondun은 강력한 왕이 다스린다. 54개의 큰 섬들로 이뤄져 있다. 각각의 섬은 각기 왕관을 쓴 왕이 다스리지만, 이들 섬들의 왕들은 모두 저 왕에게 복종하고 조공을 바친다. 섬들에는 다양한 인종들이 산다. 한 섬에 사는 종족은 키가 크고 생김새는 보기만 해도 소름이 돋는다. 외눈박이다. 이마 한가운데 눈이 하나 달렸다. 날고기와 생선을 먹고산다. 남쪽의 다른 섬에 사는 종족은 생김새가 흉측스럽다. 머리가 없다. 눈은 어깨에 달려 있다. (…) 한 섬에 사는 종족은 윗입술이 매우 크다. 해서 햇볕에서 잠을 자면, 그 입술이 얼굴을 덮는다. 한 섬에는 난쟁이들이 산다. 피그미 종족보다는 크며, 입이 없고 작은 구멍이 나 있다. 음식을 먹고 마실 때는 관이나 깃으로 빨아먹는다. (…) 한 섬에는 귀가 무릎까지 내려오는 종족이 산다. 한 섬에는 발이 말발굽인 종족이 산다. 힘이 세고 날쌔며 튼튼하다. (…) 한 섬에는 남자이기도 하고 여자이기도 한 종족이 산다. (…) 한 섬에는 무릎으로 다니는 종족이 산다. 걸을 때는 고꾸라지는 모습으로 보이며 발가락이 8개다.[3]

진기한 인종들에 대한 이야기의 출처가 플리니우스든 아니면 맨드빌이 실제로 여행을 통해서 얻은 것들이든, 이것들은 하르트만 셰델에 의해서 1493년에 독일에서 출판된 『뉘른베르그 연대기Liber Chronicarum』에서 종합된다.

그림2에 나오는 작은 그림 3점 가운데 왼쪽 두 번째의 외눈 종족을 보자. 물론 외눈박이 이야기는 서양인은 물론 우리의 귀에도 익숙한, 호메로스의 『오디세이아』에서 발견되는 키클롭스 설화다. 플리니우스의 보고는 다음과 같다.

아리마스푸스Arimaspus 종족이 이곳(아마도 코카서스 산)에 산다. 이 종족은 이마 한가운데에 눈이 하나밖에 없다.[4]

그림2 『뉘른베르그 연대기』속 키클롭스 설화를 담은 그림

플리니우스는 외눈박이가 사는 지역이 중앙아시아에 있는 어느 지역이라고 전한다. 어쩌면, 오디세우스가 방문한 폴뤼페무스의 동굴이 코카서스 산맥의 어느 산중이었을지도 모르겠다. 물론 이 보고가 황당한 소리로 들릴 수도 있다. 그런데 더 황당한 이야기가 있다. 각설하고 외눈박이 이야기가 실린 동양의 신화집인 『산해경』에서는 다음과 같은 구절이 나온다.

일목국一目國 사람은 얼굴 가운데에 눈이 하나 달려 있다.[5]

"눈이 하나"라는 언명밖에 없어 조금 아쉽지만 뭔가 연관은 있어 보인다. 물론 우연일 수도 있다. 그렇다면, 오른쪽 세 번째 그림으로 가자. 이에 대한 플리니우스의 보고다.

판오이티우스 종족은 아주 큰 귀를 가지고 있다. 귀로 온몸을 감쌀 정도로 크다. 귀가 없다면, 벌거벗고 있어야 한다.[6]

『산해경』은 이렇게 전한다.

섭이국聶耳國 사람의 귀는 너무 커서 보통 때는 두 손으로 귀 끝을 받치고 있어야 한다. 잘 때는 한쪽 귀를 요 삼아 깔고, 다른 쪽 귀를 이불 삼아 잔다.[7]

이쯤 되면 『자연학』과 『산해경』의 비교 검증을 심각하게 고려해야 할지도 모르겠다. 물론 황당한 소리라고 일축할 독자도 있을 것이다. 그러면 다음 그림을 살펴보기 위해 일단 다시 플리니우스의 보고를 들어보자.

트리스피타무스 종족이 산다. (…) 봄이 되면 전 종족이 활과 화살로 무장하며 흰 양과 암염소를 타고 대오를 갖추어 바다로 내려와서, 새의 알과 어린 새끼들을 먹어 치워버린다. (…) 장차 있게 될 두루미떼의 공격을 막아낼 수 없기 때문이다.[8]

같은 이야기가 『산해경』에서 발견된다.

소인국 사람은 키가 7-8치밖에 되지 않지만 모두 행동거지가 훌륭하고 예의가 바르며, 300세까지 사는 사람도 많다. 그들은 무척 빨리 걸어서 하루에 1000리를 가며, 어떤 야수도 감히 그들을 해치지 않는다. 이 사람들은 해곡海鵠이라는 새만 무서워한다. 왜냐하면 해곡은 이유를 불문하고 삼켜버리기 때문이다. 그렇지만 소인은 해곡의 뱃속에 들어가도 죽지 않는다. 그들은 수레와 말을 타고 다니는데, 사람이 그를 잡아먹으면 신선이 될 수 있다.[9]

흥미로운 점은 『산해경』의 이와 같은 진기한 인종들에 대한 이야기는 서양과 마찬가지로 동양 지도에서도 등장하는데, 특히 조선 후기에 제작된 지도들에서 많이 발견된다는 것이다.

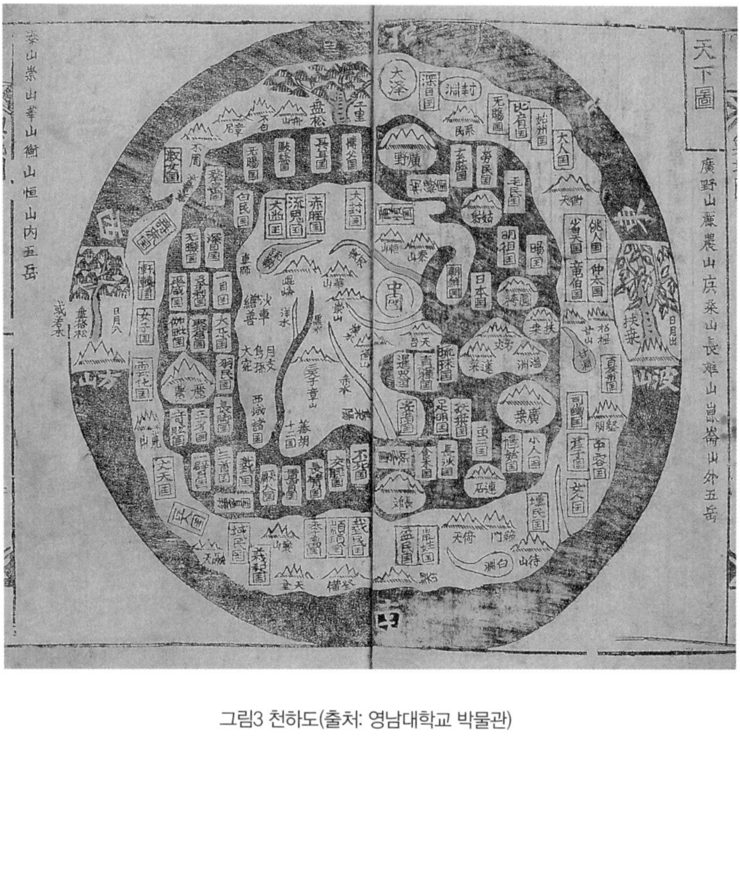

그림3 천하도(출처: 영남대학교 박물관)

그림3의 지도는 천하도다. 예컨대 눈이 하나 있는 사람들의 나라인 일목국, 여자들만 사는 나라인 여인국女人國, 그 밖에 대인국大人國, 소인국小人國 등이 눈에 띈다. 모두 『산해경』에 언급되는 지명이다. 사연이 이와 같다면, 도대체 『자연학』과 『산해경』에서 발견되는 유사성은 어떻게 해명해야 할까? 적어도 한 가지 사실은 이 유사성이 결코 우연이 아니라는 것이다. 왜냐하면 플리니우스의 보고 자체가 원래 중앙아시아 혹은 중국의 서쪽 지방에서 수집된 이야기이기 때문이다.

사연인즉 바야흐로 알렉산드로스가 동방 원정을 나섰을 때다. 그는 안전한 원정과 정복 전쟁을 위해 항상 의사와 생물학자 그리고 지리학자 등을 데리고 다녔다. 이들 학자가 수행한 임무는 대개 정복할 지역의 지리와 종족의 특성을 미리 탐색하는 일이었다. 알렉산드로스가 오늘날 아프가니스탄 지역에 도착한 시기는 기원전 330년 즈음인데, 마찬가지로 일군의 학자들이 먼저 히말라야 산맥은 물론 인근의 신장 지역과 몽고 지역 일대를 미리 수색하고 탐사하였다. 이 시기에 이 임무를 수행한 학자는 바로 메게스테네스와 바이톤이었다(이들은 아리스토텔레스의 제자이자 친척이었다). 결론적으로 이 이야기들이 히말라야 산맥에서 사는 종족들에 대한 것이 맞는다면, 『자연학』과 『산해경』은 같은 종족에 대한 이야기를 수집한 것이다. 이와 관련해서, 그 기원이 중앙아시아 혹은 현대 중국의 서쪽 지방으로 추정되는 많은 동식물과 광물이 지역 구분에 따라 제한적이지만 나름 체계적으로 동양을 서양에 소개한 책이 바로 『자연학』이라는 점을 지적하고자 한다. 그러나 이 책에 대해서 문명교류사의 관점에서 본격적인 비교 연구는 아직 시도된 적이 없다는 점 또한 강조하고 싶다.

사정은 반대로 살펴봐도 마찬가지다. 당나라 때 단성식段成式(803~863)이 쓴 『유양잡조酉陽雜俎』라는 책에 주목해보자. 이 책은 총 30편 20권으로 된 작품으로 『사부총간四部叢刊』에 수록되어 있다. 이 책은 비서秘書와 이사異事를 모은 것으로 선불인귀仙佛人鬼에서부터 동식물까지 소개한다. 30편으로 분류되어 있는 이 책은 충지忠志, 예이禮異, 천지天咫, 옥격玉格, 호사壺史, 패편貝編, 경이境異, 희조喜兆, 화조禍兆, (…), 낙고기諾皐記, 광동식廣動植, 육확부肉攫部로 되어 있다. 또 이 책은 『흥부전興夫傳』의 근원설화根源說話라고 일컬어지는 '방이설화旁㐌說話'가 수록되어 있다. 이 가운데 눈길을 끄는 부분은 식물에 대한 기술이다. 단적으로 『유양잡조』에 소개되는 식물 목록이 그리스 의학자였던 디오스쿠리데스의 『약물지』의 약재 목록과 거의 일치하거나 유사하기 때문이다. 이 때문에 나는 단성식이 이 책을 쓸 때 디오스쿠리데스의 아라비아어 번역 혹은 시리아어 번역을 참조했을 가능성이 높았을 것이라고 추정한다. 물론 이에 대해서는 더욱 엄밀한 문헌 간의 비교가 요청된다. 어쨌든 어떤 매개 과정을 거쳐서 그리스 문헌들이 중국으로 흘러들어 오게 되었는지 밝혀주는 연구 가운데 하나가 『그리스 사상과 아랍 문명』일 것이다.

본 책과 관련하여 참고가 될 만한 이야기를 소개하자면, 알렉산드로스 대왕에 대한 전설이다. 이 전설은 그리스어뿐만 아니라, 라틴어, 각종 유럽어, 이집트어, 에티오피아어, 콥트어, 히브리어, 아르메니아어, 시리아어, 아라비아어, 페르시아어, 돌궐어, 심지어는 몽골어로도 기록되어 있다. 동양의 관점에서 보면 중앙아시아에서도 알렉산드로스 대왕의 전설이 발견된다는 점이 흥미롭다. 일단 중앙아시아의 역사와 관련 있는 언어들의 유형만 소개하면, 돌궐어로 소개된 알렉산드로스 대왕의 전기의 제목은 아흐메디가 쓴 『익산다르의 서Iskender Nâmeh』다. 리외에 따르면, "아흐메디의 알렉산드로스 전기는 페르시아의 전기를 저본底本으로 참조하였고, 많은 부분에서 이야기는 독창적으로 구성되었다. 이 점에서 돌궐어판은 페르시아어판과는 다르다. 아흐메디는 이 이야기에 세계의 기원과 모습에 대한 철학적인 내러티브와 인간에 대한 신체적인 구성 및 심리적 특성, 그리고 덕·악덕에 대한 논의도 포함시켰다. 그런데 이를 전하는 화자가 아리스토텔레스다. 아리스토텔레스는 또한 알렉산드로스에게 알렉산드로스 이전의 왕들과 그를 이을 후대의 왕들에 대해서도 이야기를 전하는데, 여기에는 동양의 역사가 소개되어 있다. 이는 전기의 사분의 일을 차지하는 분량이다." 인용에서 아리스토텔레스가 돌궐 문헌에 등장한다는 사실은 무척 흥미 있는 대목이다. 어쨌든 『익산다르의 서』가 지어진 해는 15세기 초다. 이 문헌은 10세기에서 14세기 사이에 쓰인 것으로 추정되는 페르시아 문헌을 바탕으로 한다. 페르시아어판은 아라비아어판을 바탕으로 저술된 것이다. 알렉산드로스 대왕의 전설은 알렉산드리아의 교부였던 에우튀키우스의 『보편사』에 소개된다는 점을 지적해둔다. 아울러 위그로 문자로 기록된 중기 몽골어 문서도 소개하고자 한다. 이 문서는 1902년에서 1903년 사이에 돈황에서 발견된 것이다. 알렉산드로스 대왕이 불멸의 물을 찾아다닌다는 내용의 이 문서는 크게 수메르 산을 오르는 이야기, 바다의 바닥으로 내려가는 이야기, 어둠의 나라로 들어가는 이야기, 미시르로 돌아오는 이야기 등 총 네 편의 이야기로 구성되었다. 문서 자체의 기록은 16세기 혹은 17세기로 추정된다.10 중요한 것은 이야기 자체의 형성 시기다. 폴커는 그 시기를 7세기경으로 추정하고, 여기에는 중국 북서부에서 이미 세력을 확장한 경교의 활동과 관련되어 있을 것이라고 추정한다.[11] 이 추정은 나름 설득력이 있다. 왜냐하면, 8세기에 이르면 경교는(참고로 경교는 네스토리우스 일파가 세운 기독교의 이단으로 알려져 있으나, 이에 대해서는 현재 논란중이다. 당나라에서 공인해준 경교의 교인들이 네스토리우스 일파인지, 시리아정교의 분파 즉 멜키트파인지, 아니면 콥트 정교의 분파인지에 대해서는 더욱 엄밀한 문헌 고증과 현장 검증이 요청되는 문제다. 그리하여 이 글에서는 네스토리우스 일파라는 이름을 사용하지 않는다) 당나라 황실의 공인을 받았고, 그 세력도 매우 컸기 때문이다. 왜냐하면 7세기 즈음에 중앙아시아에도 알렉산드로스와 연관된 기독교 이야기들이 널리 퍼져 있었을 가능성이 높기 때문이다. 이와 관련해서 나는 바르 헤브라이우스가 『왕조들의 역사』[12]에 알렉산드로스를 자세하게 소개한다는 점을 지적하고 싶다. 그러니까 적어도 13세기 이전에 알렉산드로스 대왕에 대한 이야기와 기독교 교리가 이미 중국 서북부에는 널리 퍼져 있었다는 소리다. 또 이 책이 흥미로운 이유는 여기에 헤브라이우스가 흉노족의 왕들은 물론 몽고 제국의 칸들에 대한 전기도 남겨놓았다는 점이다. 어쩌면 서양의 주요 역사에 혹은 동양의 주요 사서에서 변방으로 취급되어 언급되지 않았던 유라시아의 잃어버린 역사가, 혹은 아시아 북방의 역사에 대한 실마리가 이 같은 이야기와 자료들을 통해서 풀릴지도 모르기 때문이다.

* * *

『그리스 사상과 아랍 문명』은 주제의 관점에서 볼 때 그 자체로 하나의 독립적인 연구 영역이다. 하지만 이 연구가 동서교류사의 관점에서 보면 물론 중요한 교점이지만 아직까지는 분과 연구에 머물러 있다는 것이 내 생각이다. 이와 관련해서, 2세기에 이집트 알렉산드리아에서 활약한 프톨레마이오스의 『알마게스트』에 대한 이야기를 소개해보고자 한다. 본문에도 언급되었지만, 이 책은 천문학을 담고 있는 그리스 문헌이다. 이 책이 아라비아어로 번역된 것은 9세기였으며 헨리쿠스 아리스티푸스가 『알마게스트』를 그리스어 원문에서 라틴어로 번역한 시기는 12세기 중엽이다. 따라서 이때까지도 유럽은 프톨레마이오스의 천문학에 대한 지식을 톨레도 학파의 대표적인 학자였던 크레모나의 제라르도(1114~1187)가 아라비아어에서 라틴어로 번역한 책에서 구했고, 실제로 권위와 영향력도 제라르도의 번역이 아리스티푸스보다 컸다. 동쪽으로 갔던 그리스 문헌들의 극적인 귀향인 셈이다. 이렇게 다시 서쪽으로 돌아간 책들도 많지만, 문제는 어떤 책들은 동쪽으로 더 동쪽으로 향해 나간 경우도 있다는 것이다. 이것이 바로 프톨레마이오스의 천문학에 대한 책들이다. 단적으로 원나라 때 만들어진 회회력回回曆이 그 증거다. 이는 다시 명나라를 거쳐 조선에도 들어오는데 『칠정산외편』에서 근본적으로는 프톨레마이오스의 흔적을 추적할 수 있다.[13]

중국의 부상으로 요즈음 동서 교류에 대한 연구는 호시절을 누리고 있다 해도 지나친 소리는 아닐 것이다. 그런데 동서 교류에 대한 연구들이 각국의 역사적 필요와 이유에 의해서 분과적으로 혹은 고립적으로 연구되고 있다는 점은 유감스럽다. 요컨대 중국은 중국대로, 일본은 일본식으로, 한국은 한국적인 이해의 범위에서, 서양은 서양의 관점에서 동서양 간 교류 연구에 박차를 가하고 있기 때문이다. 가령 연구의 방향이 문제인데, 동양은 동양 문화가 동쪽에서 서쪽으로 이동하는 과정, 즉 서진西進의 역사만을, 서양은 서양 문화가 서쪽에서 동쪽으로 이동하는 과정, 곧 동진東進의 역사 추적에만 힘을 기울일 뿐이다. 다만 아직은 이 연구가 시작 단계에 불과하기 때문에, 각각의 연구가 각자의 위치에서 출발할 수밖에 없다는 점을 인정해야 할 것이다. 물론 언어 문제가 있기는 하지만, 번역 문헌에 관한 연구의 경우, 대개 내용상 문헌들이 연결되어 있는 것이 많다는 점은 주목할 만하다(기독교 관련 문헌들에 대한 연구가 이를 대표적으로 보여준다). 이를테면 그리스 문헌과 시리아 문헌, 시리아 문헌과 아랍 문헌, 시리아 문헌과 페르시아 문헌, 시리아 문헌과 위구르 문헌, 시리아 문헌과 돌궐 문헌, 시리아 문헌과 소그드 문헌, 소그드 문헌과 한문 문헌, 아랍 문헌과 한문 문헌에 대한 비교 연구의 경우, 때로는 부분적인 때로는 전면적인 문헌 비교가 요청되고, 실제로 그렇게 할 때 해독되는 문헌들이 많이 있다. 특히 돈황에서 발견되는 문헌 가운데 기독교, 마니교와 관련된 문헌들이 그렇다. 이처럼 언어적인 이유를 차치하더라도, '동서비교학' 자체가 결코 쉽지만은 않은 연구다. 대략 시대별로 분류만 해도, 이 연구는 고대에 일어난 동서 교류와 비교 분석을 중심으로 진행되는 시노-헬레닉Sino-Hellenic 연구, 중세에 있었던 교류 연구, 특히 팍스 몽골리카pax mongolica의 역사에 대한 연구, 근세에 와서는 17세기 이후의 동서 교류, 가령 예수회 신부들의 활동에 대한 연구 등으로 나눌 수 있는데, 이 연구들 하나하나가 만만치 않는 미지의 대륙terra incognita이기 때문이다. 그렇다고 굳이 절망하거나 비관할 필요는 없을 것이다. 이 연구들이 언젠가 공시적으로든 혹은 통시적으로든 한 자리에 모이게 될 날이 올 것이기에. 글로벌 시대를 사는 우리의 정체성 규정의 문제를 해결하기 위해서라도 동서양의 비교 연구에 대한 필요성은 더욱 강조될 것이다. 지금 우리는 이미 동서 교류의 단계가 아닌 동서 융합의 세계에 살고 있지 않은가.

주

1) Strabo, Strabo: Geography, Volume VI, Books 13-14, Loeb Classical Library, 1929. (『지리학』 13권 1장54절의 내용을 인용*)

2) David King, The Earlist Syriac Translation of Aristotle's Categories: Text, Translation and Commentary, Brill, 2010.

3) John Mandeville, The Travels of Sir John Mandeville: The Fantastic 14th-Century Account of a Journey to the East, Dover Publications, 2006

4) Pliny, Pliny: Natural History, Volume II, Books 3-7, Loeb Classical Library, 1942. (『자연학』 제7권 10장의 내용을 인용*)

5) 전발평 · 예태일, 『산해경』, 서경호 · 김영지 옮김, 안티쿠스 출판사, 2008, 208쪽.

6) Pliny, Pliny: Natural History, Volume II, Books 3-7, Loeb Classical Library, 1942. (『자연학』 제4권 93장의 내용을 인용*)

7) 전발평 · 예태일, 『산해경』, 서경호 · 김영지 옮김, 안티쿠스 출판사, 2008, 229쪽.

8) Pliny, Pliny: Natural History, Volume II, Books 3-7, Loeb Classical Library, 1942. (『자연학』 제7권 26장의 내용을 인용*)

9) 전발평 · 예태일, 『산해경』, 서경호 · 김영지 옮김, 안티쿠스 출판사, 2008, 180쪽.

10) Volker Rybatzki, "Linguistic Particularities in the Middle Mongol Alexander

Romance", Turfan Revisited - The First Century of Research into the Arts and Cultures of the Silk Road, 2004.

11) ibid, pp. 284-285

12) Barhebraeus, Historia Compendiosa Dynastiarum, auctore Gregorio Abul-Parjio, Oxon, 1663, p. 89.

13) 보다 엄밀하게 추적해야 하겠지만, 서양 천문학의 흔적을 불교의 대장경에서도 많이 찾을 수 있는데, 책 이름만 열거하면 다음과 같다: 『T21, n1299 文殊師利菩薩及諸仙所說吉凶時日善惡宿曜經』『T21, n1300 摩登伽經』『T21, n1301 舍頭諫太子二十八宿經』『T21, n1302 諸星母陀羅尼經』『T21, n1303 佛說聖曜母陀羅尼經』『T21, n1304 宿曜儀軌』『T21, n1305 北斗七星念誦儀軌』『T21, n1306 北斗七星護摩要儀軌』『T21, n1307 佛說北斗七星延命經』『T21, n1308 七曜攘災決』『T21, n1309 七曜星辰別行法』『T21, n1310 北斗七星護摩法』『T21, n1311 梵天火羅九曜』. 이렇게 길게 책 제목들을 열거한 이유는 동서양 간 교류 연구 혹은 소위 동서비교학을 바라보는 지평의 확대가 필요하기 때문이다.

찾아보기

ㄱ

갈랑, 앙투안 256
갈레노스 32, 125, 130~132, 1433~144, 148, 167, 169, 181, 183~184, 187, 189, 195, 197, 202, 214~215, 237, 246, 255
『갈레노스에 대한 의심』 214
골드지헤르, 이그너츠 230~233, 235, 237
『광학』207
『궤변논박론』 212, 252
『기상론』 125, 204
깁, 해밀턴 22, 105, 230

ㄴ

네스토리우스파 30~32, 86, 91, 98~99, 168, 185~187, 189, 191~192
니시비스의 세베루스 33, 67
니코마코스 52, 197, 204

ㄷ

다마스쿠스의 요안네스 36
다와 47, 72, 93
데모크리토스 125
데흐칸 74
『덴카르드』 46, 58, 62, 65, 67, 69, 72, 80, 104
『동물지』 252
『동방의 철학』 214
디오스쿠리데스 216, 252, 255
디오클레스 167
디오판토스 166, 205
디완 35, 42

ㄹ

레슈아이나의 세르기우스 40~41, 257
로젠탈, 프란츠 11~12
『루바이야트』 256
르메를, 폴 244, 263
리디아의 프리스키아누스 45
『리살라』 181, 189, 194~196, 198, 202~203, 246

ㅁ

마니교 96~99, 103
마르키온교 96
마샤앗라흐 34, 104, 157
마에케나스 18
마크디시, 조지 228, 232~233,
말리크 이븐-아나스 111, 218
말리크파 218
맘루크 왕조 236
맥멀런, 램지 12
메르브 76~77, 94, 109, 114~115, 120, 183, 187
멜키트파 35, 97, 192, 211
『명제론』 206
무타질라파 105, 123, 137, 141, 144, 186, 225, 227, 239, 260
미흐나 112, 115, 118, 122, 136, 141~142, 175, 177, 225, 226~227

ㅂ

바그다드 9, 18, 21, 23~24, 31, 34~35, 37, 51, 55, 56~57, 77, 79~80, 88, 109, 110~111, 114~115, 120~121, 136, 140, 143~146, 148, 154, 162, 164~165, 167~168, 173, 187, 188~190, 195, 206, 208~209, 211~212, 215~217, 220, 223, 226, 231, 234~236, 245, 247~248, 252~253, 255, 258~260
바누-무사 86, 188, 195
바르데사네스교 96
바티니 230
발라드의 아타나시우스 92
『범주론』 206
베르그슈트라서, 고텔프 202
베일리, 해럴드 69
벤리히, 요한 10
보이티우스 40~41, 257
보즈워스, 클리퍼드 141
부와이 왕조 21, 177

ㅅ

사산 왕조 44~45, 47, 49, 51, 56~58, 63~65, 69, 70~72, 74~75, 77, 80~84, 86~87, 114, 116, 136, 154, 156, 158~159, 165, 181~182, 191~192, 230
사이드, 에드워드 257
사이드-알-안달루시 53, 154
『산술 입문』 204
산스크리트 11, 44, 66, 70, 162
『생성소멸론』 69, 125
샤피이파 235~238
세속 그리스어 17, 37, 39~40
세즈긴, 푸아트 10

수니파 21, 51, 233~234
『수론』 166, 197
수피즘 239
순나 111, 141
『순수한 선』 171
슈타인슈나이더, 모리츠 10, 12
슈테파트, 프리츠 118
스콜레 32, 133
스테파누스 33, 247~248, 252
『시나고게』 163, 192
시리아어 9~10, 19, 30~31, 33, 39~41, 43, 53, 66, 69, 91, 168, 189, 191~194, 196~197, 201, 206, 208, 212, 217, 254
『시선집』 163
시아파 21, 51, 78, 186, 233, 238, 260
『식물원인론』 212
『신드힌드』 52, 182
『신학 요강』 203

ㅇ

아가티아스 45
아라토스 157
아르다시르 1세 59, 65, 63~64, 112, 116, 118~119, 136, 221
아르사케스 왕조 59
아르키메데스 129, 167
아르테미도로스 138, 203
아리스토텔레스 20, 33, 40, 42~43, 45, 52, 69, 91~92, 99, 105~106, 125, 130, 139~148, 171, 185, 192, 203, 204~205, 211, 214~215, 241~242, 254, 257
『아리스토텔레스의 신학』 171, 179, 203
아리아노스 240
아베로에스 214, 241
아베스타 45, 58~60, 64~65, 67, 69~70, 89
아부-사흘 34, 52, 55~56, 61~62, 64~65, 67, 70~72, 81, 83, 85, 154, 157, 165
아브드-알-말리크 35, 42, 46, 184
아브드-앗-라흐만 215, 218
아비센나 148, 213~216, 229, 237~239
아이유브 왕조 236
아케메네스 왕조 57, 68, 82
알-가삿니 107
알-가잘리 229, 237, 241
『알렉산드로스 원정기』 240
알렉산드로스 27~28, 30, 42~43, 59, 60~63, 65
『알렉산드리아학파 요람』 132
『알마게스트』 52, 69, 125, 163, 208
알-마문 207, 209, 220, 225, 227, 240, 247, 254
알-마스우디 46,51~52, 76, 78, 96,

112, 127~128
알-마쥬시 213, 215
알-마흐디 33, 49, 77~78, 81, 84, 91~92, 95~96, 98~101, 103, 105, 107, 135, 192, 200, 247
알-만수르 20, 34, 42, 47, 49~57, 61~62, 65, 71~74, 76~81, 84, 86, 91, 93~97, 110~111, 113, 134~135, 138, 154~155, 157, 160, 162, 164~165, 167, 181~182, 189, 199, 207, 220, 258~261
알-무타심 175~176, 178~179, 181, 184, 245
알-밧타니 213, 215
알-비루니 162, 213, 215
알-아흐바리 52, 93, 96, 98, 101, 103, 112~113, 116, 119~120, 136~138, 143
알-이스파하니 42, 63, 82
알-쟈미 241
알-쟈히즈 123~124, 126, 194, 199
알-킨디 127, 148, 167, 170, 175, 178~180, 188, 194, 201, 203~204, 207, 222
알-파라비 130, 135, 148, 186, 213, 228, 241
알-하이탐 213~215
알-흐와리즈미 86, 161, 166, 213
압달라 이븐-타히르 139~141, 146, 183
압바스 왕조 9, 18, 20, 23~24, 31~35, 37~39, 40~41, 43~44, 46~47, 49~52, 56~57, 66~68, 71~78, 80~81, 84, 87~89, 93~97, 103~105, 109~112, 114, 118, 121, 127, 134~135, 137
압바스 혁명 27, 37, 47, 50, 65, 72, 74, 76, 93~94, 97~98, 153, 155, 258~259, 261
앗-사라흐시 180~181
앗-투시 238~239
이븐-아디 91, 106, 143~145, 187, 192, 206, 216, 228
에뎃사의 야코브 33
에뎃사의 테오필루스 33, 247~248
에스, 요제프 11, 102~103
『에이사고게』 41, 206
엔드레스, 게하르트 10
『영혼론』 45, 204
『오르가논』 17, 33, 40~41, 69, 125, 205, 208, 241
우마이야 왕조 27, 35~38, 41~43, 46, 49, 53, 56, 72, 74~75, 80, 93~94, 97, 185, 218, 220, 226, 259~260
울라마 21
울만, 만프레트 10
『원론』 54, 125, 160, 166, 170, 206~207, 212

유클리드 52, 54, 79, 125, 160, 166, 170, 185, 206~207, 212
『의학적 명칭에 관하여』 197
『대이교도 대전』 240
이븐-알-후사인 157, 183
이븐-할둔 54, 68
이븐-루카 66, 179, 192, 195~196, 253
이븐-마사와이히 168~169, 174, 176
이븐-안-나딤 41, 54, 83, 85~86, 88, 105~106, 129, 137~138, 143, 145, 179, 190, 212
이븐-안-나피스 237
이븐-쿠타이바 159~161, 222, 229~230
이븐-타이미야 236~237
이븐-파리스 234~235
이븐-한발 225

ㅈ

『자연학』 69, 105~106, 185, 241
잔다카 98
『잠언집』 195
점성학 17, 33~34, 41, 43~45, 47, 52, 54~56, 60, 62, 65, 75, 77~79, 104, 112, 114, 123, 135, 143, 154~1578, 162, 165, 169~170, 190, 247~248, 252~254
『정선된 이야기들』 222
조로아스터교 45, 57, 69~70, 76~77, 81, 97, 110, 113~115, 120, 134
『증명에 관하여』 246
『지각론』 212
『지리학』 241
지혜의 집 82~89

ㅊ

『천체론』 204
『철학사』 187
『출생 점성학의 책』 60, 65, 156

ㅋ

카디 141~142
카르마트파 226
『칼데아의 신탁』 241
칼람 104, 229
칼케돈파 30, 67, 98
쿠란 100, 112, 129, 141, 146, 222, 224~225, 256~257, 261
크레이머, 조얼 23

ㅌ

타히르 왕조 157
테미스티우스 130
테오파라스토스 212

『테트라비블로스』 156
토마스 아퀴나스 240
『토피카』 91~92, 99, 101, 105, 192
『티마이오스』 204
트랄레스의 안테미우스 167
티모테오스 1세 91, 99~101, 192, 196

ㅍ

파티마 왕조 233~234
판크라티우스 248, 253
페르시아어 9, 33, 37, 44, 46, 57, 62~64, 66, 70, 83, 85, 87, 127, 155~156, 161, 168, 189, 191~192, 201, 204
페리파토스학파 148
포르피리오스 41, 187, 206
프로클로스 171, 203
프톨레마이오스 33, 52, 63, 69, 125, 156~157, 208, 214~215, 237, 241
『프톨레마이오스에 대한 의심』 214
플라톤 40, 125, 148, 204, 254
플레톤 241
플뤼겔, 구스타프 10
피츠제럴드, 에드워드 256
『피흐리스트』 83~85, 87, 129, 137, 144~145, 179, 186~187, 190, 202, 207, 212
핀그리, 데이비드 11, 44

ㅎ

하디스 111, 225, 256~257
하룬 앗-라시드 20, 65, 83~84, 87, 109, 114, 121, 132, 135, 167, 175~176, 253
한발파 232, 235~237
헤르메스 트리스메기스토스 144, 148
헬레니즘 17, 30, 32, 36~37, 40, 69, 211
『형이상학』 106, 171, 200, 203
호스로 1세 아누시르완 45, 58~59, 63~65, 72, 104, 127, 156
후나인 이븐-이샤크 19, 31~32, 169, 177
히포크라테스 125, 130~132, 167, 195, 202, 215~237

그리스 사상과 아랍 문명

1판 1쇄 2013년 1월 21일
2판 1쇄 2025년 5월 30일

지은이 디미트리 구타스
옮긴이 정영목
펴낸이 강성민
편집장 이은혜
마케팅 정민호 박치우 한민아 이민경 박진희 황승현 김경언
브랜딩 함유지 박민재 이송이 김희숙 박다솔 조다현 김하연 이준희
제작 강신은 김동욱 이순호

펴낸곳 (주)글항아리 | 출판등록 2009년 1월 19일 제406-2009-000002호
주소 10881 경기도 파주시 문발로 214-12, 4층
전자우편 bookpot@hanmail.net
전화번호 031-955-2689(마케팅) 031-941-5161(편집부)
팩스 031-941-5163

ISBN 979-11-6909-396-5 93900

잘못된 책은 구입하신 서점에서 교환해드립니다.
기타 교환 문의 031-955-2689, 3580

www.geulhangari.com